西安外国语大学资助立项教材

西班牙社会与文化

刘雅虹 编著

北京大学出版社
PEKING UNIVERSITY PRESS

图书在版编目(CIP)数据

西班牙社会与文化/刘雅虹编著. —北京：北京大学出版社,2014.9
（大学外国文化通识教育丛书）
ISBN 978-7-301-24761-7

Ⅰ.①西… Ⅱ.①刘… Ⅲ.①西班牙－概况－高等学校－教材 Ⅳ.①K955.1

中国版本图书馆 CIP 数据核字(2014)第 208629 号

书　　　名：	西班牙社会与文化
著作责任者：	刘雅虹　编著
责 任 编 辑：	刘文静
标 准 书 号：	ISBN 978-7-301-24761-7
出 版 发 行：	北京大学出版社
地　　　址：	北京市海淀区成府路 205 号　100871
网　　　址：	http://www.pup.cn　新浪官方微博：@北京大学出版社
电 子 邮 箱：	编辑部 pupwaiwen@pup.cn　总编室 zpup@pup.cn
电　　　话：	邮购部 62752015　发行部 62750672　编辑部 62754382　出版部 62754962
印 　刷 　者：	北京虎彩文化传播有限公司
经 　销 　者：	新华书店
	730 毫米×980 毫米　16 开本　17.5 印张　300 千字
	2014 年 9 月第 1 版　2025 年 8 月第 5 次印刷
定　　　价：	58.00 元

未经许可，不得以任何方式复制或抄袭本书之部分或全部内容。
版权所有，侵权必究
举报电话：010-62752024　电子邮箱：fd@pup.cn

《大学外国文化通识教育丛书》
Foreign Culture Series for University General Education
编审委员会

主　任
　　许智宏（北京大学校长）

委　员（按汉语拼音顺序）
　　程朝翔（北京大学外国语学院院长）
　　刘利民（教育部副部长）
　　石　坚（四川大学副校长）
　　宿久高（吉林大学外国语学院院长）
　　王守仁（南京大学外国语学院院长）
　　许　钧（南京大学研究生院副院长）
　　严绍璗（北京大学比较文学与比较文化研究所所长）
　　杨言洪（对外经济贸易大学外语学院院长）
　　张　冲（复旦大学外文学院副院长）

执行主编
　　程朝翔

作者简介

刘雅虹,西安外国语大学西班牙语教师,副教授。1990年毕业于西安外国语学院德法西系西班牙语专业。曾在中国科学院陕西天文台(今"国家授时中心")工作。1996年至今在西安外国语大学从事西班牙语教学。2002.10—2003.07获国家留学基金委奖学金在西班牙巴利亚多利德大学攻读西班牙语对外教学硕士课程,2004年10月毕业,获得硕士学位。目前从事西班牙语教学并给全校本科生开设通识课程《西班牙社会与文化》。

序言

20世纪90年代末,为适应国家长远发展战略的需要,教育部提出了进一步加强学生素质教育的号召。重基础,宽口径,优化知识结构,拓宽人文视野,与时俱进,已经成为我国高等教育的发展趋势。在此基础上,许多高等院校将人文类课程引入各个专业课程,客观上起到淡化那种过细、过于狭窄的传统文理分科,为培养学生的跨文化交际能力,成为促进文化和谐的世界公民,为加强学生作为人才的基础教育开辟了一条新的渠道。

适应形势的需要,西安外国语大学教务处于2013年3月以来开设了大学生通识课"东西方文明碰撞与交流"方向下的"西班牙社会与文化"课程。目前已经开设了3学期,学生对这门课程兴趣浓厚,教学反响强烈。课程开阔了学生的视野,使他们了解到西班牙社会与文化的丰富性和多元性,中华文明与西班牙文明的差异及两种文化在历史和现实中的碰撞和交流情况,并对新时期中国与西班牙的全方位接触带来的机遇和挑战有更深刻的认识和理解,加强了学生国际知识的修养,使其能够站在较高的层面去认识中国与西班牙交往的意义和必要性,并具备一定的跨文化交际能力。

随着我国和西班牙、拉丁美洲在政治、经济、文化等领域联系的日益加强,社会对西班牙语人才的需求也在急剧增长。为了适应人才市场的需要,全国的西班牙语教学发展很快,近五年我国开设西班牙语课程的大学从25所增至50所。社会上的很多语言培训机构也增设了西班牙语课程。西班牙语在我国已经成为一门非常热门的语言,同时国内掀起了一股西班牙留学热潮。在学习西班牙语语言的同时,了解西班牙的社会和文化,可以提高学生学习西班牙语的兴趣,培养跨文化交际能力。这就是作者编写此书的动机。

本书尽量做到以下几点:

1. 以西班牙历史沿革为主线,讲述了西班牙民族国家的形成过程;全面而系统地论述了西班牙文化的形成过程;论证了西班牙作为世界上第一个"日不落帝国"，对今日世界格局形成的影响；

  2. 本教材包含了西班牙政治、经济、社会、国际关系的最新信息，比如2008年金融危机对西班牙政局、经济和民生的影响，西班牙的留学和移民政策的调整等等；

  3. 本教材不是对西班牙社会与文化现象简单的罗列，而是从国际视野来看待西班牙从古至今的政治、社会和文化及其与世界其他文化的联系，开辟专门章节来论述中华文明与西班牙文明从古至今的交流以及中国与西班牙外交关系的建立过程；

  4. 本教材制作配套多媒体课件，图片、视频给学生带来视觉上的冲击，使学生近距离地了解西班牙文化，将会大大提高学生的学习兴趣，从而提高通识课大班授课的教学效果。

  限于篇幅，本教材对西班牙的工业、经济、贸易、金融等方面未全部涉及，仅从西班牙的自然地理和人文角度对有关方面进行了介绍。

  本教材配套的多媒体教学材料数字影像处理工作由西安外国语大学商学院申海博士协助完成。

  本书在编写过程中，得到了下列领导和同事、学生的支持和帮助，他们是：西安外国语大学教务处李雪茹处长、通识课负责人吕斌老师、基础教学部马国友主任、刘少杰副主任、唐旭宜秘书、非英语语种教研室朱五星主任、西方语言文化学院西班牙语教研室主任王琦、西班牙语教师杨洁、西班牙语专业研究生任艳丽、顾晓露、袁陈杰、仝紫娟、王媛、旅游学院学生王媛，在此向他们表示衷心的感谢；在此也向北京大学出版社刘文静编辑表示诚挚的感谢。

  趁此机会我也向我的家人表示感谢，是他们多年来的一贯支持和理解，使我能够专注于教学和科研工作，成就自己的理想，做出一定的成绩。

  本教材关于西班牙华人华侨、移民和留学政策以及部分旅游信息、西班牙金融危机后的状况的资料来源于权威机构网上发布的最新信息，在此对其作者表示感谢。

  本教材是为高等院校本科生和研究生编写的教材，西班牙语专业的学生、研究者和一般读者也可用做参考资料。

  本书有不妥之处，敬请专家、同行和读者批评指正。

作者于西安外国语大学雁塔校区
2014年6月16日

目录

概况 ·· (1)

第一章　地理 ·· (3)
 第一节　地理位置 ··· (3)
 第二节　地形 ·· (4)
 第三节　河流 ·· (5)
 第四节　气候 ·· (5)
 第五节　区域划分 ··· (6)

第二章　历史 ··· (11)
 第一节　远古时期 ··· (11)
 第二节　罗马帝国时期 ·· (12)
 第三节　第一个西班牙国家——西哥特王国 ······································· (17)
 第四节　中世纪南北对峙：穆斯林酋长国和基督教王国 ···················· (22)
 第五节　1492 年：天主教双王统一西班牙与地理大发现 ··················· (25)
 第六节　16 世纪：世界上第一个"日不落帝国" ································ (29)
 第七节　17 世纪：帝国的衰落 ·· (36)
 第八节　18 世纪和 19 世纪：从中兴到没落 ·· (36)
 第九节　20 世纪：从落后到复兴 ·· (39)

第三章　民族、语言和文化 ··· (55)
 第一节　混血民族 ··· (55)
 第二节　多种语言 ··· (58)
 第三节　多元文化 ··· (63)

第四章　文学艺术 ·· (68)
 第一节　远古时期的艺术 ·· (68)

第二节　古罗马艺术 …………………………………………… (68)
　　第三节　伊斯兰艺术 …………………………………………… (70)
　　第四节　中世纪艺术文学 ……………………………………… (73)
　　第五节　黄金世纪 ……………………………………………… (80)
　　第六节　18世纪艺术文学：从新古典主义到印象派的
　　　　　　先行者——戈雅 …………………………………… (101)
　　第七节　19世纪艺术文学——浪漫主义 …………………… (105)
　　第八节　百花齐放的20世纪艺术文学 ……………………… (116)

第五章　社会生活与传统习俗 ……………………………………… (145)
　　第一节　姓名与称谓 …………………………………………… (145)
　　第二节　舌尖上的西班牙 ……………………………………… (151)
　　第三节　服饰穿戴 ……………………………………………… (158)
　　第四节　居住条件 ……………………………………………… (160)
　　第五节　主要节日 ……………………………………………… (162)
　　第六节　弗拉门戈 ……………………………………………… (168)
　　第七节　斗牛 …………………………………………………… (170)
　　第八节　宗教习俗 ……………………………………………… (175)
　　第九节　社交礼仪 ……………………………………………… (177)
　　第十节　婚恋习俗 ……………………………………………… (179)
　　第十一节　婚姻家庭 …………………………………………… (181)
　　第十二节　人口老龄化 ………………………………………… (182)

第六章　国王与王室 ………………………………………………… (184)

第七章　经济 ………………………………………………………… (187)
　　第一节　农业 …………………………………………………… (187)
　　第二节　畜牧业 ………………………………………………… (189)
　　第三节　捕鱼业 ………………………………………………… (190)
　　第四节　林业 …………………………………………………… (191)
　　第五节　能源业 ………………………………………………… (193)
　　第六节　交通运输 ……………………………………………… (194)
　　第七节　旅游业 ………………………………………………… (195)

第八章　中国与西班牙的关系 ……………………………………… (208)
　　第一节　丝绸之路延伸至罗马帝国属地伊比利亚半岛（1—5世纪） … (208)
　　第二节　中世纪西班牙与中国的交流（6—15世纪） ……… (209)

第三节　地理大发现以后中国与西班牙之间的贸易活动
　　　　　　（16—19世纪） ………………………………………（216）
　　第四节　西班牙来华传教士在促进中国与西方文化交流中
　　　　　　的先驱作用 ……………………………………………（224）
　　第五节　古巴华工与中国—西班牙外交关系的确立 …………（233）
　　第六节　19世纪末叶中国与西班牙之间的新认知 ……………（235）
　　第七节　20世纪以降的中国与西班牙的交流 …………………（237）
第九章　西班牙外来移民与西班牙华人状况 ……………………（251）
第十章　西班牙教育简况与外国学生教育 ………………………（260）
参考书目 ……………………………………………………………（270）

概况

国名 全称为西班牙王国（Reino de España）。

国旗 西班牙国旗呈长方形，长与宽之比为3∶2。由三条平行带组成，上下两条为红色，中间一条为黄色，其宽度等于上下两条带的两倍。黄色部分偏左侧绘有西班牙国徽。国旗的红、黄两色是西班牙人民喜爱的传统颜色。

国徽 由上部的王冠、中间的盾徽和两边的大力神柱构成。王冠位于国徽上部，表示西班牙是君主制国家。中间的盾徽上有6个图案。左上部的城堡和右上部的雄狮分别象征着历史上的卡斯蒂利亚和莱昂两个王国。左下部的红色条纹和右下部的金色链网分别代表古代的阿拉贡王国和纳瓦拉王国。中间红边蓝底图案中的三朵百合代表波旁王室，底部的石榴象征南部的格拉纳达；盾徽两旁各有一根海格立斯柱，亦称大力神柱，左、右柱顶端分别是王冠和帝国冠冕，缠绕着立柱的饰带上写着"海外还有大陆"，原指西班牙王国辽阔的版图。本国徽图案为1981年确定。

国歌 名为《皇家进行曲》

国花 石榴花

首都 马德里

国庆日 10月12日

货币 欧元。自2002年1月1日起使用。原货币为比塞塔。

国家元首 费利佩·波旁·格莱西亚，2014年6月登基。

政府首脑 马里亚诺·拉霍伊，现任西班牙王国首相、西班牙人民党主席。2011年12月21日宣誓就职。

政体 君主立宪制

面积 505,957平方公里

人口 约4,000多万

官方语言 西班牙语，也称卡斯蒂利亚语

宗教信仰 罗马天主教

西班牙是一个历史悠久的文明古国,从15世纪末西班牙开国君主天主教双王资助哥伦布发现美洲起,到双王的后代卡洛斯一世皇帝、费利佩二世国王统治的16世纪,西班牙建立起横跨欧、亚、非、北美、南美五大洲的世界上第一个号称"日不落"的帝国。然而,随着西欧资本主义的诞生和发展,西班牙迅速走向衰落,一度成为欧洲落后国家。20世纪下半叶,西班牙经济开始腾飞,20世纪70年代后期民主化进程加快,进入了世界发达国家前十位之列,并在国际事务中起着越来越重要的作用。2008年席卷全球的金融危机也波及了西班牙,但在西班牙政府的努力下,目前西班牙经济失衡的问题已经得到扭转,国家经济正朝日益繁荣的方向发展。

西班牙国徽

第一章

地理

第一节 地理位置

西班牙位于欧洲西南部的伊比利亚半岛。半岛以西是大西洋，向南穿过直布罗陀海峡便可到达北非（最近距离 14 公里），向西穿越大西洋可到达被称为"新大陆"的美洲，向北翻过平均海拔高达 1500 米的比利牛斯山即到法国，从而进入欧洲大陆，可以说，伊比利亚半岛连接着大西洋、地中海和北部的卡塔布连海，也通过这条条水路，与四个大陆相连，具有重要的战略地位。

西班牙的海岸线是欧洲国家中最长的，仅陆地部分就长达 3904 公里，地中海上的巴利阿里群岛海岸线长 852 公里，大西洋上的加那利群岛海岸线长 1064 公里。这种得天独厚的地理位置，无论是古代西班牙作为海上强国时期，亦或是在当代利用旅游资源发展本国经济和维护欧洲安全的年月，使得伊比利亚半岛及其属下的群岛均具有十分重要的战略地位。这种地理形态提供了许多天然良港和航海的便利条件。

西班牙漫长的海岸线使其从远古到近代，始终成为外族的造访和入侵之地，半岛的格局有助于多元文化因素的流入，形成了西班牙特有的混血民族和多元文化；也是历史上无数著名的航海家、征服者走向大洋彼岸的起锚之港，是西班牙成为世界上第一个"日不落帝国"的主要原因之一。

西班牙占伊比利亚半岛 4/5 的面积。陆地面积为 493386 平方公里。以首都马德里城为半岛的中心，距最南端的加的斯城 530 公里，离最西端的拉科鲁尼亚城 590 公里，到东部的巴塞罗那和西部大西洋岸边的葡萄牙首都里斯本各 620 公里。由马德里驱车经东北名城潘普洛纳至西班牙和法国边境还不到 600 公里。

西班牙除了陆地部分以外,还有位于地中海的巴利阿里群岛和位于大西洋的加那利群岛。这两处群岛的面积分别为4992平方公里和7447平方公里。从马德里乘伊比利亚航空公司的国内班机飞往这两处群岛,到巴利阿里群岛中最大的马略卡岛省的首府帕尔马需飞行一个小时,而到加那利群岛中的大加那利岛则需飞行两个半小时。

从1492年天主教双王资助哥伦布发现美洲开始,西班牙建立起了世界上最大的殖民帝国,在美洲、亚洲和非洲都占有许多殖民地,但尔后的几个世纪里国力逐渐衰退,昔日的属地纷纷摆脱宗主国的统治,宣告独立。如今,西班牙仅在非洲大陆北部的地中海沿岸拥有休达和梅利亚两块飞地。这两座城市在摩洛哥境内,其居民中80%为西班牙人。

目前西班牙国土总面积达505957平方公里,是继俄罗斯、德国和法国之后的欧洲第四大国。

第二节 地形

西班牙境内多山,地形复杂奇特,是欧洲除瑞士以外山地最多的国家。西班牙境内海拔平均高度为660米,高出欧洲大陆海拔的平均数。超过65%的国土面积位于海拔600米以上的位置,其中1/3在海拔1000米以上。伊比利亚半岛中部是一片高原,即中央高原,主要在西班牙境内,以马德里为中心地带向四周扩展。高原三面环山:北部有卡塔布连山脉,南部有莫雷纳山,东部的伊比利亚山脉把中部高原与阿拉贡平原分开。高原向西延伸,地势渐趋平坦,最后消失在大西洋沿岸。比利牛斯山位于西法边境,其最高峰达3404米,这座天然屏障把西班牙与整个欧洲分隔开来,格雷多斯山脉和瓜达拉马山脉横穿中部高原,将它分成南北两个部分。两山都长满了各种野生植物;著名的西班牙野山羊经常在山间出没,是狩猎者的天堂。南部的内华达山脉中的穆拉森峰,海拔3478米,位于格拉纳达境内,是伊比利亚半岛的屋脊。

西班牙境内的重重山脉,在中世纪和13—15世纪的西班牙光复战争时期,曾起到天然防护屏障的作用,同时得益于这种地形,西班牙各地不同的文化形态得以形成并延续至今。中央高原是西班牙文明的摇篮,以其固有的地区特色自古至今构成了西班牙人文和经济基础;但是,境内的群山切断了各个地区之间的联系,使地方自成一体,从而为历史发展中频频出现的分裂和自治、地方主义等政治弊病埋下了伏笔。

两个群岛——位于地中海的巴利阿里群岛和位于大西洋的加那利群岛,气候温和宜人，都是世界著名的度假天堂。

第三节　河流

西班牙境内最大，流域最广的河是埃布罗河，发源自北部卡塔布连山脉，向东南流入地中海，有200多个支流。全长927公里，流域面积283000平方公里，是西班牙境内最长的一条河流。南部地区的瓜达基维尔河是西班牙唯一可通航的河流。全长657公里，向西流入大西洋，古代阿拉伯人称它为"大河"。沿线最主要的港口是塞维利亚，新大陆"发现"后，往来于美洲和西班牙之间的船大多停靠于此。其他几条重要的河流是塔霍河、杜罗河、瓜迪亚纳河，下游均流入葡萄牙境内，然后注入大西洋。

西班牙境内河流一般水量不大，冬天水位升高，夏季干旱时水位下降甚至干涸。唯一的有利条件，不论流向大西洋或地中海的河流均发源于中央高原四周的山脉，地处上游的河流虽水量少，但水流湍急，主要用于发电。

第四节　气候

西班牙地处北纬36—43度之间，被视为典型的地中海沿岸国家。气候明显受地中海影响。西班牙南部和东南部地中海沿岸地区，占全国四分之三的面积，为亚热带地中海式气候。夏季时间长，干旱少雨，年平均降雨量每平方米250公升。密林很少，多为荆棘丛生之地，有些地方沙漠化较为严重。

除了东南沿海的地中海式气候，西班牙境内地形的高低起伏造成各地气候迥然不同。北部卡塔布连海岸和比利牛斯山区为海洋性温带气候。冬天十分寒冷，冰雪覆盖着大地。全年平均降雨量为每平方米700公升。森林密布，郁郁葱葱，有"绿色西班牙"之称。由于雨水充足，牧草生长茂盛，一片碧绿青翠，是放牧的理想场所，这里的畜牧业非常发达。

中部高原系大陆性气候。春天多刮风下雨。但并非天天下雨，也很少连续下一天以上的雨。出门时还是晴空万里，可是突然乌云翻滚，大风夹着雨点哗哗落下，所以出门必带雨伞以防备半路上下雨。夏季几乎天天是烈日骄阳，晴空万里，炎热干燥，气温常常达到摄氏35度以上。由于地处高原，早晚却是凉风习习。每年七、八两个月是最热的时候，城市寂静空旷，人们都赴山间或海边度假去了。秋季是一年中最美好的季节，秋高气爽，阳光明媚。冬天寒冷，经常刮风，大风几乎能把行人吹倒。有时雨夹雪，雪片飞扬。城外一些山区道路，往往因大雪和冰冻而阻碍交通。

第五节　区域划分

西班牙全国共划分为17个自治区,自治区下辖50个省。17个自治区分别是:加利西亚、阿斯图里亚斯、卡塔布连、巴斯克、纳瓦拉、卡斯蒂利亚—莱昂、拉里奥哈、阿拉贡、加泰罗尼亚、埃斯特雷马杜拉、马德里、卡斯蒂利亚—拉曼恰、巴伦西亚、安达卢西亚、穆尔西亚、巴利阿里群岛、加那利群岛。

按照地理特点,西班牙可分为如下区域:

1. 卡塔布连海岸—比利牛斯山区

包括加利西亚、阿斯图里亚斯和巴斯克三个地区。这里大部分地区为崇山峻岭,北临气势磅礴的卡塔布连海。阵阵海浪拍击着沿岸的峭壁,青山、绿水和碧蓝的天空给人以雄伟、庄重的美感。这里是海洋性气候。雨水丰沛,土地肥沃,遍布牧场和农田,森林茂密,河谷宽广,被称为"绿色西班牙"。农业、牧业、渔业发达。

加利西亚位于西班牙的西北角,温和湿润的气候使这个地区四季常青。这里一年四季几乎天天都在下雨,很少有晴天。加利西亚是著名的渔乡。首府为圣地亚哥·德·孔波斯特拉,是和耶路撒冷、罗马并列的基督教三大朝圣地之一。它的第二大城市维戈是欧洲最大的渔港。这里除了渔船码头和先进的鱼类加工业,造船工业也很发达。这个地区有自己的语言——加利西亚语,与葡萄牙语类似。

阿斯图里亚斯地区,境内山脉连绵,遍布果园,也是西班牙最大的煤炭生产和储藏基地,钢铁工业也很发达,这里是西班牙光复战争的摇篮。卡塔布连海岸北临茫茫比斯开湾,境内林木茂盛,风景优美。是全国经济效益最好的农牧业生产基地之一。

巴斯克地区的首府圣塞巴斯蒂安是与法国接壤的边境城市,拥有天然美丽的海滩,是著名的夏季度假胜地,在干旱的夏日里,这里的海水温度较低,一般都在18℃左右,以前是西班牙贵族的避暑胜地,如今仍保留了大都会的独特风光,任游人享受。这里的煤炭、生铁和钢铁工业都很发达。古老的巴斯克民族就生活在这里。他们的起源以及所使用的语言至今仍是个不解之谜。

2. 中央高原

整个中央高原是西班牙的内陆地区,占伊比利亚面积的40%,包括卡斯蒂利亚—莱昂、阿拉贡、拉里奥哈、卡斯蒂利亚—拉曼恰、埃斯特雷马杜拉和马德里六大自治区。海拔近1000米,多山。大陆性气候。冬季寒冷,夏季干热。卡斯蒂利亚—莱昂出产粮食作物,如小麦、燕麦等,卡斯蒂利亚—拉曼恰种植橄榄树、葡萄、番红花等经济作物,畜牧业发达,出产的曼恰奶酪很著名。

中央高原上坐落着许多历史名城。西北面的巴利亚多利德是卡斯蒂利亚—莱昂自治区的首府，也是该区最大的城市。它坐落在一片广阔而地势极高的高原上，曾是莱昂王国和卡斯蒂利亚王国北半部领土的一部分。在马德里成为首都之前这里一直是西班牙的首都。这里虽地处高原却一望无垠，是一片大平原，历朝历代都在这里留下了大量的珍贵遗迹和富有历史纪念意义的建筑物。市内的雕刻艺术博物馆是西班牙最大的博物馆之一，馆内收藏了大量16—17世纪西班牙历代宗教木雕艺术名家的作品。市内还有西班牙唯一的"东方博物馆"，里面收藏了奥古斯丁派传教士们在地理大发现后的大航海时代从东方带回来的艺术品。

马德里位于中央高原的腹地，是西班牙的"心脏"。既是马德里自治区所在地，也是全国的首都。马德里在公元9世纪时曾被阿拉伯人占领，到16世纪时只是一个小镇，从1561年费利佩二世国王把首都从巴利亚多利德迁到这里后，由于其特殊的地位而得到迅速的发展。在卡洛斯三世国王统治时期，在马德里大规模地进行城市规划和建设，聘请了国内外杰出的艺术家、建筑师和工匠，把马德里建成了具有文化气息、先进的生活设施和优美环境的现代城市，大量公共建筑拔地而起，如马德里王宫、阿尔卡拉门、圣佛朗西斯科大教堂、植物园、自然科学博物馆、装饰着喷泉的林荫大道等，卡洛斯三世因此而被誉为马德里的"好市长"。太阳门广场是马德里的市中心，从首都通向全国各地的公路的长度起点都由太阳门的中心点算起。马德里不仅是全国的政治、行政、金融、交通和通讯中心，同时也是现代工业企业的重镇，从1992年起被命名为"欧洲文化名城"。

位于中央高原上的其他历史名城有以下几座：

风景优美、古迹遍布的萨拉曼卡大学，拥有全欧洲最早创立的大学之一——萨拉曼卡（创立于1218年，仅次于牛津大学），不仅在文艺复兴时代曾名噪一时，在现代也是世界著名大学。

山城托莱多迄今仍保留了400年前的古都风貌，是基督教、伊斯兰教和犹太教三种文明荟萃之地，因此被誉为"三文化"名城，于1986年被列入世界遗产目录，城内西班牙不同历史时代的文化艺术名胜古迹处处可见。若以每平方公里计算，其古迹藏量堪称世界之最。托莱多曾是西班牙首席红衣大主教的所在地，作为世界最大天主教堂之一的托莱多大教堂，是哥特艺术的顶峰之作，也是西班牙历史最佳的见证。这里还有文艺复兴时期著名画家格雷科博物馆和格雷科故居，里面陈放着他的所有重要作品。

塞戈维亚城完整无损地保存了两千多年前的古罗马人修建的高架引水桥。天主教女王伊莎贝尔一世就是在该城的教堂加冕登基的，天主教双王曾坐镇指挥光复战争的阿尔卡萨尔城堡是迪斯尼乐园白雪公主童话中城堡的原型。

北部的洛格罗尼奥是拉里奥哈自治区的首府。这个地区的酿酒业最负盛名。其产品"拉·里奥哈"酒被誉为世界最好的佳酿之一。这里的阿罗镇是最重要的葡萄酒酿制中心，镇周围遍布大大小小的酿酒厂，全部机械化作业，现代技术管理。每当葡萄收获季节，镇里镇外车水马龙，一派繁忙景象。当地人把葡萄酒只当做一种极普通的饮料，每逢重要的节日庆祝，他们纷纷涌向街头，用葡萄酒相互淋洒，展开"葡萄酒大战"，一片欢乐气氛。

阿维拉城保存着建于中世纪的城墙。潘普洛纳城以其群众性的奔牛节活动闻名世界。南部的雷阿尔城是卡斯蒂利亚—拉曼恰自治区的首府，也是一座历史名城。城外到处可以看到千奇百怪的磨坊风车群。在塞万提斯的巨著《堂吉诃德》中，主人公曾把这些风车当做巨人与之搏斗。著名的堂吉诃德之路就在这里。

中央高原西南是埃斯特雷马杜拉自治区，其首府是葡萄牙和西班牙的边境城市巴达霍斯。整个中央高原唯有从这个地区开始直到大西洋沿岸坡度才逐渐降低。巴达霍斯是西葡边境上的重要关卡，每天车辆络绎不绝。欧盟成员国的旅客途经这里出入境时，只需出示有效的身份证件即可，其他外国游客必须出示出入境签证的护照。巴达霍斯自古就是重要的边防要塞。古罗马人在这里曾建有剧场和高架引水桥。该城自古以来就是由高原奔向大海的重要通途。

3. 地中海沿岸

包括加泰罗尼亚、巴伦西亚、安达卢西亚部分地区和巴利阿里群岛。地中海式亚热带气候，夏季炎热，部分地区最高气温摄氏40度，日照时间长，冬季温和。出产柑橘、蔬菜、水稻，是西班牙重要的农业区和工业区。

加泰罗尼亚亦称地中海地区的西班牙。这个地区有自己的文化传统和地方语言文字加泰罗尼亚语，并具有典型的欧洲色彩。这里科技发达，经济繁荣，充满活力。巴塞罗那是这一地区的首府，也是西班牙第二大城市。这里的一些街道、商店、学校的名称都是用加泰罗尼亚语书写。大学的网页也是有加泰罗尼亚语和西班牙语两种页面。当地居民在日常生活中也常用地方语言。这一带除了发达的工业区和重要商港外，巴塞罗那城以北至赫罗纳省境内有长达近百公里的海滩。海滩背后是凹凸不平的陡峭崖壁，夹杂着沙幼水清的小湾，风景优美迷人。

巴伦西亚是西班牙最重要的农业区。古代阿拉伯人在这里有一定的影响，至今仍留下些许痕迹。著名的巴伦西亚灌溉区拥有一片沃土，具备果树生长的优越条件。这里拥有一望无际的橙林，大片大片的塑料大棚是全年蔬菜生产的重要基地，各类蔬菜从种植、田间管理，到收获、包装、外运欧洲市场，全部配套现代化经营，经济效益极高。每年仅各类蔬菜、水果出口就为国家赚取大量外汇。农业和农业食品科研是这里的一大特色。巴伦西亚是这个地区的首府，地处地中海岸边，由于在几个世纪中受阿拉伯影响较深,因此迄今城内外多处仍保持了独特的阿拉伯地中海风格。巴伦西亚以其奇特的风俗和节日闻名于世,如圣何塞日焚烧人偶的活动。这里地中海的海岸线比较平直,天然海滩鳞次栉比,上面覆盖着一层柔软的细沙。在碧空蓝天之下,海面平静如镜,温暖的海水轻拍着金色的沙滩。风景优美迷人,旅游业发达,是著名的度假胜地。

巴利阿里群岛位于巴伦西亚湾对面的地中海上。群岛一年四季温差不大,气候温和宜人,是世界著名的度假天堂。乔治桑和肖邦曾在这里居住过。岛上陡峭的山岩、平缓的高地交替出现,中部是宽阔的中央高原。海岸地带多悬崖峭壁、小海湾和沙滩。建筑和园林风格保留有古代罗马人和阿拉伯人的特色。首府帕尔马是一个美丽迷人的滨海城市,市内的大教堂、皇宫、艺术博物馆、海军博物馆、阿拉伯浴池、市政厅大楼、古堡等都值得一看。这里盛产橄榄和杏仁,山坡上的层层梯田,长满了杏树、橄榄树、松树等,果园遍布。

4. 南部—安达卢西亚

包括安达卢西亚自治区。位于中央高原南部。亚热带气候,四季如春。树木终年葱茏可悦,百花芬芳馥郁。这里是西班牙最具吸引力的旅游区,遐迩闻名的太阳海岸就这里。内华达山脉位于南部,其最高峰木拉散山是西班牙大陆最高点,海拔3478米,号称西班牙"民族的脊梁"。瓜达基维尔河流域是国内最富庶的农业区之一,种植橄榄树、棉花及其他农作物,到处可见果园,出产柑橘、柠檬、葡萄。这里漫长的海岸线从远古时代就吸引了远道而来的迦太基人、腓尼基人、希腊人,后来又被阿拉伯人占领了8个世纪,上千年的民族共居和文化交融,富有异国风情的民俗传统,是外国人眼中的西班牙风情最集中体现的地区之一。位于瓜达基维尔河畔的塞维利亚是安达卢西亚自治区的首府,也是西班牙全国第三大城市,被称为"南方国门",历史悠久,古迹众多,是重要的工商业和旅游胜地。格拉纳达城是阿拉伯人固守的最后一个据点。穆斯林在西班牙长达8个世纪的统治使安达卢西亚具有独特的东方风情。

这一带由东向西位于地中海沿岸和内地的主要城镇有:科尔多瓦、格拉纳达、马拉加、太阳海岸、米哈斯、龙达、卢斯海岸、加的斯、维尔瓦等。这里的住房外墙大都喜用白色,因为这里日照强,白色可以将光线反射出去,降低温度。白色的房子,加上到处装点的亚热带植物,展示了南部特有的景色。这里不仅具有阿拉伯民族的习俗遗风,也多处留下了哥伦布的足迹,哥伦布当年就是从这里出发,一路向西,横穿大西洋发现美洲的。

5. 加那利群岛

加那利群岛位于非洲西北部的大西洋上。亚热带气候,温和宜人,四季如春,也是个度假天堂。由于其在大西洋上特殊的地理位置,成为航行欧洲其他地区、中东、非洲和美洲的要冲。加那利群岛因火山的作用,呈现熔岩地貌,有的岛屿地势很高,景色奇特。西班牙的最高峰泰德峰(3718米)就在其中的特内里费岛上。从19世纪起,这里成为自由港,大部分商品是免税的。省会帕尔马斯是群岛中最大的城市,也是一个拥有35万人口的繁荣而美丽的城市,其港口的吞吐量居全西班牙之首。

区域划分

第二章

历史

西班牙是一个历史悠久的古国。中世纪时期,西班牙是文化最发达的欧洲国家。信奉基督教的西班牙人与穆斯林、犹太人在这块土地上共同创造了一段光辉灿烂的文明史,当时的西班牙成了东西方文化的交汇点。西班牙在16世纪曾建立了本国历史上第一个帝国——横跨四大洲的"日不落帝国"。自1588年"无敌舰队"在英吉利海峡被英国击溃后,西班牙便一蹶不振,逐渐从世界头等强国的宝座上跌落下来。由于诸多因素,西班牙的历史纷繁独特,明显有别于欧洲其他国家。

西班牙位于伊比利亚半岛,海岸线全长3904公里。大部分海岸,船只都能通行到达,西班牙历史上众多的外族入侵都是从海路打进来的。这无数次的入侵改变了西班牙单一民族的状态。不同种族的多次混合,逐步形成了今日以独特性著称的西班牙民族。

第一节 远古时期

位于布尔戈斯的考古发现证明,伊比利亚半岛上最早的人类活动出现在大约八十万年前的旧石器时代早期。他们以狩猎、捕鱼、采摘为生,居住在洞穴里,用石头制造工具。卡塔布连山和东南部沿海地区是当时主要聚居地,人类在那里留下了一幅幅岩洞壁画。公元前5000年伊比利亚半岛进入新石器时代。一些来自非洲北部的人通过直布罗陀海峡到达伊比利亚半岛,成为伊比利亚人,他们身材矮小,棕色皮肤。眼神活跃,热血沸腾,喜欢打仗。他们在这里发展起了农业和畜牧业,也学会了制陶和纺织,人口增加了,出现了最早的定居部落。公元前1000年,一支源于亚洲的印欧民族凯尔特人逐步进入伊比利亚半岛,定居在中部和西部。凯尔特人黄发白肤,粗壮魁梧,胆大无畏,善于使用武器,他们以农牧业为主,用铁打造农具和武器,用青铜制作装饰物,用手工制陶。由于这两个民族的通婚,一个新的民族——凯尔特伊比利亚人(celtibero)诞生,它被视为西班牙民族的祖先。由于他们的物质文化受到发展程度更高的伊比利亚人的影响,懂得规划城市,也会制造式样图案新颖美观的陶器。

以后,一系列大规模的外族向伊比利亚半岛频繁迁徙,按时间顺序排列如下:公元前11世纪,腓尼基人登陆。公元前7世纪,希腊人登陆。公元6世纪,迦太基人登陆。这些海洋民族带来了新的文明:生产技术(冶炼、种植、酿酒、食品加工等)、贸易交流、宗教思想、文字书写(布匿字母)、艺术审美(音乐、雕塑)等,还带来了新的血液。这些外来民族对西班牙民族性格产生了决定性的影响:勇于冒险、开拓进取、讲求实际、富于想象力等等。

公元前814年,腓尼基人的移民在非洲北部建立迦太基城。迦太基在腓尼基语中意为"新城"。在公元前8世纪至公元前6世纪,迦太基逐渐使北非沿海、西班牙南部沿岸及其邻近岛屿、撒丁岛、科西嘉岛、西西里岛西部及其邻近诸岛处于自己的控制之下,成为当时地中海西部最强大的国家。迦太基拥有庞大的船队和强大的海军称霸西地中海,成为西地中海的贸易中心。公元前3世纪罗马对外扩张,与迦太基之间爆发了三次"布匿战争",以罗马人胜利告终,罗马人登陆伊比利亚半岛,对这里实行大规模的罗马化。

从公元前2世纪—公元前3世纪到中古时期,伊比利亚半岛先后经历的三次大规模的外族入侵:罗马人、西哥特人、阿拉伯人的入侵,其时间之长,影响之深,是前所未有的,对西班牙民族及其文化的形成起到了决定性的作用。

第二节 罗马帝国时期

公元前218年的第三次布匿战争,罗马人打败了迦太基人,占领了伊比利亚半岛,但200年后才完全消灭西班牙人的反抗。在公元前133年的努曼西亚城保卫战中,罗马统帅西庇阿围困该城6个月,最后全城人集体自杀,放火烧城,也绝不投降,体现了一种英雄主义精神,成为西班牙民族的至高荣耀。

罗马人把伊比利亚半岛叫做伊斯帕尼亚(Hispania)。为了管理这个半岛,伊比利亚半岛被划成3个行省:东部的塔拉戈纳(Tarragona)、西部的卢西塔尼亚(Lusitania)和南方的贝梯卡(Bética)。

在罗马皇帝维斯帕西昂执政期间,伊比利亚半岛的居民获得了罗马公民的身份,这样西班牙就从殖民阶段走进了文化融合。罗马人侵伊比利亚半岛不仅是一次军事扩张,更重要的是一次史无前例的文化扩张,为西班牙的形成和西班牙文化的形成奠定了基础。

一、伊比利亚半岛罗马化

罗马帝国征服半岛的过程中,西班牙逐步接受了罗马的政治、社会、经济和文化制度,实现了罗马化。实现罗马化的渠道主要有殖民行为、军队和城市。

罗马在伊比利亚半岛上的军事胜利为殖民开辟了道路,大批罗马移民来到了半岛定居,并修建了道路和城市。占领军把罗马的思维和习俗传播到半岛,大量驻军与当地妇女通婚。被征召到罗马军队的西班牙人退伍后也把罗马文化带回了家乡。

作为行政、司法和财政管辖中心,城市的发展推动了半岛的罗马化。罗马帝国统治时期,伊比利亚半岛建起了新的城市,很多土著人居住地实现了城市化。罗马人兴建的主要城市有今天的塞戈维亚、巴塞罗那、巴伦西亚、萨拉戈萨、梅里达和塔拉赫纳。所有的城市都参照罗马城修建,并以纪念碑和各种公共建筑装点,使得城市更加雄伟壮观。西班牙至今仍保留了很多罗马时期的公共建筑,包括神庙、剧场、竞技场、凯旋门、温泉、桥梁和引水渠等。城市积累了大量财富,十分繁荣。

拉丁语也是罗马化的关键因素。罗马士兵、商人、普通百姓和官吏们使用的民间拉丁语进入了伊比利亚半岛,并随着罗马统治的日益深化而被越来越多的本地人所接受。拉丁语的普及逐步消除了过去多种方言并存的分割局面,促进了人们的沟通,推动了罗马化进程,最终把伊比利亚半岛的各个民族从边缘的地位带入了当时西方的中心——罗马帝国。

另一个罗马化的要素是罗马法。罗马人制定了一系列调整各种社会关系的规则,后来很多西方立法都来源于罗马法。与自己的老师希腊人相比,罗马人在法律方面更胜一筹,他们注重规则、秩序、尺度,要求一切都要统一在某种权力的约束之下,不可放任自流。这也许就是他们最终用强大的帝国力量和钢铁般的军队征服了希腊的原因之一。美国历史学家威尔·杜兰说:"法律最足以说明罗马精神的特征,在历史上罗马代表秩序,就如同希腊代表自由。希腊留下的民主与哲学,成为个人自由的依据;罗马留下了法律与政绩,则成为社会秩序的基础。"罗马法涵盖了民法、商法、刑法等诸多领域,不仅规定了具体的法律条文,还奠定了法治精神,从而确立了西方法学体系的理论基础,为西方文化做出了宝贵的贡献。制订于公元前451年—公元前450年的《十二铜表法》是罗马的第一部成文法典,该法典内容庞杂,基本上是习惯法的汇编,是古代法律中反映商品生产和交换的最完备最典型的法律,对中世纪和近代欧洲法学及后世各国的立法有巨大影响。

公元96年涅尔瓦继位,开创了安东尼王朝,这一时期也被称为五贤帝时代。

这五位皇帝谦逊爱民,这段时期也是自奥古斯都之后罗马帝国最强盛的时期。罗马帝国的基础设施,如:法律、道路交通、度量衡、货币制度都在这个年代得到统一,并通行全国。有文人将这个年代称赞为"人类最幸福的年代"。五贤帝中的后四位都出生于西班牙。

至公元1世纪末,伊斯帕尼亚各行省已全面实现了罗马化:拉丁语取代了各土著语言,采纳了罗马社会体系,普遍采用罗马的经济制度,使用奴隶劳动,使用货币。半岛上的居民接受了罗马的教育、文学、绘画、雕塑等文化艺术,今天的西班牙仍保留了很多罗马帝国时期的艺术作品。实际上,罗马的建筑风格和城建模式的影响穿越了几个世纪,直到今天。在西班牙全国各地,从大城市到乡村,从宏伟的公共建筑(议会大厦、纪念碑、教堂、剧院等)到民宅(居室、庭院等),甚至墓地陵园,其风格规制都残存着罗马的痕迹。

二、罗马帝国统治时期西班牙的经济

罗马人充分利用伊比利亚半岛丰富的自然资源,他们开发矿藏,特别是阿斯图里亚斯和莱昂的金矿、卡塔赫纳的银矿、维尔瓦的铜矿和阿尔玛德的水银矿。西班牙的金银成为罗马帝国货币原料的主要来源,用来购买通过丝绸之路运送到罗马帝国的中国丝绸。公元1世纪,罗马帝国统治者开始利用水力技术在西班牙西北部的拉斯梅德拉斯地区开采金矿。经过两个世纪的开采,罗马人撤退了,留下一片废墟,但是独特的古代水利技术却流传下来,至今仍部分在为农业利用。在农业和畜牧业方面,罗马人先进的的技术(工具、灌溉方式等)和他们带来的物种推动了农业发展,农民们种植葡萄、橄榄以及其他各种水果蔬菜和粮食作物,他们酿酒和加工橄榄油的技术已经达到较高的水平。

三、罗马帝国的衰落

1. 隶农的不满和反抗

公元3世纪前后罗马帝国的奴隶制社会内奴隶主与奴隶之间的阶级矛盾日趋加深,许多奴隶的非自然死亡和逃跑使得奴隶数目大量减少,严重影响了农业生产。为了维持生产发展,也为了减缓矛盾,奴隶主将大田庄分成小块土地租给了农民。这些佃农在法律上来说有自由之身,但必须终生从事农业生产,随着土地的出售而转移自己的服务对象,成为一种隶农。隶农是主要的农业生产者。他们受到了残酷的剥削和压迫,却不能支配自己的财产,不能决定自己的命运,逐渐对罗马统治者生出不满情绪,到处起义。曾经作为行政中心的城市衰落下去,人口大量减少,流向农村。商业失去活力,货币贬值,城市不断构筑防御工事,以应对帝国边境蛮族的进攻。公元 4 世纪帝国危机加剧，皇帝、教会和大庄园主拥有广阔的土地，而小地主纷纷破产，成为农奴，城市人口被迫负担日益沉重的赋税。与其他行省一样，始于公元 3 世纪的罗马帝国危机也波及了伊比利亚半岛。

2. 日耳曼人的威胁

罗马帝国的北边住着所谓的"蛮族"——日耳曼人。当时的罗马帝国已经发展到鼎盛时期，日耳曼人却还生活在一种原始氏族社会里。他们过着半游牧的生活。土地还没有被私人占有，主要生产工具也都是氏族共同财产，其氏族事务由长老管理，最高权力属民众大会，战时才推选军事领袖。他们没有自己的城市，但已能制造毛、麻织品及陶器，还能采矿、冶炼金属。他们在罗马边境城市和罗马人进行贸易，使用罗马人的货币。从公元 1 世纪末到 3 世纪，日耳曼人社会得到进一步的发展，有了阶级分化并出现了部落联盟，如东哥特、西哥特、汪达尔、法兰克、盎格鲁、撒克逊等。从 3 世纪起这些联盟常在罗马边境侵袭。罗马人无力抵御，只得让他们以"同盟者"的名义进入境内，防卫边区。到了帝国末年，罗马军队已多半由蛮族组成，其首领则担任高级军职。经过一个多世纪的逐步渗入之后，他们开始了民族大迁徙，这种迁徙经常以武力的形式，胁迫迁移者一批批连同家人、车马一道进行的，势不可挡，一直持续到 6 世纪后期才告一段落。

3. 汉帝国对罗马帝国命运的影响

日耳曼人的西迁和汉帝国对匈奴人的反击是相关联的。匈奴人是散居在汉帝国北方和西部的游牧民族，对汉帝国不断进行入侵和骚扰。汉武帝于公元前 133 年起开始反击匈奴人，连续六七十年间，汉王朝的统治者迫使匈奴人向西方溃退。由于匈奴人的西进，日耳曼人的一支西哥特人（los visigodos）求助于罗马皇帝，得到许可便于公元 376 年迁入罗马帝国境内作为帝国的同盟军。至 4 世纪末，罗马帝国军队中来自蛮族的士兵竟占了 3/4。罗马帝国军队的"蛮族化"成为罗马帝国政治危机的一个重要标志，同时也是罗马帝国的隐患。西罗马帝国领土到了 5 世纪中叶就已丧失大部。先是不列颠受到撒克逊人和裘特人的侵略，并在那里建立起几个小王国，后来法兰克人在 3 世纪进入高卢东部。西哥特人则占领了其西南部（包括伊比利亚半岛）。就这样，汉帝国迫使匈奴人涌入欧洲大陆并影响到罗马帝国的命运。

四、基督教的传播

罗马统治期间的另一件划时代的大事件就是基督教的诞生。基督教是从犹太教分化而来的。犹太教诞生于公元前 12 世纪左右，是亚洲西部巴勒斯坦犹太人的宗教。耶稣诞生和被钉死在十字架上以后不久，犹太教仍只是犹太人的信仰。但从公元前6世纪起,犹太教徒受到波斯、希腊等宗教的影响,已逐渐改变了自己的宗教观念。出生于小亚细亚的犹太教徒保罗,受希腊文化的影响,大胆地否认耶稣仅仅是犹太教徒的救世主,认为上帝差遣他唯一的儿子耶稣来人间是为了让他替全人类赎罪。就这样,基督教诞生了。基督教在其创建初期,遭到罗马统治者的严酷迫害。因为当时罗马信奉的是多神教。

公元1世纪—公元2世纪,基督教在伊比利亚半岛悄然传播。据《使徒名录》记载,西班牙被授予圣雅各(西班牙语称作"圣地亚哥")作为传播福音的地域,传说圣雅各殉教于耶路撒冷之前一直在埃布罗河畔传教。公元39年10月12日,圣雅各在埃布罗河岸边与门徒们一同祈祷。夜已深,雅各刚离开一步之遥,忽然化做了一道耀眼的光芒。在成千上万天使护送下,圣母玛利亚出现了。她端坐在一根碧玉柱上。传播福音者圣约翰伴随着她。在竖琴和声的伴奏下,传来背诵圣母经的美妙声音。于是,圣母像转向雅各,对他说:"我要在此地受朝拜。你为我建造一座庙堂,让这根柱子就留在原地直到世界末日。我将在这里施行种种奇迹。"圣雅各遵照玛利亚的吩咐,当即建造一座小教堂,它后来成为玉柱圣母教堂,位于今天的埃布罗河畔的萨拉戈萨。八百年后,在加利西亚自治区发现了圣雅各的坟墓,于是这里成了西班牙全国和欧洲很多国家的朝圣地。到了3世纪初,西班牙没有一寸土地不被基督教学说渗透。

公元306年,在西班牙基督教教士第一次聚会的埃尔韦拉公会议上,清除了异教,制定了一系列教会规定,实行教士等级制度,创立首席主教制,奠定了西班牙教会的基础,并把教会设立在城市的中心地带。这次公会议是把基督教变成国教的开端,同年君士坦丁登基为罗马帝国皇帝。公元313年,基于基督教的强大影响力和可利用之处,君士坦丁大帝发布《米兰敕令》,宣布基督教成为一种合法的、自由的宗教。但罗马帝国当时信奉的仍是综合了古希腊和古罗马众多神邸的多神教。

另一个出生于西班牙的罗马皇帝狄奥多西一世(公元379年—公元395年在位)是最后一位统一罗马的皇帝,也是历史上最后一位统治着整个地中海沿岸的君主。狄奥多西皇帝清算了异教,战胜了蛮族的进攻,维系着摇摇欲坠的罗马帝国。由于在镇压叛乱时杀害过无辜的人,米兰主教要求他悔罪。开始他拒不听命,但主教坚持不让步。他虽是伟大的战士,但也是个有良心的人。在圣诞节来临之际,他终于投身于主教的脚下,当着一大群百姓的面,请求宽恕。他于公元380年公布了一道谕旨。这道谕旨在《米兰敕令》的基础上,指出基督教的信仰是值得全罗马帝国人民、值得所有有思想的人、值得所有有智慧的人去接纳的一个信仰。从此基督教成为罗马帝国的国教。基督教在西班牙承担起延续"罗马精神"的责任。由于狄奥多西的努力,基督教征服西班牙的伟业得以完成。从那以后,基督教进入了一个全新的发展时期,教会开始拥有一个全国性的、组织严密的管理机构,每个教区都由一个主教统辖,大主教则管理着几个教区。基督教教堂出现在罗马帝国的各个地方。《圣经》里的许多人物和事件开始以绘画和雕塑的形式出现在教堂里,成为公众生活的组成部分。罗马授予西班牙广泛的市民权,赋予它政治统一,配备行政骨干,使之得以将宗教革命进行得井然有序。福音学说的传播必须有一种语言来表达,必须有立法者制定其体系,有行政官员组织其实践。罗马促成了这些。罗马雄鹰有赖于十字架而苟延残喘。狄奥多西一世死后,帝国分裂为两部分:西罗马帝国(首都罗马)和东罗马帝国(也叫拜占庭帝国,首都为君士坦丁堡)。

五、西罗马帝国的灭亡

西罗马帝国的统治势力日益减弱,罗马城先是在5世纪中叶公元451年—公元452年遭到匈奴人的侵袭,三年后又受到汪达尔人(Vandals)的洗劫。与此同时,相继崛起的日耳曼人建立的王国控制了高卢、英格兰等罗马帝国的地盘,罗马帝国气息奄奄,名存实亡,出身蛮族的将领以兵权操纵一切,皇帝形同傀儡。公元476年哥特人将领奥多亚塞(Odoacer)废黜了罗马末代皇帝罗慕路斯·奥古斯图鲁斯,西罗马帝国正式灭亡。

第三节 第一个西班牙国家——西哥特王国

一、西哥特王国的建立

起源于日耳曼族的西哥特人原居罗马帝国东北部达西亚省(现在的罗马尼亚),4世纪下半叶,受到来自中亚的匈奴人的威胁,开始向西迁徙。公元378年安德里诺堡战役,西哥特人打败了罗马帝国的军队,公元410年西哥特人又洗劫了罗马城,随后占领了高卢南部阿基坦地区,以图卢兹作为首都,建立了西哥特王国,其疆域包括卢瓦尔河以南的西南高卢和比利牛斯的大片土地。西哥特人于公元409年越过比利牛斯山脉进入西班牙境内,从而结束了罗马人对西班牙长达6个世纪的统治,由此开始了西哥特人征服和统治西班牙的新时期。公元554年在伊比利亚半岛建立了一个独立的西哥特王国,定都托莱多。在公元6世纪—公元8世纪期间,西哥特人从入侵者变为定居者和统治者。从外族变为西班牙民族的组成部分,最终又沦为另一个外来民族的战败者——公元711年被从北非侵入的穆斯林教徒征服。

进入伊比利亚半岛的西哥特人在半岛人口中所占比率很小,文明发展程度也远落后于罗马帝国。在西哥特人统治的早期,由于他们自身文明程度的局限性(他们统治的原罗马帝国的臣民是远比他们更文明的民族），把社会经济活动仅限于自给自足的农业和畜牧业的范围，其他则无从谈起。罗马人建立的高度城市文明被迫让位给农业文明，漫长的中世纪开始了。公元585年，国王利奥维基多颁布法令，允许战胜者西哥特人和战败者罗马—伊比利亚人通婚，从此，日耳曼和拉丁两个民族的血液融合了，出现了后来意义上的西班牙人。利奥维基多国王利用军事和法律两种手段，加强了西班牙在语言、地理、文化和体制上的统一，使伊比利亚半岛居民开始拥有民族认同感和凝聚力。

二、第一位基督教国王雷卡雷多

宗教问题紧密联系着西班牙的历史。战败者西班牙人信奉的是基督教，而入侵者西哥特人信奉的是阿里乌斯教。土著与占领者之间不可避免的敌对由于信仰不同而加深，宗教矛盾尖锐。宗教凌驾于政治并支配着政治，在教理分歧借口的掩盖下，利害冲突和个人野心大肆发作，腐化着社会关系，制造人际矛盾，甚至渗透到家庭内部。信奉阿里乌斯教义的父亲把基督教徒的儿子赶出家门的事件并不罕见。这种分歧甚至渗透到宫廷里。贵族、领主以及各种阴谋家很容易利用宗教矛盾制造政变，不利于巩固国王的权威。而与基督教臣民敌对，给西哥特历代国王带来的是灾难。在西哥特统治的后半期，西哥特人渐渐向基督教靠拢。在利奥维基多统治时期，王子埃梅内基多在其妻子——信奉基督教的法兰克公主英贡德的说服下，接受了基督教洗礼，并得到了国内基督教徒的支持，这样便危及其父的王权。在弟弟雷卡雷多的说服下，他来到父王面前忏悔，却被囚禁起来要求改宗，遭到王子的拒绝，于是国王于公元585年4月13日下令处死了长子。悲伤而悔恨的父亲也在第二年去世。继位的次子——雷卡雷多（Recaredo）国王通过这一系列事件得到教训，明白按照阿里乌斯教派的教义绝对不会实现国家统一和政权稳固，于是公元587年国王率王室皈依基督教。雷卡雷多国王以极大的勇气，藐视操纵历代君王的阿里乌斯教派强大主教们的愤怒，平定了国内外阿里乌斯教派势力的谋反和进攻，巩固了和平，并在托莱多召开了重要的公会议。第一次会议在公元589年5月8日举行。国王、王后以及全体朝臣出席。西班牙首席主教莱昂德尔率5名大主教和64名主教参加。雷卡雷多第一个站起来发言。他以毫不含糊的坚定口吻发表宗教信仰声明。他强调圣子的神性，说圣父、圣灵是同一本质。他在咒骂阿里乌斯教派（在会众中仍有其信徒）之后，庄重地告白："信仰唯一的上帝，万能的父，天地的创造者，全然可望而不可即。"最后，西班牙的第一位基督教国王用戴手套的铁拳敲击其剑柄的黄金球饰，强有力地宣告："我，雷卡雷多国王，心系、口宣这一神圣信仰，这一真正告诫，它是靠上帝保佑而由教会宣扬传播到全世界的唯一信念,我亲手签字于其上。"国王演说完毕,会场一片寂静。接着,全场爆发出掌声和啜泣。利用与会者的激动,一位教士代表轻而易举地获得了人人庄严签署的一份基督教信仰声明和对阿里乌斯教义的正式放弃。随后雷卡雷多再次发言,要求在西班牙所有教堂弥撒圣祭的时候歌唱公会议信条。最后是颁布若干教规,规定改革风尚,重建教会纪律。会议以莱昂德尔的讲道结束。

这震撼人心的一刻巩固了君主与基督教会的联盟,标志着西班牙的命运转变。从此,西班牙的命运便与教会的命运紧密联系在一起,同甘共苦,从雷卡雷多到佛朗哥,都遵循着这命定的轨迹。

利奥维基多国王的两个儿子皈依基督教应归功于塞维利亚主教,他运用自己的学识、口才和教皇圣格列高利的友谊,为基督教斗争服务。雷卡雷多国王,尽管天性爱好和平,却勇敢地挫败了敌人想利用西班牙宗教危机的图谋。王权与教权这样完美地合作无间确为罕见。雷卡雷多是一位安静而温和的君主,深受人民爱戴,他治下的西班牙是一个太平盛世。

这是西班牙历史上至关重要的一步,从此西班牙将在长达几个世纪的时间里与基督教和教会之间保持着一种密不可分的精神和实际联系,并且视这种联系为国家行为。

三、教育了几代君王的塞维利亚大主教伊西多尔

伊西多尔(约560—636),大主教、教育家、圣人。伊西多尔是塞维利亚大主教莱昂德尔之弟。约公元600年,伊西多尔接替了他哥哥的职位而成为大主教。他著作等身,最重要的一部20卷百科全书——《词源学》被视为第一部基督教百科全书。他在这部巨著中论述了学识的所有学科:语法、修辞、算术、医学、法学等。这部著作的宗旨,在于把罗马文化所忽略的亚历山大学派①的教育实质传授给西班牙新的世代。伊西多尔在研读希腊著作时对古代的知识和发现予以重新整理,使同代人得以知晓,终于将古希腊知识传给了西方。这位安达卢西亚学者还在牛顿之前1000年,证明地球绕太阳转。他提出算术乃数之规律化,从而为人类思想最伟大创造之一,即十进位做好了准备。

伊西多尔也是一位精神和政治领袖。他主持了公元619年的塞维利亚公会议和公元633年的托莱多公会议。他在西哥特历代君王心目中享有巨大的威望。他培养了一群兼具信仰与学识的精英,他们聚集在这些祖先为游牧民族的西哥特君

---

① 亚历山大学派,希腊哲学家托勒密(约90—约168)在亚历山大城创立的学派,团聚了3世纪至4世纪新柏拉图主义者,消亡于4世纪末叶。

主们的身边,为西哥特王朝的统治做出了卓越的贡献。

四、政教合一

西哥特君主统治时期的教会与国家紧密结合。国王定期倡议召开的托莱多公会议保证了这一结合的延续性,会上不仅讨论宗教问题,也讨论政治事务。国王带领朝廷显贵出席并参加讨论。因为这些君主偶然登基为王者,其中许多是凭借暴力或者叛乱取得王位的,需要教会的凝聚力来稳固王权,而且主教们也是举足轻重的选举人,与贵族一样,提示国王应该承担的义务,同时确定其权力的界线。

雷卡雷多改宗以后,必须修订并统一管理哥特人、西班牙罗马人的各种法典以便用统一的法律法规治理国家。主教们撰写了《律书》,并将所有司法条文汇编为一部巨著——《裁判条例》。该法来自基督教教义,是关于道德的立法,超越了之前的罗马法。法典要求法官不仅要"经验丰富和精通法律业务",而且"会适度量刑","我们本来致力于维护国王的权力,但是,假如他出于怜悯和宽容,而发现某个罪犯愿意改过自新,他就给他实行赦免。"基督教的理想就这样移植在法规之中。

虽然西班牙教会具有非凡的凝聚力并与王权紧密结合,但仍经常恳求罗马教皇的权威来证明其采取的措施之正当性。由于与意大利之间交通不便,西班牙教会经受了考验。西班牙教会独立举行的几次托莱多公会立王、废王,以其立法震惊西方世界。托莱多主教的所做所为毫不逊色于罗马教皇。

因为西班牙教会集中在托莱多,托莱多主教后来成为所在省大主教,及至7世纪末叶成为西班牙的首席主教。

五、西哥特王国的没落和阿拉伯人的入侵

如同其他日耳曼"蛮族"一样,西哥特王朝没有王位继承制,而是采用贵族之间的选举制。为了确保选出的国王流着优良战士的血液,王位候选人从多位王室家族的男性子嗣中择优选拔。选举制使托莱多公会议成了主教们手中支配的工具,用来控制选举,使僭主合法化。伊西多尔的逝世加剧了教会控制全权的这种倾向。为争夺王权,不断发生宫廷政变和内战,西哥特人的好战尚武加剧了流血冲突,西哥特王朝的33位君主中有10位被谋杀,其中不乏父子兄弟相残的悲剧。西哥特人的统治因为其不断的内讧而最终走向分裂。对犹太人的迫害更加剧了国家的内忧外患。公元710年,西哥特国王维迪沙(Witiza)临终选择其子阿奇拉继承王位,贵族和主教会议则另外决定了继承人——贝蒂卡公爵、维迪沙的敌人罗德里戈(Don Rodrigo),结果罗德里戈成为新国王,阿奇拉试图用武力夺回权力,被打败后

逃往摩洛哥,向北非的摩尔人求援。公元711年,丹吉尔①的穆斯林统治者塔里克·伊本·齐亚德(Tariq ibn Ziyad)率7000精兵(大部分是北非土生土长的柏柏尔人)横渡以前被希腊人称做"赫克勒斯之柱"的海峡(如今的直布罗陀海峡)②,在瓜达莱特(Guadalete)战役击败西哥特国王罗德里戈,并一直向北进军,攻陷了西哥特的首都托莱多。西哥特国王罗德里戈的守军被击溃,穆斯林侵入并占领了伊比利亚半岛,公元714年西哥特王国灭亡。伊比利亚半岛开始了长达780年的阿拉伯人的统治。

西班牙在西哥特人统治时期,相比罗马帝国时期的重大进步在于:在政治上,西哥特人统一了半岛的大部分地区,建立了第一个西班牙国家,从体制上确立了西班牙作为君主制国家的存在,政权核心是君主,在基督教被宣布为国教以后,统一了信仰,巩固了基督教的地位,主教协助国王处理政务;教会用文明教化了昨天还是游牧民族的日耳曼人,使他们有了民族意识和祖国的概念,教育人们热爱正义;用议会制代替祖传的族长观念,用代议制制约君主等,托莱多公会议是管理国家政治和宗教事务的机构;议会制的成功启发了现代民主,定期举行的托莱多公会正是议会的雏形;法律上,他们借鉴罗马法典,制定了约束和指导西哥特王国社会生活的法律,规定了税收制度和其他行政管理制度,西哥特政权承袭了罗马传统,又融入了日耳曼的一些创新;宗教在文化领域作用也很突出,表现在当时的建筑、金银制品和文学创作方面;在文化上,文学创作有了记录本土文化社会生活的作品,塞维利亚大主教伊西多尔的著作《词源学》被视为第一部基督教百科全书;从语言学的范畴看,西哥特人大量的日耳曼常用语丰富了西班牙语词汇,促进了半岛的拉丁语向罗曼斯语转化,至今西班牙的不少地名、人名、军事术语、法律词汇都源自古日耳曼语。

西哥特王国虽然瓦解了,但是西哥特贵族们和教会精英们世代相传,高举信仰的火炬,激起了长达8个世纪之久的"光复运动",直到1492年攻克了穆斯林的最后一个据点——格拉纳达,西班牙又恢复了基督教的一统天下;同年,卡斯蒂利亚女王伊莎贝尔一世资助哥伦布西航,发现了美洲,西班牙一跃成为世界历史上第一个"日不落帝国"。

---

① 丹吉尔(Tangier),摩洛哥北部古城,位于直布罗陀海峡的丹吉尔湾口,距亚欧大陆仅11到15公里,坐落在世界交通的十字路口。东进地中海和西出大西洋的船只,都要从这里经过或停泊,大西洋东岸南来北往的船只,也要在这里调整航向,战略地位十分重要,历来为兵家必争之地。

② 直布罗陀海峡,用Tariq ibn Ziyad命名的"直布尔·塔里克海峡",英译"直布罗陀"。

第四节　中世纪南北对峙：穆斯林酋长国和基督教王国

　　阿拉伯人在公元661年建立了先后以大马士革和巴格达为中心的阿拉伯帝国，公元661年由阿拉伯帝国的叙利亚总督穆阿维叶建立倭马亚王朝（Omayyad）统治穆斯林世界，其疆域从亚洲延展至非洲北部的大部分地区。

　　应维迪沙之子之邀而挥师北上的大军包括来自亚洲的阿拉伯人和来自北非的游牧民族柏柏尔人，这些骁勇的骑士一举击溃了抵抗的西哥特军队，挥戈北上，一直打到比利牛斯山一带，在短短的5个月内不断征服伊比利亚半岛的大片土地，除北部的巴斯克和阿斯图里亚斯以外，西哥特王国的领土都成为了穆斯林的天下。西哥特王朝被推翻，为保住土地和权力，西哥特贵族迅速与侵略者达成协约。只用了短短几年时间，穆斯林军队就控制了几乎整个半岛，只有北部山区没有被征服，在那里形成了基督教徒的抵抗中心。随后，这些抵抗中心逐步发展成了基督教王国，并一直与半岛的穆斯林处于对峙状态。

一、隶属于大马士革的酋长国

　　伊比利亚半岛上被穆斯林统治的地区称做安达卢斯。征服结束之后，安达卢斯成为大马士革倭马亚哈里发的一个省，或称酋长国，酋长由大马士革任命。

　　征服者按照民族和部落划分，缺乏有效的组织。阿拉伯贵族歧视人数占优的柏柏尔人，分配占领的耕地时，柏柏尔人只分到了最贫瘠的山地，导致了柏柏尔人的大规模叛乱，阿拉伯人不得不从大马士革调集军队才将叛乱平息。

二、独立的酋长国

　　公元750年阿布·阿拔斯推翻了倭马亚王朝，建立了阿拔斯王朝（Abbasids）。倭马亚家族在屠杀中只有一名幸存者阿卜杜勒·拉赫曼王子逃至西班牙。公元756年，阿卜杜勒·拉赫曼一世自立为埃米尔（756年—788年在位），这个称号意味着安达卢斯获得了政治独立，但仍承认巴格达阿拔斯哈里发的宗教权威，以南方的科尔多瓦（Córdoba）为都城，建立了后倭马亚王朝（中国史书称之为白衣大食），命名为安达卢斯（Al Andalúz），开始了8个世纪的阿拉伯统治。在此期间，西班牙形成了南北割据的局面，南方是穆斯林统治的酋长国，北方是退守到那里的几个基督教王国。

　　阿卜杜勒·拉赫曼一世执政时期结束了内部对抗，增加了国家收入，建立了一支强大的军队和一个以科尔多瓦为中心的集权统治。这次外族入侵也如同以往两次一样,不是简单的一方战胜一方或消灭另一方,而是在胜利者和战败者之间出现了既冲突又融合的关系。少数军事征服者统治着占人口绝大多数的本地基督徒和广袤的土地,这种局面迫使阿拉伯人采取比较宽容的政策,允许西班牙人保留自己的语言、宗教信仰和文化传统,营造出适合战后休养生息的宽松环境;另一方面,阿拉伯人不断向半岛移民,大量的工匠、商人、学者、艺人进入安达卢斯,把先进的东方文化和技艺传播到半岛。阿拉伯农民则引进了新的物种、栽培技术、灌溉技术和其他生产技能,在南方和地中海沿岸开辟了大片果园,种植着葡萄、橄榄、从中国引进的柑橘、柠檬和其他水果,还种植了稻米、甘蔗、小麦、亚麻、棉花等经济作物,从而大大促进了西班牙经济和文化的发展。地处欧洲一隅的安达卢斯成了东西方经济和文化的贸易中心之一,拥有不少货物集散地和进出口良港,当地生产的丝绸、刀剑等武器、陶瓷、皮革、纺织品、金银制品、珠宝首饰、农产品等都享有盛誉。当时的西班牙同阿拉伯半岛、东罗马帝国、小亚细亚地区和一些欧洲国家都保持着密切的贸易往来。

独立的酋长国一直维持到公元912年,北方的基督教徒中心发展成了基督教王国,向南方扩张。安达卢斯存在两个社会集团,即阿拉伯—柏柏尔人集团和原住民群体。阿拉伯人和柏柏尔人之间仍存在由来已久的民族不和。原住民又分为改信伊斯兰教的西班牙人和保留基督教信仰的西班牙人。至9世纪末,安达卢斯已四分五裂,酋长只能掌控首都科尔多瓦。

三、科尔多瓦哈里发

公元912年,阿卜杜勒·拉赫曼三世继任酋长,是后倭马亚的第八位埃米尔(912—929年),安达卢斯的问题愈加严重,内部争斗、北方基督教王国的进攻以及北非穆斯林对海上贸易的威胁困扰着新酋长。这位酋长用武力迫使基督教徒臣服,强迫他们纳贡。在直布罗陀海峡地区建立了军事基地以保护海上贸易,并迫使各社会群体服从他的权威和统治。在解决了内忧外患之后,阿卜杜勒·拉赫曼三世认为自己已足够强大,可以脱离巴格达哈里发的宗教掌控,于公元929年开始使用哈里发的称号,即安达卢斯信徒的领袖,完全独立于巴格达,从而彻底与阿拔斯王朝分庭抗礼,成为后倭马亚的第一位哈里发。科尔多瓦哈里发诞生了。

四、光复运动(Reconquista)和基督教王国的诞生

西班牙人民对阿拉伯人的统治进行了持久而顽强的斗争。阿拉伯人入侵初期,退居西班牙北部阿斯图里亚斯山区的西班牙人推举前哥特贵族佩拉约(Don Pelayo)为王,在西班牙北部的科瓦东加(Covadonga)揭竿而起。公元718年,起义

者在科瓦东加与阿拉伯人首次交战并取得了胜利,开始收复被阿拉伯人占领的失地,建立了阿斯图里亚斯王国。为此,阿斯图里亚斯被称为"西班牙民族主义的摇篮"。西班牙人称这场收复被阿拉伯人占领的土地的战争为"光复战争"。

光复战争的中心在北方,主要有阿斯图里亚斯王国、莱昂王国、卡斯蒂利亚王国、纳瓦拉王国、阿拉贡王国和葡萄牙王国参与。这些基督教王国以延续西哥特王国、保卫基督教信仰为崇高使命,信仰的凝聚力促使各个基督教抵抗中心联合对抗外来的入侵者,这是西班牙民族观念的萌芽。

光复运动的精神力量之一是对耶稣的得意门徒圣地亚哥(英文译做"圣雅各")的膜拜。9世纪在西班牙西北部的加利西亚发现了圣地亚哥的墓地,在此修建了教堂,逐渐发展成了今天的圣地亚哥·德·孔波斯特拉城(Santiago de Compostela)。来自欧洲各地的信徒纷纷来此朝圣,从此该城成为天主教世界中与罗马和耶路撒冷并列的三大朝圣地之一。

在光复运动中,基督教的将领们出征前都要来此膜拜,圣地亚哥成为光复运动中士兵们的动力和保护神。从此,圣地亚哥被称为"杀摩尔的人"(matamoros),如今他是西班牙的守护神。

11世纪之后,光复运动逐渐向南推进,不断收复失地。1085年,卡斯蒂利亚国王阿尔方索六世收复了西哥特王国的故都托莱多。1236年卡斯蒂利亚—莱昂王国的军队攻克了穆斯林哈里发首都科尔多瓦,光复运动取得了决定性的胜利。

五、穆斯林小王国

11世纪之后,阿拉伯人在西班牙的统治开始走下坡路,社会矛盾激化、内部争权夺利、北部基督教王国连年收复失地的战争等因素导致了科尔多瓦哈里发君主国崩溃,分裂成一些小国。到13世纪末,基督教王国的军队一直向南推进,阿拉伯人的地盘仅限于半岛南端的格拉纳达城。公元1492年,格拉纳达被天主教双王伊莎贝尔一世和费尔南多二世收复,结束了穆斯林在西班牙的统治。

在8个世纪的漫长岁月里,阿拉伯人在文化、经济等方面做出了不可磨灭的贡献,并把西班牙变成了连接东方与西方、欧洲与非洲的桥梁。在与西班牙人的共处中,他们像古代的罗马人一样也留下了自己的文化和血缘,这是西班牙民族经历的又一次大规模的混血过程。至今,西班牙南部依然完好无损地保存着穆斯林的文化遗产;从西班牙人的面貌、性格和民族文化中也可以看出其东方血缘的痕迹。

第五节 1492年：天主教双王统一西班牙与地理大发现

1492年在西班牙历史上具有划时代的意义。这一年发生了四大事件：收复格拉纳达、驱逐犹太人、出版西班牙语语法字典以及哥伦布"发现"美洲大陆。

一、西班牙王国的诞生

1451年4月22日，卡斯蒂利亚公主伊莎贝尔出生。其父胡安二世去世后，同父异母的哥哥恩里克四世继位成为国王。由于伊莎贝尔的弟弟阿尔方索王子早逝，伊莎贝尔于1467年被封为阿斯图里亚斯公主，成为王储。1469年10月14日，伊莎贝尔和阿拉贡王子、西西里国王费尔南多结婚。伊莎贝尔在1474年登上卡斯蒂利亚王位，费尔南多在1479年当上阿拉贡国王。即位之初，他们各自为政。后来召开的法学家会议商定夫妻二人的王国进行合并。他们并列成为联合之后的西班牙君主，即国王和女王。西班牙终于从一个分散而不稳定的各个邦国的组合，逐渐发展整合为一个帝国。

双王面临的重大计划，首先是完成光复国土的重任。进行了8个世纪的光复战争终于接近尾声。1491年，双王亲率大军，围困已成孤岛的格拉纳达——伊斯兰统治的最后堡垒。眼见大势已去，为了减少损失，格拉纳达苏丹博阿迪尔派代表与双王谈判，请求接受其投降。双王答应保障穆斯林的生命和财产安全以及土地所有权，允许其保留信仰和法律，保证不破坏清真寺等等。尽管大部分允诺并没有法律效益，但在当时却显示出了难能可贵的宽容精神。1492年1月2日，穆斯林格拉纳达的最后一位君主博阿迪尔向天主教双王投降，被伊莎贝尔和费尔南多围困8个月的格拉纳达终于沦陷，博阿迪尔和他的母后、妻子以及随从们弃城而去。光复运动胜利完成。这是西方文明史上至关重要的一年，从此，整个欧洲成为基督教的世界。

由于坚持完成光复战争，恢复基督教在西班牙的一统天下，伊莎贝尔女王和费尔南多国王被罗马教皇亚历山大六世①授予"天主教双王"（Reyes Católicos）称号。

二、驱逐犹太人

纪元前，在西班牙出现了来自北非的早期犹太移民。公元79年耶路撒冷被罗

---

① 亚历山大六世，出身西班牙的博尔吉亚家族，1492年—1503年在位。在位期间的1493年，曾为葡萄牙与西班牙划定了殖民扩张分界线，即"教皇子午线"。

马大军攻破,圣殿被拆毁,犹太人被迫流落到世界各地,一些犹太人来到西班牙,在这里定居下来。公元 7 世纪,西哥特国王颁布了第一部反犹太人法案,限定犹太人必须接受洗礼,皈依基督教,否则便被逐出西班牙,并查没全部财产。迫于强大压力,许多犹太人放弃了自己的信仰,而不肯俯就的人遭到迫害,不仅被剥夺家产,而且被禁止与基督徒做贸易。由于受到压迫,在日后摩尔人入侵时,他们与摩尔人密切合作。在阿拉伯人统治时期,许多犹太人被委以重任,担任朝廷高官,如财政大臣、王室的金融和外交顾问、大使、税收官等;大多数犹太人则从事贸易、手工业、法律和金融业,其中不少人是出色的医生、翻译家、学者和艺术家。在卡斯蒂利亚国王智者阿尔方索十世时期,犹太人活跃在当时的文化和教育机构,在东西方文化传递方面起到了媒介和桥梁作用。犹太学者把阿拉伯经典翻译成希伯来文,再从希伯来文翻译成拉丁文,把知识和思想输送到中世纪欧洲荒漠的思想界。他们高超的理财能力得到国王们的认可,从而参与了对国家金融和经济的管理,成为经济发展的重要力量。一些早已皈依基督教的犹太人还担任高级神职人员,如主教、王室的忏悔神父,得以参与国家的高级机密,犹太人为西班牙的经济、金融、文学艺术、民间工艺、宗教、学术、科学等诸方面做出了相当卓越的贡献。

自 14 世纪起,犹太人和基督徒的关系日趋紧张,统治阶层和教会利用种种法律条规加紧了对犹太人的迫害,如强行剥夺其权利和财产,限制其行动自由和活动范围等等。1480 年在教皇的授权下,宗教裁判所在西班牙成立,其主旨是审查、管理改宗的犹太人,惩治"异教徒",手段残忍,使用了包括鞭刑、火刑、绞刑、斩首等刑罚。

当 1492 年穆斯林的最后一个据点格拉纳达被天主教双王收复,西班牙境内主要的"异教徒"就是犹太人了。根据天主教双王的敕令,拒绝改宗的犹太人被逐出伊比利亚半岛,不许携带财产。当时大约几十万犹太人被赶走,离开这个祖祖辈辈居住了上千年的伊比利亚半岛,他们中有医生、学者、商人、手工艺人、教士。几代人积累的财富被没收,犹太人离去时一贫如洗。这些人后来在世界各地流浪,以寻找安身之地,若干年后,主要集中在东欧、西亚等地。这场大清洗对当时的西班牙造成的损失是不可估量的。

至今,在西班牙还残留着一些犹太教堂的遗迹,在文学艺术和科学典籍中还能感受到犹太文明的影响,但是犹太人却极为罕见了。那些从 1492 年以后不得不离开西班牙的犹太人,至今仍在家里使用着古西班牙语——这一失去祖国的语言。他们用希伯来语称西班牙为塞法尔迪(Sefardi),自称塞法尔迪人(sefarditas)。

1992 年,即犹太人被驱赶出西班牙 500 年之际,西班牙国王胡安·卡洛斯一世利用他出访以色列的机会,为他的祖先们在 5 个世纪之前对这个民族的所做所为,向全体犹太人正式公开道歉。

三、出版西班牙语语法和字典

在罗马人到来之前,伊比利亚半岛上的语言五花八门,各个民族和部落之间很难进行交流。罗马人用民间拉丁语基本上统一了被征服者的语言,把西班牙引入了一个更为发达和文明的文化圈。尔后,这种民间拉丁语逐渐向罗曼斯语①过渡。卡斯蒂利亚王国的居民使用的罗曼斯语被称为卡斯蒂利亚语,由于王国不断扩张,语言的影响也逐步扩大,直至半岛绝大部分居民都在不同程度上接受了该门语言。

然而,由于各个地区的社会文化发展很不平衡,造成了发音、词法和句法的差异,语法规则相互矛盾,在文字和口头表达上难以统一。为此,语法学家安东尼奥·德·内布里哈(Antonio de Nebrija)(1444—1522)在1492年出版了第一部西班牙语语法书《卡斯蒂利亚语语法》,这位萨拉曼卡大学的教授比较完整地总结了卡斯蒂利亚语的语法现象,科学地确立了其语法规则和体系,为该语言的使用者提供了语法标准,从而为卡斯蒂利亚语走出半岛,进入美洲,成为世界通用语言之一奠定了基础。当时的作用在于促进了西班牙作为民族国家的形成,促进了统一,有助于在美洲印第安人和混血种人中普及西班牙语,也为迎接西班牙"黄金世纪"的文学繁荣做了准备。

四、哥伦布"发现"美洲大陆

公元330年,罗马帝国皇帝君士坦丁一世将首都由罗马迁往君士坦丁堡,从此这里成为罗马帝国的中心。君士坦丁堡控制着来往亚欧的路线和由地中海进入黑海的航道,战略地位极其重要。在西罗马帝国灭亡一千多年后,凭借君士坦丁堡险要的地形和坚实的城墙,东罗马帝国延续到1453年,直到20万奥斯曼大军在其苏丹穆哈默德二世率领下将其攻陷,地中海的贸易通道完全被穆斯林控制,欧洲成了三面环水,一面被伊斯兰世界压制的孤岛。

在中世纪,人们保存食物的方法主要是依赖香料,所以欧洲人对香料的需求十分急迫,香料在欧洲市场的价格也达到了前所未有的高度。但是,利润丰厚的香料贸易,先是被阿拉伯商人垄断,接着又被突然崛起的奥斯曼土耳其帝国垄断。

神圣的宗教,世俗的商业都受到了压制,欧洲急于摆脱困境,希望能找到强有力的措施来扭转这种局面。在陆地上的军事突围失败之后,欧洲人开始到海洋寻

---

① 古罗马帝国瓦解之后,原本统一的拉丁语也随地域的不同而产生各类方言,这些方言统称为罗曼斯语。

求出路。葡萄牙人沿着非洲西海岸,一路向南,源源不断的黄金、象牙以及胡椒涌入里斯本,充实了葡萄牙的国库。葡萄牙依靠海权的迅速崛起,让整个欧洲嫉妒,但其他国家的国王、贵族或者商人都缺乏财力、物力和人才来与葡萄牙竞争。

当时,西班牙持续了整整8个世纪的光复战争胜利结束,国家统一刚刚完成,历史恰好在这时候为西班牙送来了一个千载难逢的机遇。出生于热那亚的航海家克里斯托弗·哥伦布(Cristoforo Colombo,1451—1506),受当时已经普遍传播的地圆学说影响,产生了一个想法:他认为在大西洋上向西航行,便可到达香料的故乡——亚洲,这样欧洲便可以摆脱穆斯林对东方贸易的垄断。哥伦布屡次向西班牙王室上书,请求王室资助他实现这一大胆设想,而对于十字军东征的领袖西班牙女王伊莎贝尔来说,从背后袭击穆斯林,夺回基督教的圣地耶路撒冷,非常有吸引力。哥伦布成功说服了伊莎贝尔女王与其签订了《圣菲让步条约》,雄心勃勃的女王成为了西班牙远洋探险的总赞助人。于是,1492年8月3日,带着女王授予的海军大元帅的任命状,哥伦布率领120名水手乘三艘帆船从西班牙南部的帕洛斯港出发,在大西洋上一路向西,开始探险历程,于同年10月12日到达今天位于北美洲的巴哈马群岛,打开了欧洲到美洲的探险之路,并开始了对美洲的殖民化统治。

以哥伦布第一次横渡大西洋为开端,兴起了世界历史上的地理大发现。1497年,葡萄牙派遣以达迦马为首的船队开辟了从大西洋绕非洲南端到印度的航线,从而打破了阿拉伯人控制印度洋航路的局面。葡萄牙通过新航路,垄断了欧洲对东亚、南亚的贸易,成为海上强国。意大利探险家亚美利哥·韦斯普奇到达美洲,认识到这是一个新大陆,人们的地理视野扩大了。1513年,西班牙探险家巴尔鲍亚越过巴拿马地峡,看到了西南面的大海,他把这片海域称为"南海"(今太平洋)。葡萄牙航海家麦哲伦在天主教双王的外孙、神圣罗马帝国皇帝卡洛斯五世的支持下,完成了人类首次环球航行。

这一发现的意义远不止于繁荣西班牙。这是一道历史分水岭,从此东西半球相衔接,人类社会也加快了摆脱中世纪、迈向资本主义发展的新阶段的步伐。此后一系列的自然地理发现和随之而来的社会经济结构及方式的变化,引起了人类观念上的更新。亚洲、美洲和非洲的大量物品和财富进入欧洲,玉米、马铃薯、西红柿、咖啡、茶、烟草、番薯、可可、香料等作物的引进改变了西方人的生活方式和习惯,资本积累为资本主义发展提供了原料基地和产品市场,美洲金银和各种稀有金属的大量流入引起了西欧的价格革命,最终导致了工业革命。

五、西班牙的统一

收复格拉纳达之后,犹太人和阿拉伯人被赶出了西班牙,不愿离开的人皈依了基督教。王国实现了政治和宗教的统一。天主教双王用了几年的时间组织政权和重建秩序。建立了君主专政的新型政权模式,设立事务院,由国王挑选的法学家组成。事务院负责某地区的行政管理或某项事务的管辖,如卡斯蒂利亚事务院、阿拉贡事务院、宗教裁判所等,加强了中央集权,给从前互相争斗、分裂国家、操纵国王的贵族以致命的打击;创建了武器精良、强有力的警察部队——神圣城市同盟,维持社会治安;组织了由国王统领的职业军队,建立了强大的陆军和海军;任命财政大臣,派遣官员督察各地税收,以保障中央集权和国库充盈。经过几年的励精图治,国家逐渐趋于稳定。1512年纳瓦拉王国并入,西班牙的国土面积和结构基本达到了目前西班牙的国土规制,王国终于取得了最大程度的统一。

天主教双王从罗马教廷获得了自选主教的权利,提拔了很多教士精英,卡里约·德·阿库纳、冈萨雷斯·德·门多萨和希梅内斯·德·西斯内罗斯,他们对建设新西班牙做出了贡献。希梅内斯·德·西斯内罗斯在天主教双王去世后,实际上成为了西班牙的摄政王,以待天主教双王的外孙卡洛斯成年。西斯内罗斯创建了与萨拉曼卡大学齐名的阿尔卡拉大学,培育了西班牙未来的精英。在阿尔卡拉大学组织印制了著名的6卷集多种语言的《圣经》——称作 la Complutense。这是宗教史上第一次以希伯来文、迦勒底文、希腊文和拉丁文合卷出版的《圣经》。

西班牙作为民族国家形成了,从此开始迈向近代。

第六节 16世纪:世界上第一个"日不落帝国"

天主教双王的统治使西班牙结束了漫长的中世纪,开始迈入文艺复兴时期。当时在欧洲其他国家,封建制仍然占统治地位。西班牙在欧洲第一个实行国土统一,创立了一套新的政体,并建立了第一个殖民帝国。

西班牙史学家称这两个世纪的西班牙为哈布斯堡的西班牙或奥地利王朝的西班牙,因为从天主教双王的外孙卡洛斯(旧译查理)起,历经费利佩二世、费利佩三世、费利佩四世和卡洛斯二世共五个朝代,这些国王均有奥地利哈布斯堡王室的血统。

一、卡洛斯一世(1516—1555在位)——西班牙历史上唯一的皇帝

由于天主教双王唯一的儿子胡安王子和长女伊莎贝尔——葡萄牙王后先后去

世,于是在1504年伊莎贝尔女王逝世后,卡斯蒂利亚王位由二公主胡安娜继承,胡安娜由于其丈夫哈布斯堡王朝的菲利普亲王去世,精神状况恶化,无法治理国家,由其父费尔南多国王摄政卡斯蒂利亚。1516年费尔南多逝世,将卡斯蒂利亚和阿拉贡的王位都留给胡安娜和菲利普的长子卡洛斯一世(1500—1558)。开始了奥地利哈布斯堡王朝对西班牙近两百年的统治。

卡洛斯从母系和父系两方面继承了庞大的疆域:西班牙、意大利的米兰、西西里、萨丁、那不勒斯和北非的突尼斯、美洲殖民地、奥地利、尼德兰、卢森堡、波西米亚、匈牙利等地区,一个横跨欧、美、非大陆的日不落帝国,西班牙成了欧洲的霸主。这归功于国内的有效治理和海外的迅猛扩张以及欧洲王室传统的联姻政策。天主教双王有一子四女,王储胡安娶了德国哈布斯堡家族的马克西米连皇帝的女儿玛加丽达公主,二公主胡安娜嫁给马克西米连的儿子菲利普亲王,长女伊莎贝尔嫁给葡萄牙王储,死后其妹续嫁,四公主卡塔丽娜(凯瑟琳)远嫁英国的亚瑟王子,王子死后嫁给其弟亨利,即后来的英王亨利八世。天主教双王殚精竭虑、苦心经营的最终成果就落到外孙卡洛斯身上。他几乎兼并了大半个欧洲,囊括了绝大部分美洲。

1. 在西班牙的统治

卡洛斯1500年出生于佛兰德的根特,并在那里长大。1517年首次来到西班牙,不会说西班牙语,身边围绕着一群佛兰德顾问。1519年,卡洛斯当选为德意志民族的神圣罗马帝国①皇帝,被称为卡洛斯五世(在西班牙被称为卡洛斯一世)。当他离开西班牙去德国加冕时,卡斯蒂利亚和阿拉贡爆发了人民起义。西班牙人拥戴他的母亲——被幽禁的胡安娜为国王,起义遭到王室军队镇压,首领被捕获并被处死。君主专制制度得到巩固。卡洛斯五世也从中得到教训,发誓遵守西班牙法典。

2. 与法国和教皇的战争

卡洛斯五世与法国国王佛朗索瓦一世为了米兰国的问题发动了四次战争,卡洛斯总体上占据上风,并曾于1525年活捉佛朗索瓦一世。后佛朗索瓦一世与教皇克莱芒七世缔结同盟反对卡洛斯。作为报复,卡洛斯1527年再度侵入意大利。在意大利夺取了撒丁岛和西西里并胜利进军罗马,挟持了教皇并纵容士兵在罗马城劫掠和破坏,使罗马城遭到"有史以来最大的洗劫",俘虏了法国国王并将其囚禁在马德里;阻止了教皇批准英格兰国王亨利八世离弃卡洛斯的姨母凯瑟琳王后。

---

① 神圣罗马帝国:962年至1806年在西欧和中欧的一个封建帝国。日耳曼人认为其国祚可追溯至罗马国,所以称之为神圣罗马帝国。德国人在论述其帝国历史时,将其定义为"第一帝国";和后来的德意志第二帝国与德意志第三帝国加以串连论之。

3. 与伊斯兰教徒的战争

卡洛斯以神圣罗马帝国皇帝的身份,成为基督教反对伊斯兰教的领袖。他属下的日耳曼帝国在多瑙河受到土耳其人的进犯,特别是1529和1532年两次围攻维也纳,卡洛斯五世集基督教世界之力才勉强逼退了土耳其人。1536年、1542年佛朗索瓦一世两次与苏莱曼一世结成反卡洛斯的同盟。卡洛斯则与英王亨利八世联盟(1543年),并且迫使佛朗索瓦一世签署了一项合约。卡洛斯皇帝后来与奥斯曼帝国达成妥协,双方都从庞大的战争开支中得以脱身。

西班牙改信基督教的摩尔人和被赶到非洲的摩尔人仍然威胁着基督教的西班牙,卡洛斯远征北非的突尼斯和沿海地区与伊斯兰教徒开战。1535年卡洛斯在热那亚执政官安德鲁·多利亚帮助下,在突尼斯取得了一次关键的胜利,但第二年就被巴巴罗萨·海雷丁打败。

4. 宗教改革运动的反对者

卡洛斯继承他的外祖父母天主教双王对天主教的绝对忠诚和狂热。他在西班牙继续实行制裁、驱逐非天主教徒的政策。1517年,德国修道士马丁·路德发起了宗教改革运动。卡洛斯皇帝宣布其为异教徒,下达拘捕令。但路德得到了同情新教的萨克森选侯腓特烈的庇护,躲在后者的城堡里将《圣经》译成德文。腓特烈和其他王侯支持马丁·路德是从私利着眼:希望自己能掌管教会和教会的土地,他们为扩张一己势力牺牲了教皇和皇帝,路德教派就此诞生。对天主教无比虔诚的卡洛斯只能眼睁睁地看着新教之火在他的地盘上越烧越旺。

5. 在美洲新大陆的扩张

卡洛斯五世的时代,西班牙在美洲新大陆的领地不断地扩大。佛朗西斯科·皮萨罗在经历了两次南美洲的冒险之后,获得了觐见皇帝的机会,向卡洛斯五世请求准许他远征秘鲁。1529年,卡洛斯任命弗朗西斯科·皮萨罗为"远征军司令",给了他充足的经费,皮萨罗用这笔钱招募了一支不足200人的探险队,征服了有600万人口的印加帝国。埃尔南·科尔特斯则为卡洛斯在北美洲夺取了大片土地。这些征服加速了使世界连成一体的历史进程,当然,对印第安人来说则意味着灭顶之灾。

6. 赞助麦哲伦进行人类首次环球航行

像他的外祖母资助哥伦布一样,卡洛斯资助了麦哲伦。由于葡萄牙人绕过好望角到了印度洋,与亚洲开展香料贸易,随着香料货物经常运送里斯本,西班牙认识到围绕香料群岛摩鹿加(今印尼马鲁古)的这场竞赛中自己正被打败。1517年,刚刚在西班牙继承王位的卡洛斯接见了这位雄心勃勃的葡萄牙航海家,双方达成协议:国王提供航海的一切费用,探险过程中新发现的任何土地都归国王所有,但其中5%的收入归麦哲伦，他将被任命为这些新领地的总督。1519年麦哲伦率船队，从西班牙的桑卢卡尔港出发，经加那利群岛，到达南美东岸以后，即沿海南下，在南美大陆和火地岛之间，穿过后来以他的名字命名的海峡，进入"南海"。船队在航行中从未遇到风暴，即把该海域称为太平洋。1521年船队到达菲律宾群岛，麦哲伦在与当地土著人的冲突中被杀。西班牙航海家埃尔卡诺（Juan Sebastián Elcano,1476—1526）率领船队仅剩的18名船员，历尽艰辛，越过印度洋，绕过好望角，沿着非洲海岸线向北航行，于1522年回到了西班牙，完成了人类的第一次环球航行。

7. 提前退位的皇帝

卡洛斯五世①的帝国是当时西方世界的头号帝国，控制了欧洲1/4的人口，达到2500万。但几乎将欧洲的大事都当成自己家事的卡洛斯，在疲于奔命的同时又不得不去压制宗教改革这个不可阻挡的历史潮流。1555年，经历了因斯布鲁斯之败后，戎马一生的卡洛斯五世终于心灰意冷，把西班牙王位传给其子费利佩二世，把神圣罗马帝国的皇冠留给其弟弟费尔南多，自己隐退到尤斯特修道院。卡洛斯五世在退位仪式上说："我这辈子曾经犯了许多严重错误，或许由于我年轻无知，或许由于我的缺点。但是，有一点我可以向大家保证：我从未有意伤害过我的任何一位臣民，对他们施以暴力或不公。如果真有这种情况，我感到很遗憾，并请求原谅。"

3年后，即1558年9月21日，卡洛斯五世辞世。

在思想体系上，卡洛斯完全继承了他的外祖父母天主教双王的正统基督教思想，要用中世纪十字军东征式的圣战统一欧洲乃至全世界的宗教，其最大理想就是建立一个基督教帝国。他为巩固他的庞大帝国和哈布斯堡家族的霸业奋斗了40年，在欧洲大陆上进行了一系列战争，终年驰骋在战场上。他四面出击，同时在几条战线上作战。他把从其辽阔的殖民地和其他领土上得到的无数财富都用在战争上。这些财富消耗在战争中，流入那些外国债权人手中，有一种说法是：西班牙人养牛，欧洲人喝奶。但他不得不接受天主教在欧洲地盘不断缩小和家族霸业受到损害的事实。他退位时留给他唯一的儿子费利佩二世大笔的债务。历史的潮流是形成民族国家，而卡洛斯继承的帝国是一个理论上的、超民族的帝国，卡洛斯五世自己承认，它只"是个昔日的影子"。他继承的太多，也因此背上了超负荷的责任，与历史潮流背道而驰，注定了他在欧洲大陆上的失败。

然而，在卡洛斯统治时期，西班牙加强了与欧洲的联系，打破了西班牙在几百

---

① 后文在涉及神圣罗马帝国时，称其为"卡洛斯五世"；在涉及西班牙王国时，称其为"卡洛斯一世"。

年中与欧洲近乎隔绝的孤立状态,为西班牙注入了新的活力;在美洲新大陆的开发方面,卡洛斯统治时期是新旧两个大陆连成一体的重要阶段。最突出的成就是他资助了葡萄牙人麦哲伦率船队成功完成人类首次环球航行。对西班牙人来说,卡洛斯是帝国的缔造者,也缔造了西班牙人的帝国意识和民族自豪感,他组建的军队和舰队也是西班牙日后军事力量的基础,他治下的帝国版图是后来西班牙领土扩张的坐标。长久以来,西班牙人奉他为拓土开疆、武功卓著、把西班牙重新纳入西方世界的一代天骄。

二、费利佩二世(1556—1598 在位)

费利佩二世是卡洛斯一世皇帝的儿子,母亲为葡萄牙的伊莎贝拉。费利佩二世从 1554 年 7 月 25 日起任那不勒斯国王和英格兰及爱尔兰国王,1556 年 1 月 16 日兼任西班牙国王,1581 年兼任葡萄牙和阿拉维加国王。费利佩二世沿袭了父皇的政策,但在宗教问题上,显得更为狂热和不容异端。费利佩二世的名言是:"宁肯退位也不愿统治一个异教徒。"他的优点是忘我工作、节俭刻苦、遵守时间,缺点是在宗教问题上毫不妥协,导致他在政治方面有些不慎重的举措,使西班牙未能从中重新振作起来,"日不落帝国"开始走向衰落。

1. 哈布斯堡王朝巨大遗产的继承者

在卡洛斯一世于 1555 年宣布退位后,费利佩二世继承了哈布斯堡帝国除家族起源地奥地利和德意志之外的其余所有部分。卡洛斯五世的弟弟费尔南多继承了神圣罗马帝国的皇帝称号和有名无实的在德意志的最高地位,而哈布斯堡王朝的军事与经济实力来源——西班牙和尼德兰都归于费利佩二世。他共继承了下列领地:西班牙、尼德兰、西西里与那不勒斯、弗朗什孔泰、米兰及全部西属美洲和非洲殖民地。

2. 在西班牙的统治

费利佩二世继续执行其父在西班牙执行的一切强化中央集权的制度。在他统治时期,中央政府真正开始剥夺一些历史上的王国和民族地域(阿拉贡、卡斯蒂利亚、巴伦西亚,特别是加泰罗尼亚)的独立性。费利佩二世扑灭了 1590 年至 1591 年阿拉贡为保持其自治地位而发动的暴动。他取消一些城市的自治法规,可能是为了更有利于王室获得直接的税收。在费利佩二世时代,西班牙的集权程度和官僚体系的臃肿可与东方国家媲美。

费利佩二世是坚定而狂热的天主教徒,他的很多政策中都能看到宗教信仰的影子,这大大影响了他在一些问题上的判断,并使政府卷入一系列宗教纷争。尤其是费利佩二世铲除各种异端或异教的决心,使中世纪的宗教审判和迫害异端在他统治时期达到登峰造极的程度。费利佩二世大力支持宗教裁判所,使大批持"异端邪说"的人(无论是确有其事还是受到陷害)在火刑柱上化为灰烬。由于担心摩里斯科人(改信基督教的摩尔人)与北非的柏柏尔人接触会导致穆斯林再次入侵西班牙,他命令将格拉纳达的摩里斯科人分散到西班牙的其他地区,造成格拉纳达人口急剧减少,城市陷入衰败。从天主教双王开始的对穆斯林和犹太人的驱逐最终使西班牙的种族构成趋于"纯化"。

3. 西班牙在尼德兰(今荷兰)

西班牙从卡洛斯五世处继承了尼德兰殖民地,尼德兰人信仰新教,渴望独立,费利佩二世严厉镇压。1567年他任命著名的将领阿尔瓦公爵费尔南多·阿尔瓦雷斯·德·托莱多为总督。这位总督严厉镇压尼德兰人民的一切反抗活动,处死了大约8000人。但荷兰人民进行了长期的斗争,终于在1648年赢得了独立。

4. 费利佩二世和法国

1557年,西班牙军队在圣金廷战役中战胜了法国,法王路易四世皈依了天主教之后,费利佩二世就停止了和法国作战。1559年和法国国王亨利二世签订了对西班牙有利的卡托—康布雷西条约,此后,两国王室利用婚姻关系加强双方的联系,费利佩的第三任妻子就是法国公主,这种通婚为日后波旁王朝入主西班牙埋下了伏笔。

5. 莱潘多大捷

1453年,君士坦丁堡落入土耳其人手中,土耳其海盗独霸地中海海域,不允许外国船只通行。费利佩二世联合教皇和威尼斯共和国组成"神圣同盟",于1571年,在费利佩二世的异母弟弟、奥地利的唐·胡安率领下,其联合舰队于希腊的莱潘多湾全歼了奥斯曼帝国舰队。土耳其从此失去了其在海上的优势地位,被西班牙取而代之。堂吉诃德的作者塞万提斯也参加了这一海战。战争中,他左手负伤,不幸残废,从此有了著名的外号——"莱潘多的独臂人"。作家高度评价这一战役,他这样写道:"这是过去和现在人们所见到的,将来再也不可能经历的最宏伟的场面。"这次胜利因其终结了土耳其人在地中海上的扩张而永垂史册。

6. 占领菲律宾及开辟海上航线

1521年,麦哲伦和他的船队在环球航行时"发现"了一个群岛,后西班牙宣布该岛为其殖民地,并以王子费利佩二世的名字命名该岛为菲律宾(Las Filipinas)。从此西班牙的势力进入亚洲,并曾一度企图以该岛作为基地向我明朝进军。为了确保其海上运输的畅通,一条以马尼拉为起点,横穿太平洋,到达墨西哥阿卡普尔科(Acapulco),再经由维拉克鲁斯(Veracruz,墨西哥东部海港)进入大西洋,并以西班牙的穆尔西亚和加的斯为终点的航线便开启了,由于从亚洲驶往美洲和西班牙的马尼拉大帆船主要运载的货物就是中国的丝绸、瓷器等,故这条航线被称为"海上丝绸之路",这条海路保障了西班牙和美洲殖民地的贸易往来,也开启了中西和中美的海上贸易关系。

7. 葡萄牙的并入

西班牙王室和葡萄牙王室这两个伊比利亚半岛的邻国长期联姻,血缘相同,卡洛斯五世的皇后和费利佩二世的第一任妻子都是葡萄牙公主。1578年,葡萄牙国王在北非与摩尔人作战时阵亡,这位国王死后无嗣,身为其亲戚的费利佩二世便继承了王位,把葡萄牙纳入西班牙的版图。这样,除了葡萄牙本土,其在美洲和非洲的全部殖民地和太平洋及大西洋上的葡属岛屿也属于西班牙了。费利佩二世把西班牙推上了有史以来最强大帝国的宝座。

1668年,葡萄牙摆脱了西班牙的统治,宣告独立。

8. "无敌舰队"和西英海战

卡洛斯和费利佩父子一直想把英国纳入天主教帝国的范畴。1554年,当时还是王储的费利佩二世与英格兰女王玛丽一世结婚,然而,玛丽没有生下继承人就离世了,同情新教的伊丽莎白一世登上英格兰王位。费利佩二世曾向伊丽莎白求婚未果。双方关系日趋紧张。英国朝廷纵容其海盗经常袭击西班牙船只,并在西班牙美洲殖民地的沿海港口抢劫西班牙运送金银的船只,海盗德雷克甚至被伊丽莎白女王授予骑士称号。当伊丽莎白囚禁并最终处死苏格兰和法国女王玛丽之时,费利佩忍无可忍,决意回击,因为玛丽是天主教徒,是他的盟友。他花费巨资组建了一支庞大的舰队,命名为"无敌舰队"。1588年5月,拥有130艘舰只和3万余名战士的无敌舰队在年迈的麦迪纳·西多尼亚公爵率领下向英格兰发起远征。然而海上刮起特大风暴,无敌舰队指挥失灵,终于被机动灵活、训练有素的英国舰队击败,在返航途中,又由于风暴因素而在苏格兰海域折损了很多舰只,最后西班牙舰队中只有一半船只狼狈回到里斯本。

无敌舰队的失利是西班牙开始走下坡路的起点,这一失败使西班牙大伤元气,出现了衰败的征兆。尽管其强大实力还未倒塌,英格兰也不可能立刻成为与之平起平坐的国家,但从此西班牙在海上的威力渐趋衰落。国力并不雄厚的英国打败了号称"日不落帝国"的西班牙,这是西班牙有史以来蒙受的最大耻辱。

16世纪的西班牙,在天主教双王、卡洛斯五世和费利佩二世的统治下,达到了最高峰,成为世界上最强大的帝国。16世纪也是西班牙文学艺术灿烂缤纷的时期,是西班牙文坛的"黄金世纪"。

费利佩二世是有作为的伟大君主,他统治时期的西班牙国力昌盛。但是,他的雄心壮志是建立在无视国家整体经济环境的前提之下的。为保障无休止的军事行动,西班牙支出了巨额的军费,费利佩二世不得不多次增税。尽管西班牙有美洲殖民地的强力支撑,他仍未能解决军费浩荡造成的财政危机,以至费利佩二世在1557年、1575年和1598年3次宣布国家破产。毫不妥协的宗教政策也使费利佩二世到处树敌。由于这些弊端,费利佩二世的统治从长远看对国家产生了不利影响。在他去世后,西班牙很快衰落了。

第七节 17世纪:帝国的衰落

自费利佩二世之后,哈布斯堡君主一代不如一代,最后一代君主是卡洛斯二世(1665—1700在位),绰号"中邪者",死后无嗣,王朝虚位。为此,欧洲皇族竞相争斗。最后法国的路易十四得胜,其孙费利佩五世于1700年登上西班牙王位,揭开了波旁家族在西班牙的历史。波旁王朝的统治一直持续到1931年西班牙第二共和国成立而告终。

16世纪时,西班牙在欧洲的海外事业中遥遥领先,从东方的香料贸易和美洲的银矿、大庄园和种植场中获得了巨大财富。但是,到16世纪末,国力急速衰退。原因一方面在于法国、荷兰和英国愈益成功地侵犯美洲殖民地的权益;另一个原因是它卷入了16、17世纪欧洲的宗教战争和王朝战争。西班牙的人力和财富,在反对新教徒的战争中,在反对强悍的土耳其人的数次战役中,在反对皇室家族特别是与法国人的斗争中,被卡洛斯五世和费利佩二世耗尽。为了帝国的扩张而发动的这些战役是致命的。他们试图不仅在海上,也在陆上扮演主要角色。他们的行动与后来英国的成功战略形成鲜明对照。英国的战略是:置身于大陆事务的外围,只在势力均衡受到严重威胁的情况下才进行干涉。这种战略使英国人能全力以赴地保护、发展自己的殖民地。而西班牙和法国一样,将注意力集中于欧洲大陆,并不断地卷入欧洲战争。这样做的结果是,英国人能建立起一个世界范围的庞大帝国,而西班牙人却先后失去了对自己帝国的经济控制和政治控制。

第八节 18世纪和19世纪:从中兴到没落

在人类历史上,18和19世纪是两个动荡的年代,社会从封建阶段进入资本主义阶段,经济出现大变革,思想观念日益趋向开放。然而在西班牙,除了一段短暂的中兴,大部分时间都处于下滑,无法控制。

一、费利佩五世和欧洲王位继承战

18世纪,由波旁王室入主马德里的第一代国王费利佩五世登基开始,便是持续11年的欧洲王位争夺战争。

虽然卡洛斯二世临终时留下遗嘱,称王位由法王路易十四的孙子费利佩·德·安茹亲王继承,但是与西班牙王室也有亲缘关系的奥地利王室拒不接受,而欧洲其他与西班牙王室有亲缘关系的王室都垂涎于"日不落帝国",于是一场王位争夺战在欧洲打响。1713年,交战双方媾和,签订了《乌得勒支条约》,承认费利佩是西班牙唯一合法的君主,而西班牙作为交换条件则割让了其在欧洲除本土以外的全部领地。英国攫取了直布罗陀要塞、北美哈德逊湾一带的土地和在美洲的贸易权。该条约建立了波旁王朝在西班牙的统治,也标志着英国霸权地位的开始。

费利佩五世带来了战争,也带来了法兰西文明,他力图通过一系列施政纲领和政策来消除西班牙在几个世纪中与欧洲近乎隔绝的鸿沟。他仿照其祖父太阳王路易十四在文化上的建树,在西班牙建立了第一个皇家科学院和皇家历史学院,把皇家藏书馆改造为公共图书馆,把王室的绘画收藏扩大为日后举世闻名的普拉多美术馆;提倡教育,改变当时比较封闭守旧的民风,提倡欧化以对抗西班牙尚存的相对落后的思想形态和生活方式。在费利佩五世的倡导下,法兰西之风从宫廷向社会蔓延开来,被称为自上而下的变革。

二、卡洛斯三世(1759—1788)的开明专制主义

卡洛斯三世是费利佩五世之子,厌恶打仗,热衷于马德里的城市规划和建设,聘请了国内外杰出的艺术家、建筑师和工匠,把马德里建成具有文化气息、先进的生活设施和优美环境的现代城市,大量公共建筑拔地而起,如马德里王宫、阿尔卡拉门、圣佛朗西斯科大教堂、植物园、自然科学博物馆、装饰着喷泉的林荫大道等,他因此而被誉为马德里的"好市长"。在他近三十年的统治期,执行了源于法国太阳王路易十四的开明专制主义,西班牙出现了相对稳定和经济繁荣的局面。

三、拿破仑入侵和西班牙独立战争

波旁王朝的第三位君主卡洛斯四世软弱无能,疏于朝政,王后玛丽亚·路易莎与权臣戈多伊狼狈为奸,独揽大权,在18世纪末期复杂多变的国际形势下,把国家拖入灭顶之灾。

1808年,在卖国权相戈多伊的应允下,法国军队借口进攻葡萄牙而占领了西班牙。卡洛斯四世成为阶下囚,拿破仑把他的胞弟何塞·波拿巴封为西班牙国王。

在国王被囚,政府、军队已不存在的情况下,西班牙人民打响了抗法战争。从1808年到1814年,战争几乎遍及整个国土。面对拿破仑军队,人民用一切可以当做武器的东西进行战斗,首创了游击战的战略战术,起义者建立了地方"洪达"(Honda,委员会),作为临时权力机构。1808年,成立中央"洪达"。1810年,中央洪达改组,成立一院制的议会,并于1812年颁布了西班牙第一部宪法。提出建立君主立宪制和实施一系列体现资产阶级自由民主思想的措施,为以后国家宪法的颁布开了先河。

英国出于自身利益,支持西班牙反对法国的占领。惠灵顿公爵指挥英军协同西班牙人抗击法军,1814年,法军战败,撤出西班牙。

四、卡洛斯战争和第一共和国的建立

向拿破仑投降的卡洛斯四世已去世,其子费尔南多七世从法国返回祖国,大肆镇压民主势力,倒行逆施。他的暴政和独裁激起了民众和进步军官的反抗。从那时起直到他的女儿伊莎贝尔即位之后,起义、武装暴动、内战此起彼伏,社会动荡,战事频繁。

根据波旁家族的萨利法典,女性无权继位,于是费尔南多在去世之前宣布废除此法,为其女儿继位做好铺垫。但国王的胞弟卡洛斯始终坚持他的合法继承权,为了争夺王位,先后爆发了两次卡洛斯战争。专制主义者支持卡洛斯,自由派支持伊莎贝尔,希望利用年幼的女王对国家政务实施改良。遗憾的是,伊莎贝尔无治国才能,独断专行,朝令夕改,在位35年,曾41次改组政府,先后颁布了7部宪法,导致国家处于崩溃的边缘。1868年,海军发动了武装起义,废黜了女王,将其流放到国外。

1873年2月11日,国民大会宣布西班牙为共和国。1874年,一场暴动推翻了成立一年的共和国,伊莎贝尔的儿子阿尔方索十二世回到国内,登上王位,波旁王朝复辟。

五、美西战争和地方自治运动

18世纪和19世纪是思维革新、创造发明层出不穷的年代,由于工业革命的兴起,欧洲社会在经济、政治、科技和社会生活诸方面发生了根本性的变化,英国、法国、德国等国脱颖而出,成为世界强国。然而,同为欧洲国家的西班牙却未受到根本的触动,似乎还停留在几个世纪之前,教会、王族、贵族等保守势力依然主宰着社会,国力虚弱。此时,它已经失去了大部分美洲殖民地。1898年美国和西班牙战争爆发,这是一场老牌殖民帝国和新型帝国主义国家之间的战争。西班牙失败,伤亡数千人,损失了两个舰队,失去了在美洲和亚洲的最后的殖民地:古巴、波多黎各、关岛和菲律宾。殖民帝国彻底没落。

1898年的惨败深深地触动了西班牙人民,他们突然发现一向自认为强大的国家存在许多不足。自我批评的浪潮席卷全国,"98年一代"的文学家就是其中最具代表性的。另一些人则寻求解决问题的政治途径,使西班牙能尽快走上经济和社会现代化发展道路。1898年事件也给西班牙经济造成严重后果。工业地区受影响最大,没有了广阔的殖民地市场,加泰罗尼亚的纺织工业难以为继。经济危机和社会不满激起了加泰罗尼亚人反对中央政权的地方主义情感,提出了地区自治的问题,后来又出现了民族主义要求。效仿加泰罗尼亚的地方主义,巴斯克、加利西亚和巴伦西亚也爆发了地方自治运动。

第九节 20世纪:从落后到复兴

一、第一次世界大战中(1914—1918)保持中立

1902年,阿尔方索十二世的遗腹子阿尔方索十三世继位,当时他只有16岁。这位国王刚愎自用、反复无常,采取波旁王朝保守政策,削弱议会权限,加强君主政体权威。国内政局动荡,社会矛盾尖锐。

1914年爆发了第一次世界大战,世界格局发生了巨大变化。阿尔方索十三世宣布西班牙保持中立,利用4年全球大战的机会,向交战双方提供物资和劳务,出口额猛增,工农业生产迅速增长,促进了钢铁、煤炭、造船、纺织、交通运输、机器制造业等的迅速崛起,从而推动了国内经济的发展。在此期间,西班牙的黄金储备增加了三倍,居世界第四位。

资本主义的发展使社会结构和经济结构发生了变化,而受到保守派严酷压制的进步和改革势力逐渐抬头。1917年俄国的十月革命对世界,尤其是欧洲产生了巨大的冲击力,西班牙工人举行了全国总罢工。1920年西班牙共产党成立,工人运动和农民运动掀起了新高潮,其他社会阶层的反响非常强烈。

二、第二共和国的成立

第一次世界大战结束之后,由于世界经济危机的影响和派驻摩洛哥保护西班牙领地的军队惨败,国内矛盾进一步激化,局势更加复杂,几乎无法控制,于是在1923年国王任命普里莫·德·里维拉将军(Primo de Rivera)组阁以实行军事独裁。独裁政府一方面采用结束在摩洛哥的战争、扶持工业发展、活跃贸易、改善公路交通等举措来稳定国内局势,期间分别在巴塞罗那和塞维利亚举办了两届声势浩大的世博会,另一方面又采取了一系列极端措施以加强对国家的控制,例如取消

言论自由,取缔各种组织团体,解散议会和市政府。1930年1月,迫于国内强大压力,独裁者普利莫·德·里维拉将军辞职。此时西班牙处于大动荡的前夜,社会各阶层示威、游行、罢工、暴动、政治集会,军队也出现了分裂。1931年4月14日,末代国王阿尔方索十三世退位,携王室成员流亡国外。西班牙的封建王朝结束了。同一天,西班牙宣布成立共和国。

1931年成立的共和国是西班牙历史上的第二共和国。临时政府是由共和党人、社会党人以及加泰罗尼亚和加利西亚地方主义者共同组成的联合政府。第二共和国在复杂艰难的环境中生存了5年。

三、共和党和社会党联合执政时期

1931年6月共和派和社会主义者在制宪会议选举中胜出,议会于12月9日颁布了共和国宪法,第一次提出政教分离,剥夺天主教会的财产,承认加泰罗尼亚等地区的自治权,同时还颁布了一系列具有民主和进步倾向的法律条文,如妇女选举法、土地改革法、劳工合同法、离婚法、军队减员法等。共和国政府还大力发展教育事业,在财政极为困难的情况下,在全国建起了一万多所国立学校,成为史无前例的壮举。

1936年2月16日,由共产党、社会党、共和党等左翼政党组成的人民阵线在选举中获胜,共和党人曼努埃尔·阿萨尼亚(Manuel Azaña,1880—1940)出任共和国总统。政府试图进行一场轰轰烈烈的政治和社会改革,其中影响最大的措施是军队改革、宗教事务、土地改革以及加泰罗尼亚的区域自治法。

然而,西班牙的社会问题和经济问题已是积重难返。西班牙军队等级制度复杂、结构老化,是特权最多的社会团体之一。阿萨尼亚力图缩减军官数量,创建一支忠于共和国的军队,为此,他向不愿宣誓效忠的共和国军官提供带薪提前退伍的待遇。但由于军人对共和派自由思想一直持抵制态度,共和国的军队改革给政府造成了一个强大而危险的反对力量。

西班牙一直是个受天主教影响深重的国家,教会位高权重,但共和国与教会的关系十分紧张。1931年宪法包括了一系列反宗教传统的规定,如政教分离、宗教信仰自由、离婚自由、世俗教育(在此之前,中小学教育由耶稣会把持)等。相对于当时的社会思维,这些改革措施过于超前,过于自由化,与天主教道德观格格不入,改革措施令教会和社会保守势力十分恼怒。共和政府反教会的做法极不明智,因为毕竟大多数西班牙人都是天主教徒,这是从天主教双王时期遗留下来的传统。

共和政府首先于1932年给予加泰罗尼亚自治权,1936年巴斯克和加利西亚也取得了自治权。自治政府负责本地区的行政、司法、文化和公用事业,拥有地区议会,中央政府保留外交、军事和公共秩序的管辖权。给予地方自治权的做法遭到右翼和军人的猛烈抨击,他们担心某些地区将走上独立之路,导致西班牙解体。

第二共和国时期,西班牙经济仍以农业为主。农业发展最大的阻碍之一就是土地分配严重不均。为结束大地产制,共和政府努力推动土地改革,征用了大庄园的部分土地分给农民。被征用的都是弃置荒芜土地,土地主人也得到了补偿。土改主要在安达卢西亚和埃斯特雷马杜拉展开,大土地主见自己的特权受到了威胁,极力阻挠土改。另一方面,由于组织不力,土改没有以预期速度解决农民的迫切需要,因此不满的农民多次发动冲突对抗,加重了政局和社会的不稳定。

共和政府从成立之初就必须面对来自右翼势力的抗拒:保皇派不甘心君主制的结束,而社会上层也拒绝接受政府的改革措施,反对阿萨尼亚政府的呼声越来越高。与此同时,西班牙出现了一些新的政治力量。其中希尔·罗夫莱斯领导的西班牙右翼自治联盟集中了西班牙的右翼势力,成为非常重要的政党,其党员人数在短时间内急剧上升。独裁者之子何塞·安东尼奥·普利莫·德·里维拉于1933年建立了反议会制度的法西斯政治团体西班牙长枪党。此外,西班牙共产党持续壮大,尽管党员人数不多,但具有强大的组织能力。

四、保守派领导下的共和政府时期

仇视共和国的右翼保守势力不断策动暴动和制造破坏颠覆活动,国际上因希特勒上台而掀起的反民主潮流与此相呼应。于是在1933年11月的选举中,莱尔洛克斯领导的中间力量激进党成为共和国议会里最大政党,西班牙右翼自治联盟也取得了可观的议席。社会党和共和党没有组成联合政府,而是分别参选,他们成为了反对党。激进党成员组成的政府得到了西班牙右翼自治联盟的支持,新政府废除了大部分进步的法律条文,取消了上一届政府的改革措施,他们对1932年的起义军人实行大赦,将征用的土地归还原主,拉拢教会。然而,这些举措既没讨好右翼也没能让左翼满意。企业家和地主开始迫害报复工人和农民,而作为反对党的社会党人和共和党人正在酝酿革命。

1934年10月,法西斯右翼自治联盟三位成员进入共和国政府担任部长职务,导致革命终于在加泰罗尼亚和阿斯图里亚斯爆发了。在巴塞罗那,自治政府宣布加泰罗尼亚从西班牙分离出去,但没有得到工会的支持,起义很快被镇压。但阿斯图里亚斯的矿工占领了军营、兵工厂并控制了整个地区,政府动用了大批部队才平息了阿斯图里亚斯革命。镇压革命运动后,西班牙经历了短暂的稳定时期,但西班牙右翼自治联盟和激进党组成的联合政府很快就因为修宪问题意见不一致而解散,最终激进党成员舞弊案曝光结束了保守派共和政府的统治。

五、人民阵线领导的共和政府时期

1936年2月议会解散,举行新的大选。由共和党、社会党、共产党和地方政党组成的左翼联盟人民阵线赢得选举,并组成了由阿萨尼亚领导的政府。

人民阵线政府实施竞选纲领,宣布赦免政治犯,继续进行土地改革并恢复了打击教会的措施。看到阿萨尼亚政府有意推行比1931年更激进的改革,社会特权阶层为此惶惶不安,而工人阶级认为改革措施是在号召他们行动起来。从这时开始,骚乱不断蔓延升级,抢占地主土地、抢劫烧毁教堂和修道院、暗杀袭击等行为使西班牙笼罩在恐怖氛围之中。

左派和右派两大势力的对抗已经白热化,社会动荡、恐怖活动遍及全国,经济陷入混乱状态,国家陷入无政府状态,无产阶级随时可能发动革命,面对这样的局面,军队里一部分人从1936年3月开始策动军事政变。1936年7月17日,军队在北非梅利亚的驻军叛乱,佛朗哥赶到北非指挥军队。很多省会城市和工业区的军事统帅忠于共和国并控制住自己的军队。因此起初政变并没有取得成功,但也没有被完全扑灭,共和政府不能掌控西班牙全境,这种对峙局面最终演变成一场旷日持久的内战。

六、西班牙内战

1. 交战双方及国际关系

西班牙内战中交战双方是国民军和共和军。国民军由佛朗哥将军为首的右翼军人组成,得到教会、贵族和大资产阶级、大地主为主体的民族运动派(Movimiento Nacional)的支持,其核心组织是长枪党。国民军纪律严明,作战力强。共和军由工人、农民、部分中产阶级、具有进步倾向的知识分子和其他人士组成,忠于共和国,保卫共和国的阵营。但共和军战斗力不敌国民军,军纪也不够严明。

内战开始后,交战双方都积极寻求国际援助。共和政府请求民主强国介入,但英法等国担心战争蔓延到整个欧洲,采取不干涉政策,不向任何一方提供武器和军队支援,将西班牙内战与欧洲大陆隔离。但德国和意大利在接到叛军请求后,不仅提供了大量武器装备,还派出军队增援国民军。共和国只好向苏联寻求帮助,苏联提供了武器并派遣军事顾问,以西班牙黄金储备作为交换。国际反法西斯力量也积极声援西班牙共和国,全世界成千上万的志愿者奔赴西班牙组成"国际纵队",自始至终战斗在内战前线。

2. 交战双方各自占领区的政治局势变化

为应对战时需要,双方在各自占领区建立起新的政治、社会和经济组织模式。

在共和区,政府无力阻止工人和农民发起的无政府主义暴力革命。武装起来的工人农民向企业主和教士发泄仇恨,占领工厂、农庄,实行恐怖暗杀。工会和工人政党也无法制止一些成员的暴力行为,只得容忍无政府局面的蔓延。

1936年组成了社会党人拉尔戈·卡瓦列罗领导的联合政府。以军事胜利作为首要目标,政府努力协调将无政府主义工会的民兵收编到共和军,由于困难重重,拉尔戈辞职。继任总理内格林力图阻止革命,接近小工农资产阶级,但他也没能平息社会和经济混乱局面。

共和军一方面难以统一协调,但国民军却集中并加强了政治和军事权力。佛朗哥被任命为国民政府总理和军队最高统帅。1937年佛朗哥强令所有的政治力量,包括卡洛斯主义者、阿尔方索保皇派和长枪党统一组成一个政党——"民族运动",他自己担任党的领导人。叛军起义并非为重建共和制,而是为了建立一个新政权。该政权取消了共和国时期批准的革命措施,将土地归还原主,取消离婚法等反教会的法令,还决定与天主教会密切合作。颁布法令取缔政党和工会组织。国民军占领区还对社会党和共和党人等左翼人士展开残酷镇压。

3. 内战进程

国民军队从一开始就主动进攻,而共和军只是被动防守。佛朗哥在安达卢西亚扩大国民军占领区,并从埃斯特雷马杜拉河谷向马德里挺进。共和政府迁往巴伦西亚,1936年11月佛朗哥下令攻打马德里。马德里在共和军和国际纵队的严密防守下无法攻破,因而佛朗哥决定加强在北部的军事行动。1937年6月毕尔巴鄂陷落,随后是桑坦德,1937年10月整个北部地区都已被佛朗哥军队占领。成千上万的军人和平民害怕受到战胜者的报复从海上出逃。接下来国民军向地中海方面进攻,意在孤立加泰罗尼亚并切断马德里与港口的交通联系。共和军在埃布罗河战役发起猛攻以阻止国民军。埃布罗河战役持续了四个月,是整个内战中最血腥的战役。国民军在此次战役中使用了德国提供的当时最先进的军事技术。埃布罗河战役中共和军的进攻起初非常奏效,但佛朗哥军队很快就遏制了共和军,继而开始反攻并最终获胜。共和军则在埃布罗河战役遭受重创,士气低迷。总统阿萨尼亚和共和政府流亡到法国。1939年2月,佛朗哥的军队又占领了加泰罗尼亚和西班牙东南部。1939年3月29日马德里沦陷,4月1日佛朗哥正式宣布内战结束。

实际上,内战没有结束,胜利者对战败者的迫害异常残酷,战后大约10万人被处死或死于监禁和刑罚,其中相当一部分是知识分子,致使西班牙文化艺术在一段时间里陷入停滞状态。

4．内战造成的后果

这场历时 3 年的浩劫是西班牙历史上最惨痛的一页,在世界近代史上也是独有的。至今没有一个准确的伤亡统计数字,比较被接受的说法是战争中双方死亡人数达 100 万,被处死或被杀害的人数约 20 万,流亡国外的人数近 50 万。内战给西班牙带来严重后果,造成大量人口死亡,估计至少 50 万人死在战场上,或被屠杀、暗杀,这还不包括死于疾病、营养不良的人们,以及战争造成的人口出生减少。很多科学家、文学家和艺术家被迫流亡国外,造成人口"质"的下降。法国成为工人流亡者的主要目的国,墨西哥则接纳了大多数知识分子。还有一些人流亡到北非、苏联和其他拉美国家。

物质损失几乎无法估量。内战给西班牙经济造成了灾难性的后果,人均国民生产总值直到 20 世纪 50 年代才恢复到 1936 年的水平。工业、基础设施、交通和房屋遭到严重破坏,经济退回到以农业为主的模式,国家积累了大量外债,西班牙银行的黄金储备损失严重。地主、工业和金融寡头重新成为经济和社会主导。劳工失去了共和国时期争取到的大多数权利。更为严重的是精神创伤,西班牙民族被分裂了,留在民族躯体上的重伤几十年也无法治愈。

七、佛朗哥独裁统治(1939—1975)

1．内战后国内局势和国际环境

内战后时期(1939—1950)是佛朗哥独裁统治最专制的阶段。内战一结束,佛朗哥马上使用宣传、新闻检查和制定《政治责任法》和《国家安全法》的方式打击政治反对派,许多人遭到关押或被处以死刑。佛朗哥废除了第二共和国颁布的所有法令法规,教会恢复了它的所有权力,宗教教育再度成为学校的必修课,言论自由被严格的出版审查取代,离婚是非法的,工会被取缔,所有政党被取缔。全国唯一的政治团体是佛朗哥的嫡系力量——民族运动,地方自治被取消,少数民族语言被禁用。人民阵线和其他左翼人士、进步分子,甚至有些普通的工农劳动者都遭到严酷的迫害,被判处死刑,被长期监禁,被打击,被剥夺财产和工作。佛朗哥独揽大权,是国家元首兼政府首脑,是军队统帅兼国内唯一政党民族运动的领袖,他用铁腕来治理国家,没有宪法,没有民族,对国家权力机构的成立和解散掌握最终决策权。

从 1942 年起,佛朗哥政权逐步建立起机构体系并制定了一些基本法。这一年成立了议会,但政府中担任要职的议员,大部分由佛朗哥直接任命,因此议会的立法活动完全忠实于佛朗哥。议会不能弹劾政府,也不能监督国家元首。1945 年批准的《西班牙公民权利法》规定了政权的基本准则和公民的权利与义务,限制集会、结社、言论等个人自由。同年颁布的《全民公决法》试图通过举行公投的方式弥补西班牙人没有普遍选举权的问题,但只有佛朗哥才有权决定何时举行全民公决。

20世纪40年代,内战的战败方一直坚信独裁政府的垮台,西方民主国家的施压,加上西班牙国内的不满,这些因素有利于推翻佛朗哥政权。共和国议会和政府已迁到墨西哥并得到众多国家的承认,但人民阵线内各党派以及无政府主义等政治力量无法协调行动,在内部争斗中消耗了大部分精力。佛朗哥政权的反对力量——特别是共产党和无政府主义者——试图开展游击战推翻政权。1944年一支国际纵队从法国翻越比利牛斯山进入西班牙,但游击队没得到民众的支持,行动被佛朗哥军队迅速粉碎。之后游击战坚持了几年,但终于1950年被清剿。

西班牙内战结束不久,第二次世界大战爆发。希特勒和佛朗哥会晤,想让西班牙参战,但佛朗哥明智地保持谨慎,一直不肯承诺向同盟国宣战。虽然佛朗哥表面上宣布"中立",但其政府与轴心国或公开合作或暗地里勾结,为其提供军用物资、机场和港口,并且派其精锐部队"蓝色师团"协同德军进攻苏联。墨索里尼倒台后,西班牙正式宣布中立并开始接近同盟国。1944年,佛朗哥准许美军飞机在西班牙降落,还在1945年4月与日本断绝外交关系,但这些举动都不足以抵消西班牙曾与轴心国保持的密切关系。第二次世界大战结束后欧美各国都要求制裁西班牙,联合国拒绝接收西班牙为成员国,还以外交抵制方式惩罚佛朗哥政府,从政治上和经济上孤立西班牙。根据联合国的一项决议,各国撤回驻马德里的使馆。当时仍与佛朗哥政府保持外交关系的欧洲国家只有两个:梵蒂冈和葡萄牙。

佛朗哥20世纪50年代巩固了独裁统治。政治迫害仍继续,没有民主和言论自由,但也出现了一些变化,长枪党人在政府里势力衰弱,让位于有专业知识的技术官僚。巴斯克和加泰罗尼亚地区还出现了抗议示威活动,这些地区的民族主义情绪更强了。

从20世纪50年代开始,世界形势发生重大变化,苏联与西方国家的冷战不断升级,北大西洋公约组织成员国和华沙条约成员国形成了两个对立的政治集团。得益于所处地理位置的战略重要性,西班牙逐渐走出孤立困境。1950年联合国解除了针对西班牙的禁运。美国等西方国家改变了对西班牙的策略,帮助它重返国际社会。与此同时,佛朗哥政府对其封闭和专制的经济政策和其他政策做出调整,在对外方针方面也逐步放弃了孤立政策,与美国等国家签订各种协议以获取经济援助。1953年西班牙与美国签署条约,允许美国在西班牙设立军事基地以换取军事援助。1955年在美国的帮助下被接纳为联合国成员国,开始与外国保持外交和经济往来。1959年美国总统艾森豪威尔的访问,推动了西班牙彻底融入国际社会,并先后加入了联合国教科文组织和联合国卫生组织,1958年加入了世界银行,

1959年加入国际货币基金组织。

20世纪60年代西班牙经历了深刻的社会变革,在各种技术官僚的推动下,从1962年开始西班牙政治变得开明了。批准了《社会保障法》等社会发展措施,《新闻法》也放松了新闻审查力度。1969年佛朗哥指定阿尔方索十三世的孙子胡安·卡洛斯作为他去世后的接班人。1962年西班牙申请加入欧洲经济共同体,但由于不具备民主政治制度,申请遭到拒绝。因此西班牙和欧共体的联系暂时只限于贸易领域。

20世纪60年代西班牙经济发展出现重大转机,1959年至1971年的年均国民生产总值增长率为7%,经济结构和布局也相应发生重大变化。伴随着经济高速发展,成千上万的农民涌向大工业城市。佛朗哥政权所依赖的农民群体占人口比重下降,新的城市无产阶级在不断壮大。经济的发展也巩固了主要由专业技术人员和小企业主构成的城市中产阶级。城市无产阶级和中产阶级都要求得到更多自由权利,这一切都引起了连锁反应,带动了国内政治和社会的变动,如同一潭死水翻起波澜。加之闭关锁国的政策早已打破,欧美高度工业化国家的文化渗透更是起了推动的作用,因此这时期反对佛朗哥政权的抗议活动也越来越多。人民对长达近四十年的佛朗哥军事独裁的不满通过各种方式爆发了

20世纪70年代以后,佛朗哥健康每况愈下,政权也频现危机。这段时期西班牙最大的工会之一工人委员会诞生了。预见到佛朗哥政权即将结束,政治反对力量也开始积极组织起来为政权更迭做准备。工人社会党在境内的年轻成员反对流亡在国外的党内元老的不现实路线,并于1974年取得了党的领导权,由冈萨雷斯担任总书记。在20世纪70年代的最初几年,罢工、罢课和其他有组织的社会抗议活动达到高潮,大学教师和学生都参加示威游行要求言论自由,工人的抗议活动也很普遍。加泰罗尼亚和巴斯克地区重新出现了民族主义组织,追求地区独立的暴力事件和恐怖活动不断升级。埃塔等恐怖组织展开针对警察、军人和官员的暗杀行动。游行示威,罢工运动也加剧了社会冲突。

虽然一些内阁成员支持逐步实现政治民主化,但保守势力仍占上风。1973年佛朗哥辞去首相职务,由布兰科继任,但6个月后,布兰科在光天化日之下被恐怖分子用汽车炸弹炸死,造成西班牙出现巨大的权力真空。这起暗杀事件令政府极度恐慌,于是加强镇压措施。这种局面的持续恶化把国家推向了危机。政府多次宣布进入紧急状态,还取消了仅有的一些自由权利。虽然佛朗哥政权竭尽全力维护其统治,仍不可避免地陷入了衰落。1975年11月20日,佛朗哥因病去世,结束了36年的独裁统治。两天之后,他生前指定的接班人胡安·卡洛斯王子加冕,登基为西班牙国王。一个新的时代开始了。

2. 经济状况的发展变化

内战将西班牙的工业、基础设施和农田毁坏殆尽，大批高素质劳工流亡海外，第二次世界大战爆发也不利于经济重振。在这样的形势下，为重建西班牙，佛朗哥提出了自给自足的目标，在本国生产所有基本必需品，尽量减少对国外市场的依赖。还设计了政府干预的经济模式，由政府制定价格，监管进出口，政策向一些工业部门倾斜。1941年西班牙成立了国家工业局以推动国有企业的发展。但工业发展遇到了阻碍，因为当时的西班牙还是个农业国，基础设施薄弱，并且受第二次世界大战影响无法从国外获得原材料和资本。自给自足的政策无法在短时间内重振经济，直到1953年，西班牙人均国内生产总值才重新回到1936年的水平。

由于得不到外部的经济援助，也无法与其他国家建立贸易关系，加之连年干旱对农业的影响，对于佛朗哥政权和西班牙民众来说，20世纪40年代是最艰苦的时期。饥荒席卷全国，基本生活必需品匮乏，政府不得已实行配给制，严格控制商品的分销，但还是出现了黑市，黑市上食品和药品价格远远高于官方市场价格。

20世纪50年代西班牙摆脱了国际社会的孤立，得到西方国家的贷款，不再严格执行自给自足的政策，经济形势有所好转。1952年配给制取消，经济朝自由化方向发展。1959年西班牙发生严重的经济危机，佛朗哥被迫放弃自给自足的模式，执行经济稳定计划，以应对通货膨胀、刺激储蓄并开放西班牙市场。经济稳定计划执行的第一年，工资减少，失业增加，民众生活相当困难，但随着旅游者大量涌入西班牙以及外国投资的增加，经济稳定计划很快取得积极成果。

20世纪60年代，得益于跨国企业在西班牙投资设厂、旅游业的收入、国家工业的发展以及法国、德国、瑞士等国西班牙侨民的汇款，西班牙实现了基础设施的现代化，推动了造船业和钢铁业等工业部门的发展，也刺激了出口。西班牙经济开始腾飞。20世纪70年代初，西班牙已经摆脱发展中国家地位，成为世界第十大经济体。政府仍旧控制着战略性生产部门和银行体系，但私人投资不断增加，大企业家和银行家阶层也壮大起来。佛朗哥统治的最后阶段适逢1973年石油价格上涨导致的经济危机。这是一场世界性的危机，对西班牙造成双重影响，一方面西班牙要承受石油价格的上升，另一方面危机造成发达国家对西班牙的投资减少。

八、民主时期的西班牙

1. 民主过渡

佛朗哥去世两天之后，波旁家族的胡安·卡洛斯宣誓成为西班牙国王，称胡安·卡洛斯一世。当时西班牙有三种主要的政治倾向。第一种是保守的政治家所代表的延续主义，他们主张延续佛朗哥时期的制度，但可以引入一些调整和变化以适应社会现实；第二种倾向是改革主义，主张在法律允许的范围内实行渐进改革，逐步走向民主。改革派反对专制政权，但不愿采取过于激烈的变革，以免出现政治和社会不稳定局势。很多改革人士就来自佛朗哥政府，代表人物是苏亚雷斯；最后一个政治倾向是决裂派，他们主张快速变革到完全的民主体制。决裂派代表主要来自独裁时期被取缔且一直处于地下活动状态的政党。

卡洛斯国王深知实现民主是一条坎坷之路，因此在就任国家元首后行事十分谨慎，他先是承认了延续派代表阿里亚斯·纳瓦罗领导的佛朗哥遗留政府。这时的西班牙正处于严重的经济危机之中，物价飞涨，失业率不断攀升。工人委员会和重新组织起来的工人总联合会等工会组织掀起了罢工浪潮。在要求自由民主的游行示威以及反对派的重压之下，阿里亚斯被迫于1976年辞职。阿里亚斯辞职后，国王任命苏亚雷斯担任首相。苏亚雷斯是佛朗哥政府的成员，因此他当首相令民主力量心生怀疑，保守势力则欢欣鼓舞。然而，苏亚雷斯实现民主的决心令所有人震惊，他凭借超凡的谈判技巧领导西班牙完成了民主过渡。他巧妙地说服议会批准了《政治改革法》，该项法律承认包括西班牙共产党在内的各政党合法，并举行制宪议会选举。《政治改革法》为彻底结束独裁政权打下了基础。

西班牙民主化进程开始了。1977年4月出现了两个新的政党，弗勒加领导的保守政党人民联盟，后来改称人民党，以及苏亚雷斯本人领导的中央民主联盟。1977年6月西班牙举行了制宪会议选举，这是内战以后第一次民主选举，78％的公民行使了刚刚重获的选举权。中央民主联盟赢得大选，苏亚雷斯成为1936年以来第一位以民主方式选举出的首相。西班牙工人社会党出人意料地成为第二大政党，地方政党也获得不少议席。

议会代表从不同党派选出11位法学家议员负责起草宪法，制定了一部不很具体的宪法，左翼和右翼都能执行，各政治派别都能够接受，因此宪法顺利获得议会两院批准。1978年12月6日，西班牙举行全民公决，绝大多数选民投了赞成票，民主宪法获得通过。为纪念这一历史性事件，12月6日立宪日成为全国性节日。

西班牙宪法由两个基本部分构成：一部分规定了西班牙人的权利和义务，另一部分则设计了国家政权组织模式。宪法赋予西班牙公民言论、集会、结社自由和参与政治的权利。明确规定男女在教育、就业、医疗等各方面权利平等。关于政权组织模式，宪法确定西班牙为议会君主制的民主国家，国王只作为国家的代表。宪法还确立了三权分立——政府、议会和司法机构各自独立，但可以互相监督。立法权由众议院和参议院组成的议会行使，议会每4年由18岁以上公民普遍选举产生。政府首相是行政权的最高代表，由众议院选出。

宪法还规定西班牙采用地方自治模式，这意味着西班牙放弃实行了两个多世纪的中央集权制，按照共和国时期的做法，建立地方自治大区。自治大区拥有地方政府、议会和非常广泛的权限，地方自治实际上将西班牙变成了一个近似联邦制的国家。中央政府向地方转移职权的速度不尽相同，加泰罗尼亚、巴斯克和加利西亚在第二共和国时期已经开始了地方自治进程，这几个地区以及安达卢西亚制定了区域自治法并很快获得了行政、经济和社会管辖权，西班牙其他地区的自治进程则稍缓一些。至1983年，全国各地区都已实现自治，形成了由17个自治大区构成的政治版图，地方享有高度自治权。

除了政治共识，苏亚雷斯领导的政府还促成各方达成了经济共识。20世纪70年代末，油价上涨引起的经济危机严重影响到西班牙。劳资冲突已经演变成国内政治问题，甚至危及已经取得的工业化成果。在主管经济事务的副首相协调下，1977年西班牙主要工会和西班牙企业组织联合会在首相官邸签署了一系列旨在控制通货膨胀和促进就业的协定。工会答应限制加薪幅度，不反对出售某些国有企业，条件是企业主降低开放劳动力市场的要求。该协定确实控制了通货膨胀、刺激了经济，重树外国投资者对西班牙经济的信心，但无力解决高达16%的失业问题。

宪法获得通过后，制宪会议解散，1979年再次进行大选，中央民主联盟又一次以相对多数获胜。然而，面对艰难的经济、反对力量的批评以及中央民主联盟内部的分裂，苏亚雷斯无力控制局势，于1981年初辞去首相职务。

苏亚雷斯辞职后，西班牙最保守势力企图利用动荡局势重新夺取政权。1981年2月23日，众议院正在召开会议选举首相继任者时，一支国民警卫队占领了议会，将大部分议员扣押作为人质。国会大楼外，国王起到了决定性作用，作为武装部队最高统帅，胡安·卡洛斯一世要求军人对民主制度保持忠诚，他还在电视讲话中强烈谴责了政变企图。国王的电视讲话全文如下：

此刻，我们正处在非常形势之下，我向全体西班牙人发表这个简要的讲话，我要求所有的人保持最大限度的平静和信心。我向你们宣布，我已向陆、海、空三军下达了如下命令：

鉴于在议会大厦内发生的事态所造成的局势，我确认，我已命令政府部门和总参谋长联席会议采取一切必要的措施，在现行法律范围内，维持宪法秩序，避免可能出现的任何性质的混乱。

根据情况而必须采取的任何军事性质的措施，均应获得总参谋部参谋长联席会议的批准。

王朝是祖国稳定和团结的象征。它决不能容忍那些企图用暴力手段破坏民主进程的人的行为和态度，因为民主进程乃是这部由西班牙人民在当时运用公民投票方式通过的宪法所规定的。

（转译自 Los Domingos de ABC,1981,No. 74.）

军队高级将领都支持政府,因此极右翼势力恢复独裁统治的企图失败了,民主已经成为不可阻挡的趋势。1981年2月23日事件证明西班牙民主制度稳固已经是不可阻挡的趋势。

接替苏亚雷斯担任首相的卡索沃·索特罗无力挽救中央民主联盟的解体,他还必须面对经济危机加剧和恐怖活动猖獗等问题。

在这段时期西班牙批准了《离婚法》,并于1981年加入北约组织。1982年12月举行的新一轮大选中,西班牙工人社会党以绝对多数胜出。一个在内战中失利、又在独裁时期被取缔的政党赢得大选标志着民主过渡已经顺利完成。

2. 西班牙工人社会党执政时期(1982—1996)

西班牙工人社会党是西班牙历史最悠久的政党之一,最初是一个旨在维护工人阶级权利的马克思主义政党。佛朗哥独裁时期,工人社会党被迫转入地下活动。佛朗哥去世后,工人社会党很快成为中央民主联盟的反对党,并放弃了马克思主义,以社会民主党风格出现,在务实的冈萨雷斯领导下,工人社会党支持率节节攀升。1982年大选中工人社会党的领导人年轻而富有领袖魅力,他们提出了温和的政治主张,并做出了改善经济的承诺,因此赢得了西班牙选民的信任。

冈萨雷斯领导的社会党政府上台后面临棘手的经济和社会问题。受石油价格上涨影响,西班牙经济几近停滞,造成失业率飙升,年通货膨胀率达到15%。政府致力于理顺经济,提高西班牙在国际社会的影响力。制定了国家现代化计划,以控制通胀、工业改造和更新基础设施为工作重点。佛朗哥时期留给西班牙大量国有企业,实行工业改制意味着大量裁员,关闭效益不好的企业,因此工业改造计划引起了很大争议。虽然一些做法不得人心,社会党的改革措施还是取得了积极成果,帮助西班牙走出了危机困境。改革后工业产量增加了,外国投资者也恢复了对西班牙经济的信心。工人社会党还积极进行社会政策改革,主要措施包括：将义务教育延长到16岁,全民都可以享受免费公共医疗服务以及提高失业救济金和养老金等社会保障。

社会党努力使西班牙摆脱孤立,融入国际社会。1986年西班牙全民公投决定留在北大西洋公约组织,成为正式成员。社会党还完成了加入欧洲经济共同体的谈判,1986年1月1日西班牙加入欧共体,成为欧共体成员国不仅为西班牙带来了经济利益,也帮助西班牙摆脱了旧日的独裁政权形象,巩固了年轻的民主制度。

加入欧共体之后,西班牙经济在1986到1991年间高速增长。西班牙利用欧共体的补贴建造了大量基础设施项目,推动了国家现代化发展。然而,成为欧共体成员国也意味着挑战。由于取消了保护主义,外国企业可以在西班牙自由投资,西班牙民族工业不得不面对欧洲大公司的激烈竞争。西班牙企业为了能够生存下去,被迫进行现代化改造以提高竞争力。

工人社会党领导下的繁荣阶段在1992年达到了顶峰,这一年西班牙成为两项重大国际盛事——巴塞罗那奥运会和塞维利亚世界博览会的主办国。两项活动都取得了圆满成功,西班牙向全世界展示了一个活力四射的现代化国家形象。

十年繁荣过后,工人社会党政府开始走下坡路了。西班牙再次陷入经济危机,失业率和通货膨胀居高不下。媒体披露了工人社会党一些成员的腐败案件,还爆出了"自由反恐大队"(GAL)丑闻,这是政府内一些高级官员非法成立的地下准军事组织,以恐怖手段对付埃塔恐怖组织。

弊案、GAL事件、失业和大罢工使工人社会党逐渐威信扫地,选民在选票上表达了不满,1996年大选工人社会党失利,让位于人民党。

3. 人民党执政时期(1996—2004)

人民党第一个任期内只获得众议院相对多数议席,因此只得与加泰罗尼亚和巴斯克民族主义政党联合才能使政治提案获得议会通过。在第一个任期内,人民党把解决经济问题作为重中之重,首相阿斯纳尔实施了宏大的经济自由化方案。

在人民党卓有成效的管理之下,西班牙经济更加开放,人均收入接近欧洲强国水平。赢得西班牙选民信任的人民党以绝对多数选票获得2000年大选的胜利。

人民党第二个任期内,西班牙经济持续良性发展,反恐成为这一阶段的工作重心。阿斯纳尔加强了与法国政府的反恐合作,还促成国际社会将"埃塔"列入国际恐怖组织名单。在阿斯纳尔担任首相期间,共逮捕了上千名埃塔分子,重创埃塔的组织结构。

在第二个任期内,人民党犯下了一些错误,引起了西班牙民众极大不满。最主要的几个是:"威望号"游轮泄油事件没有及时有效处理,拒绝自治大区政府扩大地方自治权的要求,不与地方政府对话,掌控国有媒体以及改革劳动法,方便雇主解雇员工。

人民党第二个任期在众议院占有绝对多数议席,因此不需要与其他政党对话就可批准实施各项施政方案。阿斯纳尔的外交政策引起了极大争议,直接导致人民党在2004年大选失利。阿斯纳尔与美国结盟,疏远欧盟和北非邻国,甚至不顾西班牙民众抗议一意孤行,在伊拉克战争问题上支持美国和英国,这一决定也加深了同德国和法国的矛盾。

2004年3月11日,就在西班牙即将举行大选之前三天,马德里发生了伊斯兰恐怖组织制造的爆炸案，抗议西班牙在伊拉克战争问题上与美国合作。事件发生后，人民党马上指出是埃塔制造了恐怖袭击。几个小时之后，警方发现的一些资料表明伊斯兰恐怖分子参与了爆炸案，但直到大选前一天，阿斯纳尔仍坚持认为凶手是埃塔。西班牙民众知道人民党是在有意操纵公众舆论。3月14日西班牙举行大选，工人社会党获胜。

4. 工人社会党重新执政（2004—2012）

在当了八年最大反对党以后，2004年西班牙工人社会党重新执政，萨巴特罗成为新一任首相。就职后，萨巴特罗的外交政策与前任政府完全不同。当确认联合国不会参与伊拉克战争后，工人社会党兑现了竞选承诺，从伊拉克撤回了西班牙军队。撤军决定使阿斯纳尔发展起来的美西、英西关系陷入停滞。工人社会党重新将注意力转向欧盟、拉美和北非等传统盟友。

工人社会党引入了一些十分开放的社会改革措施，已获批准的有《反性别暴力法》和同性恋婚姻合法化，放宽人工流产限制和修改《离婚法》等。这些自由开放的改革引起了西班牙社会保守势力，特别是天主教会的激烈批评。但是，民调显示大多数西班牙人支持这些举措，这也说明了西班牙社会愈加开放和宽容。

在经济领域，工人社会党实施了西班牙经济提振计划，以提高生产力，改善就业。主要措施有提高最低工资标准、解决失业问题、鼓励创建新企业、推动研发等。

2008年工人社会党再次赢得大选，萨巴特罗连任首相职务。实际上，在2008年全球金融危机之前，西班牙的经济已经维持了多年快速增长，并且相较于希腊、葡萄牙、意大利等国家，西班牙在政府预算收支平衡方面做得相当不错。从1999年至2007年，西班牙GDP平均每年增长3.7%，2004至2008年，西班牙房价上涨了44%。

席卷全球的经济危机深刻影响到西班牙各个经济领域。自危机爆发以来，西班牙经济衰退，失业率攀升至18%，房地产市场低迷，债务增长速度快。2009年该国财政赤字水平超过10%，居欧洲第三位，而其债务水平已达到金融危机前的两倍。受2008年美国金融风暴影响，西班牙出现银行信贷和房产危机，公共机构和私人领域都形成了巨大的无法偿还的债务。债务影响了政府的行政管理，司法机构也无法处理各种债务纠纷。经济低迷使得消费减少，这反过来又更增加了经济困难。各种社会福利、教育和医疗等等领域的开支被迫削减，使得很多民众不满。作为欧盟第四大经济体西班牙成为欧债危机的前线。2011年西班牙公共债务（7350亿欧元）与GDP之比达到68.5%，虽然远不及意大利（120%）、希腊（160%）危急，但麻烦在于其财政赤字占GDP的比例高达8.5%，远超3%的国际"警戒线"。

5. 人民党执政时期（2012—）

由于国际经济金融危机爆发以来，西班牙经济增长不力、失业人口激增，执政的工社党政府因此饱受诟病。西班牙反对党人民党在 2011 年 11 月 20 日举行的议会大选中获得胜利，人民党主席马里亚诺·拉霍伊当选政府首相。

此次选举是在欧元区债务危机的阴影下举行的，拉霍伊当选首相之后面临债务负担沉重、增长缓慢和失业率高的国民经济。拉霍伊号召人民"以大局为重、为未来做适当牺牲"。拉霍伊政府为实现 2012 年减赤目标实施新紧缩方案。紧缩措施旨在 2012 年削减 165 亿欧元赤字，将其占国内生产总值的比率降低至 4.4%，2013 年降至 3%，从而达到欧盟的要求。新紧缩措施涉及劳动制度、金融、医疗、教育、能源、公共管理及旅游等方面。进一步压缩公务员队伍、国有企业规模，整顿银行业，实施企业减税等。

2012 年 4 月，西班牙宣布将财政紧缩政策中的节支金额再提高 10 亿欧元，主要涉及公务、医疗和教育领域。加上此前的财政紧缩计划，西班牙 2012 年的财政紧缩计划金额已达到 280 亿欧元。严格的预算约束下，地方政府大规模裁员。在企业部门，西班牙内阁会议通过了"劳动力市场改革紧急法案"，允许企业签订"灵活用工合同"，如员工在没有适当理由下被解雇，最高补偿金额从过去的 42 个月工资降至 24 个月工资。裁员成本的大幅降低，更加剧了本已严重的失业。2012 年西班牙全国 4500 万人口中，已有超过 560 万人失去了工作，劳动人口失业率已经从 2008 年时的不足 10% 升至 24.4%，其中 16—24 岁人群的失业率已经逼近 50%。西班牙的失业救济最长期限为两年，到期之后，中央政府要向仍未找到工作的人每月提供 400 欧元的补贴。越来越多的人加入领取失业救济的大军。

2012 年以来，西班牙工会已经组织了数次全国规模的罢工和示威游行，以抗议政府的劳动法改革。西班牙民众对于新政府的削减预算和鼓励裁员政策也是怨声载道。

西班牙千百万民众的日常生活中，债务危机带来的冲击几乎无处不在。比如对于偷渡入境的移民，以前西班牙政府会提供起码的条件以保证其不流落街头。但现在移民局的新规定是，年满 18 岁的偷渡者，政府不再负责其吃住。

经济不景气时要降低赤字和债务，除了削减支出外别无他法。在政府部门公共支出外，医疗卫生和教育是西班牙财政支出中被缩减幅度最大的两大领域。西班牙实行的是用政府税收作为医疗支出的绝大部分，个人负担极小部分的免费公共医疗体系。在政府削减公共医疗支出的背景下，医院的医疗检查时间由原先的全天缩短为半天。

尽管政府明令禁止，且为增加财政收入，拉霍伊下令整顿"黑工"市场，打击偷税漏税行为,但"黑工"现象在西班牙仍非常普遍,尤其私人企业常会聘用一些对薪水和福利要求较低的外国人或非法移民,许多西班牙人丢了工作后也去打黑工。

西班牙财政部成功发行了 2011 年最后一次国债,以低于此前一半的收益率售出三月期和六月期债券 56.39 亿欧元,高于预期的 45 亿欧元。

西班牙在 2013 年之前对公共部门加以调整,削减 500 亿欧元的财政开支,以此将财政赤字大幅削减三分之二,同时改革养老金制度,将退休年龄从 65 岁延长到 67 岁。西班牙政府希望通过这一系列财政紧缩的措施降低国内赤字水平同时改善财政状况。

2014 年开始,西班牙经济形势有了转机,经济复苏势头显现,长期国债风险溢价大幅下降,收益率创新低,就业略有好转,消费者信心提升。第一季度西班牙消费信贷自 2007 年以来首次增长,其中用于购买汽车的贷款较去年同期增加 11.68%,用于购买家电等消费品的贷款增长 5.82%。这表明随着西班牙经济的复苏,失业率好转,西班牙家庭可支配收入出现增长。出口强劲和旅游业的良好表现是拉动西班牙经济复苏的主因。

分析人士认为,西班牙经济复苏之路并不平坦,还需跨过多道沟坎。西班牙至少需要 10 年时间才能恢复到危机以前的经济增长和就业水平。

第三章

民族、语言和文化

第一节 混血民族

西班牙的民族成分很复杂,除了本地繁衍生息的民族,来自欧洲、非洲、亚洲的不同民族都在不同时期登上伊比利亚半岛,形成了与欧洲其他国家不同的混血人种。

在新石器时代,一些来自非洲北部的人通过直布罗陀海峡到达伊比利亚半岛,进入了中部高原,成为伊比利亚人。这些身材矮小、皮肤黝黑的人在这里发展起了农业和畜牧业,也学会了制陶和纺织,人口增加了,出现了最早的定居部落。公元前1000年,一支源于亚洲的印欧民族凯尔特人逐步进入伊比利亚半岛,定居在中部和西部。凯尔特人黄发白肤,粗壮魁梧,胆大无畏,善于使用武器。这两个民族通婚,产生了一个新的民族——伊比利亚凯尔特人,即西班牙民族的祖先。

公元前11世纪左右,擅长航海和经商的腓尼基人从地中海东岸来到半岛,创建了西班牙的第一座城市——加的斯,并在地中海沿岸建立了马拉加等一些居民点,主要活动是贸易,同时还引进了开矿、冶炼、采盐、制陶、纺织等技术。腓尼基人和伊比利亚人和平共处达几个世纪,后被同化。

公元前7世纪,希腊人在地中海沿岸的加泰罗尼亚一带建立居民点,以种植葡萄和橄榄为主,并把这种技术教给当地居民,同时创办学校,传授先进的希腊文化。原始的伊比利亚人在走向文明的过程中,曾经得益于希腊人的教诲,至今仍受益无穷。

公元前814年,腓尼基人的移民在非洲北部今突尼斯湾建立迦太基城。在公元前 6 世纪,迦太基成为当时地中海西部最强大的国家和西地中海的贸易中心。公元前 3 世纪罗马对外扩张,与迦太基之间爆发了三次"布匿战争"[①]。第三次布匿战争罗马人战胜了迦太基,公元前 206 年,罗马军团占领了伊比利亚半岛,由于当地居民的反抗,尤其是载入史册的壮烈的努曼西亚保卫战,两个世纪后罗马才完全征服西班牙,把西班牙变成帝国的行省,最终将其纳入罗马帝国和希腊—罗马文化体系,开始了长达 6 个世纪的统治。从此,伊比利亚半岛开始拉丁化,从上层建筑的法律法规、典章制度、社会体系、宗教信仰、礼仪规范、语言文字,到日常生活方式等,全方位地融入了拉丁文化圈。两个民族的血液也通过长时间的共同生活而融为一体,出现了罗马—伊比利亚人。

公元 79 年耶路撒冷被罗马大军攻破,圣殿被拆毁,犹太人被迫流落到世界各地,一些犹太人来到西班牙,在这里定居下来。他们在罗马人和西哥特人两朝长达 900 多年的统治期间和阿拉伯人将近 800 年的占领期内,享有一定的自由和权利,生活在特定区域,保持着自己的宗教、语言、习俗和文化,为西班牙的经济、金融、文学艺术、民间工艺、宗教、学术、科学等诸方面做出了相当的贡献。

4 世纪下半叶,原居罗马帝国东北部达西亚省(现在的罗马尼亚)的日耳曼族的西哥特人,受到来自中亚的匈奴人的威胁,开始向西迁徙。公元 378 年安德里诺堡战役,西哥特人打败了罗马帝国的军队,410 年西哥特人洗劫了罗马城,随后占领了高卢南部阿基坦地区,越过比利牛斯山进入伊比利亚半岛并定居于此,建立了西哥特王国,其统治持续了 300 年。这些北方来的强悍的日耳曼人与当地的罗马西班牙人通婚,为西班牙民族又融入了新的血液。

公元 711 年,北非的穆斯林(其中大部分是土生土长的柏柏尔人)渡过直布罗陀海峡,登上伊比利亚半岛,占领了除北部的阿斯图里亚斯、加利西亚和巴斯克以外的全部西哥特王国的领土。从此,形成了长达近 8 个世纪的北部基督教王国和南部穆斯林王国的对峙局面。穆斯林给西班牙民族带来了深远的影响,其血脉和文化因子融入了半岛历史,至今仍可以从西班牙人的生活习性上(饮食习惯、交际风格、审美取向、价值导向等)和语言系统上看到其痕迹。

除了上述民族,德国人、法国人、吉卜赛人、意大利人等在不同时期,以不同规模向伊比利亚半岛迁徙,在各个领域对西班牙民族有影响。目前,在西班牙境内还生活着少量吉卜赛人(不到 1 万人)。由于人少,在西班牙社会并未形成较有影响的种族群体。吉卜赛人始终保持着他们独特的生活习性。

西班牙人混血程度高,成分复杂,特别是来自东方的血缘,使之有别于欧洲其

[①] 罗马人称迦太基人为"布匿",故名。

他民族。同为西班牙人，不同地区的外貌有明显差异。其外貌浓缩了其民族的形成过程。经过长时间以来的不同血缘的融合，西班牙成为一个多民族的国家，1978年的宪法对此予以承认。它主要由以下几个民族构成：

1. 西班牙人

主要指卡斯蒂利亚人、莱昂人、阿斯图里亚斯人、阿拉贡人、安达卢西亚人、埃斯特雷马杜拉人、卡塔布连人、穆尔西亚人和加那利人。分布在中部、西部、南部、北部和海外的加那利群岛。他们占全国总人口的80%以上。使用的语言为卡斯蒂利亚语（西班牙语）。他们代表古老而正统的西班牙。他们的祖先是光复运动的主要力量。古城布尔戈斯、萨拉曼卡、巴利亚多利德、塞戈维亚等是他们辉煌历史的见证。

2. 加泰罗尼亚人

占全国人口的10%左右，主要定居在加泰罗尼亚自治区辖下的四个省（巴塞罗那、塔拉戈纳、赫罗纳和莱里达）、阿拉贡和巴伦西亚的部分地区以及安道尔、法国的比利牛斯省、意大利撒丁岛等地。使用的语言为加泰罗尼亚语。自治区首府是巴塞罗那，位于地中海岸边，为西班牙第二大城市，历史悠久，是重要的工业、贸易、金融、文化、航运中心，旅游业也非常发达。民族特点是欧洲化，具体就是法国化。有民族主义倾向。崇尚享乐，工作勤奋，是精明的商人、有经验的航海家和前卫的艺术家。

3. 巴斯克人

巴斯克人分布在北部、与法国交界的地区以及法国境内的比利牛斯山一带，目前巴斯克自治区人口约为210多万，占总人口的5%，境外人口可达40万。其起源不详，有自己独特的非印欧语系的语言和文化历史传统。巴斯克人体魄强健，勇敢尚武，历史上曾经先后抗击过罗马人和阿拉伯人的入侵，将其拒之于国门之外。有航海传统，曾参加过史上闻名的探险。他们历来主张独立或更大程度上的自治，但是巴斯克的"埃塔"组织代表了一种较为极端的倾向，因此被政府宣布为恐怖组织。自治区首府是毕尔巴鄂，位于坎塔布连海岸，是重要的工业和商业城市。

4. 加利西亚人

居住在西部靠近大西洋沿岸加利西亚自治区所辖的四个省，即卢戈、拉科鲁尼亚、蓬特韦德拉和奥伦塞，总人口约为270多万，首府维哥是西班牙著名的渔港。加利西亚人在许多方面与葡萄牙人很相似，包括在语言和传统习俗上。历史上很多加利西亚人移居美洲。古巴革命领袖卡斯特罗的家族就来自那里。西班牙独裁者佛朗哥也是加利西亚人。

从总体上来看，西班牙的各个民族在不同的历史阶段有过分分合合的经历。

而古希腊—罗马文明、基督教文明、伊斯兰文明和日耳曼的西哥特文明使之在许多方面已经趋同,这些民族经历了相似的历史演变和社会发展,构筑了相似或相同的文化环境,具有相同的文字和宗教信仰,相似的价值观、思维方式,而仅仅在某些方言、习俗和历史传统上有些区别,也可以说,少数民族和占人口大多数的西班牙人的相似之处要远远高于其差异。

但是,从另一方面来看,各民族的差异也导致民族矛盾尖锐,造成了分裂主义、民族主义和地方主义。

第二节　多种语言

一、卡斯蒂利亚语—西班牙语

在漫长的历史演变中,伊比利亚半岛上占人口多数的西班牙民族逐渐形成,一种将散布在半岛各个区域的居民维系到一起的语言也随之诞生,这就是卡斯蒂利亚语,即西班牙语。卡斯蒂利亚的形成经历了下列几个阶段。

1. 史前时期

在罗马人入侵之前,半岛居民使用伊比利亚各个部落的土语。当凯尔特人、腓尼基人、迦太基人、希腊人等民族进入半岛时,又引进了各自的语言因素。通过某些词汇(特别是一些地名)可以分辨出上述语言的影响,比如西班牙的国名 España 的来源众说纷纭。有人认为这个词出自凯尔特语"Span"一词。有人认为是古代迦太基人赋予的,传说当年半岛上野兔出没,于是迦太基人就称之为 Shephan-im(野兔出没之地)。希腊人采用了"Spania"这个名称,在罗马帝国时期,这个名称的拉丁化形式是 Hispania,而后演化为现在的 España。

2. 罗马化阶段

公元前 218 年,罗马大军进入伊比利亚半岛,西班牙开始罗马化。入侵的罗马士兵和随之而来的工匠、小商人们把他们使用的民间拉丁语传播到伊比利亚半岛。西班牙语中大部分表达日期(月份、星期)、天文、动植物等无穷无尽与人类生存有关的词汇就来自于拉丁语,比如,1 月:Ianuarius(拉丁文)-enero(西班牙文);2 月:februarius(拉丁文)-febrero(西班牙文);3 月:Martius(拉丁文)-marzo(西班牙文);草地:prato(拉丁文)-prado(西班牙文);土地:terra(拉丁文)-tierra(西班牙文);太阳:sole(拉丁文)-sol(西班牙文)。

3. 日耳曼—罗曼斯语阶段

公元 409 年,来自日耳曼部落的西哥特人入侵伊比利亚半岛并建立了西哥特王国。西哥特人的语言中日耳曼语的部分词汇(特别是有关军事方面的词汇)被吸收到半岛的语言之中。例如:guerra(战争)、botín(战利品)、tropa(军队)、guardia(卫兵)、tregua(休战)、espuela(马刺)、estribo(马镫)、yelmo(头盔)、feudo(封地)等。西哥特人的一些名字也成为原住民的常用名。例如:Rodrigo(罗德里哥)、Fernando(费尔南多)、Alvaro(阿尔瓦罗)等。在这一时期,民间拉丁语逐渐向罗曼斯语(即罗马语族的语言)过渡,卡斯蒂利亚语即从属于后者。后人称这种变化的民间拉丁语为西班牙拉丁语(el latín hispánico)。

4. 阿拉伯语的影响

自公元712年至1492年的近800年时间里,占领者阿拉伯人的文化在西班牙南部和中部地区得到广泛而深入的传播。阿拉伯语成为继拉丁语之后对西班牙语词汇产生最重大影响的外来语。阿拉伯语给西班牙语增添了约4000多个词汇,分布在农业、建筑、军事、政治、数学、金融、贸易、植物、手工艺等领域,至今仍被使用。例如:tambor(鼓)、atalaya(瞭望台)、acequia(水渠)、noria(水车)、zanahoria(胡萝卜)、alfalfa(苜蓿)、aduana(海关)、tarifa(价目表)、aldea(村庄)、zaguán(门庭)、azotea(屋顶平台)、alcoba(卧室)、cifra(数字)、álgebra(代数)、algoritmo(算法)、alcázar(宫殿)等。在语言的表达方式上也能看到阿拉伯语的痕迹,特别是在一些日常用语上。例如:Mi casa es su casa(我的家就是你的家),表示主人对客人的热情,就是直接从阿拉伯语的句型移植过来的。

5. 卡斯蒂利亚语—西班牙语的形成

根据大多数权威学者的认定,卡斯蒂利亚语—西班牙语的形成时间约在公元10世纪。西班牙著名语言学家、文学家、史学家拉蒙·梅嫩德斯·皮达尔(Ramón Menéndez Pidal)于1915年在拉里奥哈的圣米里安修道院发现了一份拉丁文布道词的文稿,在布道词的旁边,一位不知名的修士写上了一段祈祷词,这短短的几句话已具备了基本完整的文法结构,被视为卡斯蒂利亚语起源的标志,证明在公元5—7世纪,卡斯蒂利亚语开始有了自己的文字——一种拼音字母,源自于拉丁字母,而后逐渐演变。

卡斯蒂利亚语的发源地在古代西班牙北部卡斯蒂利亚王国。在光复运动中,卡斯蒂利亚王国成为基督教徒抵抗摩尔人的中心。随着军事上的节节胜利,卡斯蒂利亚王国的势力范围逐步向中部和南部扩展。到了12—13世纪,它在几个基督教王国中已经处于领军地位。其国力日益强盛,影响日益增加,于是卡斯蒂利亚语自然而然地成为其势力范围内的共同语言并渗透到周边地区。1492年之后,天主教双王统治下的卡斯蒂利亚—阿拉贡王国完成了光复大业。卡斯蒂利亚语成为统一后的西班牙的通用语言。

从拉丁语到卡斯蒂利亚语,从方言到国语,从民间土语到具有完整的文法结构、丰富的词汇和深刻的表现力的文学语言,这一历程前后经历了十多个世纪。其文字形成了以 29 个字母为基干的拼音形式,民间拉丁语与半岛的土著语言结合,外来民族语汇,如阿拉伯语、法语、意大利语等和半岛上其他地区的方言词语的加入,统一的语法规则得以确立,西班牙语诞生了。

在西班牙语形成、演变和发展的漫长过程中,有两个伟大的人物起了非常重要的作用,他们是阿尔方索十世国王(Alfonso X,1221—1284)和安东尼奥·德·内布里哈(1444—1522)。

卡斯蒂利亚国王阿尔方索十世在位 31 年,在历史上他的功业并不是建立在拓土开疆上,而是体现在发展语言、文学、科学、法律和思想方面。他毕生致力于发展和规范卡斯提利亚语并使其成为西班牙的通用语言。他把基督教、犹太教和伊斯兰教的文人、学者和艺人都接纳到王宫,探讨学术和艺术,组织规模庞大的翻译班子,从事拉丁文、阿拉伯文以及希伯来文的翻译,写编年史,研究自然科学和法学,鼓励并亲自参与诗歌散文的创作。正是基于这些数量浩繁的写作、翻译和研究工程,西班牙语的规范性被提到日程上。阿尔方索十世采取了许多行之有效的措施,以确立语音、词汇、语法和文字书写的规则。例如,在科技领域,他根据卡斯蒂利亚语的模式,变革并吸收了数量可观的拉丁文和阿拉伯文的语汇,以丰富本土语言。他还制定了卡斯蒂利亚语的书写规则和正字规则,确定了两组特殊的标点符号的使用:正倒感叹号¡! 和正倒问号¿?。这些措施极大地推动了半岛上语言的统一和规范,为日后西班牙语的演变和扩展打下了坚实的基础。

安东尼奥·德·内布里哈是西班牙文艺复兴时期的著名学者,他撰写的《卡斯蒂利亚语语法》发表于 1492 年,是该年度的大事件之一。关于其内容和意义,前面已经讲述。

6. 西班牙语的发展和演变

随着卡斯蒂利亚王国的不断壮大和西班牙帝国的崛起,西班牙语的应用范围从小到大,从境内走向境外,发展成一种世界通用语言。

在不同的历史时期,法国人、意大利人、德国人都因为政治原因与西班牙保持着特殊的关系,往来频繁,因此他们的语言也对西班牙语产生了重大影响。

早在 11 世纪,来自普罗旺斯和法国其他地方的人的语汇便进入西班牙并且一直延伸到中世纪,例如:homenaje(纪念)、fraile(教士)、mensaje(信函)、mesón(酒馆)、vinagre(醋)、manjarse(美食)、ligero(清淡)、hostal(客栈)、doncella(少女、侍女)、salvaje(野蛮的)等。在卡洛斯二世朝代,法语在宫廷和贵族之间流传,而 18 世纪波旁王室的费利佩五世在马德里登基之后,这种倾向更加明显,大量源于法语的词汇逐步进入西班牙语,例如:pantalón(长裤)、chaqueta(外衣)、hotel(旅馆)、chalet(别墅)、sofá(沙发)等。此后法语的影响始终不减,如 Parlamento(议会)、personal(人物)、burocracia(官僚)、chofer(司机)、bisutería(假珠宝)等这些词汇被广泛接受并且沿用至今。

意大利语的影响则表现在音乐、美术领域,尤其在 15—17 世纪的文艺复兴时期,很多意大利语相关术语和常用语进入西班牙语。例如:aria(咏叹调)、batuta(指挥棒)、partituta(乐谱)、diseño(设计)、modelo(样式)、novela(小说)、soneto(十四行诗)、fachada(门面)等;还有一些非艺术词汇,诸如 casino(赌场)、ferrocarril(铁路)、analfabetismo(文盲)等。

自 18 世纪起,英语势力便崭露头角,而进入 20 世纪之后,由于美国渐渐上升为世界头号强国,经济、金融、科技等类的英语词汇不可避免地渗入了几乎所有的主要语言,成为全球通用词汇,西班牙语也吸收了大量的英语词汇。

在伊比利亚半岛以外的地区,西班牙语扩展并进入到以下地区:西班牙帝国(主要是在卡洛斯五世、费利佩二世等君主的统治时期)下辖的欧洲大陆的领地;新大陆的所有殖民地;亚洲和非洲的殖民地;从 1492 年被驱逐的西班牙犹太人生活的区域。

在上述地区中,西班牙语美洲的面积最为辽阔,人口最多。目前,从北美的墨西哥到南美的阿根廷,18 个国家(阿根廷、玻利维亚、智利、哥伦比亚、哥斯达黎加、古巴、多米尼加、厄瓜多尔、危地马拉、洪都拉斯、墨西哥、尼加拉瓜、巴拿马、巴拉圭、秘鲁、萨尔瓦多、乌拉圭、委内瑞拉)以西班牙语为官方语言。在美国的新墨西哥州、加利福尼亚州、佛罗里达州、德克萨斯州等地区,有将近 4000 万美国公民和外来移民的母语是西班牙语。而作为美国联邦领地的波多黎各的第一语言也是西班牙语。

亚洲的菲律宾受西班牙殖民统治长达 330 年。如今在菲律宾人的日常用语中许多词汇源于西班牙语,菲律宾人的姓名仍采用西班牙模式,如曾经执政多年的前总统费尔南多·马科斯(Fernando Marcos)、科拉松·阿基诺(Corazón de Aquino)等。非洲赤道几内亚的国语仍是西班牙语。

1492 年被驱逐的犹太人相对集中在亚洲和欧洲的部分国家和地区(希腊、南斯拉夫、保加利亚、叙利亚、巴勒斯坦、以色列、德国、荷兰等),其使用者是被称为赛法迪人的西班牙犹太人后裔。他们的祖先被逐出伊比利亚半岛之后,浪迹于欧亚大陆。他们固守着犹太西班牙语,即古代卡斯蒂利亚语。他们用这种中世纪的古语把流行于 15 世纪前后的谣曲、民间故事、成语等珍贵资料保存了下来。

拉丁美洲西班牙语是西班牙语发展和演变的一个最重要的组成部分,因为它是来自伊比利亚半岛的卡斯蒂利亚语与美洲本土的文化环境、自然环境和社会环境相融合的产物。这种融合主要反映在词汇、语音、语义等方面。另外，拉美各国的西班牙语也各有特点。很早以前，著名学者恩里克斯·乌雷尼亚（Enriquez Ureña）就曾把美洲西班牙语分为 5 个方言区：墨西哥和中美洲、加勒比地区、安第斯地区、智利、拉普拉塔河地区。这 5 个方言区的西班牙语彼此之间存在一定差异，这些差异是西班牙语不断适应各种社会环境，不断为满足各种需求而演化的结果。

西班牙语中有很多词汇发源自美洲印第安语，因为这些词汇所指代的物品发源于美洲，如，maíz（玉米）、batata（红薯）、hamaca（吊床）、patata（马铃薯）、canoa（独木舟）、cacao（可可）、chocolate（巧克力）、tomate（西红柿）、nopal（仙人掌）、jaguar（美洲豹）、cacique（酋长）、huracán（飓风）、tabaco（烟草）、papaya（番木瓜）、aguacate（鳄梨）、cóndor（秃鹫）、loro（鹦鹉）、caimán（美洲鳄鱼）、coyote（胡狼）等等。

除了上述的语言区，在北非的摩洛哥和原西属撒哈拉也在不同程度上接受了西班牙语的影响。

语言的扩展也是语言变革的一个过程，其结果是促进语言的进步。如今，西班牙语，这个古代卡斯蒂利亚王国的语言，已经一跃成为世界第三大语种，而其研习者和作为第二语言的使用者遍布世界各地，而且人数还在不断上升。西班牙语成为世界通用语言之一。以西班牙语为母语的人口超过 4 亿，仅次于汉语和英语；以之作为官方语言的国家为 20 个，仅次于英语和法语；西班牙语国家面积为 1221 万平方公里，在英语、法语和俄语之后位列第四；西班牙语是联合国的六种工作语言之一，在国际组织中的使用率位居第三。

随着国际交往的日益频繁，西班牙语作为一种国际交流语言，逐渐被许多国家的高等院校和普通学校列入教学科目中，并且越来越多地出现在非常规教育中，例如短训班、业余班、远程教育等。西班牙语教学的内容涵盖较宽，层次细化，文化色彩浓厚，因此很受欢迎。以西班牙语言文化教学为主旨的塞万提斯学院目前已遍布世界各大洲的许多国家，包括中国，位于北京的塞万提斯学院是于 2005 年开始筹备，2006 年正式成立的。

二、地方语言

除了卡斯蒂利亚语，在西班牙还有在一定范围内使用的加利西亚语、巴斯克语、加泰罗尼亚语等民族语言。

加利西亚语被认为是葡萄牙语的一种方言。在西班牙加利西亚四个省份，以及阿斯图里亚斯和莱昂的西部地区均通用此种语言。随着卡斯蒂利亚语的影响日渐扩大,加利西亚语的适用范围日渐缩小。

巴斯克语是一种十分古老的语言。迄今为止,人们还没有证明巴斯克语和欧洲其他语言之间有什么关系。它是一种完全孤立的、独特的语言。巴斯克语通行于法国、西班牙边界两侧的巴斯克民族中间。

加泰罗尼亚语从1976年起开始与卡斯蒂利亚语同为加泰罗尼亚自治区的官方语言。该语言通行于西班牙东北部、巴利阿里群岛、安道尔和法国一小部分地区。从历史上来说,它是加泰罗尼亚地区的语言,该地区包括巴塞罗那省、塔拉戈纳省、赫罗纳省和莱里达省。但是今天,加泰罗尼亚语的范围沿西班牙东部海岸延伸至巴伦西亚的几个省份。在法国,加泰罗尼亚语通行于东比利牛斯省。

加泰罗尼亚语属于罗马语族,和普罗旺斯语关系密切。加泰罗尼亚语文学在中世纪十分繁荣,之后便逐渐走下坡路。当今,加泰罗尼亚文学重新崛起,以它丰富的内容和崭新的风格出现在西班牙文学舞台上。

第三节　多元文化

一、西班牙文化的构成

欧洲文明诞生在印欧文化和闪米特族这两种文化的基础上。前者主要指最初的希腊和后来的罗马,后者指来自于阿拉伯半岛的文化,包括其派生的两河流域文化、希伯来文化和古老的埃及文化。

公元前8世纪开始,印欧语族的希腊人在进入爱琴海地区一段时期后,在这里创造了辉煌的希腊城邦文明。诞生了科学、哲学、美学、艺术、语言、政治等概念。几个世纪之后,希腊文化的学生和继承者——罗马文化征服了自己的先导,横扫了希腊世界,又开创了有法律、政体、武力、实用技能以及从希腊文明学来的知识为主要内容的文明体系。这两者的结合以及其他地中海和爱琴海民族的贡献,奠定了西方文化的基础。

闪米特族文化随着各民族人口的不断迁徙,对东西方都产生了决定性的影响。世界最主要的宗教中有三种:犹太教、基督教和伊斯兰教与它有直接关联。

西班牙的文化架构不同于欧洲大部分国家,比较多元,主要由希腊—罗马文化、犹太—基督教文化、伊斯兰文化和伊比利亚文化构成。

1. 希腊—罗马文化

希腊—罗马文化的内涵异常丰富,通过其优美的神话传说、艺术、法律、美学、哲学思想传达出构成西方文化本源的思想基础和表现形式,包括物质的和非物质的。

早在罗马大军大举进攻伊比利亚半岛之前的很多年,希腊人已经和平登陆,这些高度文明化的人带来的橄榄枝就是橄榄和葡萄的栽培技术、金属的冶炼技术、青铜器铸造艺术、大理石雕刻技巧、制作精美陶器的方法,等等。除此之外,智慧的希腊人在地中海沿岸地区开设学校,向自己周围大群的文盲和欠开化的伊比利亚人实施教育。

希腊人教给伊比利亚人橄榄和葡萄的栽培和加工技艺。橄榄油和果实是西班牙人从古至今赖以生存的几种食品之一,是地中海各民族食谱中必不可少的成分。葡萄的最大价值在于葡萄酒,罗马帝国时期一直到现在,西班牙始终是一个葡萄酒生产国和出口国。葡萄酒甚至进入了宗教仪式(如圣餐),拉动了修道士们的经济活动,不少修道院都以出产绝佳的葡萄酒而闻名。老百姓口头常说的一些俗语、成语都与葡萄有关。例如:como hay viñas(就像有葡萄园一样——千真万确),de mis viñas vengo(我是从我的葡萄园来的——此事与我无关),tener mala uva(坏葡萄——居心不良),de todo hay en la viña del Señor(在上帝的葡萄园里什么都有——大千世界应有尽有)等等。

希腊人还教给伊比利亚人审美知识。希腊人认定的标准和原则奠定了古典美学基础:均衡、和谐、自然、崇尚人体、质朴、典雅、浪漫化的写实等。在西班牙出土的一些远古时期的雕刻—如"埃尔切仕女"胸像,折射出希腊雕塑的特点。

罗马人比希腊人更务实,更理性,他们制定法律法规,建立国家机器,修路建桥,开发科学技术,修建彰显功勋的大型凯旋门和纪念碑。西班牙人在罗马化的过程中获得了大笔文化遗产:从语言到立法,从国家模式、市镇建制到信仰,从建筑风格到生活和生产方式,从哲学思想到宗教信仰,这一切构成了西班牙的社会基础。出生在西班牙的罗马哲学家塞内卡用他的精神至上的思想影响了整个西班牙民族。西班牙生活中也不乏罗马文化的细节,例如纪年法、星座的名称、城市的布局等。

特别值得一提的是拉丁语的特殊作用。根据法国历史学家让·德科拉的观点,拉丁语是法律的语言,是逻辑和思维的语言,是宣传基督教教义的语言。拉丁语从属于印欧语系,而欧洲的语言基本上都属于印欧语系,都使用拉丁字母,语言的同源性把西班牙纳入到西方,更具体地说是纳入到欧洲文明的轨道上。

希腊—罗马神话是民间口头文学,汇集了神话故事和英雄传说,反映了古代这两个文明地区的社会形态、人们的思维方式和价值观,是人类文学史上的宝贵财产。这些故事经过几个世纪的传播,为西班牙人所熟知,成为典型化的形象,进入了文学艺术作品中和日常生活中。例如：海伦——美丽，雅典娜——智慧和勇敢，阿波罗——美少年和太阳，赫拉克勒斯——大力士，纳喀索斯——自恋，维纳斯——美，特洛伊木马——从内部进攻的计谋，奥德赛——历险或艰难的历程等等。人们熟悉所有来源于希腊——罗马神话的成语典故，像"达摩克利斯之剑——危在旦夕"(la espada de Damocles)，"阿喀琉斯的脚后跟——致命弱点"(el talón de Aquiles)等。此外，还有许多派生词，如：titánico(泰坦神的，巨大的)、apolíneo(阿波罗神的，具有男性美的)、hercúleo(赫拉克勒斯的，大力士般的)、prometoide(普罗米修斯的，像普罗米修斯的)等等。

毕达哥拉斯、苏格拉底、柏拉图、亚里士多德、阿基米德、贺拉斯、西塞罗、伊壁鸠鲁、斯多葛、塔西佗等古希腊——罗马文化中的哲人、科学家、史学家、雄辩家们的思想教导伊比利亚人思考和生活，伊壁鸠鲁和斯多葛的思想和主张对于西班牙人的价值观和生活理念都分别产生过巨大影响。

2. 犹太——基督教文化

西班牙文化的另一个根本性的成分是犹太——基督教文化。这种文化通过《圣经》和具体宗教活动的实施全面渗透到伊比利亚文化之中，深入到它的所有环节和细节中，其彻底性和广泛性是任何别的外来文化所无法比拟的。

《圣经》由《旧约》和《新约》组成，《旧约》是用希伯来文写的古犹太教的经书，《新约》是在公元2世纪用希腊文写的基督教的经典，基础是《福音书》。

《圣经》是犹太——基督教文化的代表，也是其核心思想的结晶，它集中了古代犹太和地中海及周边地区各民族的历史、民间传说、宗教、律法、神话等内容，较系统地介绍了人类的起源、地球上物种的起源、地中海各民族的形成和历程，并阐述了基督教的教规教义。公元4世纪罗马皇帝君士坦丁宣布基督教为国教，截至公元7世纪中叶，意大利、西班牙、高卢、不列颠等欧洲国家和地区都正式接受了正统基督教。在此之前，《圣经》早已被全部翻译成拉丁文，从而得到广泛传播。16世纪欧洲宗教改革运动前后，《圣经》被译成欧洲各主要民族的文字，进一步推动了《圣经》和基督教在西方文化的深入，而这部宗教经典也为欧洲文化提供了几乎全方位的素材：宗教、语言、文学、哲学、历史、艺术……

公元587年，西哥特国王雷卡雷多宣布放弃阿里乌斯教派，改信基督教。基督教成为西哥特王国的国教。自那时起，通过戏剧、谣曲、绘画、雕刻、文学和宗教宣传等形式，《圣经》中的人物、故事、宗教典仪、教义等内容在西班牙得到全面普及。同时，《圣经》也像希腊——罗马神话一样极大地丰富了西班牙语的语言，提供了许多新的词汇以及成语、俗语、谚语和箴言，其中相当一部分至今仍在使用，具有强大的生命力。例如：beso de Judas(犹大之吻——口蜜腹剑)、llorar como una Magdalena

(像抹大拿那样痛哭——泪如雨下),El hombre propone y Dios dispone(凡人谋划,而上帝决策——人算不如天算)等;《圣经》中人物的名字都是西班牙人耳熟能详的,这些名字不仅仅是一些专有名词,而且还衍生出象征意义,例如:Adán y Eva(亚当和夏娃——人类的始祖),Judas(犹大——叛徒),David(大卫王——勇者)等。来自于《圣经》的派生词和有派生意义的词也很多,例如:diluviano(大洪水时期的——古老的),crucifixión(耶稣被钉在十字架上的刑罚——苦难),génesis(《创世纪》——起始)等等。西班牙人的一句俗语:Refranes antiguos, evangelio chico,意思是"古老的谚语就如同简单的福音书"。西班牙人的教名和西班牙的地名来自于《圣经》和基督教的也为数极其可观(见第五章第一节)。

至于基督教信仰带给西班牙人的精神影响,可以说是本质的和决定性的,它在很大程度上奠定了西班牙人的价值观和民族性。西班牙绵延8个世纪的光复战争,其精神力量就是基督教信仰。基督教把西哥特王国的后代们聚集起来,把占据半岛8个世纪之久的阿拉伯人驱逐出了伊比利亚半岛。从继承十字军东征重任的天主教双王到他们的外孙——神圣罗马帝国卡洛斯五世皇帝,以及卡洛斯五世之子费利佩二世,代代相传,都以消灭异端建立天主教帝国为己任,终于把西班牙变成了庞大的世界上头一个"日不落帝国"。根据著名学者梅嫩德斯·皮达尔的观点,"如果没有那种纯粹的宗教精神,西班牙早就放弃了光复运动,早就分崩离析,而且也会像地中海以南和以东的那些原隶属于罗马帝国的行省一样,成为伊斯兰国家了"。

3. 伊斯兰文明

除了上述两大外来成分,构成西班牙文化的还有伊斯兰文明,这一点使西班牙区别于绝大部分欧洲国家和民族。穆斯林在伊比利亚半岛长达八个世纪的统治,使伊斯兰世界的古老文明为西班牙在生产方式、生活方式、语言、艺术形式、审美等方面打上了东方印记。但是对于西班牙人的基本思维方式、价值观和信仰并未产生根本性的改变。尤其在光复运动结束之后,穆斯林被驱逐出了伊比利亚半岛,西班牙恢复了基督教信仰的一统天下。

在上述三大因素的基础上,伊比利亚本土文化也对西班牙文化的形成起到一定的作用。但是,由于其发展程度很难与希腊—罗马文明和基督教文明抗衡,便逐渐被同化,汇入基督教的罗马伊比利亚文化的洪流之中,几股势力最终发展成灿烂的西班牙文化。

在西班牙的文化园地,这四个因素前后有序,互相吸纳。前一个文明的消逝总会留下部分基因,作为滋养成分留存在另一个新生的文明体内。例如:当古埃及衰落之时,其科学萌芽留给了希腊人,古巴比伦的天文历法知识也被希腊人吸收了,腓尼基人发明的字母通过希腊人而传遍整个西方世界;当希腊文明衰微了,罗马人又承接了其衣钵;当罗马帝国夕阳西下,阿拉伯人又以罗马帝国的成就为楷模;中世纪的欧洲(特别是西班牙)学习了穆斯林文化的遗产;文艺复兴时期的欧洲文明又学习古典的希腊罗马文化,同时又向拜占庭学习。

西班牙文化的传承就这样不断地消逝和新生,不断冲突和融合,在三大文明基因的基础上,终于达到今天的共存和共荣。

在2004年马德里遭受3·11恐怖袭击之后,政府为近200名受难者举行了历史上第一次平民的国葬。在阿尔穆德纳大教堂里,摆放着分别代表天主教、伊斯兰教和犹太教的十字架、新月和大卫六角星的图案。这个细节形象地体现出西班牙民族构成和文化的多元性。

第四章

文学艺术

第一节 远古时期的艺术

位于西班牙布尔戈斯的考古发现证明,伊比利亚半岛最早的人类活动大约出现在80万年前的旧石器时代早期。人们以狩猎、捕鱼、采摘为生,居住在洞穴里。卡塔布连山和东南部沿海地区为主要聚居地,人类在那里留下了美妙的历史足迹——岩洞壁画,内容多为马、羊、鹿、野牛等猎物,着以鲜艳的颜色。最著名的岩洞壁画位于西班牙北方圣坦德省的阿尔塔米拉(Altamira)洞窟。在东部地区发现的壁画属于中石器晚期,一般出现在露天的岩石上或洞穴里,展示的是原始人的生活场景:渔猎、作战、舞蹈、祭祀等。

希腊人来到半岛后,对西班牙原住民的文化艺术影响深远,伊比利亚半岛发现的很多雕塑上都可以看到希腊艺术的影响,例如,"埃尔切仕女像"(Dama de La Elche,公元前5世纪—公元前6世纪)是希腊风格与伊比利亚本土风格相结合的完美典范。这尊仕女石雕半身像仿若真人大小,面容端庄,神态凝重,头饰和披巾被刻画得细致入微,华美异常如同一位高贵的公主。这尊石雕可与那个年代的任何艺术品相媲美,展现出一种极纯熟的技巧和高超的水平。

第二节 古罗马艺术

西班牙罗马化过程中,在思想和文学艺术领域,罗马人带动了半岛的发展。拉丁语的使用使那些在学校读书的西班牙青年人能够阅读罗马和希腊思想家和科学家的著作,欣赏大师们的诗歌、戏剧等作品,以恺撒、西塞罗为代表的拉丁文散文,以 P. 维吉尔、Q. 贺拉斯、P. 奥维德等人为代表的罗马诗歌,以 T. 李维、C. 塔西佗等人为代表的罗马史学等。半岛上的居民模仿罗马人和希腊人,也开始了文学创作。

在公元 1 世纪拉丁文学的白银时代,出生在西班牙的斯多葛主义哲学家塞内卡、教育家昆体良、修辞学家金狄利亚诺、诗人马修尔等都声名显赫,影响深远,塞内卡著有《论灵魂的宁静》《论幸福》《论仁慈》《论圣贤的坚贞》《论天道》等流芳百世的哲学著作。这些著作强调人类尊严、家庭价值、社会秩序,强调道德价值、责任、义务、公正和理智。塞内卡试图在理性的哲学框架下,建立起人的道德自信,其哲学理论在西班牙被广泛接受,并且其中部分信条逐渐衍变为西班牙民族精神的基本特征。

在艺术上,罗马人继承了希腊人的衣钵,又从实用的角度将其推向了新的水平。西班牙是罗马帝国的各个行省和殖民地中,实施了较为彻底的罗马化的区域,全面承袭了罗马人最典型也是最伟大的艺术成果,即建筑和雕刻。

素有"世界建筑师"之称的罗马人在每占领一片土地时,逢山开路,遇水架桥,以保证浩浩荡荡的罗马军团的士兵和辎重能顺利到达任何想要征服的地方。罗马人大兴土木,修建凯旋门和纪念碑、公共浴室、竞技场和剧院、维持日常生活所用的高架引水桥等等。这些公共建筑的迅速拔地而起保障了全面统治的有效展开,也证明了他们在艺术上和工程上的超凡水平和智慧。在西班牙至今还可以看到这些建筑的遗迹,有的甚至几乎保存完好。罗马人相信帝国的统治会延续到千秋万代,所有建筑都非常坚固;从艺术风格上看,气势恢宏,雄伟壮观。英雄主义和帝国权威的思想、功利和务实精神几乎被砌进了砖石中。与希腊建筑相比较,希腊多偏重于神庙的建筑,而罗马多实用性的世俗作品;希腊风格趋向典雅、和谐、优美,而罗马风格却用圆形拱顶、圆穹顶殿宇、出奇的宏大规模和有震撼力的人物雕像做装饰见长。罗马人的雕刻艺术来源于希腊,但是他们出于自己文化的特点和社会生活的需要,进一步发展了浮雕和人物雕塑,大量的皇帝的雕像、女人雕像,甚至战俘的形象都被石雕艺人表现出来。

在西班牙有以下几处罗马遗迹堪称这一时期的代表作品。

一、塞戈维亚的高架引水桥

塞戈维亚(Segovia)位于卡斯蒂利亚—莱昂自治区,是罗马人统治时期的重要城镇。高架引水桥建于公元 1 世纪,在当时用于将 18 公里外的富恩弗利亚山上的水引入城内,供当时的公共建筑物、浴池、民用、农用和牲口饮水的需求。桥身高出地面 30.25 米,桥顶渡槽全长 728 米,桥高 29 米,下有 165 座连环拱门,桥身分为两层,巨大的花岗岩石块堆叠而起,无需胶泥粘合便形成坚实的桥面,历经两千多年的风雨仍傲然屹立。

1985 年,塞戈维亚高架引水桥被联合国教科文组织列入人类文化遗产名录。

二、阿尔坎塔拉桥

罗马人造的桥梁都固若金汤。位于托莱多城外的塔霍河上的阿尔坎塔拉桥建于罗马皇帝塔拉哈诺(53—117)的统治期。桥身高达 71 米,有 6 个内径大小不一的弧形桥孔。它历经了两千年的风雨,见证了托莱多的兴衰,至今桥体上还保留着一些罗马时代和西哥特时代的桥墩。

三、梅里达城

梅里达城(Mérida)建于公元前 25 年,为罗马帝国的殖民地卢西塔尼亚的首府,其原名是埃梅里图斯·奥古斯都,为了纪念奥古斯都大帝。这里曾经是罗马贵族和政要们的休闲之地,全城布满了圆形剧场、公共浴池、竞技场、宫殿、纪念碑、桥、神庙等,保留至今的遗迹很多,如和梅里达同时建起来的古罗马剧院的半圆形阶梯座位保存尚好,已成残垣断壁的柱廊体现出当年的辉煌。如今每年夏季,那里常常举行戏剧表演。其他的遗迹还包括戴安娜神庙、罗马桥、古城镇广场等。

第三节 伊斯兰艺术

阿卜杜勒·拉赫曼三世统治的科尔多瓦哈里发时期是安达卢斯最稳定、最辉煌的时期:他与基督教王国缔结和约,与拜占庭结盟,经济蓬勃发展,海上贸易无比活跃,安达卢斯在他治下一派盛世景象,类似文艺复兴时代的意大利,科学、娱乐、各种美景灿烂辉煌,无与伦比。科尔多瓦是当时西方最美丽最富有文化气息的城市,是欧洲的文化中心。学校里有来自东西方的学者讲学,图书馆里珍藏着大量来自埃及、叙利亚、巴格达等地的典籍。在托莱多和科尔多瓦成立了翻译学校,信仰基督教的西班牙人、信仰伊斯兰教的阿拉伯人和犹太人通力合作,将许多古希腊哲人的著作翻译出来,还把阿拉伯人的著作译成拉丁文,介绍给欧洲其他国家。而本地学者在数学、医学、植物学、天文学、建筑学、文学等方面取得的伟大成就以及他们从东方带来的包括中国的四大发明在内的文明成果更是当时的欧洲所无法企及的。这种求知的风气甚至影响到民间,普通百姓收集、抄录古籍也蔚然成风。当时的清真寺既是宗教场所,也是研究学问的地方,长老们一边讲经,一边讲授东方的哲学以及数学、天文学等课程。

10至11世纪是西班牙历史上的光明时期,而整个西欧却正经历着自西罗马帝国灭亡之后的黑暗时期,是文化上最衰落的几百年。由于罗马帝国的文化成果遭到严重破坏,而希腊文明成果早已湮没在废墟中,西欧文化出现了某种断层。当城市开始兴起时,人们发现,为了恢复到文明状态,他们必须通过西班牙等少数渠道学习古典文化和科学技术。因此,他们大量吸纳从西班牙传入的翻译成欧洲文字的阿拉伯人的经典,这些文献之中既有阿拉伯人自己的,也有引进的数学、医学、文学、植物学、天文学和哲学知识。阿拉伯语成为主要语言,神学家、哲学家、历史学家和诗人用阿拉伯语创作。数学、医学以及航海、天文学、水利灌溉科学、造纸、制瓷等应用科学成果斐然。阿拉伯数字也传入安达卢斯。许多欧洲人到西班牙求学,因为西班牙多数城市都有了高等学府,其他城市(意大利除外)望尘莫及。尤为难得的是,当时在西班牙探讨学问、研究科学,都是在一种文化和谐与宽容的氛围之下进行的。安达卢斯呈现出三种文化、三个宗教和多民族共存的局面,这在人类历史上实属罕见。

在将近800年的统治期内,阿拉伯人在其占领的地区传播了当时更为先进的东方文化的影响,安达卢斯文化的成就是西方文化的宝藏。体现在艺术上的则是独特的建筑风格和装饰工艺。

阿拉伯风格的建筑源远流长,吸收了信奉伊斯兰教各地区的影响,包括两河流域、罗马建筑的特点、拜占庭的因素及其他成分,逐步形成了伊斯兰风格。

伊斯兰教禁止偶像崇拜,因此在艺术表现上很难见到人物雕像和动物图形,阿拉伯人造型艺术的天分主要集中在建筑艺术和装潢艺术上。伊斯兰建筑多采用砖和石膏等材料,以柱子支撑,使用马蹄形拱门、红白相间拱石、细长的圆柱;建筑内部贴石膏或瓷砖,以植物、几何图案或铭文装饰,如雕饰精细或做成钟乳石状的天花板、拱顶,饰有古兰经文或箴言的墙壁。伊斯兰教的教义体现在阿拉伯建筑艺术中。以纹饰为例,大部分装饰在门窗、回廊、墙壁、屋檐等处的装饰纹都有一定的宗教含义。阿拉伯文的书法本身就是一种极具装饰感的艺术。书写古兰经经文或先哲们的训诫文字纹直观地体现了宗教的影响力和教化作用。

这些从前在沙漠生活的阿拉伯人酷爱水,来到水流淙淙的西班牙南部后,简直把这里当做了表现其园林艺术才华的舞台,他们到处建有长方形的庭院,四周围绕着回廊,院内有水池或喷泉。

科尔多瓦的清真寺、格拉纳达的阿尔罕布拉宫、塞维利亚大教堂的钟楼(从前是清真寺的宣礼塔)等,这些都是穆斯林在西班牙留下的建筑瑰宝。

一、科尔多瓦的清真寺——大教堂

这座大清真寺（La Mezquita）是西班牙中世纪唯一存留下来的清真寺，而且是世界上最大的清真寺之一。

当穆斯林占领者进入科尔多瓦之后，他们在没有清真寺的条件下，与当地的基督徒们共用西哥特人修建的圣比森特教堂（San Vicente）做祈祷。公元785年，阿卜杜勒·拉赫曼一世耗资10万金币从基督徒手里购买了这座建筑，并下令将其改建为清真寺。后分别于848年、961年和987年被历代哈里发扩建，规模不断扩大，总面积达24000平方米，共有19个中殿。在修建过程中，工匠们借鉴了原有建筑的风格和技术，而且还重新使用了古罗马和西哥特时期的大理石柱、石块等材料。例如，在寺内的祈祷大厅里（面积为14000平方米），曾立着1293根石柱，支撑着华美的拱顶。这些石柱中的一部分来自西哥特教堂、古罗马建筑，甚至来自更古老的迦太基人的建筑，而今只剩下850根左右。

大清真寺的结构完全遵从传统清真寺的样式：外围是带雉堞的长方形围墙、宣礼塔、朝向麦加方向的祈祷室、祈祷前净手的曼苏尔水池、祈祷大厅、被称为米哈拉布（mihrab）的壁龛、庭院等。

从赦罪门（Puerta del Perdón）进入美丽的柑橘园，穿过园区即来到棕榈门，进门就是清真寺的内部，映入眼帘的是一片石柱林，850根巨大的石柱托起红白相间的双层马蹄形拱门，而这层层如海浪的拱门给人一种空间无限延伸的韵律感，也增强了教徒们在祈祷时油然产生的一种神秘感。在被称为米哈拉布的壁龛处，工匠们施展出伊斯兰艺术和拜占庭风格的华美和精致，用大理石和金银拼镶的手法装潢了屋顶和檐板，整个空间均达到装饰工艺的极致。在米哈拉布的入口处镶嵌着一块重达1600公斤的黄金立方块，那是拜占庭国王的赠礼。

当卡洛斯五世来到这座清真寺时，曾感叹其独一无二的美丽，下令无论如何保住它，这就是人们今天能有幸欣赏到的部分。

二、格拉纳达的阿尔罕布拉宫

也称阿兰布拉宫。阿尔罕布拉是阿拉伯语，意思是'红宫'，因宫殿外围红石围墙或是宫殿周围的红土而得名，坐落在城市东北的山顶，是摩尔人在西班牙留下的所有古迹中的精品。是集城堡、住所、王宫于一身的独特建筑综合体，有"宫殿之城"和"世界奇迹"之称，堪称西班牙的瑰宝。它是伊斯兰教世俗建筑与园林技艺完美结合的建筑名作，是阿拉伯式宫殿庭院建筑的优秀代表。

王宫是阿尔罕布拉宫的精华。由多个厅、院组成，中间由走廊相连。其中"使节厅"内的星形雕刻天花板和"姐妹厅"内的蜂窝状天花板为西班牙伊斯兰艺术的精品。

雄狮院是王宫的核心。庭院周围有124根廊柱环绕,地面、墙面铺砌釉面彩砖,室内布满彩色的阿拉伯文字和几何图形装饰,庭院中间12只威严雄壮的大理石雄狮托起圆盘喷泉。

阿尔罕布拉宫不远处是赫内拉里菲宫,是哈里发的夏宫。院中遍布喷泉、水池和瀑布,修剪整齐的高大柏树、缀满果实的橘树和柠檬树使花园生机盎然。在这里可以望见积雪的内华达山,园中的水正是从雪山上引来的。

1829年春天,担任驻西班牙外交官的美国作家华盛顿·欧文来到这里访古探幽,沉醉于摩尔人文化的作家在这里流连忘返,住了三个多月,写出了集随笔与传奇于一体的文学巨著《阿尔罕布拉宫》。

如今,阿尔罕布拉宫既是西班牙参观人数最多的,也是世界上最完美的古迹之一。1984年,联合国教科文组织把它定为世界文化遗产。

三、塞维利亚大教堂——清真寺的宣礼塔

宣礼塔是原清真寺建筑中仅存的一部分,为12世纪伊比利亚半岛上最高大的清真寺尖塔。由阿里莫哈王朝阿玛德·伊本·巴索设计,于1184—1196年建成。该塔与摩洛哥首都拉巴特的哈桑尖塔和古都马拉喀什的可图比亚尖塔系出同门。塔身墙面上有各种标志阿拉伯艺术特色的花纹图案,显示了阿拉伯建筑艺术的美丽风采。由于穆斯林人在与基督教征服者谈判投降事宜时提出希望拆毁该塔,阿尔方索国王就此下令:"谁敢动塔的一块砖,将对所有穆斯林人格杀勿论。"故后来在建造大教堂时,只是摧毁了清真寺,尖塔得以保留。

第四节 中世纪艺术文学

一、艺术

史书中,中世纪常被称为黑暗时期或蒙昧时代,然而,艺术却发出灿烂的光彩。由于基督教文化的兴起,建筑、绘画和雕刻随之蓬勃发展。在西班牙全国共有二百多座著名的大教堂和修道院。装饰这些宗教建筑的人像雕塑、浮雕、壁画、装饰画需求很大。与此同时,因中世纪战事频繁,骑士挥戈疆场,城堡和要塞也应运而生。在西班牙,今天仍能看到不少那个时代遗留下来的坚固耐用的大教堂和修道院、城堡和宫殿、精美的雕刻和绘画。

这一时期，最具代表性的艺术流派有以下几种：罗马式艺术（arte románico）、哥特式艺术（arte gótico）、穆德哈尔式艺术（arte mudéjar）。

1. 罗马式艺术

罗马式建筑原意为罗马风格的建筑，又译做罗马风建筑、罗曼建筑、似罗马建筑等，是10世纪晚期到12世纪初欧洲的建筑风格，多见于修道院和教堂，给人以雄浑庄重的印象。对后来的哥特式艺术影响很大。

西班牙的罗马式艺术主要由赴圣地亚哥朝圣的欧洲巡礼者们传入的。从11世纪至13世纪盛行于西班牙。罗马式教堂用石头屋顶取代以前的木头屋顶，并用拱券支撑其重量。教堂呈十字结构，堂身不高。外观如城堡，石墙很厚，窗户很小，距离地面较高，前后配有碉堡式的塔楼。位于圣地亚哥·德·孔波斯特拉城的圣地亚哥大教堂是罗马式建筑的典型代表。罗马式雕塑是建筑的附属部分，题材基本上是宗教：基督教的符号、圣经故事、圣徒等等。圣地亚哥大教堂的"荣誉之门"（建于1168年至1188年）是12世纪下半叶罗马式雕塑的经典之作。

位于阿维拉城的护城墙是保存最完好的罗马式军事建筑，建于12世纪。

2. 哥特式艺术

"哥特"一词最初源于哥特人，在中世纪之初这个词汇代表野蛮、粗陋，然而到了13世纪，哥特式艺术——特别是哥特式建筑——却成为融合了基督教唯美主义精神的最高贵典雅的风格，贯穿在建筑、绘画、雕刻、装潢工艺等各个门类，影响力延续了数百年。

哥特式建筑轻巧、匀称、高耸挺拔。满目雕花的尖塔犹如利剑直刺云霄。表现出中世纪信徒们竭力要飞升以接近天主的渴望。宽大的窗户配上五颜六色的玻璃，阳光透过窗户照进来，有一种天国之光的效果。布尔戈斯大教堂（火焰哥特式的代表之作）、莱昂大教堂、塞维利亚大教堂、托莱多大教堂都是哥特式风格的代表作。

3. 穆德哈尔式艺术

是西班牙中世纪特有的一种艺术形式，是罗马式、哥特式以及阿拉伯风格融合而产生的一种多元风格。这类建筑显著的特点，在外部体现为用砖块堆砌而成的复杂装饰结构、砖刻浅浮雕，如托莱多城的太阳门、塞维利亚大教堂的钟楼；在内部则体现为细致华丽的木制天花板，如塞戈维亚的阿尔卡萨尔城堡里的天花板；以及陶瓷在建筑装饰上的应用，如镶有上光马赛克的护壁，小块绿色或青色的陶瓷有规律地镶嵌在建筑外墙上，如阿拉贡特鲁埃尔的圣马丁塔，体现出这种兼有东西方特色的艺术的影响。

二、文学

语言文字是文学创作的载体。西班牙语的祖先是民间拉丁语。民间拉丁语不断进化,语法学家安东尼奥·德·内布里哈的《卡斯蒂利亚语语法》的出版,标志着卡斯蒂利亚语诞生了。随着卡斯蒂利亚王国的扩张,其使用的语言一跃成为西班牙的通用语言。

1.《熙德之歌》

欧洲文学发端于史诗。如希腊文学始于荷马史诗《伊利亚特》和《奥德赛》,法国文学始于《罗兰之歌》,而《熙德之歌》是西班牙文学的开山之作。该史诗成型于11世纪至13世纪,全诗共3730行,用卡斯蒂利亚语写成,歌颂了卡斯蒂利亚国王阿尔方索六世麾下骑士罗德里哥·迪亚斯·比瓦尔(Rodrigo Diaz de Vivar,1040—1099)在抗击摩尔人战斗中的光辉业绩和他悲欢离合的经历。作者佚名。这是一段史实,用写实夹杂比喻、夸张等手法展现了中世纪的社会风貌和这位民族英雄忠诚、智慧、勇敢的性格。

熙德出生于卡斯蒂利亚王国都城布尔戈斯附近的名门世家。幼年时失去双亲,在宫廷里长大。接受了王子式的初步教育:语法、数学、法学、拉丁文,特别是习武打斗,会西班牙语和阿拉伯语。他的父名罗德里哥是日耳曼语,与西哥特王国最后一位国王同名,他的豪言壮语是:"一个罗德里哥可丢了西班牙,另一个罗德里哥将它光复。"他的威名远扬,摩尔人对他能征善战非常敬佩,尊称他为"熙德"(cid),阿拉伯语意为"先生"、"老爷"。罗德里哥生活在基督教与穆斯林两种文明交汇的时代,为"主子"打仗的他是一个雇佣军人,他为基督教和穆斯林的国王都服务过,这是当时穆萨拉贝西班牙①的风尚。他攻下了穆斯林西班牙最繁华的城市——巴伦西亚,并任该城统治者多年,政治清明,后在此去世。

《熙德之歌》的突出之处在于其炙热的民族感情,这种民族意识在当时的欧洲还是一个不十分确切的概念,因此史诗富有强大的生命力,诗歌使英雄成了民族独立、国家统一的象征。此外,这位英雄身上集中了西班牙民族灵魂中最高贵的特征:庄重的举止,高尚而直率的言辞,彬彬有礼的待人态度,深幽而专一的夫妻间的柔情,对君主忠诚和对道德行为据理力争的刚毅果敢精神。

《熙德之歌》的背景是光复大业,而荣誉才是真正的主题。这为后来的脱离现实基础、一味追求个人荣誉、实现个人理想的西班牙骑士文学奠定了基础。

---

① 穆萨拉贝:在阿拉伯人统治时期保留基督教信仰的西班牙人。

熙德之歌(122)

佚名

在荣耀之极的时光,熙德打算统治摩洛哥。他说:
"感谢世界之主,我从前穷困,现在已经变富,
我有庄园、土地、黄金和宝物。
我的女婿是卡里翁的苗裔。
遵从造物主的意旨,
我战斗胜利,
所有的人都对我畏惧。
在摩洛哥——伊斯兰人居住的土地,
人们顾虑也许在某天夜晚我对他们袭击。
虽然他们如此害怕,
但我却没有这么想;
我不会去向他们寻衅,我将在巴伦西亚度时光。
如承造物主的意愿,他们要向我交贡品,
或者交给我,或者交给我指定的人。"

(赵金平译,《熙德之歌》,上海译文出版社,1994年)

2. 智者阿尔方索

阿尔方索十世1252年即位,统治卡斯蒂利亚王国达32年。他学识渊博,是一位没有种族和文化偏见的胸襟开阔的君主,他把当时分属于基督教、犹太教和伊斯兰教的文人、学者和艺人都接纳到王宫,探讨学术和艺术,组织规模庞大的翻译班子,用拉丁文甚至希伯来文和阿拉伯文翻译了大量古罗马经典并对几乎所有知识进行了百科全书式的整理。当时完成的主要作品有西班牙第一部国别史《西班牙编年通史》和古代世界史《世界大通史》,第一部法学文献《法典七章》,第一部天文学专著《天文知识》,第一部珠宝鉴赏著作《宝石》,第一本棋谱《博弈集》,第一本科普读物《羊眼圈之书》,第一本语文著作《第八范畴》以及第一本"诗经"《歌集》等等。阿尔方索十世被认为是中世纪后期欧洲最伟大的人文学者,因其对西班牙文化的不朽贡献而被西班牙人称为"智者阿尔方索"(Alfonso el Sabio)。

3.《卢卡诺尔伯爵》

约写于1330—1335年间,作者是阿尔方索十世的侄子胡安·曼努埃尔(Juan Manuel,1282—1348)。胡安·曼努埃尔曾担任卡斯蒂利亚摄政王,同时也是一位优秀的作家。《卢卡诺尔伯爵》是其代表作,被称作西班牙短篇小说的开山之作。比薄伽丘的《十日谈》早十多年,比乔叟的《坎特伯雷故事集》早五十多年。全书用

对话体写成,共汇集了51个小故事。每个小故事由三部分组成:卢卡诺尔伯爵向他的顾问提出有关世道人心的一系列问题,顾问用讲故事的方法予以答复。故事可以独立成篇,而伯爵的一系列问题起到了贯穿这些故事的线绳作用。这部作品既是小说集,又是处世良方,可谓寓教于乐,开卷有益。其中有些故事已经是家喻户晓,如狐狸和乌鸦的故事、三个骗子为国王织布制衣的故事(后来安徒生以此为素材,创作了《皇帝的新装》,只不过把书中"看不见新衣的是私生子"变成了"少不更事的儿童")等等。该书明显受到阿拉伯文学《天方夜谭》的影响,同时又得益于伊索寓言和伊比利亚及欧洲的民间传说,是西班牙文学混杂的见证;同时,它以它的混杂回馈了其所从出的文化土壤,不仅影响了后来的西班牙作家,而且在安徒生《皇帝的新装》、莎士比亚《驯悍记》、薄伽丘等人的作品中留下了鲜明的印记。这部作品对欧洲文学的发展起了很大影响,被视为欧洲小说之源。

4.《真爱诗集》

13世纪末,由于卡斯蒂利亚王国和阿拉贡王国联手从摩尔人手中收复了伊比利亚的大部分领土,西班牙开始了一个相对稳定的历史时期。文学艺术得到长足发展,《真爱之书》的问世便是证明。这部素有"欧洲第二《爱经》"之称的诗体巨著,一般认为是由胡安·路易斯(1283—1350,素称"伊塔大祭司")在1330—1343年独立完成的。作品包括12篇相互关联的诗篇和32则寓言故事,凡1728节、2000余行。包括寓言、民谣、宗教颂歌、训诫等形式,从世俗生活到宗教感情,从生活百态到道德训教,无所不包。作品以训诫的名义表现爱情,讴歌人间的欢悦趣事,充满幽默感。作品的主要内容是主人公的十余次求爱遭遇。环绕这一内容的既有肉欲先生和守节太太的寓言,也有来自东西方文明的各种价值观和民间传说。这种多元文化倾向反映了西班牙文化的混杂,同时也为西班牙文学奠定了某种基调。尤其是作品中拉皮条的女人被认为是《塞莱斯蒂娜》中主人公的先声。

真爱之书(选)

胡安·路易斯

小女人,好处多,
原因不用细分说,
听我扼要来叙述,
言简意赅绝无错。

———

倘若有谁叫我选,
我要女人不要钱;

> 金钱虽好总有数,
> 娇小的女人情无穷。
>
> ———
>
> 小的女人有味,
> 少的东西值钱。
> 玫瑰虽小,芬芳迷人;
> 黄金虽少,价值连城。

(仪信译,《世界诗库》,花城出版社,1994 年)

此外,作品还对世俗生活中的拜金主义和僧侣阶层的某些虚伪行径进行了揶揄和批判。其中,有关金钱的一段描写可谓入木三分:

> 金钱有威力,怎不讨人爱;
> 笨伯变伶俐,谁个不崇拜;
> 跛子迈步走,哑巴金口开;
> 即便缺双手,见钱搂进怀。
>
> 莫看痴呆呆,村夫愚鲁相,
> 有钱身份变,位高学问长。
> 只需钱袋满,立即增声望;
> 家中空无物,命贱随风荡。
>
> 谲词施巧计,得心且应手,
> 老妪善捭阖,入户穿堂走,
> 立誓指上苍,拳拳将心扣,
> 满腹怀不端,耆老市井游。
>
> 可寻此老妪,尤擅炼春药;
> 走家串户忙,接生不可少,
> 携带香粉盒,兼售胭脂膏。
> 少妇易受骗,目眩飘云霄。

(董燕生,《西班牙文学》,外语教学与研究出版社,2006 年)

在文学史上,《真爱诗集》被认为是从中世纪向文艺复兴过渡的里程碑之作。

5.《塞莱斯蒂娜》——西班牙文艺复兴之杰作

文艺复兴于 15 世纪在意大利首先兴起,继而推向整个欧洲。运动的焦点在于建立以"人"为主体的思想体系,这是对中世纪以"神"为主体的宗教思想的反叛。

文艺复兴传入西班牙正值天主教双王统治时期，尔后一直延伸到"黄金世纪"。西班牙王室"发现"新大陆，财富滚滚而来，为文艺复兴锦上添花。此外，西班牙古老的萨拉曼卡大学和新建的阿尔卡拉·德·埃纳雷斯大学正处于顶峰时期，并在欧洲享有盛名。

1499年，《塞莱斯蒂娜》（原名《卡里斯托和梅丽贝阿的悲喜剧》）在西班牙问世。这是一部用对话体裁写就的小说，作者是皈依天主教的犹太人费尔南多·罗哈斯（Fernando de Rojas,1476？—1541）。

作者在书中叙述了老虔婆塞莱斯蒂娜和一对青年恋人的故事。一天，贵族青年卡利斯托因寻找猎鹰而误入一座私人花园，与梅丽贝阿小姐邂逅，被她的美貌倾倒，求爱不成，便求助于拉皮条的老妇塞莱斯蒂娜，并付给她一百枚金币。老妇见钱眼开，便使出浑身解数，说服小姐与青年约会。在一次幽会时，卡利斯托不慎从高墙上掉下摔死，梅丽贝阿悲痛欲绝，向父亲坦白了一切后，亦从塔楼上纵身跳下，以死殉情。而塞莱斯蒂娜因独吞钱财被卡利斯托的两个仆人杀死，巡逻队捕获了两人，并判处绞刑。全书在梅丽贝阿的老父催人泪下的独白中结束。

作品一方面宣扬卡里斯多和梅丽贝阿的爱情，一方面又把促成这一爱情的老虔婆塞莱斯蒂娜和贪婪的仆人刻画得淋漓尽致。一对恋人与其说是封建主义的牺牲品，不如说是资本主义时代金钱关系的受害者。老虔婆的狡黠和贪婪、寡廉鲜耻、享乐主义和利己主义使她成为了人类丑恶品行和未来资本主义社会的化身。这一点使得该作品具有了某种批判现实主义精神，从此意义上来说，它比后来莎士比亚的《罗密欧与朱丽叶》超前得多。

作为对话体作品，该书的语言高度个性化、生活化，如卡利斯托与梅丽贝阿之间的对话语言反映了天主教双王时代的大学生和宫廷官员阶层的用语，但是增加了典雅的修辞成分，卡利斯托的独白里带有大量源于古希腊、罗马的典故的表述，而在塞莱斯蒂娜和两位主人公的仆人之间的对话，则使用很生动、尖刻、辛辣的民间谚语。作品的语言大大超越了以前的作品。其中部分格言出自古典拉丁语作家之教诲，并沿用至今，诸如"弟子未当，何以为师？""一席肺腑言，一串紧箍咒"，"集市得失，莫衷一是"，"欲速不达"等等。书中还出现了不少意大利文艺复兴时代思想家与艺术家们的名言警句，如对老年生涯的比喻："老年只是疾病的旅店，思虑的客栈，怨艾的朋友，不断的悲叹，不治的创伤，过去一切的污迹，目前一切的苦痛，未来一切的忧虑，死亡的邻居，处处漏雨的茅草屋，轻轻一压就弯的柳条拐杖。"（沈石岩，《西班牙文学史》，北京大学出版社，2006年）

《塞莱斯蒂娜》思想深邃，具有人文主义倾向，是西班牙文学史上的一座高耸的里程碑，它的诞生标志着西班牙文学中世纪的结束，标志着西班牙文学的成熟和西班牙人文主义的中兴,"黄金世纪"文学的开始,被视为西班牙现实主义小说的先行者。如果说《真爱诗集》是西班牙文艺复兴的催生剂的话,那么《塞莱斯蒂娜》则是西班牙文艺复兴的接生婆"(孟复语)。

著名学者梅嫩德斯·伊·贝拉约认为《塞莱斯蒂娜》几乎是与《堂吉诃德》齐名的西班牙文学名著,其女主人公塞莱斯蒂娜和堂吉诃德、桑丘及唐璜一样,是世界文学长廊中的不朽人物之一。

该书影响深远,仅在 16 世纪就在西班牙、意大利等国出版和再版了约 80 次,并且被译为英、德、法等国文字。

6. 民谣:八音节诗

民谣即罗曼采(romance)。在 14 世纪已开始创作,15 世纪是其全盛期。民谣的前身是史诗,史诗的某些片段,促成另一首内容丰富的新诗——民谣。

由于其形态生动自由,风格简洁朴素,一直受到后世诗人和读者喜爱。如戏剧家洛佩·德·维加,诗人贡哥拉和 20 世纪的加西亚·洛尔卡也创作了一些八音节诗。民谣长期以来是西班牙作家取之不尽的创作源泉。

第五节 黄金世纪

源于意大利的文艺复兴运动、葡萄牙和西班牙发起的地理大发现、马丁·路德的宗教改革运动,打破了罗马天主教专制的格局,这三个方面构成了中世纪基督教文化和近代文化之间的分水岭。西班牙国内的文艺复兴运动比起欧洲其他国家要相对漫长,一般认为它从 1492 年摩尔人被赶出格拉纳达西班牙完成统一大业和哥伦布发现美洲开始,至 1681 年伟大的戏剧家卡尔德隆去世而终结。在这两个世纪中,西班牙文学艺术的天空星光灿烂,达到空前的巅峰,划时代的天才和巨著层出不穷。在诗歌、戏剧、小说、绘画、雕塑、建筑、音乐等领域大师荟萃,也有学者把"黄金世纪"框定在浮华炫丽的巴洛克时期。

一、建筑

1. 普拉特雷斯科式

普拉特雷斯科式(estilo platersco,即"银匠式"),意为银匠精工细作的艺术风格,是哥特式艺术、罗马古典式样的有机结合。这种风格的建筑表面饰有条条横线,雕刻得琳琅满目,并含有抒情意味。如建于 1529 年的萨拉曼卡大学的正门,高雅的几何线条和谐地衬托着精致而华丽的雕刻,如同一件巨大的壁毯,整个画面被分割成水平的三部分,在第一块的中心是天主教双王的圆形浮雕,在第二块上是双王和卡洛斯五世时期的各种王徽和盾牌的图案,象征着王朝的势力范围,在最后一块上可以看见教皇,他身边有几位修士。在两侧的画面中还有一些象征着美德和宗教意义的浮雕。雕刻不乏雅趣,上面刻有一个比大学更出名的青蛙,据说发现它的人会有好运,尤其是对于学生来说,看到它就能通过重要的考试。传说当年施工时,一个工匠偷偷把它刻在一个骷髅头上,并下咒哪个学生看到它就能通过博士学位的考试,而看不到的学生与死亡没有什么两样。这个传说慢慢传开来,这个青蛙遂成为萨拉曼卡大学的标志之一。

2. 埃雷拉风格

16世纪最有代表性的建筑风格是埃雷拉风格(estilo Herrera)。其创始人胡安·德·埃雷拉(Juan de Herrera,1530—1597)是文艺复兴时期西班牙著名建筑师,其作品代表了16世纪的西班牙文艺复兴的最高成就,在当时的西班牙与欧洲均享有盛誉。他设计了被西班牙人称为"世界第八大奇迹"的埃斯科里亚尔王家修道院及其他建筑。埃雷拉还参与设计了巴亚多利德教堂、阿兰胡埃斯的王宫和塞维利亚的西印度群岛档案馆。该风格外体庄严肃穆、宏伟大气、运用直线条,不加修饰,功能性强。

埃斯科里亚尔王家修道院全称为埃斯科里亚尔圣洛伦索王家修道院(El Real Sitio de San Lorenzo de El Escorial),位于西班牙马德里市西北约50公里处的瓜达拉马山脉南坡,1563年由胡安·鲍蒂斯塔开始建设,他的学生胡安·德·埃雷拉于1567—1584年完成。这是一座集王宫、城堡、修道院、教堂、王家陵园、博物馆、园林于一身的庞大建筑群,气势磅礴,雄伟壮观,肃穆冷峻,深涵着天主教的精神,从空中俯视,宛如一个倒扣着的烤炉架,是为了纪念圣徒圣洛伦索,据传他就是在这样的烤炉架上被烤致死。

教堂是埃斯科里亚尔修道院内的主体建筑,位于整个建筑群的中央,教堂内最大的祭坛由建筑师埃雷拉设计。祭坛15米宽,26米高,分4层,分别用碧玉、缟玛瑙或红大理石的柱支撑。4层搁板上共有15座铜制雕像,最高一层是基督和圣母的雕像,旁边是圣彼得和圣保罗的雕像。

埃斯科里亚尔修道院的国王行宫中有一个战争厅(Sala de las Batallas),厅内有两幅壁画,图中右侧是描绘战胜摩尔人的伊格鲁埃拉战役,左侧是描绘1557年8月10日打败法国人的圣康坦战役,正是为了纪念这次战役的胜利,费利佩二世决定建造埃斯科里亚尔修道院。据说战役前圣洛伦索托梦给费利佩二世,告诉他此战必胜。取得胜利后,为了还愿和祭奠父王,费利佩二世下令建造了这座修道院。

这里长眠着许多西班牙历代国王。大教堂祭坛下面的圆形地宫里,陈放着自卡洛斯五世起到阿尔方索十三世大多数国王和王后的棺椁及王子、公主的棺木。

院内有许多珍奇的古籍抄本和绘画、壁毯等艺术作品,兼有图书馆和艺术博物馆的功能。

1984年埃斯科里亚尔王家修道院被联合国教科文组织确定为人类文化遗产。

3. 巴洛克风格

另一个风行一时的风格是巴洛克(estilo barroco)。17世纪初起源于意大利,后来传入西班牙。其特征是大量运用螺旋形、曲线,表面雕饰繁琐复杂,建筑物的正立面尤其精雕细刻,刻意追求新奇、夸张,有时甚至达到怪诞、矫饰、不自然的程度。巴洛克传入西班牙后很受欢迎并且得到进一步的发展,产生了过分雕饰的丘里盖拉风格(estilo churrigueresco),其首创者为建筑师何塞·丘里盖拉。这种风格融哥特式、普拉特雷斯科式,及巴洛克式为一体,西班牙美洲殖民地建造的教堂多属此种风格。

二、绘画

黄金时代画坛巨匠人才辈出,他们受意大利文艺复兴观念的影响,开始研究透视法,描绘人体,讲究光影效果,一些传世之作是世界艺术宝库中的瑰宝。艺术的赞助者和保护人一般为国王和贵族,因此黄金世纪的主要画家基本上都是宫廷画师或者服务于某个贵族。

1. 格雷科

格雷科(El Greco,1541—1614)原名多米尼克·特奥托克普利,出生于希腊的克里特岛,西班牙人亲切地称他为Greco,即希腊人。他先后去过威尼斯、罗马、马德里等地,于1577年来到托莱多古城,他被这座荟萃了基督教、犹太教和伊斯兰文明的古城吸引,从此定居在托莱多,直到生命的终结。他给了这座城市显赫的艺术名声,这座城市给予他不朽的艺术生命。他的作品主要保存在这里。作品主要以宗教为题材,取自圣经中的故事、传说和人物。他师从过意大利画家提香,学会了构图安排,也深受米开朗基罗的人物造型的影响,形成了个人的绘画风格:夸张拉长的人物肢体,细长而瘦削,仿佛阴间里的幽灵。格雷科受到近代艺术家和美术爱好者的欣赏和崇拜,毕加索对他推崇备至。

《奥尔加斯伯爵的葬礼》是其巅峰之作,是一幅杰出的世界美术名作。奥尔加斯伯爵是托莱多城桑托·托梅教堂的创始人。传说他生前虔诚崇拜圣奥古斯丁和圣埃斯特万。伯爵谢世后,两位圣人从天而降,亲手埋葬他的遗体。格雷科根据传说在教堂里画下了这幅不朽之作。整个画面分上、下两部分:天堂和人间。人间部分显示了入葬的情景。两位圣人和伯爵占中间位置,周围是出席葬礼的当时最显赫的贵族、教士及社会名流。画家之子也在其中。这些格雷科的同代人以不同的神态和表情出现在画面上,每个人对两位圣人奇迹般的出现无不惊讶赞叹。据说作者本人也在其间,他正面站着,眼光直接投向观众,伸出的右手中指和无名指并拢,相当于自己的签名。画面的上半部分只见一位天使打开天国之门,以迎接伯爵亡灵升天。救世主端坐中央,圣母玛利亚侃侃地为亡灵说项。在作者的精心安排下,人间和天堂浑然一体,体现了理想主义和现实主义交融结合的创作意图。

格雷科的一生与托莱多城结下了不解之缘,那里保存了画家的大部分作品,成为名副其实的格雷科美术博物馆。

2. 委拉斯盖兹

迭戈·罗德里格斯·席尔瓦·委拉斯盖兹(Diego Rodriguez de Silva Velázquez,1599—1660)被尊为画家中的画家,是世界级的大师。早年娶了其老师的女儿,得以结识了许多艺术名流,是费利佩四世的宫廷画师。他曾两度访问意大利,领略了文艺复兴大师们的伟大成就。在罗马逗留期间,他成功地为教皇英诺森十世绘了一幅肖像,将人物的神态刻画得惟妙惟肖。其工作年代主要集中在17世纪,作品浓厚的写实主义传统和高超的艺术技巧得到后世高度评价,尤其是光与色彩的表现为后来的印象派画家继承并发扬,其美学理念甚至影响了数百年之后的自然主义、意大利未来派和其他前卫流派。

作品以人物画为主,有肖像、群像、古代题材、当代题材,还包括少数神话和宗教故事等。人物肖像众多,皆为有代表性的社会形象,包括宫廷显贵、宗教界人士和普通百姓,为后世留下了那个时代西班牙社会的人生百态,形象而生动。委拉斯盖兹的许多作品收藏在首都马德里普拉多博物馆内。其中《布雷达的归降》《宫女们》《醉汉们》为三幅脍炙人口的佳作。

历史题材画《布雷达的归降》是为纪念西班牙征服荷兰十周年而创作的巨幅油画。以费利佩二世统治时期,西班牙占领荷兰为历史背景。场面宏大,人物众多,两个中心人物分别是战胜者斯宾诺拉侯爵和战败者布雷达城长官拿骚·歇根,在他们各自的身后分别是浩浩荡荡、整齐雄壮的西班牙军队和已溃不成军的荷兰人,两边形成了鲜明的对比。画作中有不少象征手法,如用直立的长矛象征战胜,用歪倒的长矛代表失败等。生动、真实地展现了当时西班牙君王如何用武力迫使荷兰归顺帝国的史实。

《宫女们》(Las meninas)是他的一幅著名油画,反映了宫廷日常生活。画面上可以看到四岁的玛格丽塔公主刚换上一套新装,两位宫女在旁伺候。右下方站着两个侏儒,美与丑构成了强烈的对比。后墙上方是两幅鲁本斯的作品。国王和王后虽然没有露面,但是从作者和小公主的眼光以及悬在后墙的镜子中显然可以看见他们的形象。为了增加真实性,作者把自己也画进去了,他站在高大的画架前为国王费利佩四世和王后画像。光线运用巧妙,窗中射进的一束光线照得空间黑白分明,整个画室的温馨气氛直接传递给观众。画面犹如一个立方体,如同四维空间。

《醉汉们》描绘了葡萄丰收后人们纵情欢乐的情景。头戴葡萄叶帽的酒神坐在酒缸上被一群醉汉们团团围住,似乎为胜利所陶醉。他身边的是几个身着粗糙外衣的农夫、面容瘦削的牧羊人、头戴毡帽手捧酒碗的人和光着膀子的壮汉,他们都为能与酒神在一起而感到骄傲。醉汉们的神态各有特点,有的眼睛直盯着酒神,有的似乎在互相打赌还能再喝几碗。整个画面突出光线和颜色,把真实、活泼的气氛成功地衬托了出来。

三、文学

在西班牙文学史上,16—17世纪是西班牙文学发展的鼎盛时期,被称为"黄金世纪"。和所有伟大的帝国一样,西班牙的极盛也恰恰是它衰败的开始。1588年,旨在教训"海盗国家"英国的"无敌舰队"在英吉利海峡遭飓风袭击,几乎全军覆没。从此,西班牙帝国迅速衰落,但西班牙文学却从此走向辉煌。于是,"黄金世纪"转而成了一个多世纪西班牙文学的别称。黄金世纪分为两个阶段:文艺复兴时期和巴洛克时期。前者始于1550年,终止于17世纪初,后者的持续时间为17世纪30年代至17世纪末。

最初阶段,文艺复兴时期的文学以介绍意大利文艺复兴的人文主义思想为引导,同时著名的人文主义学者安东尼奥·德·内布里哈等人已经在西班牙宣传并实施文艺复兴时期伊拉斯谟①主义的人文文化。16世纪末和17世纪初,文学创作出现了空前的繁荣,诗歌、小说、戏剧齐头并进,流派繁多,风格各异,

而鸿篇巨制《堂吉诃德》的问世更是使黄金世纪的文学达到空前未有的高度。这一时期的文学流派主要有:神秘主义文学、骑士文学、流浪汉小说。

1. 文艺复兴时期

加尔西拉索

加尔西拉索·德·拉·维加(Garcilazo de la Vega, 1501? —1536)生于托莱多城的贵族家庭。他熟悉古希腊、罗马作家的作品,通晓数种外语。17岁就为卡

---

① 伊拉斯谟(Erasmus,约1466—1536),中世纪尼德兰著名的人文主义思想家和神学家,被誉为"16世纪的伏尔泰"。对宗教改革领袖马丁·路德的思想有巨大的影响。他是用纯正拉丁语写作的古典学者,其著作《愚人颂》是文学史上最为精彩的讽刺篇章。

洛斯五世服务，担任宫廷侍卫。1523年被封为圣地亚哥骑士团骑士。参加过诸多战役。曾因冒犯国王被流放。后被派往那不勒斯，从而有机会了解他所崇拜的意大利文化。1536年应召回国，跟随国王出征普罗旺斯，在强攻穆伊要塞时身负重伤，不久在尼斯逝世。

作为勇敢的军人、潇洒的骑士、优秀的诗人，加尔西拉索是文艺复兴时期最完美的宫廷侍臣的典范，也是卡斯蒂利亚语抒情诗人的最高代表。他诗作的主题是爱情：

十四行诗
（二十三）

当玫瑰与百合
在你的面庞涂上自己的颜色，
当你炙热诚挚的双眸
用明亮显示风暴的平和；

当你那从黄金的矿泉
精选出的秀发飘闪
在洁白、挺直、美丽的脖颈上，
风儿使他们摇摆、散乱：

请摘取春天欢乐的果实吧
在愤怒的天气
用白雪覆盖美丽的山峰之前。

冰冷的风会使玫瑰凋残，
轻快的年龄会使一切改变
为了不改变自己的习惯。

（赵振江译，《西班牙黄金世纪诗选》，昆仑出版社，2000年）

下面诗段的三短两长韵律形式被后来的诗人们所采用，由于他在第一行诗中使用了"里拉"（七弦竖琴）这个词，从而凡使用这种格律形式撰写的诗歌都被称为"里拉"格律。

格尼多的花儿

假如我那
可怜的七弦竖琴声，即使瞬间，
能让强劲的风力
息怒、能让

澎湃咆哮的海水安详平静。

（沈石岩，《西班牙文学史》，北京大学出版社，2006 年）

加尔西拉索对卡斯蒂利亚语的诗歌贡献巨大，他首先使用的"里拉"格律一直在西班牙诗坛沿用至今。他对黄金世纪的不同流派诗人影响深远，20 世纪的一些诗人也深受他的影响，甚至内战后还出现过被称为"加尔西拉索派"的诗人学术团体。

波斯坎

胡安·波斯坎·德·阿尔莫加维尔（Juan Boscán Almogáver，1490？—1542）出生于巴塞罗那一个新生资产阶级家庭。从小受到良好教育，成年后进宫成为卡洛斯五世的御用文人，与加尔西拉索·德·拉·维加成为莫逆之交。他俩将意大利的新韵律引进西班牙诗坛，促成意大利文艺复兴学者彼特拉克的诗段形式在卡斯蒂利亚诗歌里安家落户。波斯坎写有许多八行诗和十四行诗，诗中充满了人性复苏之后的悲凉：

甜蜜的梦，梦赐的甜蜜，
知道我心中的隐藏秘密，
给我瞬间的欢乐和安慰，
尽管睁开双眼我会醒来。

梦啊，如果你深沉一点，
在我心田多停留、歇息。
而不再让美景昙花一现？
来吧，美梦，我要睡了。
虚假的幸福它才是真实，
不幸的我靠你聊以自慰。

——第六十一首

（陈众议，《西班牙文学大花园》，湖北长江出版集团，2007 年）

经过加尔西拉索和波斯坎的努力，意大利诗体已经深入人心。西班牙诗坛出现了两个重要抒情诗流派：萨拉曼卡派和塞维利亚派。

萨拉曼卡派：路易斯·德·莱昂

萨拉曼卡派追求内容和形式的完美统一。内容以宗教哲学、道德伦理和内心感受为主，形式趋于隐晦、深沉。路易斯·德·莱昂（Luis de León，1527—1591）是领军人物。

修道士路易斯·德·莱昂虽属神秘主义流派，但已受到文艺复兴思潮的启迪。这位圣奥古斯丁教派的教徒曾担任萨拉曼卡大学的教授。他主张宗教改革，反对宗教腐败，1572年因私自将《雅歌》翻译成西班牙语而被投入宗教裁判所。1576年获释后重返大学执教。重返讲台时，他将往事置之脑后，仍一如既往地从事教学。上第一堂课时，他是这样开始的："昨天我们讲……"1571年当选教区大主教，不久去世。

路易斯·德·莱昂是西班牙文学史上声名卓著的宗教诗人，作有三十多首长诗。他一方面吸收了古希腊罗马的艺术精神，汲取了来自意大利的文化养分；另一方面又执着地奉行天主教静修思想，坚定地继承西班牙文学传统。他看到了人性复苏后欲望的膨胀，从而劝诱人们洁身自律，甚至苦行隐修。他的诗作渗透宗教思想，表达崇高的精神意识，笔调风雅稳重，蕴含古典神韵，被称为西班牙的贺拉斯。在他的感召下，一批年轻教士众星捧月般围绕在他身边，是谓"萨拉曼卡派。"他们大都以大学为基地，向青年教士灌输静修思想。

赞清修生活

这样的生活多安宁，
摆脱了尘世的声音，
沿着小径曲曲弯弯，
无数足迹依稀可寻，
少数智者由此前行。

他不羡慕达官贵人，
哪怕他们洪福齐天；
他不向往摩尔宫殿，
即使它们遍地鎏金
或者满屋皆是碧玉。
他淡泊利益和荣誉，
也无意把姓名兜售；
更不想去阿谀奉承
或嚼舌根搬弄是非。
只拿真话贬斥丑行。

——

（陈众议，《西班牙文学大花园》，湖北长江出版集团，2007年）

由于对古希腊、古罗马、意大利等古典作家的谙熟与模仿，由于对大自然憧憬并善于从优美的大自然中得到启迪，由于具有浓厚的宗教情感，路易斯·德·莱昂神甫不仅是西班牙文艺复兴时期卓越的代表作家之一，也是萨拉曼卡诗歌流派运动的创始人和代表诗人，后世称他为西班牙抒情诗歌之王。

塞维利亚派：费尔南多·德·埃雷拉

和作为文化中心的萨拉曼卡不同，当时的塞维利亚是一个真正意义上的商业和金融中心。来自美洲的金银和产品在这里汇集、中转，因此这里是新生资产者的乐园。尽管当时塞维利亚还没有大学，但一些专科学校随着商业的兴盛应运而生。塞维利亚派的领袖人物费尔南多·德·埃雷拉（Fernando de Herrera，1534？—1597）在这些学校接受了启蒙教育。

埃雷拉的出生情况少有文字记录。多数文学史家称他出生在一个没落贵族或小商人家庭，但他熟练掌握多种古代和现代语言，表明他接受过良好的教育。

埃雷拉一生致力于革新西班牙诗歌，他潜心研究加尔西拉索，认识到诗的出路在于不断创新：使用新的形式、格律、比喻和词汇，因此他的诗大都极具新意。他尤其重视十四行诗，将其提高到一个崭新的高度；而且人如其诗，清心寡欲，淡泊名利，把个人修养和诗艺的冶炼视做毕生的追求。因此，他的诗作往往形式雕琢，色彩绚丽，从而为西班牙文学树立了华美雅致的典范。内容主要有爱情和爱国两大主题。他在一首诗中这样抒发心中的爱恋，其中的"玫瑰""明珠""象牙""天庭"之类成为后来的西班牙巴洛克诗歌的标志性比喻，并在贡戈拉的诗中发扬光大：

熊熊燃烧的金丝，
喷薄的神圣火焰。
你才是我的荣耀，
让我把真情奉献。

——

高贵的玫瑰，东方的明珠，
洁白的象牙，和谐的天庭。
我的爱在你的眼中蓬勃升腾。

我愈爱你，心中就愈发愧意，
因为爱你实在是我的荣幸。
我愈爱你，就愈怕失去你。

（陈众议，《西班牙文学大花园》，湖北长江出版集团，2007年）

一些年轻诗人受埃雷拉的影响,开始在作品中大量使用新颖的无比华丽的辞藻,被称作"塞维利亚派"。

神秘主义文学

16世纪中叶,天主教受到了新教和资本主义的挑战。西班牙作为一个正统的天主教国家,自卡洛斯五世开始几乎和神圣罗马帝国连成了一体。面对新教的威胁,西班牙宗教界的开明人物几乎都把矛头指向了自身改革。在当时的许多开明人士看来,教会腐败是导致路德宗教改革运动的罪魁祸首。基于这样的认识,以圣特蕾莎、圣胡安·德·拉·克鲁斯等为首的宗教界人物在西班牙开始了宗教改革运动,他们创作了大量神秘主义文学作品,基本体裁是散文和诗歌,宣扬宗教主义思想,渴望人的灵魂与上帝交感,主张禁欲、苦行。神秘主义的代表人物是修女圣特蕾莎·德·赫苏斯和修士圣胡安·德·拉·克鲁斯。

(1) 圣特蕾莎·德·赫苏斯

圣特蕾莎·德·赫苏斯(Santa Teresa de Jesús,1515—1582)诞生在卡斯蒂利亚的阿维拉城。7岁那年离家出走开始修行。圣特蕾莎毕生共创办了32个修道院。她发现上帝在日常生活的每一个角落与人们同在。她经常这样说:"每日三餐都能见到上帝的影子。"《心间楼阁》是圣特蕾莎的顶峰之作,被公认为是"世界宗教文学中的重要作品之一"。她用象征手法把通往天堂之路分隔成7个房间,只有到达最后一间,才能见到"亲爱的人"——上帝,并与其在精神上融为一体。这是一本理想的神学课本,为此,圣特蕾莎把它奉献给她的弟子。

我生因为我不生

我生因为我不生

但愿如是还我死

我生因为我会死

倘非如此我怎生?

但愿希望早成真,

还我一颗圣洁心。

死神切莫再等待,

给我生命终极令,

我死因为我不死。

(陈众议,《西班牙文学大花园》,湖北长江出版集团,2007年)

多数文学史家认为圣特蕾莎的奇妙之处在于用普通的语汇表达深奥的思想,

是一个善于用平常语言表述超验神奇的诗人。

(2) 圣胡安·德·拉·克鲁斯

圣胡安·德·拉·克鲁斯(San Juan de la Cruz,1542—1581)是圣特蕾莎的弟子,具有卓越的诗歌天赋,作品虽然不多,但却足以使他跻身于杰出诗人之列。他的神秘主义诗歌一向以升入极乐世界,与天主交感为主题。他的《心灵之歌》《黑夜》《炽热的爱情颂》等对后世的抒情诗产生了极大的影响。

一个漆黑的夜晚,
燃烧着爱的火焰,
我悄悄离开家门,
这是多么幸运啊,
没有任何人发现。
黑暗中满怀希望,
寂静在四处蔓延,
我乔装改扮而去,
这是多么幸运啊,
安然爬上旋梯。
在那幸福的夜晚,
隐秘得无人发现,
不用眼睛和光线,
也无须向导引荐,
只凭心中的火焰。

(陈众议,《西班牙文学大花园》,湖北长江出版集团,2007年)

圣胡安用情人的幽会比喻灵魂与上帝的会合,但是圣胡安的神秘主义也充满了奥秘高深的表达,其艰涩抽象的思想或修辞手法感到令人难以理解,这一点也正是神秘主义之所以被称为神秘主义的原因之一。

骑士小说

西班牙的骑士小说盛行于15、16世纪,是当时特定的历史条件下的产物。在光复运动中,一个新的社会阶层——骑士贵族逐渐强大,在战争中充当重要角色,哥伦布发现新大陆之举则进一步催化了冒险精神的热度。由于骑士制度的兴盛,骑士文学也广为流行。为了上帝、爱情和荣誉而敢冒风险,甚至不惜牺牲生命,这就是骑士小说宣扬的最高生活理想。最流行的骑士小说是《阿玛迪斯·德·高拉》。该书的主人公阿玛迪斯是个战无不胜的、忠于爱情的、除暴安良、救死扶伤的英雄,最后与心爱的公主结婚。小说情节复杂、神奇,脱离实际的英雄冒险的杜撰比比皆是。这部小说取得了巨大的成就,骑士的典范阿玛迪斯成为读者崇拜的偶像,该书被视为培养完美骑士的教科书。小说对西班牙文学产生的影响是独一无二的。除了使骑士小说在西班牙风靡之外,它还直接影响了塞万提斯。从某种意义上来说,《堂吉诃德》几乎是对《阿玛迪斯·德·高拉》的戏仿。

西班牙耶稣会创始人圣伊格纳西奥·德·罗耀拉(1491—1556)在其作品中不止一次地谈到"耶稣的最初的骑士事业",当时也出现不少将耶稣、天使、圣徒的事迹作为游侠骑士来描写的小说。据统计,1508 至 1550 年间,几乎平均每年都有一部新的骑士小说问世,共出版了 60 余部,印了 300 版。15 世纪末 16 世纪初,上至王公贵族,下至平民百姓,无人不读骑士小说,可见其流行之广。

骑士小说的缺点是内容雷同,人物几乎毫无个性,冗长单调,艺术价值不高。此外,随着骑士制度的衰落,特别是 1588 年西班牙的"无敌舰队"在英吉利海峡被英国击败,"日不落"帝国逐渐衰败,骑士小说也逐渐销声匿迹。塞万提斯的《堂吉诃德》被认为是以最后一位游侠骑士的形象结束了这类小说命运的作品。

塞万提斯与《堂吉诃德》

塞万提斯全名为米格尔·德·塞万提斯·萨维德拉(Miguel de Cervantes Saavedra,1547—1616),出生于马德里附近的阿尔卡拉·德·埃纳雷斯城(Alcalá de Henares),自学成才。做过主教侍从,随主教去过意大利,接触了大量文艺复兴时期的名著,为日后写作打下了基础。1571 年参加著名的莱潘多海战负伤,左臂残废,被称为"莱潘多的独臂人",1575 年在返回西班牙途中,被土耳其海盗俘虏到阿尔及尔,过了 5 年牢狱生活,1580 年被赎回,此后仍数次入狱,生活贫困。挣扎在社会底层,这些为他日后创作《堂吉诃德》积累了丰富的素材。1602 年出版了几部小说和剧作之后,55 岁的塞万提斯动笔撰写了《堂吉诃德》(上卷),1605 年出版。后又出版多部作品。1615 年《堂吉诃德》(下卷)出版。1616 年 4 月 23 日病逝于马德里,巧合的是,莎士比亚也在同一天去世,4 月 23 日被后世定为"国际图书节"。

塞万提斯的文学创作包括小说、诗歌、戏剧,而小说的成就最为突出,特别是长篇小说《堂吉诃德》的问世,使他荣登了西班牙小说第一人和世界顶级文学大师的宝座。塞万提斯被尊为现代小说之父。

《堂吉诃德》是一部讽刺作品,抨击了社会上流行的骑士小说和小说所造成的影响。作者塑造了两个文学史上不朽的形象:不切实际、耽于幻想但是嫉恶如仇、追求正义和理想的堂吉诃德,和讲求实际、冷静实在、忠诚老实但又狡黠、胆小怕事的桑丘。作者提示了一个重要的命题:人类理想与现实之间的艰难抉择。

这部作品展现了塞万提斯无与伦比的语言才能,书中运用了大约二百多个民间谚语和成语,既表现了普通百姓的智慧,也烘托出人物鲜明的性格特点。

几百年来,这部鸿篇巨制被译成各种文字,再版多达一千多次,堂吉诃德这个形象给所有读者留下了深刻印象。

流浪汉小说

流浪汉小说出现于 16 世纪中叶,是西班牙特有的一种文学体裁,以流浪者在生活中的种种遭遇为内容。当时的西班牙一面急需向美洲殖民地大量派遣军队,肆意掠夺印第安人,以满足上流社会的骄奢淫逸;另一方面,全国各地金融和商业盛行,在消耗黄金白银的同时,阻碍了农业和手工业的发展。社会风气和劳动力匮乏也是导致农业和手工业破败的主要原因,这样就产生了流浪汉阶层。大批抛弃土地、盲目流入城市的农民和破产的手工业者沦为无业游民,此外还有从战场上伤残而归的贫穷的士兵,这些人很难靠劳动糊口和安分守己地生活,他们养成了游手好闲、好吃懒做的毛病。加之当时社会上冒险的风气盛行,在这种背景下流浪汉小说应运而生。与以前的文学不同,流浪汉小说的矛头是从社会底层指向社会上层的。也有人认为骑士小说的被禁和一个英雄时代的结束为新文学样式的产生提供了市场。学者阿美利科·卡斯特罗在分析流浪汉小说成因时指出:"流浪汉是反英雄。流浪汉小说显然是一种反英雄冲动,随着骑士小说和史诗神话的终结而产生。"

流浪汉小说的主人公基本上是反英雄的形象,集中了泼皮无赖和流氓无产者的特点。流浪汉取代了过去小说中战无不胜的骑士英雄,反映了当时社会上为数众多的流入城市的农民、破产的手艺人、伤残士兵以及其他沦为社会底层的形形色色的贫民的生活状态、心理状态和人与人之间的关系。作者通过对这类人物的刻画来抨击社会的不公平与种种弊端。

《托尔梅斯河的拉萨路》(*Lazarillo de Tormes*,中译本《小癞子》)是第一部流浪汉小说,出现在 1554 年之前的费利佩二世王朝末期,作者佚名。这是一部自传形式的、语言简洁的现实主义小说。作者以第一人称叙述个人的经历。拉萨路出生在托尔梅斯河边的萨拉曼卡城附近的一个乡村。因家境贫寒,母亲将他托付给一个盲人,给其充当领路人。瞎子小气吝啬,经常虐待拉萨路。拉萨路忍无可忍,设计报复,然后离开盲人,去给一个极其吝啬的教士当佣人,为了填饱肚子,不得不想方设法偷吃,被教士发现,毒打了一顿,被逐出门去。后来又去伺候一个道貌岸然的绅士,用人家施舍给他的食物供养后者。后来又分别给修士、推销免罪符的神职人员做仆人,目睹了这些坑蒙拐骗者的嘴脸和伎俩,最后他投靠了一个正直的神甫,赚了点钱,又跟了一个公差,当上了发布告示的报子,还娶了神甫的女佣,从此时来运转,过上了稍微安定的日子。

作者没有美化社会，而是客观地把现实中种种丑陋现象直接表现给读者，通过这个毫无地位的流浪汉将西班牙社会的没落和上流社会的伪善表现得入木三分。《小癞子》为流浪汉小说奠定了基本的叙事方式：主人公是流浪汉，用第一人称叙述；由于出身低微，主人公始终直面现实并具有自嘲的勇气；叙述语言朴素平直、生动幽默，采用纯正地道的卡斯蒂利亚语汇，语言简洁，使用了大量的谚语、民间熟语，给人以一种真实可信、清新自然的感觉。书中描绘的人物尽管着墨不多，但均切中要害，突出个性，反映了西班牙当时社会各阶层人物的特点，尤其揭露了教会神职人员的种种卑劣行径。

我们吃饭的时候，他总把一罐酒放在身边，我常常麻利地抓过来，悄悄地咂两口，再放回原处。可是好景不长，因为他一喝就发现酒少了。为了保住酒，从此他总抓着酒罐不放。我就专门备下一大段麦秆儿，往罐里一插，把酒嘬得一干二净——于是他改变了做法，把酒罐夹在两腿中间，还用手捂住罐口，这样他就可以安心畅饮了。可是我已经喝上了瘾，按捺不住，眼看麦秆儿这招已经不灵，便又心生一计，预先在罐底钻了个小泉眼，一个很小的洞，再小心地封上薄薄的一层蜡，到吃饭的时候，我装作怕冷，钻到那个倒霉瞎子的两腿中间——酒便从那泉眼到我嘴里了。

第二天，我又照样让那罐子流酒——我正仰面喝着美酒——那个气急败坏的瞎子觉得对我报复的时机到了，便用双手举起那只罐子，使出全身力气，砸在我的嘴上。

（参见《小癞子》，盛力译，昆仑出版社，2000年）

《托尔美斯河的拉萨路》是文艺复兴时期众多作家们所采用的"自然表达"手法中最为完美的体现。该书对西班牙后来的文学产生了深远的影响。它出版45年后的巴洛克时期，出现了一部由马特奥·阿莱曼写的的小说《古斯曼·德·阿尔法拉切》（共两部，分别出版于1599年和1604年），该书被视为流浪汉小说的经典，集中了流浪汉小说的所有特点，并超过了《托尔美斯河的小拉萨路》。马特奥·阿莱曼第一次为流浪汉小说的定义做了阐释，从此，主人公古斯曼成为流浪汉的代名词。该书极力抨击社会弊端，充满悲观色彩，主人公是比拉萨路更为典型的流浪汉形象。1626年，警句主义代表作家克维多发表了流浪汉小说《流浪汉的典型、狡诈鬼的镜子、骗子堂巴布罗斯的生平事迹》（中文译本《骗子外传》）。

起源于西班牙的流浪汉小说后来影响了欧洲其他国家的文学，如法、英、德、意、荷等国也纷纷有流浪汉小说问世。当这类小说在欧洲已过时后，在19世纪的墨西哥却还出现了流浪汉小说的名著《癞皮鹦鹉》（1816）。流浪汉小说这种自然主义表达法是近代现实主义风格的原型之一:比如重视环境的描绘,注意描写反英雄等。

西班牙民族戏剧的奠基人——洛佩·德·维加

洛佩·德·维加(Lope de Vega,1562—1635)出生在马德里,父亲是一名匠人。少年时便显露出戏剧天才,12岁时写了他的第一部喜剧。1588年,随"无敌舰队"出征,在舰上完成了长诗《美丽的安赫利卡》,随后,有过多次爱情冒险并为此被判刑。维加笔耕不辍,后遁入空门,成为修士。尽管为天主教徒,但仍风流韵事不断,由此产生了许多抒情诗。1635年与世长辞,享年73岁。他的保护人塞萨公爵为他举办了隆重的葬礼,马德里几乎倾城出动,送别这位奇才。

洛佩·德·维加是位多产作家,活跃在繁花似锦的"黄金世纪"文坛上的主角之一。他以诗歌、小说和戏剧三方面的硕果丰富了西班牙古典文学的宝库。他撰写了二十多卷小说和诗歌,主要成就是诗歌,除诗剧外,还写了大量的抒情诗、叙事诗及宗教诗等。洛佩将他一生中亲身体验过的爱情轶事与炽热的情感均毫无保留与不加掩饰地倾注于他的诗作中。他曾说过"赋诗与恋爱是一回事"。他的抒情诗文学价值极高,与后来的贡戈拉、克维多一样具有世界声誉。

洛佩对西班牙文学的最大贡献在于开创了西班牙的民族戏剧。在中世纪前后,西班牙的戏剧一般在教堂演出,多是以宗教为主题的宗教剧、神话类的神秘剧或宣扬教义和伦理的劝世剧,也有在广场上演出的世俗剧,以市井小民为主要人物,表现的是民间生活、风俗传统等。真正为西班牙戏剧确立了正确的发展方向的人是洛佩·德·维加,被认为是西班牙民族戏剧的奠基人。洛佩创作的宗旨是让广大观众得到娱乐,得到美的享受。他认为剧本的情节必须反映现实生活,应该把人们的风俗习惯、七情六欲都写进去。为了做到这一点,他打破了传统的三一律,即亚里士多德的时间、地点和行动的戒条,提倡创作自由。他打破了古希腊戏剧不可超越的神话,第一次确立了亦庄亦谐、亦悲亦喜的悲喜剧在戏剧创作中的地位。他让丑角承担制造喜剧气氛的重任,从而使戏剧更加丰富多彩、生动活泼。他将类似歌曲、舞蹈等抒情因素引入剧中,以缓和观众的紧张情绪。洛佩认为戏剧的故事情节最重要,要节奏快、热闹感人,这样才符合观众的口味。洛佩一生创作了近1500多部诗剧,保存至今的仅500部,题材广泛,包括历史类、宗教类、世态类、神话类和田园牧歌类等等。

以捍卫个人荣誉为主题的《羊泉村》是其代表剧作,也是迄今为止上演不衰的作品。根据天主教国王时期的一个真实事件改编。15世纪70年代,卡斯蒂利亚的伊莎贝尔女王和阿拉贡的费尔南多国王联姻,统一的西班牙王国即将正式形成。这一时期,以天主教国王为代表的统一力量正在同大封建主的割据势力斗争,而羊泉村的领主费尔南·戈麦斯正是后者的代表。这个领主在羊泉村是封建恶霸,胡作非为，鱼肉百姓，欺男霸女，百姓们恨之入骨。在村长之女劳伦夏的新婚之夜，闯入新房，抢走新娘，并夺走了村长的权杖。村民们联合起来除掉了这个恶霸。国王派钦差来调查，全村人异口同声地说，杀死领主的是羊泉村。最后国王赦免了村民们。下面是审问的情景：

——是谁杀死了爵爷？
——Fuente ovejuna（羊泉村）
——谁是 Fuente ovejuna？
——我们大家。

《羊泉村》（写于 1612—1614，发表于 1619）是洛佩创作的大量民族戏剧中的优秀作品。作者独具匠心地对史实做了精心的安排，生动地反映了西班牙历史上"光复运动"接近尾声时的激烈斗争。通过剧中以劳伦夏为代表的下层人民的形象，作者歌颂了他们的反抗精神，讴歌了民族统一，抨击了独霸一方的封建贵族，谴责了他们一贯企图分裂割据，为非作歹鱼肉百姓的行径。除了表现农民拥护主张民族统一的国王、支持国王的削藩政策之外，该剧还强调了村民强烈维护自己荣誉的思想，闪烁着民主思想的光辉，这在 17 世纪的欧洲文学中尤为难得。其局限性在于作者的主要创作意图仍在于宣扬国王至高无上的权威。认为只有维护国王的权威才会有和平、正义、社会的安定团结。

洛佩·德·维加的剧作深刻而真实地反映了 16、17 世纪之交的西班牙社会的种种矛盾和各阶层人物的生活和思想，人物性格鲜明，栩栩如生，作为高产高质量的作家，维加对后来的西班牙及欧洲文学的影响不在塞万提斯之下，但当时的名声却远远超出塞万提斯，他在塞万提斯之前早已出名，因而颇受塞万提斯本人及其他同时代作家的推崇，塞万提斯称他为"天才中的凤凰"。

2. 巴洛克时期

17 世纪中期之后，西班牙长期陷于国内外的政治危机中，国力逐渐衰败。这一时期的文学反映了这一局面，悲观失望甚至避世的情绪充溢在作品中。

巴洛克一词来源于西班牙文 barroco，原意是"变形珍珠"，在 16 世纪用在首饰行业中。随后这个词的含义几经变化。后用来指 17 世纪在欧洲占主导地位的艺术风格，表现在雕塑方面，特点是追求风格和形式上的出奇制胜，重形式轻内容，过度夸张，充满雕琢与夸饰，矫揉造作，华而不实。巴洛克文学的风格与此相仿，产生于 16 世纪下半叶，在 17 世纪上半叶达到盛期。巴洛克文学起源于意大利和西班牙，兴盛于法国。而佩特罗·卡尔德隆则是西班牙巴洛克文学的代表人物之一。《人生如梦》是其典型的巴洛克风格作品。巴洛克文风到 17 世纪 50 年代达到极盛,17世纪末著名剧作家卡尔德隆逝世,成为这一风格衰落的标志。

在西班牙文学史上,巴洛克文风较为复杂,是由夸饰主义(又称贡戈拉主义)和警句主义构成的,前者以作家路易斯·德·贡戈拉为代表,后者以佛朗西斯科·德·克维多为代表。

夸饰主义:路易斯·德·贡戈拉

贡戈拉(Luis de Góngora,1561—1627)生于安达卢西亚的科尔多瓦,曾在萨拉曼卡大学进修神学并被授予神职,尽管他真正的兴趣是写诗,而且才华横溢。1617年以神甫的名义进入宫廷,实为宫廷诗人。他一生风流倜傥,嗜赌如命,因而难免债台高筑。

贡戈拉的夸饰主义风格的主要表现手法是:借助隐喻,将最为丑陋的东西变为感官所接受的美的东西,如将油说成"液体的黄金",将洞穴说成"大地在打呵欠",将飞禽称为"带羽毛的三角竖琴",称剑为"飞蛇",称雪山为"水晶巨人";运用典故,基本上都取自希腊、罗马神话中的典故用作喻义,如以丘比特代表爱情,以俄耳甫斯代表音乐等。其特点是辞藻华丽,文字典雅,但内容空洞,晦涩冷僻,矫揉造作,滥用典故,所强调的是感官性享受:

趁你的金发灿烂辉煌

趁你的金发灿烂辉煌,
使太阳徒劳闪金光。
趁你的前额洁白似云
使百合仙子自愧不如。

趁你的朱唇光焰耀眼,
胜过康乃馨鲜艳初绽。
趁你的秀颈高傲潇洒,
胜过晶莹剔透的水晶。

享受你的金发和前额,
切莫辜负了韶华如金,
还有你的朱唇和秀颈。

当金丝成银百合枯萎,
也会变成土变成灰
变成烟变成影变成无

(陈众议,《西班牙文学大花园》,湖北长江出版集团,2007年)

贡戈拉一味追求拉丁语表达方式，使用费解的语法短语，倒装句法，迎合了当时盛行的巴洛克艺术风格，但他的诗歌极其古怪，晦涩难懂，脱离现实，只有少数文化水准极高的文人墨客才能隐约猜出其词语背后的真实含义，因而对他作品的评价一直成为他所在时代的文人们争论不休的话题。他的作品被当做经典引入西班牙语美洲，从而对美洲的西班牙语文学产生了深远的影响。现代主义流派的诗人深受他诗风的影响，在西班牙20世纪"27年一代"的诗作中也可以看出贡戈拉的印记。

吉戈拉与塞万提斯、洛佩·德·维加齐名，是西班牙文学的"三巨头"之一，其在西班牙文学史上的地位相当于李白之于中国文学史。塞万提斯的小说、洛佩·德·维加的戏剧和贡戈拉的诗歌对西班牙文学具有奠基意义。

警句主义：佛朗西斯科·德·克维多

克维多（Francisco de Quevedo，1580—1645）是西班牙第一位讽刺诗人。生于马德里，父亲是王后安娜的私人秘书，母亲是王后的侍女。自幼在宫廷长大，曾到阿尔卡拉大学、巴利亚多利德大学深造，通晓古希腊文、拉丁文、意大利文、法文、希伯来文和阿拉伯文，并在天文、数学、法学、哲学和神话方面都颇有造诣。因为长期在宫廷供职，生活优裕，眼界开阔；但也因仕途坎坷，看惯了世事沧桑、世道炎凉，不免愤世嫉俗、玩世不恭。

他反对贡戈拉风格，主张诗文应简练机警、不事雕琢和故弄玄虚。他的作品爽朗明快，幽默机警，妙语连珠，意味隽永。他喜欢运用奇特的比喻、联想和对照等修辞手法，用一些极冷僻的词汇，常常把思想凝炼成简短警句，或者利用格言的概念来表述思想。贡戈拉以诗歌见长，包括长篇叙事诗、寓言诗、谣曲等等；克维多著作等身，种类繁多，有诗歌、散文、杂文等，题材包罗万象，政论文、道德说教文、抒情诗、针砭时弊的短诗、流浪汉小说和短剧。他被视为黄金世纪的一位天才，代表性人物。

生命何短暂

昨天是梦，明天是土，
眼前是云，身后是无，
野心哦，同命运抗争，
生命哦，与时间争胜。

在人生的句号前奔驰，
在历史的长河中砥砺；
我用武器消耗着自己，

　　　　灵魂的躯壳渐渐入地。

　　　　昨天已逝,明天未至;
　　　　今天匆匆,过去未来,
　　　　将我引向死亡的墓碑。

　　　　时间是把锋利的锄头,
　　　　消费我的惋惜和辛劳,
　　　　早早准备了我的墓碣。

　　（陈众议,《西班牙文学大花园》,湖北长江出版集团,2007年)

　　他的流浪汉小说《流浪汉的典型、狡诈鬼的镜子、骗子堂巴布罗斯的生平事迹》(1626,中文译本《骗子外传》),被视为一部与开创流浪汉小说的《小癞子》和流浪汉小说典范的《古斯曼·德·阿尔法拉切》相媲美的佳作,也是他最优秀的叙事体作品之一。在这部作品中作者展示了他戏谑、嘲讽和用漫画笔法描绘的才华。语言比喻极其夸张。虽然篇幅不长,但全书生动细致地描绘了社会各个阶层,尤其是社会底层的悲惨生活,因此该书也是一幅17世纪西班牙社会色彩斑斓的画卷。

　　巴洛克时期的戏剧呈现出繁花似锦的局面,大部分剧作是喜剧和悲喜剧,内容涉及宗教、神话、古代历史轶事、现代社会的传闻等,人物上至宫廷显贵,下到平民百姓,三教九流,无所不包。

唐璜的塑造者——蒂尔索·德·莫里纳

　　剧作家蒂尔索·德·莫里纳(Tirso de Molina,1581—1648)在他的代表作《塞维利亚的嘲弄者和石头客人》(也被译作《塞维利亚的花花公子》,El Burlador de Sevilla)中,塑造了一个举世闻名的戏剧人物——唐璜(Don Juan)。此剧根据一个古老的塞维利亚传说改编而成。唐璜是贵族青年,玩世不恭,品行恶劣,以玩弄妇女为乐事,最后受到惩罚。这一形象影响了后世欧洲文学,世界各国的文学作品中屡次采用这个素材。它多次出现在大师们的作品中,继蒂尔索之后,索里利亚以及法国的莫里哀、意大利的哥尔多尼、英国的拜伦以及音乐大师莫扎特都以各自的方式再现了这个典型人物,蒂尔索·德·莫里纳的影响可谓深远。

戏剧大师佩德罗·卡尔德隆

　　剧作家佩德罗·卡尔德隆(Pedro Calderón de la Barca,1600—1681)被时人认为是"黄金世纪"的最后一位大师。

　　卡尔德隆出生于官宦家庭。曾在萨拉曼卡大学攻读神学,并开始创作诗歌,成为著名诗人,后发表了几部著名剧作。1635年洛佩·德·维加去世,费利佩四世任命他替补洛佩·德·维加的职位,卡尔德隆成为宫廷剧作家。卡尔德隆一生创作了数百部戏剧。艺术上,他比维加更严谨、细腻、雕琢,显示了巴洛克极盛时期西班牙艺术的独特魅力。他与洛佩成为西班牙黄金世纪戏剧前后两个阶段的代表人物。他把洛佩创建的戏剧体系推向顶峰。尽管在数量上不如维加,但他的剧作都是经过深思熟虑、刻意加工的佳作,从而更具有世界意义。他的戏剧语言体现出西班牙巴洛克文风的两个支柱:夸饰主义和警句主义。剧作渲染人们悲观失望的思想情绪,特别是为了迎合观众口味,采用复杂的舞美手段、令人叹为观止的舞台设计,让山岭骤然开裂,异物突然飞起,利用活动舞台让剧中人物神秘地出现和消失。卡尔德隆的戏剧音乐效果的设计常常让观众瞠目结舌,造成一种巨大的威慑效应。此外剧中人物性格的塑造、哲理性问题的展开带给世人以深邃的启迪,使他的剧作跻身于世界名剧之列,成为和英国莎士比亚一样的戏剧大师。

代表作《人生如梦》是一出故事情节错综复杂的哲理喜剧,其主线情节是:波兰国王善观星象,发现王子将抢班夺权,成为暴君,因此,王子出生后被送进深山,囚禁在高塔里,过着与世隔绝的生活。王子长大后,国王想验证星象是否灵验,就把王子麻醉后召进宫来。王子醒来,发现自己坐在国王宝座上,不胜惊喜。然而得知身世后,不禁勃然大怒。国王深信星象灵验,又下令将王子麻醉送进深山。王子醒来后,见一切化为乌有,以为是自己做了个梦。此时,国王准备把王位传给外甥。众大臣苦谏未果便逃往山林,向王子说明真相并鼓动王子造反,王子攻入首都,国王被迫投降。然而,王子对得来不费功夫的王位半信半疑,不知道是真是假,是梦是醒,或者他大彻大悟,认为人生原本就是一个梦。

该剧是按照主要和次要两条线索平行发展的,两条线索交替出现,卡尔德隆将它们完美地交织在一起,牢牢地吸引住了观众。剧情发展到最后一幕时达到全剧的高潮。剧中的场景不断地转换,从监狱高塔到豪华的王宫,从明亮的宫殿又回到阴暗的牢房,这种强烈的对照具有巴洛克风格的特征,同时也取得强烈的舞台效果。尽管剧中诗句常常受到纷繁复杂的夸饰文体的拖累,但音调铿锵,优美动听,易于上口,富有艺术感染力。许多剧本的独白后来都成了流行的抒情诗。

作品的人生如梦观明显带有东方文化的印记,有学者认为是受到《一千零一夜》中《睡了又醒的人》的启发,又和印度文化中的佛陀的身世传说化合,与古希腊悲剧《俄狄浦斯王》中的俄狄浦斯从被遗弃到弑父娶母、《圣经》从失乐园到复乐园的轮回观相呼应,成就了亦真亦幻、似梦非梦的艺术主题。作者试图将主人公的个人经历扩展到整个人类,说明不仅王子的人生如梦,而且世间每个人的生活都是如同梦幻一般。剧本表现的中心思想是,尽管人生表面上看事事俱真,但实际上它只不过是一场梦而已。这一主题不仅反映了16—17世纪西班牙文坛的神秘主义和虚无主义倾向,而且绝妙地表达出了诗人对西班牙帝国盛极而衰的慨叹。剧作不仅反映了他的哲学思想,也表现了整个巴洛克时代的信念。

《萨拉梅阿的镇长》(1642年)是西班牙的历史传奇剧的代表作之一。历史背景是费利佩二世为争夺葡萄牙王位继承权而发动攻占该国的战争。故事讲述西班牙军队到达与葡萄牙毗邻的巴达霍斯省时,先遣队队长——贵族阿尔瓦罗·德·阿塔伊德率领军队驻扎在萨拉梅阿镇等待司令官到来。他看上了镇上首富、镇长克雷斯波的貌美女儿伊莎贝尔,用欺骗和暴力抢走了姑娘并奸污了她。镇长请求他为了女儿和全家的荣誉,娶伊莎贝尔为妻,并愿以全部家产作为嫁妆,但遭到拒绝。镇长不顾民事当局无权逮捕国王军官的法令,将其按强奸犯处以死刑,从而引发军队和镇长率领的武装巡警、武装农民的对峙,眼看一场血战即将爆发,此时国王费利佩二世驾到,盛怒的国王在听过镇长的申辩后,只好无可奈何地表示宽大,因为队长罪状确凿,而且众怒难犯,并封克雷斯波为终身镇长。

这个剧本是根据洛佩所写的以人民、贵族和国王之间的矛盾为主题的同名剧本改写而成的,但在情节、人物性格塑造和戏剧性上都胜过原作,从而成为卡尔德隆戏剧创作的最高成就,也是西班牙戏剧史上反映现实生活的一部杰作。

主人公克雷斯波是个十分珍惜个人荣誉的富裕农民,以自己是血统纯正的农民而自豪。他既维护个人荣誉,又履行了地方政权的法规,是个有血有肉,真实可信的人物。正如评论家所说:"他是为西班牙下层社会赢得荣誉的粗鲁农民的化身。"贵族出身的队长阿塔伊德是封建主的化身,他们自恃出身高贵,将平民百姓视如草芥。国王出面收拾残局,人民与贵族之间的冲突由于国王的干预而获得公正解决。

在黄金世纪里相当多的戏剧主题是贵族情感的荣誉问题,但该剧把荣誉问题扩展到了平民阶层,这一点是难能可贵的。

《神奇的魔法师》(1637)是作者宗教圣礼剧的代表作。这出剧本是卡尔德隆根据欧洲关于浮士德的民间传说而创作的。后来歌德在创作《浮士德》时曾采用了本剧的某些场景,因此有人认为这出戏剧开了歌德的《浮士德》的先河。

卡尔德隆是西班牙巴洛克时期无可争辩的文学巨匠,也是继洛佩·德·维加之后将完整的巴洛克思想与艺术精华带到舞台上的伟大的剧作家。

三、音乐

16世纪亦是西班牙音乐的"黄金时期",一批杰出的作曲家脱颖而出。安东尼奥·卡韦松是一位作曲家兼风琴手,被誉为西班牙的巴赫。托马斯·路易斯·德·维多利亚是一名优秀的宗教音乐谱曲者。他在罗马跟随意大利音乐家帕莱斯特里纳学习作曲,时间证明他比老师更具有超凡脱俗的精神素养。如果把帕莱斯特里纳比作音乐界的"拉斐尔",那么维多利亚便是"格雷科"。

西班牙民间音乐千姿百态,曲调之丰富为他国所不及。许多乐曲通过口头唱颂代代相传直至今日。西班牙每个省份都有当地独特的歌曲和舞蹈,构成了地道的西班牙民间艺术。

"坎特翁多",又称"弗拉门戈民歌",是安达卢西亚的民间音乐。由于受阿拉伯和吉卜赛音乐的影响,曲调情趣横生东方风韵。坎特翁多的特点是变调频繁,整个曲子以不和谐音为主,初听者常会感到音符散乱,晦涩难懂。这种民歌以及由它伴唱的弗拉门戈舞,在西班牙大约有六十多种形式。由于其表达了人民发自内心的真挚深切的感情,非当地人很难领悟到其内在的含义。对安达卢西亚人民来说,坎特翁多亲切,易懂,强烈波动人们的心弦。

弗拉门戈舞不但流行于安达卢西亚地区,在西班牙其他地区也都能见到,如今已成为具有代表性的西班牙民间舞蹈了。弗拉门戈舞必须由吉他伴奏,并有一人在旁伴唱。热情、奔放、优美、刚健、形象地体现了西班牙人民的民族气质。

西班牙式轻歌剧于17世纪问世。当时,费利佩四世在马德里附近建造了萨苏埃拉宫,专供上演这类歌剧,于是人们习惯地把它称作"萨苏埃拉"。萨苏埃拉把歌唱、舞蹈、对话融为一体。17世纪时,剧作家卡尔德隆曾经为最初几部轻歌剧作词,内容全部系神话传说。18世纪的民间戏剧家唐拉蒙则编写了几部通俗轻歌剧。

到了19世纪,萨苏埃拉已相当流行,剧院经常爆满。最受欢迎的传统剧是《帕洛玛圣母晚会》,主要描写马德里下层居民的风俗习惯。舞台上五光十色的节日场景,诙谐风趣的唱词使观众深深陶醉。

第六节　18世纪艺术文学:从新古典主义到印象派的先行者——戈雅

18世纪欧洲发生了启蒙运动和法国大革命,是人类历史上的变革时代。在西班牙,波旁王室登上王位,推行开明专制,自上而下地实施了部分社会变革。卡洛斯三世统治时期,是西班牙启蒙思想发展的鼎盛时期,国家的各个方面都有了较大的改观。推行面向男女学生的实用义务基础教育,主张改革高等教育,大学开始重视实用科学,颁发奖学金鼓励出国留学。卡斯蒂利亚事务院支持大学教育改革,于1770年下令设立物理和数学课程。

这个时期西班牙组织了美洲和太平洋科考活动,涌现了众多文化中心,其中最重要的是皇家学院,包括皇家语言学院、历史学院、美术学院、医学院等,这些学院不断壮大,学术活力延续至今。另外还设立了国家图书馆,在西班牙各地建立植物园、天文台等。但是西班牙当时的社会结构、教会在大学以及整个教育机构中的势力限制了新思想的传播,与其他欧洲国家相比,西班牙的变化不是质变,改革未能深入。

在艺术领域,巴洛克艺术逐渐走向衰落,从法国传入西班牙的新古典主义蓬勃发展并取得了比较丰硕的成果,特别是在建筑方面。在绘画领域,弗兰西斯科·德·戈雅对西班牙乃至欧洲画坛都起了很大的推动作用,被誉为"现代印象派的先行者"。

一、建筑

18世纪初,巴洛克风格仍是西班牙公共建筑的基调,但到了后期,波旁王朝垂青于欧洲新兴的新古典主义。这种风格崇尚古代的庄重静穆,主张严谨平衡的形式,注重理性。这一时期在马德里大兴土木,从国外聘请来的艺术家和工匠,按照新古典主义的风格建造和改建了皇宫、离宫和许多公共建筑。与此同时,受王家庇护的一些艺术院校纷纷成立,这些学校的培养原则是统一的,因此学生均以新古典主义为楷模。本图拉·罗德里格斯(Ventura Rodriguez,1717—1785)是这一流派的代表人物。这一时期的新建筑包括马德里的普拉多博物馆、阿尔卡拉门、萨拉戈萨的皮拉尔圣母教堂、潘普罗那大教堂正立面等。

二、雕刻

新古典主义打破了长达数百年的以宗教为主题的传统,引入古希腊—罗马神话及其他题材,大量的新古典主义雕塑出现在公园、林荫路、广场和宫殿等公共场所,如《大地女神西比雷斯》《海神涅普顿喷泉》等雕塑。

三、绘画

由于新王朝对西班牙传统的绘画艺术既不熟悉又毫无感情,致使这个时期的西班牙绘画创作出现了低潮。波旁王朝把外国肖像画家请入宫内,给予优厚的待遇。当时能涉足宫廷的西班牙艺术家屈指可数。

在18世纪的画坛上,西班牙诞生了一位世界级天才画家——弗兰西斯科·德·戈雅(Francisco de Goya,1772—1850)。这个率直而富有个性的阿拉贡人,家境贫寒,未受过正规教育,却在画卷上气势不凡地表现整个西班牙民族的气质,生动地传递时代的脉搏。

弗朗西斯科·德·戈雅出生于西班牙东北部阿拉贡自治区的首府萨拉戈萨附近的小村子,父亲是农民,没有受过正规的教育,14岁时一位教士发现了他的绘画才能,鼓励他父亲将他送往萨拉戈萨,随何塞·鲁赞·伊·马尔蒂尼斯学画4年,

1763年到马德里投靠同乡宫廷画师弗朗西斯哥·巴耶乌,两次投考圣费尔南多皇家美术学院,都没有被录取。

戈雅生性不安分,历经磨难,1769年随一队斗牛士去意大利旅行,参加了帕尔玛美术学院的绘画竞赛,得了二等奖。1773年再次回马德里并结婚定居。经巴耶乌介绍来到马德里皇家壁毯厂绘制挂毯草图。画面多表现民俗和市井生活。34岁时被选入了他曾两次报考未被录取的皇家美术学院,并担任院长,不久被封为卡洛斯四世的宫廷画师,从此戈雅进入了上流社会。

戈雅一生中经历了18世纪下半叶和19世纪上半叶的许多大事件,例如拿破仑入侵和西班牙独立战争、费尔南多七世的暴政等等,这一切都被他用画笔描述出来,体现了他爱憎分明的思想倾向,同时他也把西班牙丰富多彩的民风民俗如诗如画地展现在他的作品中。他的作品是了解当时社会最宝贵的史料。

《卡洛斯四世一家》是他的一副力作,画面上是国王卡洛斯四世、王后路易莎以及其他王室成员。戈雅大胆而真实地描绘出他们的外在形象和内心世界,丝毫没有宫廷画师惯有的美化甚至神话帝王及王族的习性。人物体态上的缺陷、品格上的瑕疵,都在画面上如实地画出来,平民和贵族在他的艺术世界里完全平等。在《卡洛斯四世一家》中,画家以敏锐的观察力和极其幽默的艺术表现力,描绘了国王一家人的丑态。画中的国王长着一只鹰钩鼻子,露出自我得意的痴笑;王后伸着长颈,光着肥胖的膀子,装出一副假正经的样子。其他的人物个个显得笨拙无知。画家唯一没有讽刺的是尚处少年的王子和公主。戈雅以无情的画笔为历史留下了一幅"衰落中的皇族"群像。画家将自己也画入背景,站在群像后露半个身子。据说国王十分满意这幅全家福肖像,为此赐予戈雅西班牙"第一位画家"的头衔。但是戈雅却没有把"第一位西班牙人"的称号给予画面中的卡洛斯国王一家,致使后来的评论家们说,画中人物都是"锦绣的垃圾",是"暴发户杂货铺老板的一家"。

戈雅与阿尔瓦公爵夫人关系甚密。公爵夫人雍容大方,风姿卓越,戈雅多次为她画像。据历史学家推测,《穿衣的玛哈》和《裸体的玛哈》这两幅画很可能取公爵夫人为模特儿。两幅名作均珍藏在普拉多美术博物馆里。画家笔下的裸体玛哈是全开放的造型,肉体和精神完全袒露无余。她双手枕于脑后,身体微侧,右腿微拥着左腿略显羞涩之态,整个身体仰卧在绿色的土耳其长榻上,身上起伏富有流动的曲线变化形成节奏感;垫在身下的柔软的枕垫不规则的形态和褶纹变化与肉体形成对比变化。画中人注视着这个现实世界,隐含着难以捉摸的诱人的微笑。当时西班牙是一个宗教法规严厉的国家,禁止描绘裸体,他却敢于画《裸体的玛哈》(玛哈是西班牙语"姑娘"的意思)。因世俗所不容,画家同时又画了一幅着衣像以掩人耳目。

《5月3日大屠杀》(Los fusilamientos del 3 de mayo)是戈雅目睹了法军在马德里的暴行之后的悲壮的记录。画面呈现拿破仑军队侵占西班牙后,枪决马德里爱国志士的屠杀行为,让人们看到非人性战争的惨烈场面,是一幅描绘法军镇压起义者暴行的悲剧性作品,歌颂了西班牙人民的英雄气概。画家将要被杀害的起义战士置于画面上方的视觉中心,进行夸张的描绘,其尺寸比例大于其他村民及刽子手。画中英雄身穿白色衣服、双臂高举成V字型、愤怒至极、义正严辞痛斥敌人暴行。围绕在白衣人旁边的是少数跪祈或一群退缩与恐惧的无助的群众,成堆的尸体横躺在前景的一摊血中,添加不少恐怖的气氛。画家以马德里的夜景作为画面刑场的背景,意在表现黑暗笼罩着西班牙。画面聚光于起义者形象,而将法军置于暗部,形成强烈的明暗对比。背对画面的法国士兵,被画成同一动作、多脚、无脸的怪兽,表现出残忍、冷酷与非人性。又在地面置一灯笼,鬼魅般的光线使人看到恐怖事态的真相。戈雅运用强烈的光与暗对比技术,产生戏剧性的效果,以悲痛的绘画语言揭示战争时代人类的残忍暴行,可说是此类型艺术创作中的先锋。

18世纪的欧洲绘画作品呆板、矜持、毫无新意,而戈雅的绘画风格无拘无束,自然洒脱,充满活力。他高超地运用光线、色彩和空间,擅长表达人物性格特点。用色大胆,笔触泼辣,对任何题材的表现都得心应手。他的肖像画、人物画、历史题材画、民风民俗画、虚幻题材的画都具有深刻的表现力,活泼恣肆。戈雅为欧洲画坛开辟了新路,后人称之为现代印象派的先行者。意大利的美术史学家文杜里评价他:"他是一个在理想方面和技法方面全部打破了18世纪传统的画家和新传统的创造者——正如古代希腊罗马的诗歌是从荷马开始的一样,近代绘画是从戈雅开始的。"戈雅在费尔南多七世专制时期离开西班牙,流亡法国,四年后去世。

四、文学

西班牙文学的黄金时代至卡尔德隆逝世便落下了帷幕。18世纪——"启蒙世纪",迎来了法国大革命和美国独立这两起震动全球的大事件。然而18世纪是西班牙文坛萧条冷落的时期。当时西班牙文学受法国波旁王朝统治的影响,出现了模仿法国古典主义的倾向。

加斯帕尔·梅尔乔·德·霍维利亚诺斯(Gaspar Melchor de Jovellanos, 1744—1811)是西班牙启蒙时期的中心人物之一。曾参加卡洛斯三世的改革运动,在政府内任要职。拿破仑入侵期间,拒绝拿破仑的兄长、新国王约瑟夫·波拿巴任命的大臣之职,成为临时中央政府的领导人之一。著有不少有关经济、政治、艺术方面的评论文章:如《对美术的赞美》《土地法论述》等等。他的文学作品,朴素而高雅,被纳入西班牙18世纪优秀作品之列。

莱安德罗·费尔南德斯·德·莫拉廷(Leandro Fernández de Moratin,1760—1828)是位诗人兼剧作家,他一生坎坷,与社会始终保持一定距离,生活阅历复杂,曾在王家首饰店做过首饰匠,做过高官,也曾被判流亡国外。他的喜剧始终受到观众欢迎,令人联想到黄金世纪的戏剧。他的代表作有:《西班牙戏剧的起源》《姑娘们的同意》等。

第七节 19世纪艺术文学——浪漫主义

一、雕塑

新古典主义逐渐衰退,浪漫主义成为19世纪艺术领域的主导潮流。浪漫主义风格意味着怀旧复古,是中世纪和文艺复兴时期各种流派的再现。在19世纪,人们重又见到了罗马式、哥特式、阿拉伯式、文艺复兴式的建筑式样,但是这并不只是对过去的复制,艺术家们还添加了新的内容,艺坛上又萌生了现代主义、印象派等思潮,从而掀起了新的艺术革新的浪潮。

19世纪中期出生的雕刻家们打破了新古典主义的沉闷,开始了各自的探索,他们用新的观念去促使雕刻艺术朝着更大的空间发展。其中,巴伦西亚人马里亚诺·本柳雷(Mariano Benlliure,1862—1947)是位多产的艺术家。他先后在马德里、巴黎和罗马学习、深造,博彩众长,风格上表现得颇为折中,既有印象派的特点,也有典雅写实的一面,其代表作有《天主教女王伊莎贝尔和哥伦布》(1892年)、《戈雅纪念碑》(1902年)、《阿尔方索十二世纪念碑》等。加泰罗尼亚艺术家阿古斯丁·科罗尔(Agustín Querol,1860—1909)是当时极负盛名的一位,他的作品出现在哈瓦那、布宜诺斯艾利斯、利马、马尼拉等地,体裁和题材都很丰富。他的技艺精湛,表现力深刻,对于浪漫主义的美学观念和浪漫主义表现风格上都有较大贡献。他的代表作品有《克维多纪念碑》(1902年)等。

二、建筑:安东尼奥·高迪

19世纪末20世纪初最有才华、最标新立异的建筑师是安东尼奥·高迪(Antonio Gaudí,1852—1926)。他出生于加泰罗尼亚,他一生的作品也基本都留在那里,如今经过近一个世纪都成了地标式建筑,成了巴塞罗那人民和全体西班牙人民的骄傲。

高迪是现代主义流派的代表人物。其建筑特点是:以蜿蜒起伏的曲线和自然主义的图案作为外观装饰。高迪认为世界上不存在直线和平面,他深深地沉迷于植物学、动物学、地质学和解剖学所呈现的自然形态和结构，从自然界汲取元素，并将这些几何外形与科学的结构相结合，追求自然的装饰风格与对机器工业的反叛。高迪曾说："艺术必须出自于大自然，因为大自然已为人们创造出最独美丽的造形。"他的新风格具有有机的特征，他的作品里运用了许多仿生的手法，无论建筑的外表还是内部，甚至家具，都尽量避免直线和平面。这位具有大胆创新精神的现代派艺术家在巴塞罗那留下了一系列惊世骇俗的作品，那些起伏旋转的曲线和自然主义的外观装饰，那些瑰丽的色彩和光怪陆离的造型，使得他所有建筑和雕塑标新立异，魅力无穷，是浪漫与现代的完美结合。高迪认为：用自然主义手法在建筑上体现浪漫主义和反传统精神是最有说服力的作品。

高迪的作品常使用大量的陶瓷砖瓦和天然石料，用于建筑的门、窗、柱、廊、墙等，以丰沛的想象力创造出高迪式的独特建筑。在他的作品中可以看出，他继承了西班牙文化的包容性传统，来自东方的伊斯兰风格、本土的罗马—哥特风格、现代主义、自然主义都被他一一吸收并加以融合，化为自己的风格。经过几十年的探索和创造，他留下了一批童话般的建筑以及装潢、家具等的设计。他的作品有 17 项被西班牙列为国家级文化遗产，4 项被联合国教科文组织列为世界文化遗产，这 4 项是：圣家族教堂、巴特罗之家、米拉之家和圭尔公园。

米拉之家（Casa Milà）

米拉之家是一座闻名全球的纯粹现代风格的楼房，老百姓多把它称为"石头房子"，是一座位于街角的楼房，包括地下室、半地下室、阁楼、楼顶和 6 层楼体。高迪为其正立面设计了复杂的石头结构，石料呈刻蚀状，整个立面由起伏的曲线组成，一层层就像正在涌动的波浪。

两扇大门上镶有彩色玻璃，形状似乌龟壳，大门通向饰有壁画的门厅和庭院，院子有锻铁装饰，阳台上也装着铁艺栏杆，其设计是独一无二的，充满大胆而自由的想象，毫无章法可循。在屋顶上，高迪建造了一个奇特的空间，烟囱、通风塔和天窗都被做成拟人状的雕塑品，如同一个个中世纪的武士，高低不平的表面上镶嵌着白色或棕色的大理石片和碎瓷片，还有一个贴着绿色的酒瓶玻璃。屋顶好像一个神话空间。

这座建筑中的很多细部可以清晰地看出对大自然的依恋和抽象化，比如大厅屋顶上云朵的装饰、如同海浪泡沫般的铁艺图案、海洋图案的六角地砖、阳台栏杆上的植物造型，等等。

米拉之家建成之后，立即引起社会各方面的关注，特别是艺术界、建筑设计界和媒体。很快它就成为巴塞罗那的标志性建筑。1984 年被联合国教科文组织宣布为世界文化遗产。

圣家族大教堂(La Sagrada Familia)

高迪的代表作,始建于1882年,至今仍未完工。他为大教堂设计了三座门:耶稣诞生门、受难门和天堂门,每扇门的上方有四座高耸入云的尖塔,共12座,象征耶稣的12门徒,这是建筑最突出的部分;计划还要建一个中心尖塔,四周被四座塔簇拥着,代表耶稣和四位福音传教士(约翰、路加、马可和马太)。教堂后殿上方的大尖塔象征圣母。为了这座教堂高迪倾注了毕生的精力,但是工程未完,他便死于一场车祸。为了完成这项规模空前的工程,高迪的学生和研究者们按照他的设计思想,仍在一个步骤一个步骤地建设并再创造着。如今这个未完成的旷世之作已成为巴塞罗那的象征。

圭尔公园(Parque Güell)

圭尔公园位于巴塞罗那郊外,最初是银行家艾乌赛比·圭尔(Eusebi Güell)买下的一块面积为15公顷、高度落差达60米的山地。高迪把这块地建成一个充满幻想色彩的公园。他一方面保留了山丘上的天然植被,同时又种植了大量的棕榈树、角豆树、松树和其他观赏树木,使绿色大自然成为主调,另一方面他用瀑布般的石梯、柱厅、希腊式剧场、波浪式的围墙和长椅、仿天然溶洞的加固墙和高架桥以及彩色碎瓷拼镶的雕塑构成了公园的主体。

柱厅用86根柱子支撑,这些陶立克式的柱子的末端是倾斜的,与上层广场的希腊剧场相连,两侧是主路,正中间是一尊硕大的彩瓷拼镶的龙,整个构图犹如基督教化的阿波罗神殿。

高迪的建筑保持了原地面的高落差,因此公园里分为若干层次,同时由于对石料、建筑形状和色彩的巧用,使人身在其中有忽上忽下、辗转在山间的感觉。

高迪很注重细节,公园内葵叶形的铸铁围栏、蘑菇状的楼台、柱厅天花板上的马赛克太阳神都充满个性。特别值得一提的是,上层广场上的那些波浪形的长长的坐椅,上面拼镶着五颜六色的马赛克,那些图案是1910—1913年完成的,张扬着一种鲜活而质朴的个性,比抽象派画法和拼贴图法还要早。如今这里是游人们最钟爱的休憩之地。

圭尔公园是高迪成熟期个人风格的体现,他将建筑史上所有的风格技巧与自然环境融为一体,达到近乎完美的效果。

三、绘画

在19世纪的画坛,先后出现了古典主义、浪漫主义、印象主义等流派,不少画家创作出足以使他们跻身于世界优秀画家之列的作品。其中华金·索洛亚(Joaquín Sorolla,1863—1923)是那个时代最著名的印象派画家,他出生在巴伦西亚,曾先后在法国和意大利学习绘画,是一位擅长运用光线和色彩的大师。他偏爱民俗和地方题材。在他的风景画作中,他用饱满的激情描绘出西班牙灿烂的阳光。一些阳光稀少的北欧国家,都把索罗利亚的作品在他们的博物馆里展览,以期分享西班牙灿烂的阳光。

此外,巴斯克画家伊格纳西奥·苏洛阿加(Ignacio Zuloaga,1870—1945)也是一位以非凡的创作才能著称的艺术家,他深受印象主义影响,多运用强烈的色彩,同时也从前辈大师们如格雷科、戈雅等那里汲取养分,通过民俗题材和大众题材表达了对祖国的热爱之情。他的作品中对人物的刻画是社会各个阶层的真实写照。

四、音乐

西班牙人是个热爱音乐的民族,早在智者阿尔方索十世时期,这位国王就主持编写了《圣母歌集》,收集了400首非宗教仪式的单旋律歌曲。从宫廷到民间,各种音乐形式都得到长足发展,罗曼采(谣曲)、宗教合唱、民族歌剧萨苏埃拉、古典歌剧、弗拉门戈等都拥有广大听众和市场。

19世纪,西班牙音乐获得了世界声誉。在马德里和巴塞罗那先后创办了音乐学院,民族歌剧萨苏埃拉得到了更大的发展,出现了不少深受人民喜爱的剧目。音乐理论家、作曲家费利佩·佩德雷尔(Felipe Pedrell,1841—1922)为保存、发掘和发展西班牙音乐付出了极大的努力,他的三位弟子阿尔韦尼斯、格拉纳多斯和法雅都是蜚声乐坛的大师。

伊萨克·阿尔韦尼斯(Isaac Albéniz,1860—1909)是杰出的作曲家兼钢琴家,他的作品包括组曲、狂想曲、随想曲等,约二百首之多,最有代表性的是钢琴曲《伊比利亚》、《戈雅风情》等,这两部组曲用细腻而富有激情的音乐语汇描绘出西班牙地图,是西班牙民间音乐之集锦,其技巧达到世界水准。

曼努埃尔·德·法雅(Manuel de Falla,1876—1946)生于加迪斯城。曾在巴黎学习作曲,结识了拉威尔、德彪西等大师,深受其影响。回国后潜心作曲,他的许多作品都在世界一流的舞台上演出,得到过不少欧美音乐学府的奖项。1938年,他被聘为西班牙音乐研究所所长。内战后迁居阿根廷。

他的作品包括舞剧音乐《三角帽》《魔法师之恋》等、管弦乐《西班牙花园之夜》等、交响乐等多种形式。

他被公认为第一位得到世界级声誉的西班牙作曲家。

五、文学

1. 浪漫主义在西班牙

浪漫主义崇尚想象和感情,强调个性,提倡创作自由。自"黄金世纪"起,西班牙文学已包含浪漫主义的因素,那是前期浪漫主义。独裁者费尔南多七世死后,不少流亡作家从英国、法国和其他欧洲国家返回西班牙,他们把浪漫主义思潮带进文坛,推动了西班牙文学的革新,受影响最大的是诗歌和戏剧。

这一时期的代表作家很多,下面仅介绍其中的几位:

安赫尔·德·萨阿维德拉

安赫尔·德·萨阿维德拉(Angel de Saavedra,1791—1865),也称里瓦斯公爵(Duque de Rivas)。里瓦斯公爵曾因其自由派思想而被费尔南多判处死刑。他逃往美国和欧洲大陆,在外流亡十年,深受浪漫主义思潮的影响。1834年获救回国,次年其剧作《堂阿尔瓦罗》(Don Alvaro o la fuerza del sino,又名《命运的力量》)上演并引起巨大反响。这是西班牙浪漫主义剧作中最著名的一部,充满伤感的宿命色彩。意大利作曲家威尔第曾经把它改编成同名歌剧。剧中主角堂阿尔瓦罗是一个从美洲发财归来的冒险家,他爱上了侯爵的女儿莱昂诺尔。由于侯爵坚决反对,堂阿尔瓦罗准备强行抢走莱奥诺尔。侯爵的两个儿子先后与堂阿尔瓦罗决斗,结果都伤重身亡。其中一个在临终前误认为莱昂诺尔是堂阿尔瓦罗的同谋,便拔出匕首将她杀死。堂阿尔瓦罗悲痛欲绝,跳崖自尽。剧情曲折,场景有浓郁的地方特点,语言优美,诗体与散文体结合得非常和谐,戏剧冲突强烈。

何塞·德·埃斯普隆西达

何塞·德·埃斯普隆西达(José de Espronceda,1808—1942)早期曾创作过长篇史诗、历史小说、戏剧等,但使他享有盛名的是抒情诗。他的诗作仅有50多首诗篇和3部叙事诗。他的一些诗歌宣扬革命思想,歌颂西班牙,抨击专制制度,追求自由,他被认为是浪漫主义作家中最具叛逆性、影响最深远的一位。他的代表作有长诗《萨拉曼卡的大学生》,在这部作品里,他塑造了一个唐璜式的放荡青年;《恶魔世界》、《特蕾莎颂》、《海盗之歌》等,《海盗之歌》中的叠句为世人所传诵:

> 我的船只是我的珍宝,
> 自由是我的上帝,
> 风和力量是我的法律,
> 我唯一的祖国就是海洋。

(廉美瑾,《西班牙文化概况》,上海外语教育出版社,1991年)

古斯塔夫·阿道夫·贝克尔

古斯塔夫·阿道夫·贝克尔(Gustavo Adolfo Bécquer,1836—1870)是后期浪漫主义的代表人物,被誉为19世纪最具创造力的诗人。他生于塞维利亚,10岁时因父亲去世而成为孤儿,由教母抚养成人。青少年时期广泛涉猎欧洲浪漫主义文学作品,并任《马德里画报》编辑。他的主要作品《抒情诗集》收集了 79 首短诗,基本上以爱情为主题,多带有伤感情调,基调低沉,语言凝炼形象,构思精巧,感情真挚,但是内容脱离现实,着重表现内在世界。1870 年,诗人对爱情、对人生彻底绝望,举枪自尽,年仅 34 岁。

燕子(选)
贝克尔

黑羽的燕子还会回来
把巢挂在你的阳台,
在戏耍时还会用翅膀
把你的玻璃窗轻拍;

但有些却未能飞回归途,
来欣赏你的美和我的幸福,
那些曾识我们名字的
燕子……不再回来!

繁密的金银花还会回来
攀援你的花园的墙,
黄昏时分花朵芬芳,
比以前更娇美可爱;

但我们看过的那些花……
花瓣上有颤栗的露水
滴下来,如白日的珠泪……
那些……不再回来!

缠绵的爱情还会回来,
把热情的话送进你耳中,
某一天还会唤醒你的心,
从熟睡之中醒来;

但像我这样对你默默钟情,
如同圣坛前对上帝崇拜,
请明白:再不会有另一个人
像这样再把你爱!

(飞白译,《世界诗集》第 6 卷,花城出版社,1994 年)

他还有散文作品《传说集》问世,这些充溢着浪漫主义奇幻色彩的传说故事始终被读者称道。无论是他的诗歌还是散文,都在西班牙本土和美洲西语国家产生了深远的影响。

何塞·索里利亚:《唐璜·特诺里奥》(1844)

何塞·索里利亚(José Zorrilia,1817—1893)被认为是具有纯正的西班牙风格和情调的、独一无二的民族作家,是西班牙浪漫主义戏剧的集大成者,有人称他为"西班牙的雨果"。他出生于巴利亚多利德。1837年在诗人拉腊的葬礼上朗诵了为拉腊撰写的挽诗而名扬文坛。在他旅居法国期间与法国著名作家雨果、乔治·桑、缪塞、戈蒂耶等人过从甚密。1854年迁居墨西哥,担任墨西哥国家大剧院院长。1885年被选为西班牙皇家语言学院院士。1889年被加冕为"民族诗人",并享有政府年金。他十分注重诗歌的艺术效果,追求诗句的色彩和谐音。在他的抒情诗中,对西班牙的光荣历史做了热情的讴歌。

云

索里利亚

这些疯狂聚集的云彩,
为何掳走蓝天的透明空气,
用轻盈的步履,
给辽阔的天庭罩上面具?

它们意欲何往?
是什么神秘的力量将它们驱使?
是什么悠闲的神明将自己隐蔽?
重重叠叠,严严密密。

从四面蜂拥而来,
向八方滚滚而去;
漆黑的身躯直逼苍穹,
用神秘的色彩涂改天空;
缓缓滑过寂静的山峰,
轻轻覆盖咆哮的海面;
灰色从遥远的地平线
把空间填充。
月亮躲起来了,
星星躲起来了,

光线被挤出了苍穹。

……

我知道你是寂静的碧空,
从遥远的地方传出上帝的声音;
你在乌云密布的黑夜探出头来,
对我说:"上帝就在你的面前。"

……

你背靠苍穹,永生不灭。
哦,先生,我的心为你跳动,
我的嗓门从此紧闭,
因为我的歌无法使上帝欢乐。

山谷里的鸽子啊,请把歌喉借给我;
晶莹莹的泉水啊,请把颤音借给我;
晨风中的森林啊,请把和声借给我。
我要吟唱心中的赞歌。

……

那样,我的歌声将赛过春季晨风,
吹响树叶沙沙,
比凤凰鸣朝更美,
比夜莺轻吟更甜,
比穿越荒漠的河水更清,
比震天撼地的惊雷更响;
雄浑、纯厚,
铿锵、强烈。

(陈众议,《西班牙文学大花园》,湖北长江出版集团,2007年)

其戏剧作品《唐璜·特诺里奥》(1844)使他闻名于整个西班牙语世界,被认为是西班牙浪漫主义戏剧的巅峰之作。此剧以黄金时代剧作家蒂尔索·德·莫里纳的《塞维利亚的花花公子》为素材撰写而成,是19世纪最为流行的剧本,也是西班牙至今仍在上演的经久不衰的保留剧目之一。每年11月2日万圣节前后,西班牙各地都纷纷上演该剧。剧本以其流浪汉式的人物、各种阴谋诡计、偶然的巧合、勃发的抒情、浓郁的浪漫主义色彩和韵律优美的诗句而深受观众的欢迎。

这两个剧本的差别很大,相似之处是主人公是同一个,情节也很雷同:玩弄女性、与死者共进晚餐、鬼魂的参与等。但索里利亚的独创之处在于:(1) 与前者的唐璜的本性不同之处是本剧的唐璜动了真情;(2) 塑造了一个天真无邪的少女唐娜·伊内斯,她爱上了唐璜,在她的感召下唐璜改邪归正了。两部剧本相隔两个世纪之久,前者是巴洛克时代的作品,充满悲观色彩;后者《唐璜·特诺里奥》是浪漫主义时代的作品,充满奇思妙想。(3) 作家的创作意图不同:前者是出于道德说教目的为他所在的社会塑造一个反面样板,试图说明主人公违反道德准则的行径必然遭到报应的下场;后者则是用这部浪漫主义正剧来宣扬爱情的伟大力量。

这是继拜伦《唐璜》之后的又一个浪漫主义版本。在拜伦那里,唐璜已经升华为一个为理想而英勇奋斗的青年,其影响远远超过了文字的力量。而索里利亚则基本沿袭了蒂尔索·德·莫里纳的思路,并未使唐璜的人格有多少改变。只是唐璜的结局是受到爱情的感召,灵魂升入了天堂,而莫里纳的唐璜因道德败坏而遭到了报应。

2. 现实主义小说

19 世纪上半叶,浪漫主义占统治地位,到了下半叶,19 世纪后半期由风俗派演变而成的现实主义又成为小说创作的主流,而批判现实主义、自然主义、地方主义等思潮相继涌现。现实主义作家仔细观察西班牙日常生活习俗,对其进行翔实的描绘。

第一部西班牙现实主义小说是《海鸥》(1849 年),主要描写安达卢西亚的风土人情。作者是费尔南·卡瓦列罗(Fernán Caballero,1796—1877)。她生于瑞士,父亲是德国人,母亲是西班牙人。

19 世纪现实主义作家有以下几位:巴莱拉、阿拉尔孔、佩雷达、加尔多斯、帕尔多·巴桑、克拉林、帕拉西奥·巴尔多斯、布拉斯科·伊巴涅斯。

胡安·巴莱拉

胡安·巴莱拉(Juan Valera,1824—1905),小说家、诗人、散文家、文学评论家、有文化素养的外交家,生于科尔多瓦的一个名门望族。自幼受到良好的教育,具有深厚的人文科学知识。曾代表西班牙出使意大利、奥地利、美国、葡萄牙等国。思想保守,偏爱上流社会的舒适生活及风俗习惯。他的作品并不为人民群众所欢迎。

巴莱拉是位多产作家,著有诗歌、小说、剧本、文学评论等,但主要成就在小说。这些小说风趣诙谐,富有魅力。最成功的一部是《贝皮塔·希梅内斯》,书中描述一位年方 20 的安达卢西亚富孀贝皮塔赢得了神学院一位青年学生的爱慕,不巧,青年的父亲也爱上了贝皮塔;一场波折之后,两个青年人终于缔结良缘。作品用词精当,笔触优美,风格洒脱,讽刺诙谐。情节曲折生动,人物刻画逼真,对妇女的心理剖析尤为深刻细腻。他主张"为艺术而艺术",坚持唯美主义立场,认为小说家的首要任务是给读者以美的享受。

佩德罗·安东尼奥·德·阿拉尔孔

佩德罗·安东尼奥·德·阿拉尔孔(Pedro Antonio de Alarcón,1833—1891),小说家、诗人、记者、政治家。1875年当选为皇家语言学院院士。为西班牙文学宝库增添了一件瑰宝：中篇小说《三角帽》。根据一个古老的民间故事写成。故事描写磨坊主的妻子如何用计智斗倚仗权势的贪色州长。叙述结构的精心安排,主要人物形象的完美塑造,对习俗的细致观察与真实反映以及妙语连珠的独特文风,使这部作品成为一部流芳百世的佳作,被评论家称为"西班牙故事之王"。

著名的西班牙作曲家曼努埃尔·德·法雅根据小说创作了由毕加索负责舞美设计的芭蕾舞剧《三角帽》,闻名全球。

贝尼托·佩雷斯·加尔多斯

贝尼托·佩雷斯·加尔多斯(Benito Pérez Galdós,1843—1920),19世纪现实主义小说最重要的代表人物。出生于加那利群岛的拉斯帕尔马斯,童年和少年在故乡度过。19岁考入马德里大学法学系。毕业后进入报界,在《国家报》供职并开始文学创作。在50多年的创作生涯中留下了78部小说、24部戏剧、15部游记、回忆录和演讲集等上百部作品,其作品可分为历史小说、当代社会小说、戏剧和其他体裁。

加尔多斯是一位进步作家,他的创作主题是爱国主义、民主思想,揭露社会弊端和反对教权及专制主义。他曾三次当选国会议员,晚年接受了社会主义思想。他用笔向西班牙社会的不平等制度宣战,因而引起反动阶层的痛恨,遭受种种打击迫害,1889年入选皇家语言学院,但实际的入院时间却由于反对势力的阻挠推迟了8年。他的敌人甚至阻挠皇家语言学院提名他为诺贝尔文学奖的候选人。他晚年贫病交加,在马德里逝世。

他的历史小说的代表作是《民族轶事》。这部巨著详细地描述了始于19世纪初的资产阶级革命的过程,将历史事实与文学虚构完美地结合在一起,产生了强烈的艺术效果。通过这些重大的历史史实作品,揭示出推动历史前进的基本力量是人民群众,赞美了西班牙人民不可侮的、勤劳勇敢、渴望自由的伟大精神。评论家们称这部作品充满爱国主义精神,反映了西班牙人民民族意识的觉醒,是一部大气磅礴的民族史诗。

社会小说的代表作是《裴翡达夫人》。这部作者在早期完成的小说抨击了封建特权的专制和西班牙内地城镇的封闭落后,同时也揭露了宗教的虚伪和教会势力对世俗生活的干预。小说《福尔杜娜达和哈辛达》被视为加尔多斯的经典之作,其人物的刻画、情节的安排、语言的自然流畅都达到炉火纯青的程度。加尔多斯在进入皇家学院时发表的演说中,谈到了如何构思现实主义小说,他说:"小说是生活的写照,其技巧就在于再现人们的性格,他们的激情和软弱,高尚和卑贱,心灵和外表,精神和物质。语言是民族的标志,炉灶是家庭的象征,衣服是个性的外露。不该忘记:再现时应确切保持真实和美化之间的平衡。"(廉美瑾,《西班牙文化概况》,上海外语教育出版社,1990年)

在西班牙文学史上,加尔多斯享有继塞万提斯之后最重要的小说家的声誉,是西班牙现代小说的创始人,是现实主义作家中的登峰造极者。塞万提斯以反映社会现实之深度见长,而加尔多斯则以展现社会现实之广度著称。西班牙近代文学史上没有一个作家能够超越加尔多斯的创作才能。他所写的小说犹如一个包罗万象的小型人类社会,他笔下活生生的众多人物都是西班牙读者日常生活中所能接触到的、具有生命力的人物。对书中各种人物的命名、人物性格和生活环境的描述都是别具匠心的。他的作品一版再版,使他成为只靠版权收入为生的作家,这在19世纪的文坛是绝无仅有的。由此可见他的作品广泛地受到西班牙语地区的读者的欢迎。他是西班牙人民乃至世界人民最喜爱的作家之一。

何塞·埃切加赖

何塞·埃切加赖(José Echegaray,1832—1916),数学家、剧作家、经济学家、政治家。曾发表多部科学著作,并在1874年出任财政大臣。1864年被选为自然科学院院士。1882年被选为皇家语言学院院士。他撰写的剧本系卡尔德隆流派,以名誉为主题,常以悲剧或恐怖形式告终。鉴于他戏剧创作上的突出成绩,于1904年荣膺诺贝尔文学奖。他的诺贝尔文学奖奖状和奖章至今存放在他所创建的西班牙国家银行的珍品陈列室内。

论点剧《伟大的牵线人》(1881)是他创作顶峰时期的最佳剧作。故事发生在19世纪某年的马德里。品德高尚、慷慨大方的中年绅士堂胡安和年轻美丽的妻子特奥多拉、养子堂埃内斯托住在一起。堂埃内斯托是个诗人,具有炽热的情感和诚实的品德。他正在酝酿写一部大型戏剧。他构思的主人公叫"大家","大家"在全剧仅用"一闪而过的眼神"、"窃窃私语"和"背后搞小动作"表现剧情。然而,正是"大家"的窃窃私语酿成了堂埃内斯托后来的不幸遭遇。他对养父的妻子特奥多拉很是倾慕,不过他很好地克制了这种感情。假如没有那些伟大的牵线人——"大家"的帮忙,事情还不会发展到剧终的那种结局——"大家"——恶毒的谣言成为事实,最后促成一桩美满婚姻的结合。这出戏剧首先揭示的是一般作家所热衷的"通奸",然后抨击原本是无中生有的流言蜚语反而变为现实。作者在公正地观察生活的基础上对人类的劣根性——造谣中伤进行了无情的鞭挞。他作品中经常出现固定的"三重唱":丈夫、妻子与养子之间的关系问题的故事。

埃切加赖的作品具有西班牙观众喜闻乐见的浓郁的传统特色。埃切加赖"戏剧现象"在西班牙戏剧史上填补了一个时期的舞台空白,写下了光辉的一页。诺贝尔奖评委一致认为"由于他的创作的独特的新颖风格,复兴了西班牙戏剧的伟大传统"。

第八节 百花齐放的 20 世纪艺术文学

20 世纪是人类历史上发生彻底变革的时代,也是探索和实验的时代,西班牙也经历了其民族史上最混乱的年代、最惨重的内战和最彻底的社会变革。这一切在文学艺术上均有反映。20 世纪西班牙艺术界群星璀璨,绘画界诞生了三位天才:毕加索、达利和米罗。另有希梅内斯、塞拉等获得了诺贝尔文学奖。

一、建筑

从总体上看,西班牙的城市建筑经历了从形式到内涵的巨大变革,流行于欧洲的各个流派都能在西班牙找到响应。而高迪更是打开了人们的视野,打破了一切藩篱,给建筑师们开创了一个广阔的创作空间。20 世纪的最后 30 年,巴塞罗那、马德里、塞维利亚、毕尔巴鄂等大城市兴建了许多具有现代节奏与韵律的建筑,在世界建筑界引起了轰动,如巴塞罗那 1992 年奥运会的建筑群、塞维利亚世博会的建筑、毕尔巴鄂的古根海姆博物馆等。

二、雕塑

在雕塑方面,在各种现代思潮的作用下,无论是具象雕刻还是抽象雕刻都有了巨大的突破,从观念到形式,从方法到材料,表现都更为丰富和多样化。具象雕刻类作品中,洛伦索·科廖特·巴莱拉(Lorenzo Coullaut Valera,1876—1932)的《贝克尔纪念碑》和《塞万提斯纪念碑》、维多利奥·马乔(Victorio Macho,1887—1966)的《阿隆索·贝鲁格特纪念碑》、胡安·克里斯多瓦尔(Juan Cristóbal,1897—1961)的《戈雅头像》等均为杰作。抽象雕刻获得了异乎寻常的发展,雕刻家们在表现手法上不拘一格,作品传递出象征的含义,也流露出个人的虚无思想、颓废情绪等。萨尔瓦多·达利(Salvador Dalí,1904—1989)、霍安·米罗(Joan Miró,1893—1983)等都代表了这一潮流,如达利在其家乡菲格莱斯建造的玫瑰色城堡式建筑的屋顶和墙头上立着一颗颗大鸡蛋、轮胎状的立柱,以及内部的唇形沙发等。米罗晚年的一些雕塑如《做扁桃花游戏的一对恋人》《女人和小鸟》很受人喜爱,其绚烂的色彩和随意的造型,在周围钢与玻璃建筑的环境中,给人以耳目一新的感觉。其他值得关注的抽象派雕塑作品有安·阿尔法罗(Andreu Alfaro,1929—)的《儿童世界》(1971)、华金·巴克罗·图西奥斯(Joaquín Vaquero Turcios,1933—2010)的《发现美洲纪念碑》(1977)、爱德华多·齐伊达(Eduardo Chillida,1924—2002)的《风之梳》(1977)等。

三、绘画

20世纪的绘画经历了不断的大胆革新,西班牙画家们的独立性与日俱增。他们各自探索自然界赋予的灵感,充分展现自己的个性,表现出蓬勃的生命力。一批勇于开拓的先行者走上离经叛道之路,纷纷摆脱传统的束缚,各自寻觅攀登艺术之巅的途径,为绘画艺术开辟了一条条新路。

这个世纪的画坛名师辈出,在他们之中有三位不仅是西班牙民族的骄傲,也是世界人民欣赏的巨匠,他们是:毕加索、米罗和达利。

巴勃罗·毕加索

1881年10月25日,毕加索(Pablo Ruiz Picasso,1881—1973)出生在西班牙南方海滨城市马拉加。父亲是美术学校教师,在父亲的影响下,自幼喜欢画画。后来父亲送他去美术学校深造。在学校他接受了绘画方面的系统教育,并不断显露出他非凡的天才。青年毕加索不仅喜欢绘画,还学习了雕刻艺术。1900年,19岁的毕加索第一次去巴黎旅行。第二年他在巴黎举办了一次画展。这次展览非常成功,所有作品很快销售一空。从1904年起,毕加索决定在巴黎定居,直到1973年逝世,他一直生活在法国。

虽然毕加索受到过不同时期各种艺术流派的影响,但他始终走着一条自己的艺术发展道路。他和法国画家乔治·布拉格共同创立了绘画艺术的新流派——立体派。毕加索的艺术发展道路,主要分为以下几个时期:"蓝色时期"(1901—1904)、"玫瑰色时期"(1905—1907)、"立体派时期"(1907年)、"超现实主义及抽象派时期"(1926—1936)、"表现主义时期"(1936年)。

毕加索的早期作品称为"蓝色时期"。作品经常表现被社会遗弃的病人、贫民、残废者和老人,画面的蓝色基调烘托了画中主人公孤独和失望、灾难和不幸的遭遇。这个时期的代表作有《人生》《喝艾酒的人》《拥抱》和《姐妹俩》等。

"玫瑰色时期"又称"马戏团时期"。毕加索的画进入了一个流浪艺人和马戏演员的世界。他怀着对这些艺术家的同情心,以极大的热情把他们的生活与艺术在画面上表现出来。其代表作有《站在地球上的少女》《演员在休息》《杂技演员一家和猴子》以及《江湖卖艺人》等。

毕加索不断探索新的绘画表现形式。他对西班牙古伊比利亚艺术和非洲黑人的雕塑进行长期研究和剖析,终于找到了表现立体派的艺术灵感。1907年,《亚威农的少女》诞生了,此画开创了称之为立体派的新时期。立体派风格是将一切物体形象加以破坏和解体,或分解成几何侧面或将其重叠,然后再按画家的主观意愿把它们组织在一个画面上,从而能够同时表现一个事物的几个不同方面。例如在毕加索的画中,人物的正面和侧面被同时表现出来。这个时期的代表作有《女人的头像》《拿曼陀林的少女》《坐着的沐浴者》《法兰西万岁》和《三个音乐家》等。

1937年,支持佛朗哥的德国纳粹为了试验新制的炸弹在爆炸燃烧方面的威力,竟选了4月26日——西班牙北部巴斯克人的故都格尔尼卡镇的赶集之日,向不设防的无辜市民进行突然空袭。这幕悲剧延续了三个半小时,一共屠杀了两千人,旋即轰动欧洲各国。这时国际商展即将在巴黎进行,西班牙共和国政府敦请毕加索为展览会场的西班牙馆作一副巨画。愤怒而爱国的画家决定用这幕悲剧做他画作的主题。整个5月间,他以全副精力从事这伟大的创作。画家没有用现实主义的手法来表现这一惨案,而是用立体主义的构图形式表现无声的愤怒和控诉。透过画面,人们似乎听到惊马在嘶鸣,绝望的人们在呼喊,人与兽,母与子,脸与四肢,都在一阵猝临的混乱与尖锐的痛苦中扭曲着、分割着、叫喊着。格尔尼卡的苦难成为全人类的大悲剧。毕加索在一个瞬间的戏剧性高潮之中,攫住了恐怖和绝望的全部意义。观者真切地感受到战争的本质,感受到作者对法西斯罪行愤怒的谴责以及对遭受战火摧残的人民深切的关怀。第二次世界大战期间,毕加索留居巴黎。他被希特勒指为最低级的艺术家,作品不允许公开展览。可是他的名气太大,某些高级德军将领甚至偷着去画室拜访他,而他给他们每人都赠以一张《格尔尼卡》的明信片。据说,某次希特勒驻巴黎的心腹亚贝茨去看他,说愿意为他解决生活困难,为毕加索所拒。离开时亚贝茨看到一张《格尔尼卡》的照片,说道:"啊,这是你做的吗?毕加索先生?""不,这是你们做的。"毕加索答道。《格尔尼卡》是毕加索表现主义时期的典型作品,是世界上最著名的画作之一。这幅杰作长期保存在纽约现代艺术博物馆。画家的遗言是,一旦西班牙恢复了民主体制,此画将归还西班牙人民。佛朗哥去世后,此画回归祖国,现陈列在马德里的索菲亚王后艺术中心。

毕加索是一位多产画家,他一生创作了近两万件绘画、雕塑等作品。他不仅是西班牙绘画大师,也是20世纪最富有创造性和影响深远的世界艺术巨匠。

霍安·米罗

1893年,米罗(Joan Miró,1893—1983)出生于巴塞罗那城。他从小酷爱绘画,起初在工艺美术学校学习。在巴塞罗那这个充满艺术氛围的城市,他研究了梵高、塞尚和马蒂斯等人的思想和作品,打下深厚的绘画基础。之后他去了巴黎这个所有向往艺术的年轻人的朝圣之地。1919 至 1920 年他在巴黎逗留期间,结识了毕加索,接受了立体派艺术熏陶,逐渐形成了自己的绘画风格。

20 世纪的 20 年代,米罗从现实主义转向超现实主义,他把个人的思维、幻想与自然形态巧妙地结合在一起,创造出色彩斑斓的符号、轻灵的线条、跳动的色块、雨点般的斑点构成的童话和诗的境界,充溢着春天的气息和童稚的喜悦。在他的画作中常常出现的是星星、小鸟、女人、月亮等形象,他最喜欢的颜色是红、蓝、黄、黑几种原色,他的线条似乎也毫无复杂之处,一切都像是信手拈来,随意而自在,但是他的每一幅作品都体现出智慧、幽默、率真和童心的快乐。能让人思索,给人宽阔的幻想空间。例如 1992 年巴塞罗那奥运会的会标,图案简单明了到极点,三笔色条:一红一黄一蓝,如一条小船,如一个跳动的小人,如燃烧的火炬,如西班牙和地中海的象征——给人以无限遐思。

在西班牙,到处能看到米罗作品的影子,如在宣传画、海报、旅游小册子、T 恤衫、帽子、旅游纪念品等等物品上。善于形象思维和崇尚艺术革新的西班牙人喜爱米罗的作品,他的超现实主义风格成了一种整个民族认可的象征。

1978 年,米罗在 85 岁生日时,荣获了国王亲自颁发的伊莎贝尔女王十字勋章。90 岁时,巴塞罗那市政府为他建了一座铜像。1983 年大师去世,留下了 8000 多幅珍贵的作品。1993 年,画家去世 10 周年之际,欧洲文化界将该年定为米罗年。

萨尔瓦多·达利

萨尔瓦多·达利(Salvador Dalí,1904—1989),加泰罗尼亚人,他出生在巴塞罗那附近的菲格莱斯(Figueres)。这座小城如今因为达利而名扬世界。达利称自己创作了一种叫偏执狂临界状态方法的绘画风格。他执着于弗洛伊德的潜意识观点,能够抓住瞬间的意象作为作品的主体和画面。他作品中的幻觉世界,他非凡的创造力,在绘画上的偏执狂批判立场,和妻子卡拉的非传统生活方式,两撇向上的胡须,怪诞的装束,摇摆不定的政治立场,对金钱的狂热,以及自称为现代绘画艺术的拯救者的狂妄自大(其名字"萨尔瓦多"西班牙语里意为"拯救者")这些都是达利的标志性特点。他是一位艺术怪才,有着肆无忌惮的想象力和异乎寻常的超现实主义表现能力。

达利在 20 世纪 20 年代末期就已经引人注目,在 20 世纪 30 年代和 40 年代他创造了大量的作品,涉及神话学、心理分析和性,其技巧更加成熟。《纳西塞斯的变形》(1936—1937)、《卡拉林纳》(1944—1945)等画作都充分展示了其天分。他一度回归古典派,但是到了 20 世纪 50 年代之后又放弃了这种风格,开始致力于宗教和性爱的题材。著名作品有《圣徒约翰殉难》(1954)、《最后的晚餐》(1955)等。

他还与著名电影人路易斯·布努埃尔(Luis Buñuel)合作制作了两部超现实主义电影:《安达卢之犬》(1928)和《黄金时代》(1930)。

他的风格大胆恣肆,甚至为同属超现实主义的画家们所不容。据说超现实主义的鼻祖法国人安德烈·布雷东(André Breton)曾要把他从这一流派中除名。由于在政治上他曾经投向佛朗哥,对法西斯主义的态度暧昧,许多人把他看做机会主义者。从艺术的角度看,他是画坛才俊。

四、电影

在 19 世纪末 20 世纪初,随着电影这门新兴艺术迅速崛起,西班牙电影业诞生了,但是在很长时间里西班牙影片未能跻身世界优秀电影之列。随着 20 世纪 70 年代后期民主化进程的不断深化,电影选题有了很大的自由空间,艺术表现手法也越来越先进,风格逐步走向个性化。1981 年政府颁布电影保护法。自 20 世纪 90 年代起不少影片获得国际大奖,提高了西班牙电影艺术的知名度。如何塞·路易斯·加尔西(José Luis Garci,1955—)1982 年执导的《重新开始》、佛朗西斯科·特鲁埃瓦(Francisco Trueba,1932—)1993 年拍摄的《美好年代》(又名《四千金的情人》)、佩德罗·阿尔莫多瓦(Pedro Almodóvar,1949—)在 2000 年拍摄的《关于我母亲的一切》等获得奥斯卡最佳外语片奖。

最有成就的导演有较早的路易斯·布努埃尔(Luis Buñuel,1900—1983)、20 世纪 60 年代后成名的卡洛斯·撒乌拉(Carlos Saura,1932—)和近年来多次在国际电影节中荣获大奖的佩德罗·阿尔莫多瓦等人。老一代导演布努埃尔饮誉国际影坛,是位超现实主义大师。他多年在国外流亡,在美国、法国、墨西哥等地都从事过创作。他一生共拍摄了 32 部影片,手法多样化,其主题是抨击资产阶级的道德准则,与传统决裂。自 20 世纪 50 年代起,他在戛纳电影节上先后获得最佳导演奖、国际评论奖、特别奖、金棕榈奖、荣誉奖等多个奖项。他在 1972 年拍摄的《资产阶级的审慎魅力》获奥斯卡最佳外语片奖。

五、文学

20 世纪上半叶西班牙文学可以分以下几个部分:"98 年代"、"14 年一代"、"27 年一代"、内战后文学。

1."98 年一代"

1898 年西班牙在与美国的太平洋战争中失败,失去了古巴、波多黎各和菲律宾等最后几个殖民地。殖民大帝国从此国势大衰,一蹶不振。西班牙历史上将1898年称为"灾难之年"。腐朽、没落的西班牙君主制度的一切弊端暴露无遗,导致人们开始从各方面探索酿成西班牙悲惨现状的原因。这时,一群青年作家脱颖而出。他们年龄相仿,家庭背景和所受教育虽不尽相同,但对祖国命运的关注将他们联系在一起,为祖国的兴亡而疾呼,探索拯救西班牙的方式。他们在这个动荡、变革的社会环境中均受到来自欧洲其他国家的文艺思潮、哲学观点的影响,逐渐形成了一个客观存在的文学实体,或曰文学流派。由于这些作家、诗人大都于1898年前后开始发表作品,并以群体的形象登上西班牙文坛,使西班牙文坛再度充满活力,文学史上称之为"98年一代"。它是西班牙文学史上一个重要的文学流派。这些作家在短时间内把西班牙文学推向了一个新的高度,这是自"黄金世纪"以来又一次西班牙文学复兴运动:最为庞大的创作队伍以及众多著名作家在文学艺术上达到巅峰,但就塑造的不朽的艺术形象来看,则逊色于其他时期的西班牙文学。主要成员有阿索林、巴罗哈、乌纳穆诺、巴列·因克兰、马查多兄弟以及贝纳文特、马埃斯图、布埃诺等等。1913年,阿索林首先使用了"98年一代"这个名称。

  他们受到了当时流行的无政府主义、社会主义、叔本华和尼采的哲学思想以及托尔斯泰文学观点的影响,一方面批判旧的文学形式,一方面又提出向西欧学习并保持自身价值的拯救西班牙的原则。"98"作家们一反19世纪作家们的文风,主张用词精炼,在研究欧洲文化的同时又大力抢救国粹,从中提炼出题材和语汇。他们的作品表现出对西班牙风光的赞美,对人民生活的关注,尤其是对西班牙的灵魂——卡斯蒂利亚的颂扬。卡斯蒂利亚的风土人情是他们的散文随笔、诗歌、剧作和小说所讴歌的对象。他们在反映西班牙贫穷落后的同时,注意引导读者抓住西班牙的本质,使人对西班牙产生新的感受,从而焕发出奋发图强的精神。作品中对历史往昔的追忆回顾占有相当比重,目的是通过挖掘祖国的宝贵价值来找寻现存问题的症结所在。他们将帝王将相、英雄豪杰的历史置于一边,探讨被乌纳穆诺称为"潜历史"的方面,即关于史书上未曾记载的那些用自己的劳动默默无闻地创造了人类真正历史的劳动人民。作家们不仅赞颂自然风光,也讴歌卡斯蒂利亚以及整个西班牙民族的永恒价值。总之,"98年一代"是一个传播进步思想、维护文化传统、具有爱国主义精神的文学流派,他们给西班牙文坛带来了全面改革,后继的"14年代"和"27年代"都继承了这一潮流。

  成为西班牙文学宝库中经典作品的有巴列·因克兰的《四季奏鸣曲》《卡洛斯战争》三部曲、《暴君班德拉斯》等;阿索林的《堂吉诃德之路》《卡斯蒂利亚的灵魂》《西班牙文学随笔》等;皮奥·巴罗哈的《冒险家萨拉卡因》《活动家回忆录》等;乌纳穆诺的《迷雾》《人生的悲剧情感》《图拉姨妈》《贝拉斯克斯的基督》等;安东尼奥·

马查多的《卡斯蒂利亚的田野》等。

米格尔·德·乌纳穆诺

米格尔·德·乌纳穆诺(Miguel de Unamuno,1864—1936),小说家、诗人兼思想家。他不仅是"98年一代"最有代表性的作家,也是20世纪西班牙社会的重要人物。生于毕尔巴鄂,不到14岁就通读了康德和黑格尔,为后来22岁获得哲学博士学位奠定了基础。

乌纳穆诺一生不满现状,富于反抗精神。他具有典型的资产阶级知识分子的那种超阶级、清高自负的特点,自称他是"独一无二"的。他从不畏强暴,也从未被功名利禄诱惑。1891年获得萨拉曼卡大学希腊文教授职位,1901年出任该大学校长。任职期间,经常为教育经费等问题与政府官员、校内敌对势力展开不懈的斗争,并公开抨击国王阿尔方索十三世。1923年他发表文章反对以政变手段上台的里维拉将军,被流放到加那利群岛。1931年共和国成立,他被任命为萨拉曼卡大学校长、公共教育委员会主席,并被推选为国会议员、皇家语言学院院士。但他很快对共和国政府的作为不满,抨击政府过分之处。当佛朗哥起事时,他予以支持。然而,他对佛朗哥的专制也无法苟同。1936年10月12日,在佛朗哥出席的大学开学典礼上,佛朗哥手下的米连·阿斯特莱将军在会上做了报告。乌纳穆诺听完之后,提出异议,说出流传于后世的名句:"您可以把我们压服,但不能使我们信服。"这位将军听后暴跳如雷,高喊道:"消灭知识分子!"佛朗哥立即对乌纳穆诺加以软禁。两个月后乌纳穆诺在萨拉曼卡的寓所去世。

写于1907年的《迷雾》是他的代表作。1914年出版后,不断再版,并陆续被译为多种文字。描写一位家境富裕、父母双亡的单身青年奥古斯托·佩雷斯从与世隔绝、自我封闭的生活圈子里走出来,追求爱情,寻找自我,却遭到嘲弄和背叛,以致最后自尽身亡。作者通过讲述这个情节并不复杂的爱情悲剧,借助主人公之口阐明了他的虚无主义哲学思想,探讨生命的意义、人类的命运等一系列问题。但是乌纳穆诺并未把他的小说演绎成一篇抽象深奥的哲学论著,而是采用了在他那个时代颇为大胆、新奇的艺术形式和技巧,如内心独白、意识流、双向式对话和单项式对话,打破传统小说中作者、人物、读者三者之间被动的、固定的创作和阅读关系,要求读者参与小说的再创造。这一再创造活动构成小说叙事环节的最后一环。从某种程度上讲,《迷雾》开辟了20世纪西方现代派小说的先河,尤其是20世纪70年代出现的元小说的先河。小说一开始就亮出了主题:"他终于撑起雨伞,但却没有迈步。他想了想说:'等一条狗吧,它去哪儿,我就去哪儿。'"作品中充满内心独白,从一条狗到一只蚂蚁或者任何一样东西联想到生命的盲目与虚无。人物常常发出这样的感慨:"无聊是生命的真正意义。正因为无聊,人们才发明了游戏、小说和爱情……"

《堂马努埃尔·布埃诺,殉教者》(1931)讲述一个神甫马努埃尔·布埃诺的传教业绩的故事。这位神甫竭尽全力使教民们对耶稣笃信无疑,永远沉浸在幸福中。一天,具有进步思想的拉萨罗·卡巴耶诺从美洲归来,村民们殷切期望堂马努埃尔能够调教这个年轻人,以便让他皈依天主教。神甫对他比对其他任何一个膝下的"羔羊"都格外地呵护、关照。拉萨罗去教堂做弥撒并领了圣餐,为死去的亡母祈祷。村民们兴奋不已,但拉萨罗私下告诉他的妹妹安赫拉,他这样做只不过是应神甫的请求以便安慰这些信徒。马努埃尔也向拉萨罗坦言,他自己并不相信永生和来世,但是他之所以保持表面上的信仰,是因为他觉得自己没有权利剥夺教民的精神寄托,打乱他们平静的生活。日益衰老的神甫和拉萨罗、安赫拉分担着这个思想重负。临死前他将从精神上安慰他的"羔羊"的重任委托给卡巴耶诺兄妹。去世后,村民们为他申请授予"圣徒"称号。

这部篇幅不长的作品具有悲观主义和神秘主义色彩,它囊括了浓缩的神学内容(没排除某种异端立场)和哲学思想:人生的存在和灵魂的不朽。实际上这也是作者本人没有解决的问题,如作者把风景做了拟人化的描绘,神秘的来世、永生通过大自然,如村庄、湖水和高山的永存来象征。但大自然的某种现象,如落下的雪在一种情况下是永存的,在另一种情况下是短暂的:落在高山上是永存的,落在湖水里则消失了。堂马努埃尔很惊奇地观察下雪的神秘现象。人就像雪一样,但是人像高山上的雪,还是湖里的雪?他找不到答案。乌纳穆诺的创作意图在于引起读者的兴趣,向他们提出这个一再折磨他的不朽问题,请读者跟他一起思考,也许读者最终也陷入迷惑不解的困境。这是一部深受欢迎、最能代表乌纳穆诺小说特点的作品。有的评论家认为,这是他小说创作的顶峰之作。

他把小说作为表达情感的一种方式,因而他的小说在很大程度上带有主观色彩。他对西班牙文学,特别是对后来拉美魔幻现实主义有较大的影响。

《堂吉诃德和桑丘的一生》出版于1905年,这一年刚好是《堂吉诃德》第一卷出版300周年。乌纳穆诺是当时研究《堂吉诃德》的三大学者之一,但他的研究不是学术性的,而是带有很浓厚的主观色彩。他在著作中提出历史与潜历史问题。他极其形象地用江河、海洋比喻历史,用静止的海水底层比喻潜历史。他主张依靠、寻求潜藏在历史背后的成千上万的西班牙民众复兴国家。这一思想对"98年一代"的作家们产生了决定性的影响。

总之,乌纳穆诺的全部著作紧紧围绕两大主题进行:西班牙的问题和人生的意义。他是战后盛行于法国的存在主义哲学运动的先行者。他对当代思想的演变过程起过决定性的作用。但作为思想家,乌纳穆诺并非是一个为了某个思想体系或一成不变的原则去奋斗的人,他的想法极其丰富,他不仅仅局限在他的议论文表现他的思想,而且通过多种文学形式宣传他的思想。

乌纳穆诺的影响是在他去世后才扩大的。由于他的极端个人主义,还击一切妨碍他自由的人,所以他始终是孤军奋战。他以文艺为工具教育青年,唤醒人民,企图振兴西班牙文学,对后人的影响深远。博学多才的乌纳穆诺对 20 世纪初西班牙文学和文化的发展做出了重要的贡献,是西班牙当代英杰。

2. "14 年一代"

何塞·奥尔特加·加塞特

"98 年一代"之后出现的"14 年代"作家群中(这批作家都经历过第一次世界大战,故被称为"14 年一代"),哲学家、散文家何塞·奥尔特加·加塞特(José Ortega y Gasset,1883—1955)是核心人物和领军者。他在德国深造,深受新康德主义哲学思想的影响,回国以后以全新的角度直面西班牙社会存在的问题。他反对独裁,追求民主制度,努力促进西班牙与欧洲的交流,但是他又在某种程度上反对文学艺术的社会化、民众化趋向,批评现实主义美学观。他对问题的立场和观点均带有强烈的人文主义色彩。他是个宗教家,也是一位对西班牙乃至整个西班牙语国家知识界产生深远影响的思想家。他是《西班牙》和《西方杂志》的创办人。他的主要作品有:《艺术中的非人性化和关于小说创作的想法》《旁观者》《吉诃德之冥想》《民众的反抗》等。

安东尼奥·马查多

安东尼奥·马查多(Antonio Machado,1875—1939)的主要作品是诗歌,主题是土地、自然风光和祖国。语言新鲜朴素,近似民谣,易于吟诵。表达了对祖国的一往情深,对贫穷和不平等发出了深切的呼喊。诗集《卡斯蒂利亚的田野》犹如一曲对卡斯蒂利亚大自然的颂歌。

沿着杜罗河

杜罗河,你的流水将依然流动

只要五月的太阳

融化冬天的积雪并释放它们

让它们穿过大峡谷与深壑,

只要山峰覆盖着

积雪和暴雨

以及太阳的军号

透过灰烬色的云层而闪忽……

而那古老的歌谣集

它出现在你岸上的一个游吟诗人的梦里？

那么，像你一样，杜罗河，卡斯提尔

将会永远朝下游流去、奔流到大海么？

（马查多，《安东尼奥·马查多诗选》，河北教育出版社，2007年）

胡安·拉蒙·希梅内斯

希梅内斯（Juan Ramóm Jiménez,1881—1958）在"98年一代"和"27年一代"作家群体之间起着承上启下的作用。出生于西班牙安达卢西亚的莫格尔镇。1896年入塞维利亚大学学习法律，兼学绘画，喜欢写作，开始发表作品。1900年在"为现代主义诗歌而奋斗"口号感召下，谒见了拉丁美洲现代主义大师鲁文·达里奥，从此决定献身文学。内战期间，先后移居波多黎各、古巴和美国。1956年获得诺贝尔文学奖。

希梅内斯力求诗歌在感情和语言上达到"最纯净"的高度。创作时精选词汇，对诗作反复推敲，精雕细琢，力求完美无缺，真正成为"赤裸裸的诗歌"。他对大自然景色具有强烈的感受力，早期深受拉美现代主义诗歌的影响，歌颂的主题多为风花雪月的自然景色，如神秘的花园、微弱的光线、爱情的阴影、柔媚的田野、月亮的诱惑、梦幻的破灭等等。因景抒情的诗作有：《忧伤咏叹调》《远方的花园》《夏日》《有声的孤独》等。

后期阶段是1916年以后以《永恒》和《一个新婚诗人的日记》为开端。这时诗人已摆脱了现代主义诗歌的影响，完全形成自己独特、崭新的风格。诗作纯朴自然，用词精当，简洁明净。他努力使诗歌排除一切无关的事物，采用直接表达方式，不受格律和节奏的束缚，因此他的诗歌短小、明快、质地单纯。

《普拉特罗和我》是一首优美的散文诗，在文学史上占重要地位。诗人出色地塑造了一头小银驴的形象，透过它，表达了诗人对家乡的眷恋之情，感人至深，充满乡土气息。他开创了西班牙抒情诗新黄金时代的先河。

古老的花园

我站在古老花园的栅栏前

探出身子四望；

周围的一切都仿佛沉浸在

怀念故乡的睡梦中。

在浓密的树丛上边，

在午后明净的蓝天，

正抖动和闪耀着

宝石般的光辉。

远处是一片阴森森，
从那里缓缓地传来
叹息似的流水的回声，
水流声声恰如声声亲吻。

我的目光像做梦一样迷失在
那弯弯小径的雾气里；
枯黄的枝头，
那早已没有了花瓣的
凋谢的花朵，
带着一片灰暗的绿叶，
在清凉而颤动的空气中
转着圈，跌落在地上。

枝叶不停地摇撼，
我不知什么神秘的力量在作乱；
从背阴的密林间，
好似飘来一团香云，
蓦地伸出一支神奇的玫瑰花
她那极其柔软的身段，
久久地、孤零零地袒露在
轻薄飘逸的面纱后边。

她的双目紧盯着我的眼睛，
旋即又在雾气中遁去，
黯然而忧伤地
沿着小径的去路隐退……

从深深的浓密的小树林里，
传来单调的隐约的响声，
那是水流的回答，
一声滴答便是一个亲吻。

不远处，在洋玉兰花上面
在午后透亮的天际，
明晃晃地颤动着

一颗闪光的泪珠。

……

那花园重又隐入
悲哀的梦境,
一只高大的迷人的夜莺
正在寂静的远方哀鸣。

(望霞译,《世界诗库》第6卷,花城出版社,1994年)

无花果

——节选自《普拉特罗和我,9》

　　这是一个雾浓而寒冷的黎明,对无花果来说,再合适不过了。六点钟,我们就去里卡吃无花果。

　　古老而巨大的无花果树荫下,灰色的树盘根错节,像是黑夜里露在裙子外面的一条条肥胖的大腿。阔叶——就是亚当和夏娃曾经穿过的叶子——珍惜地托着露珠穿织成的薄纱,嫩绿的叶面上泛起点点白光。透过翡翠般的绿叶,可见晨光熹微把东方的白纱幕渐渐地染深。

……

　　我们疯狂地跑着,看谁最先跑遍每一棵无花果树。罗西约和我气喘吁吁,心跳加剧,但我们在欢声笑语中摘到了第一片叶子。"你摸摸这里。"她拿起我的手按在她的心口,但见她的胸脯上下起伏,就像一股小小的波浪在回旋。又矮又胖的阿黛拉根本跑不动,站在远处干生气。为了不冷落普拉特罗,我摘了些熟透了的无花果,连枝带叶给它放在一株低矮的老葡萄藤上。

　　阿黛拉眼睛里含着泪珠,她为自己的笨拙生气,但嘴角上仍挂着微笑,摘无花果打我们。我的额头上中了一棵无花果,于是我和罗西约也如法炮制。无花果在尖叫中纷纷落下,我们的眼睛、鼻子、衣袖和背脊上挨到的无花果,比用嘴吃到的还多得多。一个个横竖投来的果子落到黎明时清凉的葡萄园里。其中一棵无花果恰巧击中了普拉特罗,于是它便成了狂投乱掷的目标。可怜的普拉特罗既不会回嘴也不能还手,我就和它站在一起反击阿黛拉,蓦地,一阵暴雨穿过清凉的空气洒遍大地,仿佛射出的一排排散弹。

　　末了,在懊丧、疲乏和笑声中,她娇柔地坐到地上,宣布投降。

(孟宪臣译,《小毛驴之歌》,北京十月文艺出版社,2006年)

3."27年一代"

　　第一次世界大战后,欧洲出现了美学革新运动,各种流派层出不穷。意大利的未来主义、德国的表现主义、法国的达达主义、立体主义、超现实主义,智利的创造主义与西班牙的极端主义等,在西班牙统称之为"先锋派"。他们的主要目的在于对当时的文艺进行革新,探索新的道路,在诗歌中排除浪漫主义的情感,摆脱对现实的描述。急风暴雨式的先锋派运动与文坛上各种昙花一现的"主义"为西班牙诗歌改革创造了条件。

1927年是西班牙"诗仙"、"黄金世纪"夸饰主义诗人贡戈拉仙逝300周年。一批年轻诗人举行了大规模的纪念活动,使崇尚夸饰、注重形式的贡戈拉之风再次席卷伊比利亚半岛。虽然他们的政治立场和思想倾向各异,但却具有追求形式完美的共同特质。他们继承和发扬了"为艺术而艺术"的现代主义风尚,到了20世纪30年代,这些诗人迅速崛起,被评论家称为"27年一代"。这批诗人大部分家境宽裕,得以接受高等教育,不少人在高校任教。他们在为推动西班牙诗歌的发展而共同组织的诗歌鉴赏与学术报告活动中结下了深厚的友谊。他们有着共同憧憬的国内外文学大师,他们把传入西班牙的各种"主义"与西班牙文学传统进行了近乎完美的"结合"。法国超现实主义对这些诗人都产生过影响,特别是在追求违反常理的比喻、强调潜意识、梦幻、荒谬、幻觉、梦呓等方面,尤为明显。他们把胡安·拉蒙·希梅内斯奉为宗师,着重于表现视觉意象引起的联想,表达瞬间的直感和思想或运用反理性的譬喻。在诗歌格律方面他们运用多种多样的形式,无论是古典高雅的还是民间通用的都加以充分利用,如十四行诗、八音节的谣曲、村夫谣等,还试验自由诗体、《圣经》赞美诗体等。

尽管他们都追求诗歌的意象美,但从不追求空洞的形式美与音乐节奏性,而是将人类的重大课题:死亡、爱情、命运、宇宙反映在他们的诗歌中,使其诗歌具有社会意义。他们支持社会变革,主张共和体制,热爱西班牙的大自然风光和优美的民俗,诗歌风格多样化,对后世诗歌创作起到开拓者和导师的作用。

费德里科·加西亚·洛尔卡

费德里科·加西亚·洛尔卡(Federico García Lorca,1899—1936)是"27年一代"的代表,才华横溢的诗坛奇才。出生于格拉纳达省,阿尔罕布拉花园的阿拉伯芳香和吉卜赛人居住区独特的氛围哺育着诗人的成长。从小受到良好的文化教育和艺术熏陶,在诗歌、音乐和绘画方面都达到了很高的造诣,对源远流长的西班牙谣曲情有独钟。他的早期诗作从西班牙文学传统和民间歌谣汲取养分,脍炙人口,至今仍拥有广泛的读者。他的后期创作明显借鉴超现实主义等现代文学手法,具有极强的现代意识和创新精神。他的剧作大都以底层人民的生活为题材同时又注重戏剧化,具有古典意味和牧歌的韵味。主要作品有《吉卜赛谣曲集》《诗人在纽约》《血的婚礼》《耶尔玛》等。他的全部作品包括8部诗集和12部戏剧,他的诗歌被人广为传颂,若干年后才得以出版,因此被称做"版前诗人"。洛尔卡拥护年轻的共和国,内战中他被反动的长枪党徒枪杀,年仅 38 岁。

西班牙宪警谣

黑色的马。
黑色的铁蹄。
斗篷上闪着
墨汁和蜡油的痕迹。
铅水铸成的头颅
从来不会哭泣。
他们从公路上来临
带着漆黑的灵魂。
夜间出动,驼背躬身。
哪里有活跃的气氛
他们就到那里布下
细沙般的恐惧,
黑色橡胶的沉闷。
他们要去哪里就去哪里,
头脑中藏着手枪的天体
风云莫测,扑朔迷离。
啊,吉卜赛人的城市!
谁能不记在心头?
痛苦和麝香的城市
还有桂皮的塔楼。

当夜幕降临
黑夜,黑夜沉沉,
吉卜赛人在炉中
锻造剑和太阳。
一匹身负重伤的马
呼唤各家的门。
边境的雪利酒城
玻璃的雄鸡在啼鸣。
赤裸的风

在吓人的街头转身，

沉沉夜，沉沉黑夜，

夜沉沉，黑夜沉沉。

（赵振江译，《世界诗库》第6卷，花城出版社，1994年）

《西班牙宪警谣》是《吉卜赛谣曲集》这部诗集中的最佳代表。洛尔卡在这部诗集中抨击了"文明社会"对吉卜赛人的不公待遇，但他更多的是反映这个民族的生活世界。这部诗集具有十分突出的艺术特点，它吸取了古谣曲的形式，但是又摆脱了单纯的叙事俗套，融进了大量的抒情成分，特别是使用了许多大胆的超现实主义譬喻手法。全诗有八十余处描述各种颜色，以冷色居多。诗人用绿色代表色情，以蓝色代表天真无邪。色彩是抒情的替身，这种技巧的使用给全诗染上了浓重而又阴郁悲怆的情调。总之，在《吉卜赛谣曲集》中，洛尔卡把叙事、抒情和戏剧性情节三者巧妙地融为一体，使古谣曲以崭新的面貌出现在20世纪西班牙诗坛上。

作为剧作家的加西亚·洛尔卡共创作了12部剧作。他还率领"茅屋"大学生剧团下乡为广大民众演出。这种戏剧实践使该剧团获得"欧洲最出色的大学生剧团"的美誉。该剧团向工农大众介绍了许多西班牙"黄金世纪"的著名剧作，促进了西班牙戏剧的普及和繁荣。

洛尔卡以西班牙农村为背景创作了蜚声世界剧坛的三大悲剧：《血的婚礼》（1933，中译本《血婚》）、《叶尔玛》（1934）、《贝尔纳达·阿尔巴一家》，他还写有一部以妇女不幸遭遇为主题的《老处女罗希达小姐》（1935）。

《血的婚礼》讲述安达卢西亚农村一位妇女在爱情和传统婚姻之间被迫做出抉择时的思想斗争和不称心的婚姻造成的悲惨结局。抨击旧婚姻理念的《叶尔玛》讲述农庄主的妻子叶尔玛婚后与丈夫和睦相处，但一直为自己不能生育而痛苦万分。她认为婚姻的首要目的是传宗接代而不是夫妻性爱。她的丈夫胡安只关心土地收成，不理解妻子渴望要孩子的心情。最后叶尔玛从对胡安的责怪变为怨恨，继而在绝望中掐死自己的丈夫。

《贝尔纳达·阿尔巴一家》的基调更为阴郁，无情地揭露了在封建婚姻制度下的妇女凄惨处境。第一幕介绍寡妇贝尔纳达有五个待字闺中的女儿。她与前夫所生的大女儿有一笔嫁妆，而其他四个女儿因没有陪嫁却面临着嫁不出去，成为老处女的命运。贝尔纳达在家中独断专行，对女儿们管束甚严，满脑子旧礼教的道德观念，让她足不出户的女儿为亡父守灵。第二幕讲述五个女儿明争暗斗，彼此存有戒心，正如其中一个女儿道白："家中犹如一座监牢"。在第三幕中，已非妙龄又长相丑陋的大女儿靠嫁妆的帮助终于寻觅到一个比她年轻的未婚夫罗马诺。然而，罗马诺的意中人却是年轻美貌的小女儿阿德拉。阿德拉违抗母命与情人在外幽会。贝尔纳达获悉后,趁罗马诺有一次在墙外等候与阿德拉约会之机,向罗马诺开枪,虽未击中,却对小女儿谎称罗马诺已经毙命。获悉这一噩耗,阿德拉万念俱灰,以死殉情。临终前向母亲宣布已将贞操献给了罗马诺。贝尔纳达强令家人对此保持缄默,仍按未婚少女的仪式埋葬了安德拉,保住了家庭"清白"的名声。剧本以散文体写成,对话简洁,运用了形象生动的对比手法,如黑色的丧服与屋内雪白的墙壁之间造成的反差,这种明暗对照象征了压抑、孤独、寂寞和死亡。本剧的另一个特点是只有妇女出场,唯一男性人物罗马诺也仅是通过女人们的叙述才使观众了解、认识他。这种安排更烘托了这个妇女世界与外界隔绝的气氛。剧中贝尔纳达的疯癫老母亲讲出一些渴望自由的痴言疯语以及在马厩中等待配种的公马不安地跑蹶子的描述都表现出寻求解脱、自由、性爱的思想与这所充满压抑、恐怖气氛的封闭式家庭格格不入的状况,加强了全剧的艺术效果。

洛尔卡戏剧的主要特点在于能把高雅的诗剧与通俗的民谣糅捏在一起,能将浪漫抒情的诗意和引人入胜的喜剧效果有机地融合为一体。他成功地塑造了不少个性鲜明的西班牙妇女形象:性格内向但感情复杂的新娘,大胆泼辣而勇于向世俗偏见挑战的鞋匠老婆,为摆脱家庭束缚去追求爱情而付出生命的少女,为自由和爱情而英勇就义的女英雄。洛尔卡主要选择女性作为戏剧作品的主人公,其原因也许是女性的各种命运更容易表现出人类的失落感,当时的社会中妇女比男子更难找到为自身幸福奋斗的手段。评论家们称洛尔卡是"当代最伟大的戏剧家"、"西班牙剧坛的另一个洛佩·德·维加"、西班牙的莫里哀、塞内加再世。

4. 内战后文学

西班牙内战后,大批西班牙人,特别是知识分子,流亡国外,到了他乡异国仍未放弃创作。内战后,严格的书刊检查制度限制了言论自由和创作自由,只有到了20世纪40年代以后,情况才有所改观。

卡米罗·何塞·塞拉

1942年,卡米罗·何塞·塞拉(Camilo José Cela,1916—2002)的《帕斯夸尔·杜阿尔特一家》作为战后第一部小说出版,写战后西班牙农村的颓败与野蛮,淋漓地展示了法西斯独裁下西班牙社会的病态与畸形。出版后引起轰动,并被译成二十多种文字。此书开创了"恐怖派"文学的先河。下面是关于母亲的死的描写:

她拼命挣扎,一次又一次地摆脱我的手腕,并翻身掐住了我的脖子……这正是一场你死我活的搏斗。我们像猛兽一样狂呼乱叫……我妻子闻声赶来,她呆呆地站在门口,脸色煞白。通过妻子手上的油灯,我看见母亲那张猪血般难看的脸……

我们继续搏斗。她撕烂了我的衣服,抓住了我的胸脯……这个女人力气很大,简直是魔鬼附体。我竭尽全力……不知在什么时候,我的折刀捅进了她的喉咙……鲜血像涌泉一样喷出,溅到了我的脸上。那血热乎乎的,跟羊血一个味道。

(陈众议,《西班牙文学大花园》,湖北长江出版集团,2007年)

6年后,塞拉的《蜂巢》出版。这部小说被认为是塞拉的代表作。描述内战结束3年后的1943年(或1942年)冬季的两天半时间里马德里人的生活。这时正是西班牙在国际上受到空前孤立时期;在国内,政治上佛朗哥采取了高压政策,恐怖暴力活动处处可见。经济上国家濒临破产的边缘:食品定量供给、投机倒把、囤积居奇、黑市交易、卖淫嫖娼、人民饥饿贫困。小说从不同侧面反映了社会底层的人们深受贫困生活的煎熬。在小说的末尾处更加引人瞩目的是在这种浑浑噩噩、醉生梦死的生活中,还永远摆脱不掉那个寸步不离的阴影——政治威胁。

全书共出现了365个人物,他们是一个普通人的群体,并且被安排在两天半的冲突与事件当中。全书没有贯穿始终的主人公,也没有惊心动魄的故事情节。书中人物对未来毫无信心,今日有酒今日醉地享受生活:咖啡馆里,各色顾客来去匆匆。一方面是挑唆老板娘赶走小提琴手的法庭书记员唐何塞、以放高利贷为生的剥削者堂特立尼达、嘴里叼着雪茄的印刷厂老板堂马里奥、养尊处优的房产主唐娜亚松森和马蒂尔德等一连串寄生虫,另一方面是与之相对应的饥肠辘辘的穷诗人、任人宰割的小提琴手、寻找就业机会的年轻人等。这些人物之间根本不讲什么亲属血缘关系、邻里情谊,只有相互利用的人际关系。马丁·马科,不是主人公,但是书中极为重要的、最具个性的人物。他是唯一一个在全书各章中均出现的人物。这是一个具有人人平等的乌托邦理想、憎恶不公又不得志的人。他与这个社会格格不入,靠微薄的救济金生活,衣不蔽体,无处安身,唯一能够睡觉的地方,也要限时使用。他除了能够背着姐夫在姐姐家吃几顿饱饭以外,经常身无分文,甚至因付不起一杯咖啡钱而被赶出店门。他又是个小有名气的知识分子,常为报刊撰稿,写诗是他唯一能做的事情。对姐姐费洛的深情,对妓女普利塔的柔情,对姐夫罗伯特的厌恶说明他是个有情感、爱憎分明的人。他在书中是个推动情节发展的人物。他的四处流浪让读者认识了很多地方,从而使作者又编排出不少人物和故事。在尾声处,故事又集中在马丁·马科身上,他除了在小说结构上起关联作用外,也是故事的核心人物。

罗伯特和费洛,这对夫妻是书中唯一的正面人物。两个人是无私贡献的典范。他们是接受现实的艰难处境,对自己未来充满信心的夫妻。莫伊莱斯一家和未来的女婿本图拉是第五章中的重点描绘对象。他们身上体现家庭里的虚伪关系。他们各自有不可告人的隐私。

　　书中引人瞩目的两个女性,埃尔维拉小姐是一个人老珠黄的妓女。她整日出入于唐娜罗莎的咖啡馆,几乎成了那里唯一的"一件摆设"。在她心目中,"性追求"只是换取食物、维持生计的谋生手段。另外一个女性维多利亚是印刷厂的女工,她刚毅、倔强,因爱上了一个痨病青年,整日遭到父母的责骂。为帮未婚夫治病,她被迫沦为阔佬的性玩具。总之,书中所有的人都在浑浑噩噩中生活,日复一日、年复一年地虚度光阴,却未表现出任何改变现状的要求,这可能就是作者认为最可怕之处,也是作品的画龙点睛之笔。

　　《蜂巢》的重要性还在于它的革新性。这种革新性不仅表现在内容反映现实,而且还表现在它的写作技巧与复杂的结构安排上。小说的情节不是按照传统的模式安排的,而是由一系列的情景单位组成,并且打破了时空顺序。此外,在时间上高度集中,小说各章分别描述了第一天的下午(第一章)、晚上(第二章)、夜里(第三章)、第二天早上(第六章)、下午(第五章)、晚上(第三章)以及数日后的某个上午(尾声)的故事。作者采用了电影技巧。每个情景单位犹如银幕上的一个画面。不同画面的取舍,根据作者的意图进行剪辑。作者采用多角度、多层次手法将故事置于不同的情景单位里,有时采用倒插笔,有时采用慢镜头,以便使紧张的故事情节稀释、缓解。

　　《蜂巢》是塞拉的一部经过精心设计的、构思巧妙的扛鼎之作。塞拉的这种打破传统惯例和模式的安排是出于一种认真而巧妙的艺术构思,它既触及了重大的社会问题,又折射出1942年或1943年马德里社会各阶层对人生、婚姻、家庭、人际关系等一系列问题的不同态度,从而显现出西班牙内战后这个特定历史时期社会的各个侧面,极大地扩展了作品的内涵。《蜂巢》这个标题与小说的内容、结构以及它们之间的搭配达到了三位一体的完美结合。熙熙攘攘的马德里市犹如一个巨大的蜂巢,人们居住、逗留的场所是一个个的小蜂巢,人们像蜜蜂一样寄居在蜂房里,不断地以自身的能量自寻出路,求得生存。结构上的情景单位,甚至更小的情景单位如同蜂巢里的每个小洞穴,错落有致地镶嵌在一起,组成小说的骨架,彼此互不干扰又紧密相连。

　　1989年,因为"其富有节制的同情和强烈多彩的叙事作品勾画了孤独无助者的令人心颤的形象",塞拉获得了诺贝尔文学奖。

　　20世纪下半叶西班牙文学分以下几个部分：

1. 20世纪50年代文学：社会现实主义

　　20世纪50年代的作家们开始关注具有普遍意义的社会主题,体现出社会现实主义的倾向。在表现手法上追求新颖的形式。这一时期的重要作品有米格尔·

德利维斯的《道路》、桑切斯·费洛西奥的小说《哈拉马河》、胡安·戈伊蒂索洛的《天堂里的决斗》等。

米格尔·德利维斯

米格尔·德利维斯（Miguel Delibes,1920—2010）出生于巴利亚多利德的一个富裕家庭。毕业于卡斯蒂利亚商业专科学校，1944年担任《卡斯蒂利亚北方报》编辑。同年取得母校的商业史教授席位。他边教学边为报刊撰稿，从事文学创作。1948年他的第一部描写短暂美好的爱情、宣扬爱情的感化力量的长篇小说《柏树的影子拉长了》问世，并获得纳达尔奖，从此扬名文坛。1950年发表的《道路》为他赢得了极大的声誉，标志着其创作主题转向他所熟悉的农村现实。《道路》围绕着三个农村少年的不同经历，揭示了西班牙农村的现状，指明主人公由农村流入城市走上了一条吉凶未卜的道路。1958年被任命为《卡斯蒂利亚北方报》编辑部主任。1973年被接纳为皇家语言学院院士。1982年获阿斯图里亚斯王子奖。1991年获国家文学奖。1993年获塞万提斯奖。

其作品深受陀思妥耶夫斯基的影响。他一直抱着接近底层的愿望，以"蔑视宫廷，赞扬农村"作为他写作的座右铭。德利维斯的其他重要作品还有：《我所宠爱的儿子西西》(1953)。该书反映了内战时内地省城资产阶级的腐朽生活，描写了一位自私自利的富翁自食其果的遭遇。深受广大读者喜爱的《一个猎人的笔记》(1955)以日记形式讲述了某商业专科学校热衷于打猎的校工洛伦索的种种经历。该作品中各类人物的语言特征十分鲜明，恰如其分。书中不仅抓住了大自然中各种动物、植物、风景的细微之处，而且将笔下人物的各种行动有机地衔接起来进行描述，生动有趣。《红叶》(1959)反映退休人员孤独、苦闷的生活。《老鼠》(1962)描述了小主人公和他的父亲贫穷得只好在山洞里蜗居以捕食老鼠为生，但被当权者认为是破坏了当地旅游景观，而想赶走他们。书中把对贫穷落后的抨击与对自然景观的颂扬巧妙地结合起来。《一个溺水者的寓言》(1969)运用奇特的构思，夸张扭曲的画面，支离破碎的情节展示了一个具有鲜明社会意义的故事：一个小职员因斗胆向上级询问有关其工作意义的问题而惨遭迫害。1966年出版了具有革新意义的作品《与马里奥在一起的五个小时》。后来还写了《布拉格之春》(1968)、《被废黜的王子》(1973)、《我们先辈的战争》(1975)、《卡约先生有争议的选票》(1978)、《无辜的圣人》(1981)、为纪念亡妻而写的《灰色背景上的红衣夫人》(1991)、《一个退休者的日记》(1997)、《异教徒》(1998)等。他的不少作品被改编搬上银幕或舞台。此外作为杰出的散文家，他写了散文集《小说家发现美洲》(1956)、《我和美国》(1966)以及《肩扛猎枪》(1991)等。德利维斯的作品最独特之处在于：笔下的人物大多为爱好狩猎的人或优美自然景观的爱好者。有的评论家称德利维斯为猎人—作家。

拉斐尔·桑切斯·费洛西奥

拉斐尔·桑切斯·费洛西奥(Rafael Sanches Ferlosio,1927—),客观现实主义小说家,出生于罗马。其父是作家,其母是意大利人。曾在马德里攻读哲学和艺术学科,并获得学士学位。发表于1956年的第二部作品《哈拉马河》以极度客观的手法,给西班牙文坛带来巨大惊喜。这部小说对西班牙20世纪五六十年代的小说创作产生了巨大影响。

《哈拉马河》的故事情节极其简单,毛里西奥在距离马德里16公里的哈拉马河边开了一家小酒店。在炎热的8月的一个周日,在小酒馆里店主很早就迎来了第一个顾客,一个失业的面包师卢西奥。很快又来了一批到河边来度假的马德里青年人,共六男五女。除了一人没有女伴,喝完酒就倒头大睡,其他人都去河里游泳了。午餐时他们便用从酒馆取来的盒饭,边用餐,边聊天。此时酒馆里的顾客们边喝酒边海阔天空地谈天或玩牌。河边的那些年轻人有的来到酒馆,与顾客们一起喝酒、跳舞,有的留在河里游泳、嬉戏。傍晚时分,其中一位名叫卢西达的年轻人不幸溺水身亡。这群受到意外打击的年轻人心情十分悲伤,在返途中不断琢磨如何向死者的母亲解释这场意外事故。即将午夜一点的时候,毛里西奥送走最后一位顾客,而失业多年的卢西奥明天可能会得到一份卑微的临时工作。

除了卢西达溺死外,几乎没有发生什么重大事情。全书描述的都是一些郊游中极为常见的事情,聊天的内容都是一些枯燥乏味的东西:倒闭、上税、轿车、工作、情窦初开时的轻浮举止、一直未能实现的超越实际的梦想、欢度周末的人们的陈旧陋习等等。

作品以这种单调方式反映西班牙式的无聊,人们对未来前途感到渺茫无望,对生活感到厌烦。他们都无意识地成为虚度光阴和相互厌恶的牺牲品。从发生卢西达溺死一事出发,有些评论家认为《哈拉马河》是一部描绘空虚与死亡世界的作品。除了该书显现出来的将河流——死亡——光阴归纳为合二为一的象征价值外,就像在生活里常常发生的那样,某种事情的出现或者某些偶然的言谈话语会成为悲剧的寓言。如书中描写的毛里西奥的顾客们在清晨发现一群秃鹫,或者刚刚掉下来的、挣扎着的碧绿枝叶被急流冲向下游,或者当这群青年人说,他们总共是十一人时,卢西奥说"奇数可不是好兆头,来野餐,总会有一个是多余的"。围绕着溺水事故的描述多少给全书带来某种宿命论论调。

《哈拉马河》中没有以一个人为核心的中心人物,而是群体主人公。他们是小职员、学生、怀恋帝国昔日辉煌的德国老人、淳朴的警察、失业的面包师、法官及其下属。他们好像都是一群没有未来的人们。他们的共同往事仅仅是对西班牙内战的轻松的回忆而已。对岁数大的人来说,自己经历过的内战是以某种苦涩的现实态度和理应如此的哲理观念诉说。而对年轻人来说，内战只不过是一段过去的历史，是个业已解决的冲突而已。他们并没有意识到它给他们带来了什么样严重的后果。

从本书开头作者引用达·芬奇的话来看，小说中的时光具有主人公的作用："我们在河中触摸到的河水是流过去的河水的尾声，同时又是正在流过来的河水的先锋。时光的流逝亦是情同此理。"书中出现的钟表和行进的火车都在强调从人们身上缓慢流逝的时光如同从人物手中流掉的河水那样，假如河水最后导致死亡，同样时光也在导致死亡。

作品受到电影技巧的影响极为明显。不仅表现在人物谈论大量的当时上演的电影，而且还在于作者用空白行分割开来的58个长短不一的段落划分手法，以人物对话为主进行描述。按照时间顺序变换着不同的空间并让不同的人物出入其中。就像所有的社会小说那样时间跨度与空间范围极其有限。故事情节只是在有限的地方——毛里西奥酒馆的花园、厨房、吧台和哈拉马河的岸边展开的。故事讲述的是发生在20世纪50年代初8月的某天的16个小时里的事情（从上午8点45分开始到午夜12点50分）。

《哈拉马河》是一部受意大利新现实主义、法国客观主义影响，按照行为主义叙述技巧撰写的作品。作者避免说明人物的思想意识如何，也不对笔下的人物进行什么道德规范的归类，极力避免出现主观性。他只是笔录他的所见所闻。作品揭示了战后青年一代因战争的创伤造成的内心痛苦和烦恼。这是迷惘的一代，书中也隐晦地谴责佛朗哥政权对人民的压迫。这部作品使西班牙战后小说盛极一时的客观现实主义流派作品达到登峰造极的地步，具有历史见证作用。

2. 20世纪60—70年代文学：新浪潮小说

20世纪60年代后，文学处于更加开放和自由的阶段，客观现实主义被冷落，欧美的各种新流派和新思潮成为年轻作家的关注点，新的理念、新的手法、新的语言成为他们在作品中体现的重点，他们在不断实验。1962到1975年之间，西班牙新老作家推出了风格和技巧更加多样化的新浪潮小说。

新浪潮小说出现的多重原因：最具有新潮色彩的西方小说——如福克纳、卡夫卡等人的作品大量翻译出版；大量论证、探讨当时西班牙小说创作状况文章的发表；还有法国"新小说"的传入以及西班牙语美洲"文学爆炸"的影响等等。此外，西班牙当局放宽了新闻检查制度，允许流亡作家回国定居，他们的作品在国内出版或再版，繁荣了西班牙文坛。结构现实主义不断发展，作品在表现现实的基础上，与传统艺术手法决裂，追求更加新颖的艺术性，挖掘潜在的内心世界，不仅小说在时空观念上有很大变化，而且作者喜欢选择反英雄为书中主人公，或创造群体形象。

有一些小说采用不分章节、段落、句子,各种人称交替使用等文字手段,还有的小说运用内心独白、想象、幻觉、记忆、梦呓的交错或重叠来表现内心世界的潜意识,反映出现代人复杂多变的思想与生活。

《与马里奥在一起的五个小时》(1966)是德利维斯(Miguel Delibes,1920—2010)在叙述技巧与素材选择上全面革新的代表作。故事叙述一个省会中学的教授马里奥突然逝世。他的妻子卡门接待着陆续前来吊唁的客人。当客人走后,卡门要求子女们让她独自守灵。翌日清晨即将送葬,她要与亡夫在灵堂里共同度过最后的五个小时。通过未亡人的长篇独白,读者逐步熟悉他们过去夫妻生活中的琐事与导致关系不协调的情感纠纷。卡门是资产阶级传统观念的代表人物,而这位教授则是具有进步思想、关注社会问题、对文化具有浓厚兴趣的人,因而使他妻子耿耿于怀、抱怨不已,导致夫妻关系不和。作品用内心独白手法写就,长篇独白展现了这个女人触景生情时,头脑中的所思所想。她一边守灵,一边拿起放在丈夫床头柜上的一本马里奥圈点过欣赏的段落或句子的《圣经》。每当她读完一段圈点过的经文,就引发出她对着死者发表一通议论或对往事的回忆。这是一种单项式的对话。最后卡门终于勇敢地坦白了自己对亡夫有过不忠的行为:出于虚荣心,她与青梅竹马的朋友,直到现在还在爱着她的阔佬帕科保持着不慎重的往来,尽管尚未陷进私通的泥潭。

小说主要围绕着两个基本主题展开:卡门的隐私和20世纪60年代西班牙人对生活的两种不同理解所酿成的隔阂。此外,书中还有如同社会小说那样触及世人的精神面貌、20世纪60年代的西班牙经济发展问题、国内的文化生活、妇女社会地位与作用、对30年前爆发的内战回忆、个人和社会的伦理道德等一些次要问题。小说除揭露了以卡门为代表的那些缺乏慈善心肠、极端自私的虚伪人物外,还将矛头指向政治领域和知识界的陋习,并向读者展示了被饥饿、贫困、涨价以及战争折磨的西班牙社会的种种景象。总之,该书是一部抨击社会弊端的小说。读者从中了解到战后西班牙存在的两种新旧对立思想斗争的状况。

从技巧上看,作者与传统写作手法决裂,试图实验、引进新的叙述方式——内心独白;使用了第三人称以外的其他人称;打破叙述的时间顺序。作为核心部分的内心独白十分恰当地被镶嵌在前言与后记之间,安排得极为完美。前言里有以下内容:介绍人物、人物的所思所为与作者客观地介绍他们各自的言谈举止。作为核心部分的26章里,每一章都以女主人公读的一段《圣经》开篇,然后由她随心所欲地演绎这段经文,其演绎的内容颇具讽刺意味。

托伦特·巴列斯特尔

托伦特·巴列斯特尔(Torrente Ballester,1910—1999)出生于加利西亚自治区的一个中产阶级家庭。1926年进入圣地亚哥·德·孔波斯特拉大学攻读法学。1930年在马德里《土地报》工作并经常参加文学集会。1935年获得奖学金赴巴黎进修半年。内战爆发后,回故乡边教书边进行创作。1972年他以《霍塔·贝的神话传说与消失》出名。该书被视为当时最重要的一部佳作,获得当年的文学批评奖。经历了坎坷的三十余年的默默耕耘,他终于在20世纪70年代成为西班牙小说界中最有声望的作家之一。1997年成为皇家语言学院院士,1982年获得阿斯图里亚斯王子奖,1985年获得塞万提斯奖。

  故事发生在加利西亚地区的一座神秘的虚构城市——位于巴拉利亚河畔的卡斯特罗福尔特。在中世纪的某一天,一个海员手里捧着一个装着圣徒遗骸的玻璃盒子从船上下来。他得到主教的恩准,将遗骸安置在由家族的教徒们集资建造的教堂里。海员巴拉略布雷曾保证:一定照顾好这座小教堂。随着时间的推移,几个世纪过去了,巴拉略布雷家族成为这座城市的首富之一。此外,书中还详尽地描述了该城的特点,只有这个城市的居民知道加利西亚地区的第五个省会①的神秘特点,因为他们是在那里出生的。那座城市的行走路线皆有密码式的标志,只有能破译密码的本城居民方能在里面行走自如。书中还描述了当地的土著居民凯尔特人(加利西亚地区最早的土著居民)反抗来自莱茵河的西哥特人的统治。从而引发出渴望有个帮助他们摆脱压迫的解放者,命中注定这个人的名字和姓的头一个字母一定得是"J"和"B"两个字母,西哥特人却对此传说表示怀疑,于是书中讲述了与本城故事有关系的、一系列带有"J"和"B"字母姓氏的重要人物的故事:具有异端思想的主教;求神问卦的修士;西班牙籍的外国海军司令、凯尔特人的后裔;革命诗人。但他们都不是人们期盼的救世主。居民又从古老圆桌会议团体中去查找,发现了著名的语言学家哈辛托·巴拉略布雷,他自从背叛了自己的同胞之后就与世隔绝、隐居起来;在美国任教的著名教授;还有第三个人,是一个不出名的、穷困潦倒的语法教师,即专门研究这座城市的风俗、传统的学者何塞·巴斯蒂达。尽管他不是本城生人,但他是加利西亚人,他了解这座城池的秘密,知道在某一天的大雾中整个城池将要拔地而起、消逝。他就是真正的解放者,也是小说的叙事人。就在城池消逝的那一天,巫师的女儿胡利亚陪着何塞·巴斯蒂达从卡斯特罗福尔特城逃出,躲到一边观看这座城池如何升起与消逝。其实在此之前哈辛托·巴拉略布雷(巴斯蒂达曾经做过他的秘书)早就带着圣徒的遗骸从水上夺路而逃。于是那些带有"J"和"B"姓氏的神秘人物以及河里的七鳃鳗也都追随圣体而去。

---

 ① 加利西亚只有四个省。此为作者杜撰。

这部小说通篇采用了诙谐、滑稽的文体模仿,这也是盛行于 20 世纪 60 年代末 70 年代初的叙事体文学革新运动的反映。此外书中出现众多纷杂的人物,复杂的故事情节与对真实时代背景的映射以及旁征博引的文化背景材料。其模仿范围之广,触及的文化学科面之宽,是前所未有的;从伊比利亚半岛上最早的居民凯尔特人的传说到荷马,从但丁、塞万提斯、莎士比亚到法郎士、乔伊斯、加西亚·马尔克斯、巴列·因克兰以及作者同时代的作家塞拉或贝内特,作者对近五十位作家的叙述方式一一加以戏仿,显示出作者的渊博学识。在这部作品中几乎涉及所有社会学科,从繁琐的经院哲学到结构论,从神学到社会语言学。此外,这部小说在不偏离现实的基础上,通过丰富的想象力展示出加利西亚所特有的神奇色彩。他把宗教与世俗,文化与返祖寻根,文学与风俗志荟萃一堂,达到完美的结合。这是一部画面广泛,博大精深之作。显示出塞万提斯的巨大影响力,如讽刺、风趣、现实与幻想相结合,运用多层次、多角度等手法进行表现。有的评论家认为是《百年孤独》的翻版。但与《百年孤独》相比,突出了智慧知识型的内容,而《百年孤独》突出抒情性。小说的概念化程度超过了博尔豪斯。这部小说为西班牙寓意象征性神话小说树立了一个样板。

1980 年,托伦特·巴列斯特尔的另一部小说《风信子被折的小岛》获得成功。作品一改《霍塔·贝的神话传说与消失》的抽象和晦涩,绘声绘色地描述了一个富有现代意识的爱情故事。故事发生在美国哈佛,前往访学的西班牙老教授不慎坠入爱河,与一个名叫阿里阿德涅的女生形影不离,难舍难分。然而,女生却另有所爱,她早已和一位历史教授两情相悦。

3. 20 世纪 80—90 年代:回归故事性的"轻松文学"

在佛朗哥统治后期以及西班牙民主自由时期成长起来的"80 年一代"的小说家们放弃实验小说创作,恢复并突出小说的故事情节,对西班牙的小说做出很大贡献。然而,他们的作品过分强调作品的世界性,不管是故事发生的场合,还是仿效的国外作品都一味坚持与国际接轨,所以他们的作品内容过于否定自我。这些作家并未认清世界性存在于各个种族的民族性之中。20 世纪 80 年代,国家政治的开明和经济的迅猛发展,促使文学艺术创作走向繁荣,小说、诗歌和戏剧都有了不同程度的发展,优秀作品不断涌现。

在这个阶段西班牙小说又经历了一次创作高潮,从元小说、诗情画意的抒情小说到回忆录性质的编年史式小说,再加上历史小说、幻想小说以及侦探小说,可谓种类繁多。20 世纪 70 年代出现的某些创作倾向得到巩固,并且有的形成一种流行的风格:一方面,用小说形式表述内心的衷情,有表述个人私生活问题,也有反映人类生存问题;另一方面,不管是触及严肃问题的作品还是只供消遣的作品统一追求故事性。一般来说,小说家们没有树立"解释世界"重任的"雄心大志",他们仅通过作品抒发个人有限的经验体会,有时是微不足道的区区小事以及捉摸不定的心境,间或为小人物切身利益进行辩护,但其态度业已变得极为克制,或者通过自己的作品与志同道合的读者,即那些想过轻松生活的读者共同度过一个轻松时刻(有人颇具讽刺意味地称之为"轻松文学")。

安东尼奥·穆尼奥斯·莫里纳

安东尼奥·穆尼奥斯·莫里纳(Antonio Muñoz Molina,1956—)1956 年出生于哈恩省乌韦达。曾在马德里攻读新闻专业。1974 年在格拉纳达大学获得艺术史专业学士学位。他的成名作是《里斯本的冬天》(1987,获 1988 年的国家文学奖和批评奖)。

他是 20 世纪 80 年代后期文坛上的生力军,也是"80 年一代"作家中的佼佼者。1996 年被选为皇家语言学院院士,2004 至 2006 年任塞万提斯学院驻纽约分院院长。他承认自己的小说素材部分来自西班牙当代历史(西班牙内战、佛朗哥统治、地下抵抗运动)。他的基本主题是:重塑少年和青年时代的世界,反思西班牙内战及其后果。拯救记忆和虚构记忆是他小说的出发点,在他的作品中常常有第一人称"我"的叙述者。他的作品内容深邃,情节曲折,叙事手法高超,具有 20 世纪 80 年代西方小说特色并与法国评论界所说的"新寓言"或者后现代小说的某些特点有关。如他的成名作《里斯本的冬天》具有典型的后现代小说的特色:解决了存在于现实主义和理想主义之间的、形式主义和"包含主义"之间的、纯文学与承诺文学之间的、为少数人和为多数人叙述之间的矛盾。

1986 年发表的第一部小说《福地》写某大学文学系博士研究生回故乡马希纳(作者以故乡乌贝达为原型塑造的小说世界,他后来作品都发生在这个舞台)寻访已故作家生平逸事的故事。人物在采访过程中寄宿亲戚家并与亲戚家的女佣相爱,过去的一系列纠葛逐渐复活。原来,亲戚之妻在新婚大喜之日神秘地死去,而已故作家正是她的情人。时间跨度从西班牙内战至 1970 年,恢复和重塑了那一段历史,刻画了西班牙几代人特定的历史命运。

以历史解释现实的主题在《里斯本的冬天》(1987)里重现。以一起倒卖油画而导致的凶杀案为背景,演绎了主人公爵士乐乐队黑人钢琴手比拉尔博的一段爱情故事。小说叙述人是钢琴手的好友,他以第一人称叙述了他与钢琴手的密切关系,并描述了比拉尔博的爱情经历和他对主人公的回忆。错综复杂的故事在圣塞巴斯蒂安、马德里及里斯本交替展开。作者把在发生在这三座古老而美丽的城市中的欺骗、敲诈、谋杀与鲁克莱西亚和比拉尔博之间的优美的爱情故事交织在一起。爵士乐三人演奏小乐队在圣塞巴斯蒂安演出时,比拉尔博爱上了一位金发女郎鲁克莱西亚。姑娘尽管也爱他，但被一个倒卖古董油画为生的绰号"美国人"的青年阻挠。痛苦的钢琴手决定转道马德里去里斯本过冬以便忘掉这段恋情。后来鲁克莱西亚因发现了标明油画藏匿地点的平面图而被"美国人"及其同伙追杀，钢琴手搭救了她，但却误杀了"美国人"。姑娘弄到一本假护照帮助比拉尔博逃离里斯本。作者在书中交替使用顺序、倒叙的手法，有时倒叙中还有倒叙，前后跳跃的叙述使人目不暇接，形成扑朔迷离的氛围。而这对恋人时而情意绵绵，时而不欢而散，变幻莫测的恋爱情景与书中跌宕起伏的悬念相呼应、相衬托，达到引人入胜的效果。这部作品面世后立即受到读者的欢迎，一年内再版了四次。

《波兰骑士》是一部具有自传性质的畅销书，获得1991年的行星文学奖，翌年又获得国家小说奖。该书仍以马希纳为背景，通过埃斯波西托家族四代人的经历，展现了西班牙一个世纪以来的历史面貌和世态人情。本书以男女主人公马努埃尔和纳迪亚之间的爱情为主线，以伴随他们的那副油画《波兰骑士》和那箱装有他们父辈和家乡风貌的老照片为引子，他们边看照片边回忆往事，将普通的西班牙人在一系列的重大历史变革中的遭遇、纠葛、恩怨与他们各自情感上的变化展示在读者面前，从而反映出一个世纪以来，从1870年普里莫被暗杀到20世纪90年代的海湾战争，不断演绎变化的世态和观念。

作者剖析了西班牙的现当代史，但它并不是一部历史小说，而是将在历史长河中普通人的经历和内心世界展现在读者面前。作者精心安排的结构，人物的细腻心理描述，营造的神奇但不失真的魔幻氛围，各种人称恰到好处的互换，朴实无华的文字，虚实并进、以实为主的叙述方式不仅增添了小说的阅读情趣，而且也说明当时这位最为年轻的小说家的创作已经达到成熟时期，该书不失为一部传世之作。

20世纪90年代的小说仍以反映当代社会问题，如暴力、毒品、对全球化和移民潮的思考等为主流。抒情、神话、历史传奇、新风俗、情爱、虚幻及侦探类小说仍受青睐。这个时期小说的特点是题材广泛，结构新颖，情节曲折，引人入胜，人物心理分析细腻，真切感人，故事内涵深邃。这个阶段的作品主要以社会底层的小人物为主人公，一般以个人事件或个人经历为主题，通过主人公的个人角度去反映整个社会面貌，使读者认识和理解社会问题，因而他们多半采用"意识流"、"内心独白"的写作技巧来揭示主人公内心深处的精神世界。

4. 女性文学：觉醒小说

20世纪80年代后，西班牙文坛上妇女文学或称女性文学出现新高潮，不少中青年女作家纷纷以佳作获奖。在不少作品里，主人公是妇女，甚至由女作家自己通过自我剖析、以自己的表达方式触及她们本身不同水准的自由解放问题。她们笔下的作品被人们称为"教育小说"，或"觉醒小说"。大部分教育小说涉及女性从童年走向成熟的历程,而且总是与性经验相联系,并结合自己的家庭生活环境进行叙述。近年来,又加上职业妇女的矛盾冲突的新内容。几乎所有的作品都对妇女独立问题进行探讨,而且大多数作品表现出怀疑态度。女性解放问题继续成为当今争论的课题。女作家们著书立说为了证实女人能胜任男人同样的职业,并指出女性被迫接受男性建立的公共生活准则,但她们内心是反对这些规定的。男性制定的社会契约给她们的私生活设置了重重限制。在已出版的作品中,对这种接受成长教育的时间长短不一,有的是回顾自己整个童年时期,有的是这种觉醒仅局限在成年妇女成长过程中的某一个阶段。

埃斯特尔·图斯克斯

埃斯特尔·图斯克斯(Esther Tusquets,1936—2012),1936年出生于巴塞罗那。20世纪60年代起任路曼出版社社长。她推出几套闻名于世的丛书,为推动加泰罗尼亚文学和世界文学的翻译出版做出贡献。她以长篇三部曲《每年夏天看到的是同一片海》(1978)、获巴塞罗那城市奖的《爱情是一种孤独的游戏》(1979)和《最后一次海难后上岸》(1981)登上文坛。后又出版了短篇小说集《对同样的景色瞧7次》(1981);小说《一去不复返》(1985);展示克服困难"化干戈为玉帛"的《神经错乱的小女孩和其他短篇》(1996)和《唇上的蜜》(1997)。后者讲述佛朗哥统治后期巴塞罗那城的一对女同性恋者的故事。2001年出版了以书信形式构成的四个伤感的爱情故事的长篇小说《私人信件》。她擅长在作品中再现西班牙特定时代的社会氛围和面貌。这位女作家文笔优美,寓意深邃,抒情韵味极浓,堪称当今西班牙无人不晓的才女。

《每年夏天看到的是同一片海》中的主人公埃利亚以独白方式展示她的过去。她与家庭、社会格格不入,处于一种空虚和"可怕的孤独"之中。书中描写她试图战胜这一被动局面,通过对她内心世界的裸露,揭示她如何争取个性解放,如何在旧道德束缚中上下求索,其中不乏诸多的性爱描述。埃利亚向书中的克拉腊讲述了所有往事以及她的初恋。最后埃利亚接受了成长过程中的这一教训,体会到寻找自由是不可能的,更深入地展示了女性生存的艰辛与无望。

《爱情是一种孤独的游戏》的主人公也叫埃利亚。这个女人为了逃避厌倦了的生活,走上追求爱情生活的另外的冒险途径。她与另一个克拉腊、里卡多一道寻求精神上的慰藉与解脱个人孤独的途径。书中对生存的含义的阐释显得更加悲观、无奈。

《最后一次海难后上岸》描述处于思想危机的主人公埃利亚。书中的一句话"当爱情远离我们之时,就是死亡向我们袭来之际"涵盖了本书的整个含义。埃利亚面对失败的爱情打击,处于崩溃的状态。最后埃利亚走出绝望的泥潭变成一个成熟的女性,从悉心照顾自己的儿子丹尼尔中得到解脱。

索莱达·普埃尔托拉斯

索莱达·普埃尔托拉斯(Soledad Puértolas,1947—)1947年生于萨拉戈萨,学习文学和新闻专业。先后在文化机构、出版单位及从事语言和文学的教学部门工作过。她1986年出版的《波尔多》演绎的是关于大自然、孤独、友情、人类生存条件等的作用问题以及展示不断窥探自我、认识自我的主题。作品通过三个普通人的故事阐释普遍性问题。这是三个独立成篇又有所联系的故事,因为三个故事中都有莉莲——一个坚强、泼辣、能干的女性,也是一个蔑视那些不能自行安排自己情感和职业生活的女强人。但她也遇上难以自拔的情感纠纷。她到欧洲是为了撰写一个长篇报道。在罗马她面对收集到的众多素材,却无法成书。因为她看到的都是难以解答的问题和让人泄气的素材,无法将那些材料联系起来。

获得"行星"小说奖的《黑夜常在》(1989)用第一人称,以倾诉衷肠的方式讲述主人公奥罗拉的一次短暂的东方之行。作为一个倒霉的侦探,当她获悉某个国际间谍网一事后,就陷进这场荒唐的游戏中,从而开始乘出租车进行侦探的冒险远行。她在赴西班牙、檀香山、印度等地的旅途中经历了众多磨难之后,产生一种莫名其妙的感受:"我的生命被别人所左右着,围绕我所发生的一切都服从于一个我毫无所知的计划。"当她乘车抵达新德里的一家旅馆后,她的历险生涯告一段落,她所思考的不再是回顾经历过的事情,而是展望一个未来的新生活。作者说明偶然、意外决定人类命运,人类无法掌握自己的命运,小说结尾处用黑夜来总结所发生的一切:"人的生活犹如一场经常重复的、有着各种解释的厄运游戏。在生活中人们得到的只有黑夜。而这里的黑夜是一个普通的、空虚的黑夜,仍然是传统意义上的、象征生存苦涩的黑夜。"

她作品的特点是揭示人物的内心世界,叹息、回顾一些人物的往事,不断地探寻生存的真谛,感叹生活的动荡与命运的多舛。所描述的故事常常带有强烈的悬念,人物形象模糊,但能使读者进行联想。她善于从日常生活琐事中捕捉故事素材,小说主题均为反映社会现实和政治状况。作品情节跌宕起伏,引人入胜,文字清新简洁,喜欢从男性角度描写女性的情感生活。笔下的女性均有现代特色。

罗莎·蒙特罗

罗莎·蒙特罗(Rosa Montero,1951—)生于1951年,是西班牙目前十分走红的小说家、记者。生于马德里,早年攻读新闻与心理学专业。1979年以长篇小说《冷漠纪事》在文学界崭露头角。1980年由于她主持的《国家报》专栏中捍卫妇女和受歧视的少数民族权利,主张非暴力而获得国家新闻奖。1989年又因捍卫妇女和弱势群体的权利而获人权奖。她的小说还有《三角函数的作用》(1981),《我将把你当做女王对待》(1983)等。

《冷漠纪事》出版于西班牙妇女解放运动掀起高潮之际,因此作者在这部作品标题里使用了"纪事"的字样。故事犹如由几篇"报道"组成,通过并行的一些案例、事件,得出结论:在任何情况下都应以平等的方式对待妇女。本书通过不同的文学形式反映了妇女地位以及她们在佛朗哥时代结束后遇到的种种问题。书中人物生活的环境一般是没有丈夫或由子女相伴的女性单亲家庭。她们渴望获得解放,但又无法摆脱男人而独立生活下去。该书描述她们原以为佛朗哥逝世后自己的处境会有变化,但她们得到的只是与日俱增的失望。

《三角函数的作用》讲述女主人公与几个男人之间的遭遇经历。这位住在医院疗养的、年过六旬的老年妇女以日记形式回顾30年来"我"经历过的往事。作品展示了对女性的蹂躏、虐待以及单身女性的孤独感。与《冷漠纪事》一样,书中突出了男女之间的性爱关系的需求,这位老人不仅记录下感受而且还读给她的男友听,请他加以评论。

《我将把你当做女王对待》这部非纪事性报道的小说在技巧上更加娴熟。写下层人的生活,西班牙的日常生活,特别是性问题得到真实的反映。全书用第三人称叙述,但也使用了大量的内心独白,并嵌进一些信函,作者深入地反映并探讨了妇女阶层的愿望和梦想。主人公是位徐娘半老的女招待,半辈子受人使唤;而"我会把你当女王对待"却是她常听的一句歌词。

总之,罗莎·蒙特罗以其敏锐的洞察力和深厚的文化底蕴,描绘了一幅幅西班牙当今社会的生活图景。她的小说多以女性为题材,以细腻的心理刻画、文字口语化见长。

第五章

社会生活与传统习俗

第一节　姓名与称谓

　　西班牙人的姓名通常由三部分构成：教名·父姓·母姓。如菲德尔·卡斯特罗·鲁斯，前面是名字，中间是父亲的姓，即家族姓氏，最后是母亲的姓。妇女结婚后，需要在她的全名后面加上丈夫的父姓，即她的全名是教名·父姓·德·夫姓，如安娜·洛佩斯·德·卡沃。"德"是介词，表示从属关系，即洛佩斯先生的女儿嫁给了卡沃先生。这种全名的形式一般只用于正式场合或用于正式文件（护照、身份证等）。

　　在日常交往中，正式的称呼是教名＋父姓（对男子和未婚女子），或者教名＋夫姓（已婚女子），如菲德尔·卡斯特罗，或者安娜·洛佩斯。在官方场合或公务场合，可简称父姓或夫姓，前面冠以"先生"或"女士"即可。使用母姓的情况也有，一般是其母亲的姓氏比较特别或者声望超过父家，比如画家毕加索（Picasso）的姓就来自其母亲，佛朗哥的外孙们大都双姓并用。西班牙人姓名中保留母姓这一传统有其历史渊源，古代王族和贵族女性成员也有封号、土地和财产继承权，而姓氏便是行使继承权的明证。

一、名

　　西班牙人名字的规范化大约是在罗马人统治期，至今在西班牙人的名字上仍能看到罗马人的影响。婴儿出生后受洗时取的名字被称为教名。西班牙文名字可以是婴儿出生之日的守护神或基督教圣徒的名字（如胡安、特蕾莎等），基督教圣徒多达数百个，几乎每天都是某个圣徒日；也可以是长辈或亲友的名字。

西班牙人的教名基本上和欧美大多数民族相似，主要都来源于基督教和古希腊—罗马神话，还有一些来自自然界万物与人类社会的一些事物。因此，许多西班牙文名字与法文的、意大利文的、英文的、德文的，甚至斯拉夫文的名字相同或相近，只不过在拼写和读音上有差别而已。例如：西班牙文的胡安（Juan），同于英文的约翰（John）和法文的让（Jean）；西班牙文的安德莱斯（Andrés）同于俄文的安德烈和英文的安德鲁（Andrew）。

西班牙文名字有以下特点：

1. 多复名

复名就是两个或两个以上的名字平行地组合在一起，例如：何塞·路易斯（José Luis）、胡安·卡洛斯（Juan Carlos）等等。

2. 多宗教色彩

例如：赫苏斯（Jesús，耶稣）、玛利亚（María，圣母）、安赫尔（Angel，天使）等。

3. 有性无数

西班牙文名字有阴、阳性之分，但无单、复数之别。一般情况下，以元音"a"结尾的名字是女性名字，如 Ana（安娜）、Laura（劳拉）；以"o"结尾的是男性名字，如 Pedro（佩德罗）、Antonio（安东尼奥）。但是也有例外，少数男人名和女人名以辅音结尾，如伊莎贝尔（Isabel）、卡门（Carmen）、莱昂诺尔（Leonor）是女性名字，胡安（Juan）、哈维尔（Javier）是男性名字。

4. 有词形变化

名字自身还有一些变为爱称、昵称，一般情况都遵照一定的语法规律，如加后缀—ito，—ita：Juan—Juanito（胡安—胡安尼托）、Ana—Anita（安娜—阿妮塔）；个别的有约定俗成的形式，如 José—Pepe（何塞—佩佩）、Francisco—Paco（佛朗西斯科—帕科等）。

5. 重复率高

由于名字的来源是固定的，同名者极多，全国叫胡安的男子和叫玛利亚的女子不知有多少，家族中同名者也非常多，有时候为刚出生的孩子取家里长辈的名字以示纪念。

二、姓

西班牙人的姓氏不仅是一些家族符号，而且部分地反映出一个时代、一个社会、一个自然环境的范围内的某种因素及其演变。姓氏与社会发展及自然变迁都有关联。

西班牙人的姓氏主要有下列来源：

1．源于父名

姓氏来源于父亲的名字，在父名的词尾加上后缀—az,—ez,—iz,—oz 或—uz，意思是某某之子。例如：冈萨雷斯(González)，源于父名贡萨罗(Gonzalo)，意为贡萨罗之子；罗德里哥斯(Rodríguez)，源于父名罗德里哥(Rodrigo)，意为罗德里哥之子。据说，此类姓氏起源于西哥特人。

2．源于人的生理特征

古代人为了相互区分，有时会以人的外貌特征或某种生理特点作为绰号，久而久之，绰号便演变成姓氏。例如：卢维奥(Rubio,金发)、莫莱诺(Moreno,棕色皮肤)、布兰科(Blanco,白皮肤)、索尔多(Sordo,聋子)等等。

3．源于人的品格、性情特征

这类姓氏很多，如：科尔特斯(Cortés,有礼貌的)、布拉沃(Bravo,勇敢者)、里科(Rico,富人)、胡斯托(Justo,公正的)等等。

4．源于头衔、封号、官职

由于各种荣誉称号和官职都是有限的，这类姓氏为数不算多，常见的有：莱伊(Rey,国王)、杜克(Duque,公爵)、孔德(Conde,伯爵)、马尔克斯(Marqués,侯爵)、卡瓦耶罗(Caballero,骑士)、阿尔卡德(Alcalde,市长)等。

5．源于职业

古代的职业均可为姓。例如：巴贝罗(Barbero,理发师)、佩翁(Peón,短工)、卡沃(Cabo,军曹)、怀斯(Juez,法官)等。西班牙前首相姓萨帕特罗(Zapatero)，意为鞋匠或卖鞋的人。

6．源于亲缘关系

在古代，当同一部落的同名者中开始关注彼此的血缘关系和亲缘关系时，其某些称谓便逐渐变为姓氏。例如：普里默(Primo,表兄弟)、涅托(Nieto,孙子)、索布里诺(Sobrino,侄、甥)等等。

7．源于动植物

古代人与自然的接触使得他们对自然界的动植物有一份特殊感情，故以此为家族姓氏的情况很普遍。例如：那兰霍(Naranjo,橘树)、罗萨斯(Rosas,玫瑰)、莱昂(León,狮子)、伊盖拉(Higuera,无花果)等等。

8．源于地理环境或居住环境

由于他们的祖先生活在纯自然的环境中，人们往往指自家门前的小河、湖泊、丘陵、远处的山脉为姓氏，一直沿袭至今，例如：坎波(Campo,田野)、里维拉(Rivera,小河)、富恩特斯(Fuentes,泉)、比利亚(Villa,小镇)、科里纳(Colina,小山岗)等等。

9. 源于天体或某些自然现象

古代西班牙人崇拜自然,认为万物皆有灵,就如同古希腊人和罗马人那样去顶礼膜拜。这类姓氏有涅瓦(Nieva,下雪)、卢纳(Luna,月亮)、奥罗拉(Aurora,朝霞)、鲁塞洛(Lucero,金星)等等。

10. 源于宗教

作为一个千百年来以天主教为国教的民族,很自然以圣徒或宗教词汇为姓氏。如:桑托斯(Santos,圣徒们)、克鲁兹(Cruz,十字架)、孚拉伊莱(Fraile,教士)、萨尔瓦多(Salvador,救世主)等等。

11. 源于地名

古代不少人指地为姓,可以是出生地、封地或是有某种纪念意义的地方。

例如:布尔戈斯(Burgos),帕伦西亚(Palencia)等。有的方式更为直接,以"某地的人"为姓氏。例如:加泰兰(Catalán,加泰罗尼亚人)、加耶果(Gallego,加利西亚人)等。

12. 源于外族姓氏

由于在历史上西班牙曾多次遭受外族入侵或经历过多次民族大迁徙,血缘的不断融合导致了一些外族姓氏进入到本地人家族。例如:提西亚诺(Ticiano,意大利姓)、莫伊塞斯(Moisés,犹太人姓)、苏莱曼(Solimán,阿拉伯人姓)、贝克尔(Bécquer,德国人姓)等等。

13. 其他

还有其他来源,但数量有限。如以色彩(罗哈斯,Rojas——红色)、器物(班德拉斯,Banderas——旗帜)、金属(奥罗,Oro——金子)、人体器官(奥雷哈,Oreja——耳朵)、社会现象(帕斯,Paz——和平)、建筑物(托雷斯,Torres——塔)、日期(多明戈,Domingo——星期日)等为姓氏。

过去,单凭一个人的姓氏就能推测出其出身或者大概的社会等级,至少平民和贵族的区分可以一目了然。贵族姓氏往往在教名之后加介词de,之后是封地、采邑的名称。

三、称谓

1. 亲属称谓

在家庭和家族内部,称谓仅以辈分划分,但没有父系母系之别,没有姑表姨表亲之别,没有同一辈分中的排序习惯,因此称谓用词相对简单。例如,祖父与外祖父,祖母与外祖母,姑与姨,叔、伯与舅,堂兄弟与表兄弟,甥与侄之间称呼没有分别。姻亲同辈者无"姐夫""嫂子"等区分。同辈人中不排序,因此无哥哥、弟弟之分,也无叔、伯之分。晚辈对长辈用亲属称谓,如"爷爷""妈妈"等。同辈中年幼与年长之间均以名字相称,例如弟弟叫哥哥可以直呼其名。在平辈和姻亲中,彼此直呼教名,称谓词只用在书面语或用第三人称介绍时使用。西班牙人称呼对方名字的习惯很普遍,甚至在长辈与晚辈之间,也常常称呼名字以显得亲切。另外,"叔叔""阿姨"这种称呼在中国很普遍,用来称呼父母辈的男人和女人,而在西班牙它们只用来称呼父母的兄弟姐妹。

2. 社交称谓

最常用的称呼是先生、小姐、女士,一般较少使用官称,在正式场合只有对部长以上的高级官员才称官职并加"先生"或"女士",如"部长先生""议长先生"。在官职之后不加姓氏,如:不能称"洛佩斯部长",但在书面语言或使用第三人称时可用。被呼以官称的还有大学校长、大使、议长、大法官等级别,大使因是一国的正式代表,可以享受这一礼遇,另外在书面语中还可以享受"阁下"的尊称。

在一般场合,西班牙人以父姓称呼对方,或教名加上父姓。关系熟悉的人之间,互称教名。在公务场合有一种流行趋势,即上下级之间彼此都以名字相称,显得亲切而随便。公司里的经理和普通职员之间,大学校长和普通教师之间,彼此不用官衔称呼,也免去先生、太太一类的称呼,简简单单地只叫名字,所体现出的是平等与民主的气氛,是良好的人际关系和凝聚力的体现。社会关系中,在熟悉的人们之间,不论年龄,均直呼其名以显得亲切。学生很少称呼老师为"姓+老师"。如果是不熟悉而且年长的教授,一般称呼其"先生"。还有一个特点,西班牙人对学术头衔的重视程度大大超过对职务的重视。在他们看来,学术头衔意味着知识水平和专业能力,是一种积累,几乎是永久性的;而职务或者官衔是临时的,任期一满就弃之不用了,没有终身制。所以博士们都希望别人称自己为"博士",而不是简单的"先生"或"小姐";即使某博士已经当上总经理了,称他为"博士"仍是最为得体的称呼。

西班牙人最有特色的称谓是"堂"(don,对男性)和"堂娜"(doña,对女性)。早在中世纪,堂和堂娜之后加教名的称谓就已经很流行,但在当时只用于贵族和王族,百姓无权使用。比如塞万提斯的不朽名著《堂吉诃德》中的主人公的全名是堂·吉诃德·德·拉曼恰,在这个名字中,"堂"是尊称,因为吉诃德是乡绅,有一定的社会地位,而他的随从桑丘·潘沙的名字前从未出现过"堂"字,因为他只是个普通的农民。堂·吉诃德的情人杜尔内西亚的姓名前则出现了"堂娜"这个称谓,因为在吉诃德的眼中,他的情人是个贵妇。当然,作者是以戏谑的笔调写的,因为事实上杜尔内西亚只是个村姑。而堂·吉诃德的"堂"字也是自称,以显示自己的社会地位，对此乡邻们还颇有微词，认为他只不过是在冒充绅士。比如在第二部分的第二章中，桑丘说村子里的人背后议论堂吉诃德："绅士们说您不过只有四架葡萄，两亩薄地，说到头也只是个小乡绅，竟自称堂某某，披上几块破布，做起骑士来了。骑士们说，他们可不喜欢乡绅们抢他们的饭碗，特别是那些只配当侍从的家伙，说他们补黑袜子用绿线，鞋脏了得自己擦。"（唐民权译，《堂吉诃德》，塞万提斯著，陕西人民出版社，2002年）再如"黄金时代"的著名作家蒂尔索·德·莫里纳创作的举世闻名的花花公子堂·胡安（堂璜）的名字，"堂"即是尊称，因为胡安是贵族子弟。

这一习惯从古代延续到今天，已不限于贵族，可以泛指所有令人尊敬的人，特别对德高望重者和长者，仅仅是一个尊称而已。政府工作人员、大学教授、医生、律师等等有一定社会地位的人，在正式的信函来往中，一般为了对其表示尊重，在其称呼前面一定要加"堂"或"堂娜"这样的尊称。

另外，在西班牙语的人称代词中，从"你（tú）""你们（vosotros）"与"您（usted）""诸位（ustedes）"两组代词的使用中可以体现出相互之间的亲疏关系。前者是对熟悉的人的称呼，后者是对陌生人和上级的称呼。一般来说，即使初次相识，你若用"您"来称呼对方，对方也会亲热地请你以"你"来称呼他，以拉近距离。但是，在西班牙语美洲，则不使用"你（tú）""你们（vosotros）"这两个人称代词，只使用"您（usted）""诸位（ustedes）"，而且没有亲疏关系之分。

3. 宗教称谓

西班牙有相当数量的宗教人士，上至大主教，下至普通的修士、修女，在过去对他们都有相应的称谓。如今形式日趋简单，对神父可以称之为 padre（父亲、神父）或者 señor（先生），对修女可称为 madre（嬷嬷）或者 señora（女士）。在医院和社会福利机构工作的修女也被称为 hermana（姐妹），修士被称为 hermano（兄弟）。对主教以上的教职人士要加尊称，如 Su Sanidad，即尊者之意。

4. 王室成员称谓

根据传统，对国王和王后应尊之为"陛下"（Su Majestad），对其他王室成员，如国王的子女和兄弟姐妹称为"殿下"（Su Alteza Real）。但有时也可简单地以"先生"、"夫人"等相称，称名字的，前面要加"堂"或者"堂娜"。

在西班牙这个王国里，还有一个现象，即对贵族们称谓：在西班牙实施民主化进程之后，贵族们经法律认可的特权只剩下为数不多的几项，其中之一便是在其姓前加封号（爵位）及称之为"阁下"。由此可见称谓在社会生活中的重要性。

第二节 舌尖上的西班牙

一、各色食材

一方水土养一方人，西班牙也不例外。靠山吃山，西班牙境内多山，很多地区不适宜耕种庄稼，西班牙人便开展畜牧业，自古以来畜牧业发达，所以内陆地区多以羊肉、牛肉为主要食材，如：牛排、烤乳猪、烤嫩羊羔肉、火腿、各种香肠、奶酪，还有传统名菜焖兔肉、什锦炖菜、煨石鸡等等。蔬菜种类很多，鹰嘴豆、洋蓟、甘蓝、洋葱、土豆、西红柿、莴苣等都可用来做配菜、沙拉或菜汤。在山区，各种野味如野兔、山鸡、斑鸠、石鸡等也常常出现在餐桌上，大受欢迎。

靠海吃海。西班牙位于伊比利亚半岛，有漫长的海岸线，海边居民自古以来便以打鱼为生。丰富的海洋资源大大充实了西班牙人的食谱，从西北部开始，加利西亚无须鳕鱼，北部比斯开湾的鳕鱼及其他海鲜；地中海沿岸的饮食更是脍炙人口：加泰罗尼亚一带的龙虾、对虾，安达卢西亚的鳀鱼，马拉加的无鳞鱼，还有鱿鱼、金枪鱼、比目鱼、鲟鱼、各种贝类、虾类、蛤蜊等都可以烹制成美味佳肴。

历史上多个外来民族进入半岛，给半岛带来了其饮食文化的影响。两千多年前希腊人带来的橄榄种植技术使本地人至今受益，橄榄果实可以加工成许多种口味的食品，而橄榄油是西班牙烹饪技术的基础之一。阿拉伯人从东方引进了稻米、柑橘、柠檬和茄子等大量蔬菜品种。哥伦布到达美洲后，印第安人驯化的经济作物玉米、马铃薯、甜薯、瓜类、豆类、辣椒、西红柿，以及凤梨、鳄梨、番石榴等亚热带和热带水果也是最先被西班牙人接受并在旧大陆推广。

联合国教科文组织将地中海饮食纳入人类非物质文化遗产。西班牙许多农产品，如水果、蔬菜、鱼、橄榄油、葡萄酒、脱水水果和蔬菜是地中海饮食的一部分。

二、特色饮食

1. 橄榄油 (aceite de oliva)

西班牙人长寿，人均寿命已达 81.1 岁，比全球 30 个发达国家的人均寿命还长 2 岁。其中的奥秘在于，西班牙是"地中海饮食"圈的主要国家，而橄榄油正是这种饮食的一大主角。在西班牙，不管是高级饭店还是街头小馆，餐桌上必放一瓶橄榄油。餐馆的每道菜，都是用高品质的橄榄油烹调，人们甚至把橄榄油直接倒在面包和甜品上。橄榄油不仅抗氧化而且易消化，能减肥和养颜。目前，西班牙是世界上橄榄树种植最多的国家。西班牙 80% 橄榄油的产量在安达卢西亚。西班牙提供世界最高品质的橄榄油,它出口的橄榄油中49%是特级初榨橄榄油。

2. 伊比利亚火腿(jamón ibérico)

西班牙出产的"伊比利亚火腿"世界闻名,可谓西班牙饮食文化的国粹,是很受当地人欢迎的一种传统美食。这种火腿是用自然放养的伊比利亚黑猪制成的。伊比利亚猪又被当地人称为黑蹄(pata negra),黑蹄被视为血统的象征。这种黑猪以富含油酸的橡子为食,肉中的脂肪含量少,口感好。大部分的橡树牧场分布在埃斯特雷马杜拉自治区,在安达卢西亚自治区北部和卡斯蒂利亚西部也有分布。伊比利亚猪幼时放养于野外,吃的是野草和树根,也吃橄榄,使肉质增加一种特别的香气。长到夏天,农人会用谷物来饲育,到了秋天橡树结实时,就是增肥的阶段,这时伊比利亚猪大量食用橡子,橡子是火腿特有的榛子芳香的由来,此时的伊比利亚猪食量惊人,两三个月就可再增加六十至八十公斤。

当猪只饲养到十四至十八个月时,极限的体重约为180公斤,以饲养猪只来说,这样的时间是很长的,但为了要制作伊比利亚火腿,这样的等待是值得的,因为伊比利亚火腿的品质与味道决定于饲育的过程,包括这段时间猪吃了什么、当地气候、尤其是增肥阶段的情况等。

猪只屠宰后,卸下后腿,抹上粗海盐,放在特制的、保持一定恒温的储藏窖中进行腌制,时间长达两年。准备上市售卖前,检测人员用一支用骨头或动物的角做成的长尖刺针,刺入特定的部位,取下一点肉,嗅闻长针上的味道来判断香气、肉质等是否合格,方能上市。通过检测后的火腿还会再送回地窖中再低温熟成,市面上常见的都是熟成24个月的产品,有时甚至会熟成30个月。经过长达2年的腌制,肉色由粉红到深红,中间像大理石的纹一样,夹着白色的脂肪,整块肉都会发亮。独特的养殖方式使脂肪较一般的猪少,不会令人发胖,而且口感滑而不腻。它比普通猪肉的蛋白质要高出百分之五十,含有的脂肪是"好脂肪",这种脂肪会产生高密度脂蛋白(HDL),就是所谓的"好胆固醇"。上好的伊比利亚火腿是用来生吃的,要切得很薄,每片都近乎透明,吃的时候可以用手捏食,然后,将整片放入口中慢慢咀嚼,食后有一种绵长的、绕口不绝的醇香在口中长留。最常见的是夹在面包中作为快餐食用。

除了做火腿,猪只其他部位也会被制成如西班牙辣肠chorizo、肉条干lomo,前腿可以制成另一种火腿paleta,生鲜的猪里脊肉也会出现在昂贵餐厅的菜单上作为生煎的料理,一样都有伊比利亚猪特有的榛果香气。

3. 香肠(chorizo)

与伊比利亚火腿齐名的是chorizo香肠。西班牙各个地区都有自己的香肠,而且品种很多,各具特色。一般风干制成,也有用生肉末直接灌制的生肉肠。吃法很多,可煮、可蒸、可烤、可炸。西班牙人喜爱香肠如同喜爱火腿一样,餐桌上几乎离不开它。以切成粗粒的猪肉,混合香料、红椒粉等腌制,经熟成和再度烟熏,自然风干,味道浑然天成。

4. 葡萄酒(vino)

由于地理条件适宜,自古以来西班牙就以大面积种植葡萄而闻名,因此盛产葡萄酒。西班牙的葡萄酒种类多,芬芳香醇,色泽美丽,在世界上享有盛誉,其产量居世界第四位。正因为这得天独厚的条件,西班牙人无论男女老少都爱饮酒,主要是葡萄酒(包括雪利酒),其次是啤酒和其他酒。

国内有六十多个大葡萄酒产区,都是官方制酒区,其产品被称为法定产区级葡萄酒(缩写 D.O.)。最负盛名的有加利西亚的清淡果味的白葡萄酒、卡瓦汽酒、加泰罗尼亚香槟、赫雷斯的雪利酒等等。而爱好者们最推崇的是拉里奥哈(La Rioja)的产品,从顶级珍藏版的酒到普通的佐餐酒,应有尽有。

在西班牙,酒类的分级很复杂,以酒液的颜色(玫瑰红、宝石红、粉红等)、含酒精度、甜度或生产年代、酿制方法等来进行区分。西班牙人爱喝酒,日常三餐,除了早餐,其余两餐都有酒相伴,特别是葡萄酒。就餐时讲究红酒配红肉食,用白葡萄酒配鱼肉或海鲜,餐后可用香槟。饮酒时,对酒的温度也有一定要求,甚至酒杯也有不同的规制。很多家庭都有自制冰块、调酒杯以及各式各样的酒杯(啤酒杯、香槟酒杯、威士忌酒杯、雪利酒杯、葡萄酒杯等)。

葡萄酒的著名原产地是拉里奥哈。除了葡萄酒,苹果汽酒也是西班牙特产。

5. 土豆鸡蛋饼 (tortilla de patata)

土豆鸡蛋饼其貌不扬,但在西班牙非常有名,是一种传统小吃。据说在很久以前,这是穷人餐桌上的食品,登不了大雅之堂,但随着时间的推移和社会的变迁,土豆鸡蛋饼逐渐为所有人接受并风靡全西班牙。这款质朴怀旧、不需要使用珍贵食材的食物,西班牙人从早到晚都喜欢吃。可做早餐、午后点心、或者下酒食品。食材是土豆、鸡蛋和洋葱。制作方法是,先把土豆和洋葱切成小片,在橄榄油里炸至发出香味,捞出,撒上盐,倒入鸡蛋液,拌匀,然后倒在平底锅里煎,一面煎好后翻过来煎另一面。最难的是翻饼,如果不小心,就会把饼翻碎,翻蛋饼是西班牙主妇的一个拿手本领。

6. 海鲜饭(paella)

海鲜饭是西班牙最具代表性的食物,相当于"国饭"。源于西班牙稻米之乡、地中海边的巴伦西亚,这里出产各种各样的海鲜,由烹饪这道餐所用锅(paella)而得名。这种锅是一种很扁的平底锅,带有两个把手。海鲜饭种类繁多,配料不同,价格差异也大。配料以各类海鲜为主,也有肉类和时令蔬菜。根据不同地域来决定里面究竟有哪些食材。鸡、鸭、鱼、兔,甚至是蜗牛肉都可以加入其中。颜色调配主要靠藏红花。这种香料价格昂贵,小小一点就可以让米饭染上漂亮颜色,并且香味浓郁。

做海鲜饭的厨师有多少,海鲜饭的种类就有多少。写进食谱的海鲜饭多达300种。19世纪末20世纪初,海鲜饭是地中海沿岸居民的家常便饭,今天已经是西班牙饮食中最具代表性的主食,西班牙人一般一周或十来天吃一次。海鲜饭一直以锅大、量大而著称,供许多人分食,是招待客人的美味佳肴。就像中国的家庭来客人包饺子一样,在西班牙,尤其是地中海边的巴伦西亚自治区,只有海鲜饭这种需要精心制作的菜肴才能表达主人对客人的一番盛情。

7. 奶酪(queso)

奶酪在西班牙受欢迎程度如同中国人心目中的豆腐和豆制品。西班牙有120多种奶酪。其中11个为原产地品牌。主要为羊奶酪,牛奶酪也正在日益增多。

专家鉴定,奶酪含有丰富的蛋白质、钙、维生素和人体需要的许多其他物质。其中维生素A高于一般食品。

奶酪的品种有鲜奶酪、嫩奶酪、半风干奶酪、全风干奶酪、老奶酪、陈奶酪多种。分类主要取决于是否经过风干或风干时间的长短。鲜奶酪无风干过程,嫩奶酪风干时间非常短,其他奶酪的风干时间依次在一个月以上、两个月、几个月甚至一年,有的在制作过程中加青霉菌。有的风干一段时间后再在橄榄油或红葡萄酒中浸泡一定的时间。西班牙人吃奶酪几乎成癖,一日三餐,常吃不腻,单吃或就面包和下酒。奶酪作为下酒菜非常讲究搭配。喝白葡萄酒吃羊奶酪,喝香槟酒吃加泰罗尼亚自治区生产的奶酪,喝玫瑰红葡萄酒最好吃半风干的奶酪或嫩奶酪,饮红葡萄酒时的最佳下酒奶酪为绵羊奶酪或全风干牛奶酪。大部分品牌的奶酪切开后为实心,也有部分品牌的奶酪切开后有大小不同的风眼或海绵孔。

"帕切科"和"堂·贝尔纳尔多"是西班牙生产的世界知名的两种奶酪品牌。

8. 油条(churro)

西班牙油条与中国的油条类似,两者都是当地早餐时经常会食用的食品。西班牙油条制作是以面粉制成生面团,生面团透过花边挤筒挤出来,使油条带有花纹,然后再放进油锅里炸。在炸好的油条上面裹上糖或肉桂粉。通常西班牙油条需蘸上巧克力或咖啡来吃。西班牙油条不仅红遍西班牙,也开始走向世界,西班牙首都马德里最为知名的油条店,就选择中国最繁华的城市上海,开出中国第一家西班牙油条店。

9. 烤乳猪(cochinillo)

烤乳猪是西班牙西北部地区的塞戈维亚、阿维拉等地的特色食品。烤乳猪用的小猪重量约 3 公斤左右。以牛油、迷迭香、蒜蓉涂抹好后放入电烤箱一个半小时,其间要不断淋入葡萄酒,并撒上胡椒粉。出来的猪仔,里面的脂肪已经被烤成半融化状态,入口即化,甘香无比,还带着淡淡香草味。

有趣的是切乳猪的方式,如同一场表演。老板将一只刚出炉的乳猪用精致的小车推到客人面前,然后手持瓷盘在烤得很脆的乳猪身上切下三"刀",一横,二竖,将乳猪切割成 6 块。切完之后将肉分到客人的餐盘里,再将瓷盘高高举起,猛地朝地上一砸,"砰——"的一声,盘子被砸得粉碎。整个过程在 30 秒钟内结束,干净利索。这就是老板别具一格的欢迎仪式。

10. 杏仁糖(turrón)

杏仁糖是圣诞节期间消费最多的点心,和我国中秋吃月饼类似。它的年消费量约 35000 吨。主要原料为杏仁、糖、蜂蜜等。由于地中海上的巴利阿里群岛盛产杏仁,所以最著名的产地是群岛对面地中海岸边的阿利坎特省的西苏纳·沃·吉霍纳市。在这个仅有 7500 人口的市镇,几乎每个能干活的人都要参加杏仁糖的加工,每年 9 月至 12 月要废寝忘食地加工制作 4000 多万块杏仁糖,价值在 9000 万欧元左右。

11. 蔬菜冷汤(gazpacho)

在西班牙南部的安达卢西亚,人们用番茄做出夏日里极具特色的冷汤——安达卢西亚冷汤,是西班牙极受欢迎的夏令菜。蔬菜冷汤质地细滑,口感清爽。可以当做餐前开胃汤、夜宵等。

这道看似简单的菜,原料很重要。地中海独特质地的番茄和特级初榨橄榄油给这道菜以正宗的味道。把番茄丁、黄瓜丁、青椒丁以及橄榄油、葡萄醋和大蒜一起搅拌,用滤网对番茄进行过滤,让口感更滑顺。除了加入切碎的蔬菜之外,还要加入一些面包丁,之所以有这个习惯,起初只是为了不浪费多余的面包。在番茄尚未被带入西班牙的时代,最传统的冷汤是白色的汤水,因为加入了杏仁和大蒜。

12. 炖肉(estofado)

炖肉是西班牙传统大众食品之一,为不少家庭聚会时的常备菜。炖肉的主要原料有羊羔肉、鸡肉、猪肉、火腿、香肠、野味、青菜、土豆、玉米、鹰嘴豆、血肠,调料有西红柿酱和尖辣椒等。将上述配料放入砂锅,用文火炖数小时即可。食用时先上汤,再上菜,最后上肉。

除了以上举国嗜好的饮食外,西班牙各地都有自己的特色美味佳肴,种类十分丰富,在每个地区都可以品尝到不同的美味,大致如下:

(1)鱼和海鲜是加利西亚饮食的基础。最典型的菜肴是加利西亚肉汤、加利西亚式章鱼。

(2) 阿斯图里亚斯最具特色的是菜豆烧咸肉和卡布拉雷斯奶酪。苹果酒是该地区的特色饮料。

(3) 在卡塔布连,沙丁鱼、鳀鱼和鱿鱼有多种做法。

(4) 巴斯克饮食国际知名,秘诀在于酱汁。主要菜肴是绿酱腌鱼,有油焖做法或比斯开式做法。

(5) 在纳瓦罗,值得一提的是禽类菜肴和众多的什锦菜。这里还有美味的隆卡尔羊奶酪。

(6) 拉里奥哈出产非常好的红酒。菜肴主要以甜椒或红椒出名,甜点以杏仁糖糕出名。

(7) 阿拉贡是胡椒酱、番茄酱、辣椒和洋葱的故乡,在那里用这些调料烹调鸡肉和羊肉。

(8) 加泰罗尼亚是典型的地中海饮食。除了它的特色米饭,还有香肠、奶酪和酱汁。圣萨杜尔尼·德阿诺亚(Sant Sadurní d'Anoia)是著名的起泡酒(cava)的中心产区。

(9) 莱万特是产米区。除了著名的海鲜饭以外,还有可口的饭后甜点,比如果仁面包片、烤面包和果仁糖。

(10) 在安达卢西亚,人们可以品尝到美味的炸鱼、蔬菜冷汤和优质火腿。安达卢西亚的红酒细腻芬芳,在全世界享有盛名,尤其是赫雷斯、马拉加和蒙提亚当地的红酒。

(11) 中部地区是烤肉的故乡,羊肉、牛肉、乳猪、小山羊肉等放入柴炉中烤制。在马德里还可以吃到著名的肉汤。埃斯特雷马杜拉地区出产的塞拉诺火腿很著名。

(12) 巴利阿里群岛向全世界出口产自马翁市(梅诺卡尔岛)的蛋黄酱。在马略卡岛,螺纹蛋糕和大腊肠非常好吃。

(13) 加那利群岛有着为数众多的鱼类菜肴和著名的辣酱。那里各种各样的土豆和红酒从16世纪开始就声名远扬。这里还出产各种热带水果,如香蕉、鳄梨、木瓜、芒果、番石榴等。

三、餐馆

西班牙人对饮食极为爱好和讲究,因此,在西班牙境内,一流的餐馆为数不少。这里的餐馆以"叉子"的数量多少分为高低五等,叉子越多,饭馆越高档。西班牙全国有2万多间饭馆和餐厅,拥有120多万个座位,各式餐馆保留着古老的民族风格,屋内装饰按传统风格布置。在每家餐馆、店铺门前,多会摆放着当日优惠套餐单,供客人选择。

四、特殊的进餐时间

  由于地处南欧,纬度低,日照时间长,西班牙人有午睡的习惯,使得他们的进餐时间与欧洲其他国家不同。早餐在上午8点以前。吃得比较简单,现成的饼干、面包、蛋糕等。西班牙的甜点美味可口,品种多样,再喝杯牛奶咖啡加麦片、玉米片等,就是一顿美味的早餐。由于上午下班时间是两点,午餐时间一般很晚,所以人们会在10点到11点之间去咖啡馆里吃点东西,喝杯咖啡。午餐是正餐,一般家庭都很重视,往往全家一起吃饭,饭菜也很丰盛,吃得比较讲究。一般上三道菜:第一道是开胃汤或沙拉,第二道是主菜。常吃的主菜名目繁多,其中主要的有牛排、猪排、烤羊肉、烤牛肉、炸鸡腿、烤鱼、焖火鸡、焖兔肉、火腿及炸虾、炸土豆条等。面包随主菜一起上。第三道是甜点。吃完午饭西班牙人有午睡的习惯,下午上班时间一般在下午5点以后,这指的是商场、酒吧等娱乐场所,而政府部门下午是不上班的。晚餐一般在晚上9点到10点。由于午餐和晚餐时间间隔长,人们不到吃晚饭时间就会饥饿,所以一般在午餐和晚餐之间会去外面的咖啡馆或酒吧吃点东西,这也是和朋友见面聊天的机会。这种拖沓而漫长的进餐时间是西班牙独有的。

  在周末或节假日,西班牙人往往和家人、朋友在外面的餐馆吃晚餐。这是正式的社交场合,着装上往往都较正式,女士一般精心打扮。这种聚会场合,往往进餐时间长,吃饭与聊天并行,一个话题接着一个话题,一顿饭常常要持续1到2个小时。美餐一顿之后,啜着咖啡或白兰地,一边畅所欲言,谈天说地,是西班牙人生活中一大享受。年轻人在吃完晚饭后,往往还要去酒吧玩,喝酒、跳舞,直到凌晨才回家睡觉。西班牙人夜生活很丰富。人们晚睡晚起,所以在节假日的早上,西班牙的大街上往往是冷冷清清的,人们还没睡起来呢。

五、佐酒小吃(tapas)

  指的是饭前开胃的小菜或是两顿正餐之间的点心,在西班牙的饮食文化中占有很重要的位置。西班牙的午、晚餐时间比较晚,一般在一日三餐之间或周末的空闲时间,三五好友聚在小吃店里聊天休闲,是西班牙人的一种生活方式。

  小吃的品种繁多,味道都是咸的,分凉食和热食,肉类、海鲜和素菜。凉食部分,主要是面包夹各种馅料配上橄榄油,洒些洋葱末、蛋黄层当夹料,十分美味。热食的小吃多数是炸的,象炸乌贼、炸小墨鱼、炸鸡翅膀等,还有香烤咸酥虾、香蒜虾、蒜泥洋蘑菇等。淡菜小吃也有清蒸柠檬淡菜、醋拌淡菜、酥烤奶油淡菜。番茄青椒拌章鱼是一道老少皆爱的小吃。

肉类方面的小吃，有烤小羊排、烤猪肉串、煎肉片、炖牛肚、烤猪耳朵等。有些酒馆的某一种小吃做出名了，就干脆专卖那一样，连店名也都改为比如蘑菇酒馆、煎蛋饼酒馆等，客人上门，只需点个饮料，塔帕就跟上来了。这种酒馆的小吃通常比别处的份量大。最著名的小吃有安达卢西亚自治区的炸小鱼、炸小虾，加那利的皱皮土豆、烤牛肝等。最常见和大众化的是橄榄果。首都马德里是小吃店最为集中的城市。总数超过3,000个。小吃已经成了人们品尝美味佳肴的代名词。既然是小吃，就以少量为主，价位一般也不高。

小吃 tapas 的本意并非是小吃，这个词的意思是"盖子"。最初是酒吧里侍者端酒上来时用一片面包或者其他吃食盖在酒杯上以防苍蝇飞进去，到后来就变成了品种多样的食物。由于 tapas 的随意性很强，因而并没有定论说 tapas 必要包含什么。厨房里有什么，厨师想做什么，厨师的手艺特色等等都可以让每家酒吧的出品非常不一样，颇有我们"私房菜"的概念。在食材上，古代罗马人带来的橄榄，阿拉伯人带来的土豆、辣椒和蔬菜，使得当时以海鲜为主的西班牙菜肴变得丰富，tapas 的口味也变得更加多样性。在如今的西班牙，一间酒吧人气旺不旺，通常也就意味着它出品的 tapas 味道好不好。而爱玩的西班牙人，在下班至正式晚餐的两三个小时之间，几个朋友一起出去，轮流做东，常常会串几个酒吧，每间酒吧来一杯酒加一道 tapas，一个人请客，几个人分享。半个晚上串下来，如果饭量不大的人，没准也就饱了。

第三节　服饰穿戴

西班牙人着装方式在不同社会阶层中有所差异。一般来说，中产阶级着装都以平民化为特点，简洁朴素，在公开场合有时仅着西装而不系领带。企业界、金融界、商界等人士着装都比较正式、保守，甚至非常考究。而演艺界、文艺界则更多地体现个性化和时尚化。另外，不同年龄的人在服装风格上有区别。西班牙的老年妇女，比较喜欢亮色，尽量将自己打扮得年轻漂亮些。而年轻女性喜欢自然美，甚至很少化妆，但是往往穿着暴露、性感，这一点甚至成了一种礼仪，穿着暴露性感的女孩子，因为她的女人味，往往更容易得到男性的尊重和欣赏，引起对方的护花之情；当然，对于好色之徒来说，这样的女人是很难接近的。另外，佩戴耳环对西班牙女人来说是必不可少的环节。她们不注重耳环的材质，但注重其艺术性。一个女人往往拥有很多副耳环，用来配不同风格的服饰，耳环也成了服饰的一种，也许因为人的面部更容易引起对方注意。西班牙女人的耳环往往成为她审美趣味的反映。

第五章　社会生活与传统习俗

在西班牙社会，有几种特殊场合对着装方式有特别的要求，例如，参加婚礼、命名日、洗礼等活动，男人着正装，女人着华服；参加白天举行的招待会，男女皆着正装；参加毕业典礼，来宾的着装也都很正式，男人要打领带；去教堂做弥撒，着装不能过于随便或过于暴露……遵守这些要求，可以反映出一个人的修养文明程度。

总体来说，现代西班牙人的日常着装与欧、美等国的人差别不大，充分体现出社会风气、价值观、审美观和生活方式的变化，实用、舒适、得体、自然、大方是人们对日常服装的基本要求。人们喜欢穿纯棉服装，追求舒适、透气、自然的感觉。从西班牙进入中国市场的服饰品牌比如 Mango，Zara 等品牌就可以看出西班牙人日常的服饰习惯，已经与国际上大同小异。

虽然传统服装已渐渐从现代的日常生活中消失，但是仍能从民间节日、歌舞演出和一些旅游活动中看到。西班牙的四个民族均有其传统服饰，而各个地区也有各自的特色，其特点都与地区自然地理环境、民族审美心理、物质条件等有关。

总体上看，中部和北部地区的传统服饰偏庄重、素净、搭配简单，而南部安达卢西亚一带则色彩艳丽，有明显的吉卜赛和阿拉伯风格的影响，东部地区的服装色彩明快。在一些海岛或沿海区域，因气候关系，常常搭配帽子。而西部地区的着装风格与葡萄牙人非常近似，较多用深色和艳色，女装多绣花和镶蕾丝花边。

比较有代表性的民族服饰有：

1. 安达卢西亚长裙

这是一种连衣裙，裙裾长抵脚面，色彩绚烂，图案多为圆点，裙摆层次多，底部镶荷叶边，与此搭配的服饰有带流苏的绣花披巾，头上插发梳。这套服装多用在节庆和舞蹈表演的场合。弗拉门戈的舞蹈服装与此基本相同，但有一些细节上的变化。

2. 绣花披巾

披巾幅大，可遮盖双肩，质地考究的为丝质，绣花图案较传统，均为花卉，色彩以黑底红花为多，配以其他颜色。传说这种披巾来自菲律宾，故称之为马尼拉披巾。其实从史料上考查，其出处很可能是在中国广东、福建一带加工后运到菲律宾，再由马尼拉大帆船运到西班牙及其拉美殖民地出售。

这种披巾目前只在舞蹈表演、传统节日和乡村才能看到，在大城市已不多见。比如在斗牛场的观众席上，姑娘们往往把自己的鲜艳披巾搭在看台上以吸引斗牛士和男青年们的目光。

3. 斗牛士服

这是模仿斗牛士服装而简化的一种男士装，但近几年出现了一种改革的女式斗牛士服，很受欢迎。斗牛士服由上装、裤子和帽子三部分组成，上装贴身、短款，突出了腰部的线条;裤子贴腿、裤管窄、腰系宽带,整个装束着意衬托出男性的英武、挺拔,配上科尔多瓦的筒形宽檐帽后尤显潇洒。

4. 巴斯克男装

在巴斯克地区流行一种至今仍很受青睐的男装:白上衣、白长裤、系红色腰带、配红色贝雷帽,在潘普罗纳的奔牛节和地区性节日上,常常可以看到男人,特别是青年人身穿此装。红白搭配,十分醒目,有时还在脖子上系一条红帕。

5. 发梳与纱巾

在一些非常隆重而又传统的场合,妇女们往往会在头发上插一把高高的发梳,上披一袭长长的纱巾,一直垂到双肩,显得异常雍容华贵。过去发梳可用玳瑁、象牙类高级材质,在目前则不多见。梳子上面镂刻着精致的花纹,或嵌金银珠宝;纱巾多为手工剔花,非常雅致。据说,佩戴发梳的习俗来自菲律宾。如今在卡斯蒂利亚—莱昂自治区的首府巴利亚多利德,每年的圣周游行活动中,可以看到女信徒们戴着黑色镂空的发梳与披巾,非常隆重优雅,使人产生怀旧感。

第四节 居住条件

西班牙城乡建筑是古典与现代融为一体的结合。西班牙人珍视建筑古迹,历届政府都不惜拨巨款予以保护和维修。在一些乡镇和古城,古罗马时代的、中世纪的、近代的各种风格流派都留下了各自的轨迹,罗马式、哥特式、巴洛克式、新古典式、阿拉伯式……都得以完好地保存。

城市一般分为老城区和新城区。老城区位于市中心,这里坐落着市政府办公楼,楼前是中心广场,广场另外三面是咖啡馆和小商店。大广场每到节假日都举办活动,人们从四面八方聚集到那里参与或观赏。不远处是主教座堂。围绕市中心,条条街道和窄巷向四面扩散,一层或两层的民宅、窄窄的幽巷、小客栈等依旧古香古色,吸引着大批的参观者。西班牙在保护老城区方面做得很出色,相应地保留了其周边的环境,使这一风貌完整和谐地呈现在今人面前。但城市化的发展,使人们的居住要求和生活设施不断增加,于是老城区逐渐向外延伸,形成新城区,宽阔的街道、高楼大厦、休闲场地、学校、医院、银行、商场……满足了人们生活和工作的实际需要。

因气候和地理位置的关系,东南西北、山区、海岛、小市镇和乡村的住房都有各自的特点。在北方农村,由于气候潮湿,民宅多用石头建成,坐北朝南,两边倾斜度很大,以适应雨雪天气。中部高原坐落着一座座城堡,那是西班牙古代王室和贵族为了抵御敌人的侵袭而建造的堡垒。在南方的安达卢西亚,由于光照强烈,夏季气候炎热,房屋刷成白色,以反射太阳光。民房一般带有庭院,四周是回廊,摆满鲜花或挂着鸟笼,庭院正中有花坛或井,这是阿拉伯人的遗风。在阿尔梅里亚省和格拉纳达省的山区至今还保留着穴居式住房,外面安着白色的烟囱,不少人家的屋顶上已经安装了天线,内部也摆放着现代家具,成为游客光顾之地。

目前,在西欧国家中,西班牙人的居住条件相对优越。这里的摩天大楼不多,城市里的公寓楼一般不超过十层,配有电梯。没有小区围墙,是开放式的,楼下就是街道,花园、草坪错落其间,令人赏心悦目。居民楼底层一般为地下车库,一层为门面房。一般情况下,住房内现代化设备齐全,装修也比较考究。除日常居所外,中产阶级以上的家庭都拥有第二套住房或休闲别墅,位于乡下、山中或海边,为舒适的平房或二三层小楼。周末或节假日全家出动去度假休闲。

政府一方面发展社会公共住房,采取各种措施保证计划的实施和住房市场的有效管理,另一方面鼓励和支持居民买房,给予各种优惠政策,如低息贷款的发放等。此外,政府对建房也制定了严格的法规,以确保住房既适应各阶层民众的需要,也服从市政的统一规划。

除了买房,西班牙人还可以租房。在大中城市,租房是一个普遍现象。报纸辟有租房信息专栏。租房者大都是学生、年轻人、外地人或外国人等等。出租房屋的价格依照面积、室内设备、所处地段、季节等条件定价。双方商定后要签合同,租方要付预付金。

短期来西班牙的人可以住旅馆。由于西班牙旅游业发达,在配套设施方面也很先进,体现在旅馆方面,有各种层次的旅馆,适合不同人们的需要。从一星到五星,从乡村客栈到汽车旅馆,还有家庭旅馆和更便宜的只提供床铺的小店、旅行宿营地等等。豪华酒店价格很高,但三星级的设备水平和服务标准也非常到位。即使乡村客栈也能保证客人有清洁舒适的环境和一应俱全的生活设施。

在旅馆业有一种国营古迹酒店(parador),是在一些古迹的基础上建起来的。西班牙各地有许多古城堡、宫殿、贵族宅第和修道院,有些年久失修,近乎荒废;还有一些是主人无力维持,交由国家接管,修复其原来的艺术特色和风貌,对其内部则予以改造,使各项设备现代化,使游客感到舒适方便,还有现代大酒店的气氛所无法替代的思古幽情,因此成为许多游客的上选。全国共有86家parador,由西班牙旅游部门管理。

公寓旅馆和旅行营地在西班牙也很常见。公寓旅馆多半设在海岸一带的旅游区,如巴塞罗那北部的布拉巴海岸、巴伦西亚、巴利阿里群岛和太阳海岸等地均有一幢幢家具设备齐全的公寓旅馆,其价格根据地区、季节、人数和团体而定,一般的旅行社都代办这种业务,对团体游客有较大的吸引力。全国有八百多处森林绿地营区,可容纳四十多万个营幕。这些营幕遍布全国各地,在海岸地区分布尤广,并根据其所处地带的不同环境特色和设备分成不同级别,按照其服务质量收取相应费用。

第五节　主要节日

西班牙举行的各种节庆活动大多起源于宗教活动。西班牙主要的宗教节日有圣诞节、圣周(复活节)、三王节、圣费尔明节(奔牛节)、守护神圣地亚哥节、圣礼节、万圣节等等。每个地区甚至每个村镇都有自己的守护神纪念日。在基督教庆祝的节日中,有一个与众不同的狂欢节。除了宗教节日,还有世俗节日。世俗节日往往以某个历史事件或某位英雄人物为由,也有的是纪念某一传统(法雅节、西红柿节),或者表示对某一职业的尊重(军人节),为了表示对特定对象的爱(母亲节、情人节)等等。从区域上划分,有全国性节日和地方性节日。据不完全统计,西班牙的节日约有二百多个。一年之中每个星期都可能有一个节日,所以西班牙被看做节庆活动最频繁的国度之一。这也表明西班牙民族拥有悠久历史和灿烂文明,是一个情感丰富、自尊而乐观的民族。

全国性节日大致有以下几个:

元旦(1月1日)

三王节 Día de Reyes(1月6日)

狂欢节 El Carnaval(2月)

圣何塞节(3月19日)

圣周(4月中旬)

摩尔人与基督徒节(4月)

劳动节(5月1日)

圣体节 Día de Corpus(6月11日)

国庆节(10月12日)

万圣节 Día de Todos los Santos(11月1日)

圣诞节 Navidad(12月24、25日以及此后若干天)

还有宪法日、军人节、独立战争纪念日等政治性纪念日。

地区性的节日都在不同程度上反映出当地的风土人情和历史沿革,充满了民俗文化气息,其庆祝方式五光十色,色彩缤纷,有的还吸引了大量的本国及外国游客,促进了旅游业的发展。其中一些最具影响的有:东部巴伦西亚的法雅节、南部安达卢西亚的圣母罗西奥节、塞维利亚的四月集市节、北部潘普洛纳的奔牛节、拉里奥哈的葡萄酒节、马德里的守护神圣伊西德罗节、巴伦西亚省的西红柿节等等。

另外,一些现代的艺术节也有相当的知名度和影响力。如格拉纳达城的国际音乐舞蹈节(6—7月)、梅里达的戏剧节(7—8月)、巴塞罗那的国际音乐节(9—10月)、马德里的音乐之秋、圣塞巴斯蒂安的国际电影节(9—10月)等等。

重要节日有以下几个:

1. 圣诞节(Navidad)

在西班牙,圣诞节和中国的春节一样,是家人团聚,共叙天伦的节日。从12月22日彩票开奖日起全国开始休假,假期长达半个月,直到1月6日三王来朝节,圣诞假期才告结束。

圣诞节前几周,商场开始大降价,大小城镇都被数不胜数的圣诞饰品装点起来,到处一片节庆的气氛。人们忙于去商场采购,为自己和家人购买礼物。城市中心广场上有盛大的集市,售卖各种各样的圣婴诞生模型:马槽、圣婴、玛利亚和何塞的塑像,人们挑选喜欢的买回去,在家里摆放这些模型,模拟耶稣诞生的场景,叫做"伯利恒"(Belén),这是孩子们的游戏,也是一种文化的传承。

2002年的圣诞节我恰好在巴利亚多利德做访问学者。那年的圣诞节期间,笔者去市中心广场,看到那里摆放着一个巨大的Belén——即模拟的圣婴诞生场景。玛利亚怀抱刚刚诞生的耶稣,何塞在一旁低头看着母子俩,传递出一种温馨动人的家庭气氛。他们脚下和周围的地上铺满了麦秸。马、牛、羊的塑像栩栩如生,动物们都在凝视着刚刚诞生的耶稣。这一场景是表现耶稣诞生在马槽里之意。在他们头顶上方,五颜六色的彩灯在夜幕下闪闪发光。

12月22日这一天所有的西班牙人都充满期待,因为人们从8月份就开始买圣诞彩票。同事、朋友常常合买同一号码的彩票,如果该号码中奖,大家可以分享奖金。彩票买得越早越好,因为很抢手。圣诞抽奖于12月22日进行,广播电台和电视转播抽奖实况,到处可以听到童声整齐划一的唱号声。圣诞彩票为即将到来的圣诞节增添了喜庆的气氛,中奖者自然欣喜若狂,没有中奖的人也照样高兴,因为大家是为了继承这项传统活动而购买彩票,对于能否中奖倒不看重。

12月24日是平安夜。全家人聚在一起共进晚餐,晚餐非常丰盛:各种海鲜、鱼类、肉、甜食。最典型的圣诞甜点有杏仁糖、奶油糖酥饼等,放在托盘上任大家取食。晚餐之后全家人一起唱圣诞歌谣、聊天。

12月25日是圣诞节。午餐和平安夜的晚餐一样丰盛。饭后喝香槟,这一天是全家一起度过的。上了年纪的人们往往去教堂参加弥撒活动。神父们有的弹钢琴,唱圣诞歌谣,有的捧着圣婴像,让信徒们亲吻。

12月28日是愚人节。那一天可以随便开玩笑。报纸和电视上都公布假消息。这一天大家过得都很快活。

12月31日晚是除夕。全家人在一起吃晚餐,但不像平安夜那样正式。很多人穿红内衣,因为他们相信这样可以在来年交好运。年轻人一般去市中心广场聆听新年钟声。年长的人们则聚在家里看电视,因为在12点一刻时,电视直播马德里太阳门广场的新年钟声。太阳门广场挤满了人,很多人手里拿着葡萄,当新年钟声响起来的时候,人们随着钟声吃下12颗葡萄,意味着来年的12个月里幸福快乐。这时候开始放烟火,欢声雷动,人们喝香槟庆祝。接下来,年轻人呼朋唤友去酒吧聚会,一直玩到新年的第一个黎明到来,吃典型的西班牙式早餐:巧克力汁蘸油条。

元月5日晚上"东方三王"来临。传说耶稣诞生后,东方三王在这一天来到伯利恒朝拜,他们向圣婴献上礼物表示祝贺。这一天是孩子们的节日,每逢此节,西班牙的孩子们急切地盼望着三王给他们带来礼物。黄昏时分,城市的街道上举行盛大游行,"东方三王"身披长袍,头戴王冠,骑着马或骆驼,由彩车和成千上万的人簇拥着,在路两旁人们的欢呼声中,彩车上的人们把手中的糖果撒给孩子们。夜里,孩子们把袜子放在窗台或阳台上,次日清晨,他们会惊喜地看到,袜子里已装满了礼物。那天早餐的时候,人们分吃三王来朝节糕饼,糕饼里藏有小礼物,吃到的人会在新年里交好运。

2. 狂欢节(carnaval)

狂欢节一词carnaval一词是由carne(肉体)派生而来,可以想象这是一个狂欢的节日。每年2月下半月至3月上半月庆祝。周五晚开始,第二周的周四或周日结束。那几天,人们可以终日尽情玩乐,参加假面舞会或组织滑稽游行。这是人们肆意挥洒各种热情的好机会。狂欢节源自古希腊人和古罗马人纪念酒神的庆祝活动。由于天主教会的宽容,这一非基督教而又放纵的节日才延续至今。

狂欢节一般在市中心广场进行。在临时搭好的观礼台上,狂欢节组委会负责人致开幕词,市长等要员参加。随后几天活动不断,主要是化妆表演比赛。参加者主要是年轻人,人们装扮成各个国家、各个朝代、各种角色的人物,比如,佛朗哥时期的长枪党、中国清朝的士兵等五花八门的角色,做出一本正经的样子在台上走秀和表演,逗人发笑,还有的年轻父母抱着化妆成某种角色的幼儿参加,令人忍俊不禁。表演的目的就是为了逗人发笑,越稀奇古怪越让人觉得滑稽可笑,现场不时地爆发出尖叫声、喝彩声,热闹极了。

各地的狂欢节有埋葬沙丁鱼的习俗。卡洛斯三世在位时,下令从北部桑坦德市运来大量沙丁鱼以让全马德里的市民食鱼过节。由于当时冷冻条件有限,加上路途遥远,鱼运到马德里时大多已经腐烂变质。为了报答国王的心意,臣民们举行了隆重的埋葬沙丁鱼仪式。从此以后的狂欢节,虽然沙丁鱼不再从遥远的桑坦德运送,但葬鱼习俗流传至今。

加那利群岛的特内里费岛的狂欢节是西班牙最著名的,可以和巴西里约热内卢的狂欢节媲美。

3. 法雅节(Fallas de San José)

"法雅"一词是拉丁语"篝火"之意,因此"火"是这个节日的重要因素。

关于其来源,说法不一。一说源于阿拉伯人的拜火仪式,一说源于对耶稣之父圣何塞的纪念,圣何塞是木匠,因此在法雅节上要焚烧用木头和纸做成的巨大模拟像。还有一种较实际的说法:火象征着驱走寒冷的冬天,迎来温暖的春天。

每年3月12日至19日是地中海沿岸巴伦西亚人庆祝自己传统的法雅节的日子。节日的主要活动是展示和焚烧节前用大量人力物力精心制作的巨型模拟像。当地的能工巧匠们用木头和硬纸板做成精巧而逼真的各种建筑、各类人物和形形色色的动物。在人物形象中既有古代的英雄豪杰,也有传说中的神仙妖魔,最有意思的是许多当代名人的形象也被夸张地制成巨大偶像,如本国首相、美国总统、明星等等。节日期间要对这些被当地人称为"尼诺特"的纸模拟像进行评比,所以艺人们都不惜工本,千方百计设计和制作出最新奇、最引人入胜的作品来,以获大奖。

从3月12日起,巨大的"尼诺特"便在各个公共场所展出,人们身着节日盛装,成群结队地拥向街头,去欣赏这些各具特色的作品。每天都是盛会,城市因这些千奇百怪的巨像而变成了童话世界。19日是圣何塞节,街上人流如潮,乐队不断奏乐。下午举行盛大庆典,为那些被评为最佳作品的作者发奖,并将这些"尼诺特"放在博物馆中供人观赏。节日的高潮是在夜晚,此时市长宣布法雅节开始,于是在鞭炮声和欢快的乐曲中,礼花飞向天空,放在广场中央的所有巨型模拟像都同时被点燃。火光冲天,刹那间火焰便将"尼诺特"们吞掉了,同时发出噼噼啪啪的声响,灰烬和火星在空中飞舞,夜空如同白昼,整个场面十分壮观。人们围着篝火载歌载舞。

4. 圣周(Semena Santa)

这是纪念耶稣被钉上十字架和复活的重要基督教节日,通常在每年4月份春分后第一个星期日起始,为期一周。这是西班牙每年的第一个全国性长假。全国各地举行隆重的宗教游行活动。各地活动内容大同小异,但特色、规模不同。最著名的圣周活动在北部的巴利亚多利德以及南部的塞维利亚。

所有的人都来到大街上来观看不同教堂组织的出圣巡游,各个教堂抬出自己的代表圣像,这些塑像极具艺术价值,再现了耶稣的受难和圣母的悲痛。信徒们抬着塑像,随着鼓点的节奏,从教堂出发,缓慢地行进在城市的主要街道。各个修会的信徒们身穿不同颜色的悔罪服(这是一种长袍,长至脚面),手持十字架或大蜡烛行进在队伍中。很多国内外游客也来到这里,以极大的热情参加并紧跟游行的缓慢而有节奏的"步伐"(paso)。

这是一个全国性的节日,在西班牙其重要性仅次于圣诞节,全国放假三天,加上周末和赠送的"桥"①,一般能休假一周,不少西班牙人趁此机会去欧洲以外的地方旅游,我国的国际旅行社在每年的这个时候接待的西班牙游客特别多,是一个西班牙人的旅游旺季。

5. 罗西奥圣母节(La Romería del Rocío)

每年5月份春暖花开之时,在南方安达卢西亚(特别是韦尔瓦一带)举行罗西奥圣母节,信徒们肩扛着圣母像巡游,朝圣的队伍一直走到安放圣母像的山上小教堂。这一天,远近的信众们都纷纷赶来,吉卜赛人乘坐用鲜花和圣像装饰得华丽异常的大篷车,男人们身着英挺的骑手装,骑着骏马,女人们穿着传统的安达卢西亚长裙,披着绣花披肩,佩戴着长长的珠串("罗西奥"一词有"念珠"之意),与男伴们共骑一匹马。庞大的骑手队伍浩浩荡荡,人们举着旗帜和十字架,朝着圣母教堂前进。晚上人们载歌载舞,弗拉门戈舞是这种场合最传统的表演。这种盛大聚会的场合,给青年男女提供了择偶的机会,据说再丑的姑娘也能在这里找到对象。

6. 圣伊西德罗节(Fiestas de San Isidro)

圣伊西德罗是马德里市的守护神,每年的5月15日在马德里的老城区,市民们穿着最正统的19世纪末的民族服装在街上唱歌跳舞,或手挽手游行。男人们戴格子布鸭舌帽,白上衣外加灰色马夹;女人们穿彩色长裙,头上裹着马尼拉披巾,发髻上插着红色石竹花,这是当年劳动阶层市民的打扮。他们一边听着轻歌剧萨苏埃拉,一边吃柠檬糖、喝酒,品尝地道的马德里小吃:蘸巧克力的炸油条。节日食品中还包括一种含酒精的柠檬水,很受欢迎。而位于小山上的圣伊西德罗教堂里则举行隆重的弥撒,纪念这位守护神。传说这座山上的泉水有神奇功效,上山的信众们都求得一瓶水下山,与家人分享,祛病消灾。节日活动一直持续到夜里。

值得一提的是,作为全市的节日,在大游行行列的最前面,市长身穿礼服,斜佩着绶带,引导着队伍,不时向路两旁的市民们挥手致意。

7. 圣费尔明节(San Fermines de Pamplona)

圣费尔明节也称奔牛节,每年的7月7日至14日在北部城市潘普洛纳举行。圣费尔明是这座城市的守护神。在古代,人们用举行斗牛赛的方式来纪念他们的守护神,为了顺利地把公牛从牧场引到市中心的斗牛场,人们在牛群前边用各种方式引逗,刺激牛群追逐这些大胆的人直至斗牛场。这样,一种惊险而又吸引人的活动便产生了。美国作家海明威在1923年到潘普洛纳观看奔牛,大为赞赏,在他的

---

① "桥"(puente):在周末和节日之间的工作日,一般被作为假日赠送给民众。

名作《太阳照常升起》中做了精彩的描述。从此,奔牛节名声远播海内外,人们纷纷前往观看,甚至亲自参加,品尝冒险的滋味。

在奔牛节用于赶牛的主路是一条狭窄的老街。石板铺成的路面,长度为848米,两旁是住房。重约500公斤的公牛们一被放出来,便急速冲入人群中。数百名身穿白衣白裤、系红腰带、头戴红色贝雷帽的男子在公牛的前面和两侧狂奔,他们手里拿着卷成一卷的报纸,引逗公牛。人群引着这几条公牛顺着街道跑向斗牛场,中间不时出现牛顶人或是牛蹄踩踏着某个不幸摔倒的人的惊险场面。路两旁的栏杆上、围墙上、楼房的阳台上挤满了人,他们大声为勇敢者们加油鼓劲,不时发出惊呼和呐喊。人和牛在斗智斗勇,展开一场极富刺激性的较量,而西班牙男子非常乐意在这种场合显示他的大无畏气概。

在奔牛节每年都有人受伤,因伤致死的情况也时有发生。据统计,在1924年至2002年间,共有14人死亡,其中不乏外国人。尽管如此,每年在奔牛节期间人们依然纷纷到潘普洛纳来,一睹这险象环生的勇敢者的游戏,或者也换上一身巴斯克装束与公牛们较量一番。

8. 西红柿节(Tomatina)

在巴伦西亚省的布尼奥尔镇(Buñol)有一个极富特色的节日:西红柿节。每年8月28日,即收获季节,当地人用掷西红柿的方式纪念守护神圣路易斯·贝特兰(San Luis Bertrán)。

节日活动持续一周,高潮是28日在小镇街道上的西红柿大战。六千多名参加者有镇上居民、外地人甚至慕名前来的外国游客。他们为应对"西红柿弹",大多赤裸上身,或一身短打扮。人们用饱满多汁的西红柿作武器,互相投掷,场面十分生猛,人人身上都沾满了西红柿酱和汁,显得"血肉模糊",满地流淌的也是红色的汁液和被踩烂了的果实。参加者都"面目皆非",却兴高采烈,而"输送弹药"的满载西红柿的卡车还在不断开进"战场"。

这场混战只持续1—1.5小时,但就在这短短的时间里西红柿的消耗量约为50吨!

街道旁边停放着消防车,消防人员整装肃立,手中拿着水枪。到了一定时候,指挥员下令,他们便用水枪向人群中缓缓"扫射",目的是帮助人们清洗掉粘在身上、头上和脸上的浓汁,使他们恢复精神,重新投入战斗。

9. 国庆节(Fiesta Nacional)

为纪念1492年10月12日哥伦布发现新大陆,10月12日这一天后来被定为西班牙的国庆节。每年国庆节举行阅兵式。国王、王后、王室成员、首相、众议长、各部大臣、各自治区主席及其他重要军政要员出席。主要程序是:国王检阅仪仗队、升国旗,向为西班牙献身的烈士致敬、阅兵式。受阅队伍由海陆空三军和警察组成,接受检阅的有近百架各种现代化新式战斗机、侦察机、大型运输机、教练机及装甲车、摩托车等。方阵从艾里奥·卡斯特拉尔广场开始,沿卡斯蒂利亚大道,经过设在哥伦布广场的主席台,最后抵达西贝雷斯广场。外国驻西班牙使节应邀参加。

第六节　弗拉门戈

弗拉门戈(flamenco)是西班牙民俗艺术的国粹,它集歌、舞、乐和即兴表演于一身,经过多年的改革、加工,在 21 世纪的今天,作为西班牙艺术的典型形象而出现在国际大舞台上。

1. 起源:吉卜赛人、摩尔人和犹太人音乐的化合

弗拉门戈起源于社会底层,最早是街头艺人的表演。

15 世纪,一支流浪部落从印度北部出发,一路西行,辗转万里,经过东欧、中欧,进入伊比利亚半岛,其中不少人在安达卢西亚停住了脚步。这些人就是吉卜赛人的祖先。他们在颠沛流离的生活中,把自己的宗教信仰、对幸福的追求、对死亡的恐惧、对命运不公的愤怒都倾洒在歌舞中。他们在这一地区的同为天涯沦落人的为数不多的摩尔人和犹太人中找到了共鸣,这三者的音乐因素相融合,以吉卜赛音乐为主调,弗拉门戈的音乐就这样渐渐产生了。一些研究者认为,"弗拉门戈"一词起源于阿拉伯语的"逃亡的农民",应该是指不事农耕的吉卜赛人,和被驱逐、被迫害的莫里斯哥人(指改信基督教的摩尔人)。

2. 组成三要素:深歌、吉他和舞蹈

弗拉门戈的歌谣是重头戏,这是一种相当于中世纪吟游诗的形式,是口头传承的,被称为"深歌"(cante)。歌词包括流传已久的内容,也有反映现实生活的题材,但总的基调是悲苦、苍凉和愤怒,这是几个世纪艰难困苦的积淀。在节庆活动中和家庭聚会上演唱的歌词往往都是欢快的、诙谐的,吉卜赛人特有的浓烈、热辣、粗放都渗透在音乐的表现形式上。歌者无论是男声还是女声,都以深沉和沧桑的嗓音见长,没有一丝柔媚或婉约。因此在弗拉门戈的歌者中很少见到 20 岁以下的年轻人,而中年人却非常多。

歌手演唱时有吉他伴奏(toque),吉他独奏在过去只是附属于演唱和舞蹈,甚至仅仅作为一个演出中场休息的形式。如今已经变成一门独立的艺术。自 19 世纪起,吉他才正式加入到弗拉门戈表演中。在演出时,吉他手坐在舞台中央,旁边是歌手和一名或若干名伴唱者,这些人往往并不唱歌,他们的角色是拍手者,为吉他手、歌手和舞者用击掌的方式打节奏，不时会出叫喊声或用"来吧！"(¡Venga!)、"好哇！"(¡Olé!)等喊叫声来加油助威。而一些重量级的歌者则喜欢清唱。他们在演唱时异常专注，即兴发挥，用半嘶哑的声音倾诉生命中的痛苦，催人泪下。歌词使用的是安达卢西亚方言，掺杂着吉卜赛人特有的词汇，更烘托出歌曲的民谣特点。

弗拉门戈的一大看点是舞蹈(baile)，有单人舞（男子、女子）、群舞（男子、女子、混合）和男女双人舞。舞蹈可以配合歌曲的演唱，也可以独立表演。舞蹈的基本语汇都来自传统，即经典形式，如踩脚、踢踏、双手叉腰、旋转、扭胯、击掌、手腕的转动、双臂的挥动、甩发、甩头……在此基础上每个舞者根据自身的条件和对舞蹈、音乐的独特理解，会创作出新的动作，以增加表现力。

3. 服装

女舞者的服装是安达卢西亚服装的变体，连衣长裙色彩艳丽，图案一般是大小不等的圆点；裙子层层叠叠、镶着荷叶边或白色的蕾丝；有时在肩上披一条绣花披巾，边沿处缀着长长的流苏。有一种特殊的舞裙很受演员的青睐：裙子前裾剪短，便于演员做踢踏动作；而裙子的后摆延长，可拖地近半米长，如一条蜥蜴的尾巴。舞者表演时，旋转的动作能使裙尾飞扬；做激烈的踢踏或跳跃的动作时，裙尾会随着节奏而摆动，大大增加了舞台效果。男舞者的着装较简单，都是典型的吉卜赛人打扮，随意而彪悍。

4. 发型

女舞者的发型几乎是一致的：长发挽成发髻，高高地耸立在头顶；或梳在脑后，上加发梳；根据舞蹈内容的需要，也可在鬓边斜插一朵火红的石竹花。这种发型使舞者的动作显得更利索，同时突出了面部表情。

5. 从街头表演到高雅艺术

弗拉门戈的发展经历了一个漫长而曲折的过程，从侧面反映出西班牙社会观念从古到今的发展。在吉卜赛人最受歧视和迫害的年代，尽管他们逐渐皈依了基督教，仍被视为"另类""异教徒"。他们通常只能在旷野上、村镇之外的地方安下营盘，弗拉门戈歌舞也只能在这些地方表演，给这些穷困潦倒的人提供了情感宣泄和自娱自乐的机会。白人或者所谓正统基督教徒不屑于看这种"下里巴人"的表演，也禁止吉卜赛人在公开场合展示自己的才艺。之后，随着城市化的发展，市民生活内容也越来越丰富，弗拉门戈便出现在一些小市镇的集市上和节庆活动上，人们这才与之有了初步接触。

到了19世纪，咖啡馆成了城市生活中重要的社交地点，于是在一些非"上流人士"光顾的小咖啡馆里，弗拉门戈歌舞开始了商业性演出。若干年后，随着社会风气的进一步开放，出现了专门表演弗拉门戈的咖啡馆和酒吧，以后一些餐馆也加入了这一行列。为了适合演出，特地安排了场地、设施，于是更多的人成为弗拉门戈的观众和听众，其中包括不少文艺界人士，诗人们为他们填词，作曲家们将其歌谣中的某些因素植入自己的作品从而推广了歌谣的传播。演员们也借鉴其舞蹈语汇。20世纪初，著名作曲家曼努埃尔·德·法雅以弗拉门戈为题材谱写的曲子获得了极大的成功，至今还是音乐会上的保留曲目，而在天才诗人加西亚·洛尔卡的不朽诗篇中也出现了这些歌者和舞者。在20世纪后期，弗拉门戈终于走进剧院，作为艺术表演登上国家的和国际的艺术殿堂了。弗拉门戈这个以"走江湖"为表演风格的草根艺术终于成了高雅艺术。

舞剧《卡门》是弗拉门戈经典化的一个成果，它把零散、单折的表演糅合在一起，形成一个有情节、有人物、有大型乐队伴奏、有复杂的舞美和舞台效果设计的大型现代舞剧。在这样一个相对宽阔的空间和相对较长的时间段里，在综合了独舞、双人舞和群舞并结合了丰富的戏剧表演的前提下，弗拉门戈的所有精华都得到淋漓尽致的展现，并且收获了前所未有的效果。这出弗拉门戈舞剧已经征服了全世界的观众。

6. 即兴表演的特点

作为一种民间艺术，传统的弗拉门戈能够打动各类观众的因素之一是它的即兴表演。无论是歌、舞还是吉他演奏，兴之所至，演员们可以即兴发挥，其炉火纯青的造诣和丰富的积累能够在瞬间创作出极能震撼观众的歌词、旋律和舞步，而且这种即兴表演往往是互动的，只有观众如痴如醉的叫好声、掌声和喊声，才能刺激出演员的即兴发挥；只有演员的超水平发挥才能对观众的听觉、视觉和全部感官产生如此强大的冲击力。在塞维利亚、马德里、格拉纳达那些专门演出弗拉门戈的餐馆或咖啡馆里，气氛不同于任何一个剧院，因为台上和台下的应和是如此和谐，气氛是如此火热，演员和观众都非常投入，很难说是谁感染了谁。显然，弗拉门戈的魅力是不可抗拒的。

弗拉门戈不仅登上国家大剧院和世界各国大剧院的舞台，也跨入了银幕。著名导演卡洛斯·绍拉的电影《卡门》让全世界为之倾倒。

如今，在许多重大场合都能看到弗拉门戈歌舞，它是以西班牙艺术的代表的身份而出现的。例如在1992年巴塞罗那奥运会的开幕式上，吉卜赛人的舞蹈与古典歌剧同时展现在各国观众面前，人们无不为之折服。

第七节　斗牛

斗牛（toreo）是西班牙独有的一项体育运动，是西班牙的国粹。

一、起源

据说早在罗马人统治期,伊比利亚半岛上已有斗牛的习俗,武士们用斧头或其他简陋武器将公牛杀死作为对神的祭献。西哥特人继承了这一传统。在摩尔人统治西班牙的 8 个世纪,这些擅长骑术的北非人改变了斗牛风格,改为骑马用长矛刺牛。13 世纪的"智者"国王阿尔方索十世下令将斗牛祭献改为斗牛比赛,从此蔚然成风。1556 年,卡洛斯五世在巴利亚多里德的广场上骑马斗牛,他杀死了一头公牛以庆祝王储费利佩(即后来登基的费利佩二世)的降生。在以后相当长的一段时间里,特别是 18 世纪,在战事不多的年代,贵族们只能用两种方式来使用武器:狩猎和斗牛。他们改变了北非人骑马斗牛的方式,改为徒步斗牛。此时的主角是贵族,平民没有资格上场,只能在场外观看。此风一度过盛,教会只得下令禁止斗牛,并对违禁者课以重刑。从此贵族们退出斗牛场,把位子让给平民。最后教会迫于压力,取缔了禁令,而此时平民百姓已经成了斗牛场上的主角。他们对斗牛做了一次又一次的变革,使得表演更精彩,更有看点,斗牛士一手持剑,一手持披风的做法即始于 18 世纪。

二、斗牛的前期准备

1. 斗牛场

斗牛场类似古罗马的竞技场,场地是圆形露天沙地,直径约为 50 米,场地四周有挡板,挡板高约 1 米,斗牛士和助手们在危机时可以藏在挡板后面,躲开公牛的袭击。周围是阶梯式的看台,台下面设有祈祷室、急救室和牛圈。正式斗牛开始之前,斗牛士和他的助手们都遵照传统,到祈祷室去做祷告,他们虔诚地跪在圣像或者十字架前面,默默地祝祷平安。

2. 牛

一场斗牛由三次表演组成,每次有一位斗牛士上场,每个斗牛士有自己的短枪手、花标手和其他场内外助手。他要分别斗两头牛。一场下来需要 3 位斗牛士出场,斗 6 头牛,每头公牛体重约在 400—500 公斤之间,每斗一头牛需 20 多分钟。供斗牛使用的牛品种特殊,必须在旷野上采用放养的方式饲养,养 4—6 年方可上场。这样的牛野性十足,凶悍暴烈,强健壮实,据说敢向疾驰的火车冲撞。目前西班牙最大的斗牛牧场分别在安达卢西亚和卡斯蒂利亚地区。

3. 斗牛的时间

斗牛表演需要在阳光好的气候条件下进行,所以斗牛季节从 3 月底或 4 月初的圣周开始,到 9 月底的最后一个星期日结束。在斗牛季里只有星期日或重大节日才有表演,一般全年在每个场地约有 30 场斗牛。表演时间从下午 5 时开始,持续时间约为两小时。

4. 斗牛士

职业斗牛士分为两个等级,即正式斗牛士和见习斗牛士。见习斗牛士通常在斗牛学校接受训练,在开始表演时,只能斗三岁的小牛。几年之后,如果成绩好,便晋升为正式斗牛士,可以下场斗五岁或五岁以上的公牛了。

5. 斗牛士的服装

斗牛士的服装已有几百年的历史,上衣很短,面料上用金银线绣出极复杂的花纹,有时还配有华丽的披肩。腰部露出,上面系着宽宽的腰带,显出斗牛士腰部的线条,同时也有利于斗牛士弯腰、倾身等动作。裤子贴身,裤腿仅长及小腿肚,下面穿着红色长袜。裤子上也是绣满花饰。帽子为黑色,有点类似三角帽。整个装束给人的感觉是富丽堂皇、金光耀眼,同时又感到风格夸张,华丽得有些沉重感。

三、斗牛表演的程序

入场式是必不可少的仪式,乐队奏传统的进行曲,斗牛士们在两位身着 16 世纪服装的先导官带领下列队入场,斗牛士的身后是花标手和长矛手。他们绕场一周向观众致意并向主席台上的赛场主席鞠躬,主席便把牛栏的钥匙交给先导官,宣布斗牛开始。在每一个回合的表演开始时要吹起号角,这时牛栏门被打开,一头凶猛的公牛奋力冲进场地(牛的名字、体重和年龄事先已向观众公布),在场上漫无目的地狂奔。此时,几位斗牛士挥舞着大红披风,开始刺激公牛,公牛被激怒了,不断冲击斗牛士。接着,两名骑着高头大马(马身上披着护甲以防止被牛角刺伤)的长矛手入场,用手中的长矛朝公牛身上刺去,公牛毫不示弱,猛力攻击长矛手的坐骑。不一会儿,牛背被长矛刺中,鲜血直流,公牛因此变得更加狂暴,长矛手骑马退场。

紧接着两名花标手徒步入场。他们手中各持一枚带弯钩的短梭镖,上面装饰着醒目的彩带,使观众从远距离能看得一清二楚。他们的任务是必须准确无误地将梭镖插入牛背上流血的伤口处,每个回合两镖,共投三次。这是个难度很大,十分危险的任务,花标手必须迎着冲过来的公牛,一动不动,然后在刹那间迎面完成动作,身体几乎紧贴着公牛,稍不慎便会被牛撞到,或者把镖插歪以至于掉在地上。公牛背上插着 6 根花镖,疼痛难忍,完全失去控制,开始疯狂冲击任何一个出现在它面前的对象。

此时,又响起号角声,主斗牛士上场。他手中拿着一块火红的披风,沉稳地站在牛面前。他并不急于置公牛于死地,而是要用一整套动作来耍逗牛,充分显示他的机敏、大胆与果敢,也展现出人牛相斗的惊险场面。巨大的公牛对他发起一次又一次的攻击,利刃般的牛角常常擦过他的身体,但是斗牛士却不断地挥舞着披风,引逗公牛围着他团团转。斗牛士的动作优美而大胆,腰部柔韧而灵活,令人眼花缭乱,无论是经典的"贝罗尼卡①"躲闪动作,还是跪地引逗牛的危险之举,都表现出高超的技巧和勇敢无畏的精神。观众合着场上的每个回合,大喊着:¡Olé!(好哇!)¡Olé!(好哇!)这时,主席宣布授予斗牛士杀牛的权利。最激动人心的时刻到了,斗牛士接过助手递过的锋利宝剑,站在公牛的对面,右手持剑,瞄准,迅速向公牛冲过去,利索地把长剑从牛颈椎骨缝处直接插入心脏。公牛当场毙命。场上欢声雷动,满场上空飞舞着帽子、花束、披巾,斗牛士接受场上观众的祝贺。

倒在血泊中的公牛被4匹马拉的车拖出场地,人们清理现场,准备下一个回合的表演。

每场表演结束时,如果斗牛士的表演精彩,观众对他深为满意,就会挥动手中的白手帕,请求主席赐给他牛耳。最高的奖赏是除牛耳之外,再赐予一条牛尾。助手们把斗牛士扛在肩上绕场一周,热情的观众把鲜花、礼物抛向斗牛士,斗牛士的回赠是把帽子抛向看台。

四、斗牛对西班牙人的意义

斗牛在西班牙被称为"民族节日"(fiesta nacional),足见其重要性。在某些地方,尤其在南方,人们把斗牛活动看做西班牙民族精神的象征,斗牛士是英雄,是所有人的楷模。他们在斗牛表演中所看到的是人对巨兽的征服,人在自然面前无所畏惧的精神和无与伦比的能力。斗牛士在死亡近在咫尺时所表现出的从容镇定甚至幽默洒脱,令人倾倒。这种充满戏剧性的表演给生活在平凡中却渴望激情的西班牙人注入了强心剂,给予他们一个体验热血沸腾和就近欣赏到生与死、人与兽较量的绝佳机会。西班牙斗牛当今世界上独一无二的体育项目。

西班牙人对牛的感情则是复杂的。在放养野牛的牧场上,牧人们看着自己多年来精心照料的心爱的牛将一头头被输送到斗牛场上,他们希望自己宠爱的牛战死沙场,不希望它们在蓝天和草原的宁静中终老一生。对于非西班牙人来说,这是个奇怪的逻辑。在斗牛场上,当一头倔强而机智的公牛在斗牛士没能在规定回合内将其置于死地时,观众们可要求主席赦免它,放其归山。从此,这头牛便可在牧场上安宁度日,如同被供养起来。西班牙人酷爱牛,在卡斯蒂利亚和安达卢西亚的原野上,常可看见巨大的野牛标志立在山上,雄视一方。而99%的斗牛必死无疑。

---

① 圣经人物圣贝罗尼卡之名。耶稣受难前夕,圣贝罗尼卡用自己的头巾为耶稣拂面。当时,她双手提着头巾的两端,其动作与斗牛士采用的颇为相似。后来,人们便取用这位圣女的名字来形容此种躲闪技巧。

从古至今，不少伟大的艺术家、文学家喜爱斗牛。18世纪著名画家戈雅不仅喜爱斗牛，而且还曾下场表演过。他为著名的斗牛士画像，还创作过一套44幅以斗牛为题材的蚀刻画。画家苏洛阿加、剧作家洛佩·德·维加、诗人贡戈拉、大文豪塞万提斯、诗人加西亚·洛尔卡、天才画家毕加索等巨匠们都曾在自己的作品中表现这一主题。

斗牛对西班牙人来说，也是经济利益所在。斗牛已经形成了一宗巨大的产业，就业人数约为20万人，占全国劳动力的1‰，包括牧场上的农业工人、季节工、管理者、斗牛学校的职工和管理者、斗牛场的经营者和服务人员、斗牛士和他的人数众多的班子、斗牛士服装和工具的制造者、商人、表演的策划者和经纪人、与斗牛相关的纪念品的设计者和生产者及营销者……这是一支庞大的产业队伍。

斗牛和旅游业有直接关系。西班牙全国人口4千多万，而每年到访的外国游客多达5千多万，其中相当一部分将观看斗牛看做是日程中最重要的一项内容。一些小市镇的旅游资源之一就是本乡本土的斗牛表演：古老的斗牛场、古老的传统、古老的乡间……而许多旅游纪念品也与斗牛相关：印着斗牛士的T恤、斗牛士和公牛的小型雕像、斗牛士玩偶等等。许多城镇的标志性纪念碑和雕塑也以斗牛士和公牛为主题，成为一景。

目前全国大小城市的斗牛场共有400多座，最大的是1934年建成的马德里本塔斯斗牛场，场上有约3万多个座位；年代久远的龙达斗牛场自1785年就开始使用，里面还有一座斗牛博物馆，展出的是各种斗牛士服饰、披风、名人纪念品、搏斗场景和战死场景的照片、艺术品等；而最小的是那些乡村斗牛场，那只是一个铺着黄沙的圆形场地，周围立着护板，看台是临时搭建的。但是简陋的条件丝毫不影响观众的热情。

五、是与非

在西班牙国外和国内对斗牛表演一直存在着争议。尽管相当一部分西班牙人视之为国粹，但有史以来就一直有人反对。到了21世纪的今天，生态保护、动物保护等形成一种社会力量，有时可以左右舆论，影响人们的价值观。据最新的调查，西班牙的一些城市对斗牛表演采取了限制措施，而巴塞罗那已经宣布禁止斗牛，这是第一个完全拒绝"民族节日"的大城市。由环保主义者、绿色和平组织等群众团体发起了反对斗牛的宣传和抗议活动，在国外得到相当程度的响应。尽管如此，拥护者还大有人在，铁杆拥护者也为数不少，古老的斗牛表演在21世纪的命运如何，只能拭目以待了。

第八节　宗教习俗

西班牙是一个举世公认的具有浓厚天主教色彩的国度。即使是在今天,宗教的影响仍然随处可见:从历史到现实生活,从城市风貌到居民的价值观,从人们的日常生活到各种重大仪式,从人名地名到节庆民俗,从语言词汇到国粹弗拉门戈和斗牛……虽然在1978年的宪法中规定天主教不再是西班牙的国教,明确规定了信仰自由,但千百年来的宗教渗透使天主教在西班牙民族的传统习俗和社会生活中仍然占据着重要位置。

一、日常生活中的宗教活动

1. 教堂的作用

一个出生在天主教徒家庭的西班牙人一生中许多重要时刻均在教堂度过:出生后在教堂受洗被命名,稍长要在教堂举行首次圣餐仪式,长大后要在教堂举行婚礼,死后的葬礼也与教堂有关,因为西班牙的不少墓地都与教堂为邻。不仅如此,平时要去教堂做祷告,周日和节日要去望弥撒,在复活节和圣诞节等重大宗教节日,教堂是举行庆祝和纪念仪式的中心场所。

在过去,西班牙人的宗教活动更加频繁和严格,人们几乎天天去教堂,那里是人们求得抚慰、乞求帮助、忏悔罪过、庆祝成功、寻求宽恕的地方,也是聚会、交流各种信息的地方,而神甫自然成了信徒们的导师、指导者、顾问和倾听者,特别是作忏悔的时刻。而随着社会的变化,西班牙人光顾教堂的次数已经越来越少,特别是年轻人。信众人数也在下降。

西班牙每个城镇的教堂处在城市生活的中心地带。根据西班牙市镇建设的传统格局,其中心地区是一个广场,广场四周依次是市政厅(政府和议会)、教堂、其他重要部门所在地、商店等等。这一格局一直延续到现在,并且随着15、16世纪的殖民者被传播到美洲。无论是在马德里这样的大城市,还是在一个数百居民的小村镇,在核心区域都会有一个大教堂(主教座堂)或者教堂。这是历史的遗产。

不仅从所处地段上看出教堂曾有过的重要性,今天西班牙一些特殊的重大社会活动也在这里举行。比如,2004年3月11日马德里受恐怖分子袭击之后,政府靠近王宫的阿尔穆德纳大教堂为近200名受难者举行国葬。国王、王后与王室全体成员、政府首脑、内阁全体成员、社会名流以及受难者家属约数百人参加了葬礼。大主教主持了仪式并发表了祷词,参加者(包括死难者家属)并不一定都是教徒,但是从西班牙人的传统观念出发,选择这一场合、这一环境和这一形式为死者安魂是最为恰当的。再如王储费利佩的婚礼同样在这个教堂举行。这是一次国家级婚庆大典，参加者包括来自世界各国的元首、政府首脑、君主、王室成员等等，他们代表了不同民族的文化、信仰和社会制度，而把他们都安置在一个天主教的古老教堂内却并无不和谐之处，因为只有在那里才能既展示出婚礼的神圣、庄严和传统，也能利用特殊的宗教语汇传递出和平、宽容和爱。

根据不同的等级和功能，教堂可以分为大教堂或主教堂（由主教或红衣主教任主持）、一般教堂（神甫任主持）和礼拜堂。前者只在大城市才有，而且每座城市只有一个。一般教堂往往每个教区都有，礼拜堂可以附设在宫室内、宅邸内，结构简单，只有祭坛等基本设施。除此之外，宗教机构还包括修道院（男、女分开）、神学院（只收男生）等。

2. 日常用语中的宗教色彩

西班牙人的日常用语几乎浸染着基督教色彩，主要体现在词汇和表达方式上，在长时间的使用中，这些词已经演变成极普通的常用语。这样的词汇有：santuario——圣殿、神庙，指庇护所；crucifixión——耶稣被钉在十字架上之刑，指苦难，受难；penitenciaría——宗教法庭，指监狱，等等。表达方式有：predicar en el desierto——在沙漠布道，指白费口舌；estar bien en Dios y en el diablo——既讨好上帝，又讨好魔鬼，指两边讨好；Adiós——去见上帝，意思是再见；en un decir amén——在说一声阿门的瞬间，指一眨眼的工夫等等，不一而足。

在日常生活中，西班牙人在惊呼时会说"我的上帝！""圣母玛利亚！"在表示感激时会说"上帝会报答你！""上帝保佑你！"夸奖一个人有耐心时会说"他是个圣徒"，当表示正确时会说"如同上帝的旨意"，如果把某人叫做"异教徒"，那就是指责该人是无耻之徒、不正经之人，等等。

在现代语言中像西班牙语这样折射出宗教影响的语言并不多见。

3. 人名与地名

在前文中已经提到，西班牙人的姓名基本上来源于基督教的圣徒和神祇的名字，少部分来自希腊—罗马神话和自然现象。女性名字中玛利亚所占比例最大，常见的名字如卡塔丽娜、玛格达莱娜、特蕾莎、皮拉尔、罗莎等均为圣女名字，见诸圣经，而男性的名字如何塞（约瑟）、巴布罗（保罗）、安德烈斯、圣地亚哥、塞巴斯蒂安、胡安、马里奥、马丁等也均为圣徒名字。有的干脆叫赫苏克里斯托（耶稣基督）。

圣经中的一些名词也被西班牙人取来为名，如多洛蕾丝（痛苦、痛苦圣母）、特立尼达（圣三位一体）、罗莎里奥（念珠）、贝蕾恩（伯利恒——耶稣诞生地）、萨尔瓦多（救世主）、加夫列尔（天使长）、安赫尔（天使）等等。

西班牙王室成员取名有一个传统，就是在教名之后加上 de todos los Santos,

即"全体圣徒",显然只挂上一个或两个圣人还不够,加上神殿全体神祇,这样方更保险。

西班牙城市、乡村、山脉、河流的名字多与宗教有关,这一现象有悠久的历史根源,命名的年代多从中世纪开始,那是一个个居民点形成的时期,那个时代的精神统治力量来自教会,所以很多城市和乡镇用圣徒名字命名,如圣地亚哥、圣塞巴斯蒂安、圣费尔南多、圣母玛利亚港等;用其他宗教词汇命名的也占相当大的比例,如圣克鲁斯(十字架)·德·特内里费、圣塔菲(神圣的信仰)等。

在古代,建城是一件大事,人们都希望城市固若金汤、繁荣昌盛,因此在取名时往往要加上一些有宗教意义的附加成分,表示希望上天保佑。西班牙人的这一习惯也传到拉丁美洲,甚至得到进一步的发展。从北到南,可以看到成百上千个圣胡安、圣保罗、圣多明各、圣萨尔瓦多、圣卢卡斯,还可以看到桑托斯(圣徒)、维拉克鲁斯(真正十字架)、维尔京斯(圣母)、托多斯桑托斯(全体圣徒)、马塔摩罗(杀死摩尔人)、罗萨里奥(念珠)、特立尼达(圣三位一体)等地名。

二、宗教与节日

西班牙传统的节庆活动大多也与宗教相关联,庆祝活动的内容与形式大同小异,一般必不可少的程序包括:教堂里的弥撒、信徒们的朝圣游行、在教堂周边以及广场上举办的活动,有时还要加上民间歌舞表演、晚上的焰火礼花表演、在广场上摆设传统食品的摊点等等。教堂里的活动由神甫主持,有洒圣水、分圣餐、唱圣歌等仪式。在一些国家庆典上,也能见到身穿法衣的宗教界代表,他们一般教职较高,如主教或大主教。

当今,传统节庆中的宗教色彩日渐淡化,世俗化和商业化的倾向越来越明显。以圣诞节为例,去教堂做圣诞弥撒的家庭日益减少,听教皇训导的人也有限,人们集中精力购买礼物、准备圣诞大餐、布置居室、参加晚会、与亲友间相互致问候,而对其宗教起源和宗教含义考虑得似乎不多。

第九节 社交礼仪

一、见面与分别

西班牙人碰面时,最常见的问候语是"¡Hola!"(你好!)肢体语言与其他西方国家差不多,尤其同意大利、法国、葡萄牙、荷兰以及大多数拉美国家相似,一般采取握手、亲吻和拥抱三种方式。握手是最常见的礼节。两人初次相识,边握手边问候。一般来说,长幼之间,长辈先伸手;上下级之间,由上级先伸手;宾主之间,由主人先伸手;男女之间,由女子先伸手,男子不能握得太紧;若对方无握手之意,可点头说"你好"致意。与其他欧美国家不同的是西班牙人分别时,双方也要握手,否则就被认为太冷漠,不够真诚。实际上,由于西班牙人性格开朗直率,在日常交往中,人们大多以亲吻和拥抱问候。最常见的是亲吻礼节。一般由男子伸出胳臂搂过女子的头部,女子顺势送上自己的脸颊让对方亲吻,左右脸颊各亲吻一次。而女人和女人之间的问候更加亲密,两个人拥抱的同时,亲吻对方的脸颊,也是左右脸颊各一下。拥抱也常见于西班牙男人之间。相互抱一抱对方的肩膀,或在后背上轻轻拍两下。若两个人并肩向前走,其中一个伸出一只手搭在另一个人肩上,整只手臂从后面搂住对方肩部,以表示亲昵和友爱。

二、应邀赴宴

西班牙很少请人去家里做客,朋友见面一般在咖啡馆或酒吧,并且各自付账。只有非常亲密的朋友,才会受到邀请去家里做客。去西班牙人家里做客一般要服饰整洁,仪表端正,最好带些小礼品,比如一瓶葡萄酒、一盒点心之类,自己亲手制作的礼物更好。给孩子可以带些书、巧克力、糖果等。

做客一般不需要提前到达,晚10—15分钟也没关系,但不可迟到时间太长,否则太失礼。客人到达后,主人会在门口迎接,替客人放置衣帽、外套等物品。吃饭时,主人会请客人坐在指定的位置,菜放在桌子中间,菜里放置公勺以备各人自取,每人面前放置自用餐具,切忌用自己的勺子和叉子去大盘子里取食物。

饭后,撤去碗盘,主人会给每人上杯咖啡,大家围桌聊天。但不能在主人家待得太久,那样是失礼的。

三、小费支付

在服务行业,比如旅馆、饭馆、咖啡馆等,或者乘出租车,西班牙人的服务热情周到。这不但体现了他们的敬业态度,往往也有期待顾客付小费的意思。但若是不懂付小费,西班牙人也不会太计较,最多认为是文化差异。小费的额度一般是消费金额的10%左右,或者是费用的零头,一般不等找零即可离开,而且服务员一般是不会给你找零的。他们认为这是一种约定俗成的习惯。你若非要不可,就显得不近人情了,但他们也会给你的。小费也不要给得太多,你若给得多,他们会觉得受宠若惊,欠你人情,不知如何回报了。

第十节　婚恋习俗

一、扇语传情

扇子于16世纪由葡萄牙人从东方传入欧洲。起初是奢侈品,仅宫廷贵妇使用。18世纪开始普及。今天,西班牙的扇子一般作装饰品使用,已无生产普通扇子的厂家,在全国仅加迪斯市有一个生产艺术扇的工厂。

19世纪和20世纪初,西班牙大家闺秀外出参加舞会等社交活动时,往往会由母亲或侍女相陪。陪同者的目的主要是监视小姐们有无越轨行为。为了逃避监视而又能谈情说爱,扇语传情应运而生。扇语传情主要有以下几种表示:

打开扇子在自己胸前慢条斯理地扇动,表示"我是单身,你可以追求我";把扇子打开又合上,然后放在自己的面颊上,表示"我喜欢你";用打开的扇子在自己的胸前短促而又快速地扇动,表示"我已有意中人,请你不要打我的主意";把扇子放在太阳穴处,同时眼睛向上看,表示"我日夜都在思念你";用合上的扇子敲打着自己的手掌,并神情不安地来回走动,表示"小心,亲爱的,密探过来了"。世易时移,"扇语传情"在西班牙已成历史。炎热之夏已是休假之季,空调早已取代纸扇,自由恋爱、婚姻自主蔚然成风。但在文学艺术作品中,人们可以见识那个时代的风尚。

二、吉他求爱

在西班牙南部地区,至今仍保持着古老而文明的谈情说爱方式——用吉他求爱。当小伙子爱上了一个姑娘后,他会选择某一个月光皎洁的夜晚,穿上得体的服饰,拎上一袋美酒,约几位好友,一起来到姑娘窗下,用吉他弹起悠扬的曲子,轮流唱起动听的情歌向这位姑娘求爱。如果姑娘有意,就伸出头来,向小伙子投去一束鲜花,以示同意接受他的爱。从此,双方可作为未婚情人公开来往。倘若姑娘对窗下的求爱者看不中,任凭小伙子怎样弹唱,她都无动于衷,闭门不出。那么,小伙子只好失望地离去。

三、恋爱交税

在卡斯蒂利亚—莱昂等地区的农村,有一种"青年协会"。若发现有异乡人向本村姑娘求爱,协会成员便密切注意,在晚间加强巡逻,并按"规定"向异乡小伙子"征税"。"税金"通常用钱币或葡萄酒来代替。每逢喜事来临,协会负责聘请乐队,安排活动日程。婚礼那天,会员们得先轮流与新娘跳舞。

四、"闹洞房"习俗

西班牙农村还有一种奇特的"闹洞房"形式,对象是再婚的鳏夫。在其新婚之夜,村民们由青年人带头,用罐头、铁锅、颈铃等作乐器,向他献上一台噪声震天的音乐会。

五、雨伞表心思

西班牙北部巴斯克地区一个地方至今还保持着用雨伞传情的习俗。按照当地的习俗,未婚姑娘出门或走亲访友时,手中必携一把雨伞。小伙子们从雨伞的颜色可以判断出姑娘的恋爱状况。如果雨伞是蓝色,说明姑娘眼下尚无意恋爱,希望不要靠近她;如果雨伞是紫色,说明她正在物色恋人,有意的小伙子可追求她;如果雨伞是红色,说明她心中已有情郎,不要追求她。

六、婚礼习俗

西班牙人结婚送礼蔚然成风。新郎要向新娘送礼,亲朋好友要向新郎新娘送礼。礼物要送得兴高采烈、如意吉祥。某男爱上某女并决定和她结婚时,首先应选定一个求婚日期,带着定金和彩礼拜访女友和其父母。在各种礼物中,不宜给新娘送珍珠制品。在传统习俗中,珍珠象征眼泪和预示夫妻不和。至今仍有不少西班牙人如此认为。

在西班牙送结婚戒指是约定俗成之风。新郎事先购买,在婚礼仪式上由新郎给新娘戴,戴戒指的全部动作应由新郎一人完成。西班牙人认为,如新郎在给新娘戴戒指时,因当着众人面过于紧张而需要由新娘帮助戴上,则可能将由妻子在未来两人生活中当家,男士将来也可能成为"妻管严"。

西班牙人忌讳在周二和13号这样的日子办喜事。6月结婚者最多,其次为7月、9月、10月,1月最少。以往大多不选择在5月结婚。传说5月是妖魔鬼怪盛行之月,如选择在该月份结婚,婚后会有许多不愉快之事。现在人们对此已不十分在意。前国王胡安·卡洛斯一世、现任国王费利佩的婚礼均在5月举行。前者是1962年5月14日,后者为2004年5月22日。

在婚礼上或婚礼车队经过时,人们一般向新郎新娘抛投花枝和抛撒花瓣,此习惯由来已久。在16世纪,宫廷婚礼使用柑橘花枝,象征幸福美满,吉祥如意。19世纪使用橙枝花束制作新娘王冠。20世纪80年代开始向新娘送鲜花枝。抛撒花瓣象征儿女满堂,多子多福。

婚宴十分热闹和隆重。新郎新娘一般会在所有来宾进入会场之后最后进入。

整个宴会会场充满着欢声笑语,洋溢着幸福快乐的气氛。西班牙人按照传统一般都会精心的准备些可口的食物。

婚宴有时会持续到深夜。亲朋好友汇聚一堂,说说笑笑,气氛十分热烈,伴着温馨的音乐,开心的笑声,大家一起愉快地度过这段幸福的时光。

结婚请柬上经常写有"敬请您和您的夫人及家属光临"的字样。此种情况下,一般夫妇二人可带一至两个成年子女或儿媳、女婿前往,不宜带未成年子女或成年子女的未婚夫、未婚妻或朋友出席,除非要好的朋友或亲戚外,不宜带岁数过大和行动不便者赴约。服装应入时得体,既要高档整洁,又不要过于鲜艳华丽,以免喧宾夺主。

第十一节 婚姻家庭

佛朗哥统治的前半期,教会和政权的关系十分紧密。教士对民众的精神生活、道德和习俗施加巨大影响,以此为独裁政权的政治价值观服务。宗教仪式非常多,渗透到日常生活的各个方面。弥撒成了极其重要的社会活动,人人必须参加。教会将天主教道德观强加给整个社会,教会监督人们的衣着方式,特别是妇女的着装,禁止有伤风化的演出,还设立多子女家庭奖,鼓励生育。教会负责管辖从小学到大学各级教育,利用掌管教育的特权,教会从年幼时即向西班牙人灌输天主教的价值观。佛朗哥政府按照天主教的价值观设计妇女的典范,西班牙妇女在共和国时期争取到的独立和自由权利全部丧失。独裁时期妇女只能担当家庭主妇的角色,无法走向社会。法律强迫妇女必须服从丈夫的意志。例如,直到 1975 年才废除的《夫权法》规定,没有丈夫的同意,已婚妇女就不能出去工作,如果有工作也不能自由支配工资收入,不能取得护照、驾驶证,也不能开立银行账户。

佛朗哥时期女性接受教育是为了更好地服务于家庭,政府禁止男女同校,女生有家政、烹饪、家庭经济管理等课程。社会普遍认为大学教育无助于女性将扮演的角色,因此女性接受的教育限制了她们的就业机会。独裁统治的最初几年,极端保守的价值观正盛行,西班牙极力宣传顺从、甘居于次要地位的妇女形象。更不可能出现如今大庭广众之下男女青年拥抱亲吻及年轻女子衣着暴露的现象。随着佛朗哥政权的逐步开明宽松,妇女获得了更多自由,取得一定程度的独立,并逐渐有意识地争取自身权利。20 世纪 60 年代末,大部分西班牙人已经放弃政府宣传的天主教道德观,外国游客的大量到来也推动了生活习俗的自由开放。

1975 年佛朗哥去世后,随着社会经济、就业和观念的变化,婚姻和家庭关系也越来越自由和开放。但直到 1978 年新宪法获得批准,西班牙才真正从法律上实现男女平等。尽管多数西班牙人仍按照天主教习俗维持正常的婚姻家庭关系，但是合法的结婚率已逐步降低。1977年，即佛朗哥去世后的第三年，婚龄男女的结婚率为6.6%，1984年下降到0.5%，这种合法的结婚率在欧盟国家中也是最低的，然而，男女同居的指数却在上升。近十年来，由于合法结婚率急剧下降，直接影响到家庭规模缩小，而单身人口的比例却在增加。西班牙人的结婚率虽低，但离婚率也低，一般为0.5%。如今，西班牙家庭的类型已不限于传统模式的家庭，年轻夫妇不想多生孩子。如今的家庭类型有：丁克家庭、单亲家庭、30岁后仍和父母同住的家庭。

在现代社会中，由于经济、文化教育和培训的发展，妇女升学和就业的机会也在增多。1987年，妇女占劳动人口的33.5%，这是史无前例的。由于妇女可以自食其力，便不愿意受家庭束缚。因为在家庭中，西班牙妇女一直地位较低，男人普遍具有大男子主义思想。因此，不少年轻女子宁愿独身生活，也不愿成家。西班牙25—49岁未婚的人数超过500万。大部分生活在大中城市。他们有大学以上学历，理想的职业，丰厚的收入，舒适的生活条件，随心所欲的消费，无家庭的烦恼和子女的拖累。这些人名义上独身，实际上并不缺乏异性伴侣。这种不婚不嫁现象造成的负面后果是无婚姻或固定婚姻，不生儿育女，造成人口负增长。

西班牙1981年通过离婚法。在此之前，离婚是不被允许的，因为西班牙人大部分是天主教徒，在教堂结婚，而天主教是不允许离婚的。

2005年西班牙议会通过同性恋婚姻法。是继荷兰和比利时后，第三个实行合法同性婚姻的国家。尽管达66%的人口支持这项法令，但人们支持是出于对同性恋亲属的爱。罗马天主教当局尤其坚决反对同性婚姻合法化，他们发表批评认为这项法令削弱了婚姻的意义。

近几十年来，虽然社会已经完全开放，但由于几个世纪的宗教思想影响，比起其他国家，西班牙人更注重家庭观念，比如很多35岁以下的成年人仍然和父母一起生活，这个和美国等其他西方国家的情形有着天壤之别。

第十二节　人口老龄化

随着西班牙现代社会经济发展和人民生活水平的提高，人均寿命也在不断提高。1900年，西班牙人平均寿命为35岁，1950年为62岁，1970年为73岁，1980年为76岁。一般来说，西班牙人均寿命仅次于荷兰，比其他欧洲国家都高。本世纪以来，西班牙因在出生率和死亡率方面发生多次变化，造成人口年龄和性别上的失衡。本世纪初的高死亡率和高出生率，造成人口结构偏向年轻。从1977年开始,由于出生率急剧下降,出现了人口老龄化趋势。全国人口中 65 岁以上的人占 11%。1986 年,65 岁以上人口增加到 12%。据西班牙国家社会事务和劳动部的统计数据显示,截止到 2004 年,在西班牙总人口中,年龄超过 65 岁的老人已达 720 万,占人口比例的 17%。根据联合国的预测,这一数字到 2050 年将达到 1640 万,占人口比例的 30.8%,其中女性占 65%,将与在职人数持平。届时,西班牙将成为居日本之后,人口老龄化第二严重的国家。

目前,西班牙人均寿命为 81 岁,位居人均寿命最高国家之列,超过 80 岁的老人已达 200 万,其中 39% 的男性和 40.7% 的女性感觉"身体还可以",37.5% 的男性和 28.8% 的女性认为自己身体状况良好,而认为自己身体状况差的男性仅为 13.5%,女性则为 21.8%。

西欧一些人口学和社会学的专家认为,造成欧洲人口老龄化的重要原因是出生率下降。在人口自然新陈代谢过程中西欧妇女的生育率很低。独身生活的人数不断增多以及社会经济福利事业发达,老年人的平均寿命延长了,也是造成老龄化的原因。人口老龄化进一步发展,将会给社会政治、经济和卫生保健等方面带来严重问题,甚至会造成社会保险系统的破产。

西班牙的老年人群体中,穷人占大多数,其中 18.8% 的人收入低于人均收入的 60%。87.2% 的老年人有自己的住所,半数以上为孤寡老人,每四个人当中就有一个独居。为此,西班牙政府正在计划于今年年底之前实施"养老国家体系",目的是向那些有生活困难的老人提供社会化服务。目前,西班牙全国老年公寓床位总计 266,394 个,只能满足 3.6% 的老年人的需求,而能享受到电话帮助或者到户服务的老年人的比例则仅为 1%。

西班牙政府以前规定的退休年龄为 65 岁。为了继续维持社会保障体系,政府正在采取改革措施。比如,从 2013 起将法定退休年龄由 65 岁延长至 67 岁,以应对日益严峻的人口老龄化。

第六章

国王与王室

西班牙是君主立宪制国家,国王与王室在国家的政治生活中扮演着无可替代的角色。

一、国王

根据宪法,国王是国家元首,是国内事务的最高仲裁者和调解人,在国际事务中是国家的最高代表,同时也是武装部队的最高统帅。

宪法的第62条和63条规定了国王的权限。与国王有关的部分包括:

(1) 批准和颁布各项法律。

(2) 在宪法规定的条件下召集和解散议会并举行选举。

(3) 在宪法规定的条件下举行公民投票。

(4) 推荐政府首相的候选人,并在宪法规定的条件下予以任命或停职。

(5) 根据首相的建议,任命政府成员或解除他们的职务。

(6) 依照法律的规定,签发部长会议一致通过的法令,授予文官和军人职位、勋章和荣誉称号。

(7) 依照政府首相的要求,在适当的时候听取国务汇报并主持与此有关的部长会议。

(8) 任武装部队最高统帅。

(9) 遵照法律,行使赦免权,但不能批准大赦。

等等。

此外还有三项国家特权。

(1) 国王委任大使和其他外交代表。外国使节在国王御前递交国书。

(2) 遵照宪法和各项法律,由国王负责代表国家承诺由于通过签订条约而承担的国际义务。

(3) 在议会预先授权的情况下,国王有权宣战和媾和。

根据这些条款,可以得出结论:国王的权限基本上是代表性的和象征性的。

刚刚宣布退位的前国王胡安·卡洛斯一世是波旁王朝末代君主阿尔方索十三世之长孙,其父是巴塞罗那伯爵。1938年1月5日胡安·卡洛斯出生在王室流亡地罗马,随后他与父母及姐妹和弟弟辗转在葡萄牙、意大利和瑞士等国。当时他的父亲巴塞罗那伯爵已经被阿尔方索十三世指定为王位继承人。但是在1947年,佛朗哥在宣布恢复君主制的同时,却以国家元首的名义选定当时年仅9岁的胡安·卡洛斯为他的接班人,即未来的西班牙国王。胡安·卡洛斯被召回国,开始接受全面教育,他先后在陆、海、空军事学院学习,并被授予少尉军衔,之后他进入马德里大学攻读政治、法律、历史等课程。这两次求学经历打开了他的眼界,并且帮助他与军界和知识界建立了紧密联系,这种关系成为他日后登基并推动民主化进程的基础之一。大学毕业后,胡安·卡洛斯被安排到政府各部门实习,以熟悉政府管理的各个环节。1975年11月20日,佛朗哥去世,22日胡安·卡洛斯登基,被尊为胡安·卡洛斯一世。

1962年,他与希腊公主索菲娅结婚,育有两女一子。费利佩王子被指定为王储,其封号是阿斯图里亚斯亲王。2005年费利佩与平民女子、西班牙著名电视节目主持人莱蒂西娅·奥尔蒂斯结婚。

胡安·卡洛斯国王性格开朗,有军人风度。他擅长体育,喜爱航海。他常利用闲暇去看足球、篮球比赛,看斗牛。年轻时他喜欢开大功率的摩托车独自外出兜风,而他最擅长的是驾驶飞机,他从位于马德里郊区的王宫到首都时经常亲自驾驶直升飞机。

胡安·卡洛斯国王在军队和平民中均享有很高的声誉,特别是他平息了1981年3·23军事叛乱之后,威望与日俱增。

国王与历届政府首脑(包括曾经反对君主制、主张共和的工人社会党人)均保持着良好的关系。

国王相当于国家的特派大使,他每年都要多次代表国家出访,行踪遍及世界所有与西班牙有外交关系的国家。他经常利用他的特殊身份,承担政府不便行使的使命。他曾两次对中国进行国事访问,他和王后还分别来华访问过,对中国的态度友好。刚刚登基的费利佩国王和王后莱蒂西娅·奥尔蒂斯也曾来华访问。

二、王室

从严格意义上说,西班牙王室由国王、王后及其子女构成。国王的直系亲属和旁系亲属不算王室成员,而是王族成员。

前任王后索菲娅是已故希腊国王保罗的长女,生于1938年11月。她的家族与俄罗斯、丹麦、英国、普鲁士等王室均有亲缘关系。她幼年时经历了一段流亡生活，1945 年随王室返回希腊。她受过良好的教育，喜爱考古、历史、艺术，尤其喜爱古典音乐。她经常出席音乐会、画展，听歌剧，参观各国的历史遗迹，同时她还是一位坚定的动物保护主义者。西班牙人早已发现，王后很少陪同国王去看斗牛，除非国事需要。国王的两个女儿都是在国内读完小学、中学和大学，二女儿在国外深造后获经济学硕士学位，多年来在巴塞罗那的 Caixa 银行任职，其丈夫是巴斯克人。

现任国王费利佩是欧洲各王室的王位继承人中受教育最完整、学历最高，也是身材最高的人。他身高 1.94 米，英俊挺拔，在国内接受了军事学院和普通大学的教育之后，又在美国名牌大学进修，获国际关系学硕士学位。他像他的父王一样，曾经在政府各部门实习，同时多次代表西班牙出席重大国际活动。在 2004 年 3·11 马德里爆炸案发生后，他和他的两位姐姐一道出现在首都抗议大游行的行列中，打破了王室成员不介入类似社会活动的惯例，这一举动赢得了社会的好评。

2004 年 5 月 22 日，当时还是王储的费利佩与西班牙公共电视频道著名主持人莱蒂西亚·奥尔蒂斯结婚。婚礼在马德里阿尔穆德纳大教堂举行，这是近一个世纪以来西班牙王室的首次婚礼。婚后，国王夫妇已经育有两个女儿：9 岁的莱昂诺尔和 7 岁的索菲亚公主。长女莱昂诺尔公主是王位第一继承人。

西班牙王室享有一定的特权，例如国家津贴、行动受保护等等，但在政治上没有实际权力。与其他欧洲王室相比，西班牙王室较少绯闻或丑闻，在民众中口碑较好，在财政上比较透明和民主。

2014 年 6 月 2 日，在位近 39 年的西班牙国王卡洛斯宣布退位，将王位传给 46 岁的王储费利佩。费利佩国王的登基仪式于 6 月 19 日举行。

西班牙王室

第七章

经济

第一节 农业

西班牙原是个传统的农业国,农业生产曾经是它最重要的经济活动之一。国土总面积50多万平方公里,耕地面积占总面积的40%,农业人口106万,占总人口的8.5%,主要从事种植粮食作物、蔬菜、灌木类植物(葡萄、橄榄、果树)和培植人工草地。2008年西班牙成为欧洲有机农业种植面积最大的国家。西班牙本国对生态农业产品的消费量较低,90%出口到其他国家,可谓"欧洲粮仓"。目前共有约3.2万名农民和近3000家企业从事生态农业种植和经营。在1996年至2003年期间,西班牙有机农业的种植面积每年都实现翻番,在西班牙生态农业的发展中,严格的监管和认证至关重要。企业规模无论大小,其产品如出现问题,都会严重影响到农业大区穆尔西亚乃至整个西班牙的有机农产品形象。

2010年农业产值为390.33亿欧元,2011年西班牙农业产值为410亿欧元。农产品出口对维持西班牙贸易平衡起到了长期的积极作用。2009年,初级压榨橄榄油、桔子、甜橙和西红柿进入出口量最大的前20类产品排行榜。2010和2012年,果蔬产品在十大主要出口产品中位列第六位,出口额约120亿欧元,2011年排名第七位。

由于气候(热带、地中海和大陆)和土地条件的多样性,西班牙种植业发达,有丰富的不同种类的农作物和农产品。主要作物有粮食、蔬菜、橄榄油和葡萄等果树,占农业总产值的62%。

1. 水果和蔬菜

据欧盟近日公布的统计资料显示,西班牙年产水果、蔬菜2.5万吨,其中40%

用于出口,占农产品总量的 32%,市场价值达 430 多亿欧元。这个比例大大超过了欧盟其他国家出口农产品占农产品总量的平均数,即 16%。

在就业方面,大量劳动力投入水果和蔬菜种植业,耕种面积达 120 万公顷。水果和蔬菜的大量出口是西班牙农业取得的一个重要成果,在欧洲大多数国家的市场上随处可见产于西班牙的水果和蔬菜。

西班牙是世界园艺产品生产大国之一,盛产柑橘和柠檬,柑橘产量位居世界第二位。这两种果树的产地在东部沿海地区,主要是巴伦西亚和穆尔西亚两个地区。那里,濒临地中海有一个狭长的黑土地带,是全西班牙最肥美的土地。水源充足,涓涓细流渗入每一畦菜地和果园。古代阿拉伯人在这儿建立了一套完备的灌溉系统,如今这些纵横交错的渠道仍然滋润着这片沃土。除了柑橘和柠檬外,西班牙还出产葡萄、杏仁、榛子、无花果、苹果、桃子和梨子。西班牙水果出口量占欧盟总出口量的 34.7%,产量占欧洲产量的 17%,居世界第三位。

2. 粮食

西班牙是欧洲第三大产粮国,多年来粮食总产量保持在 2100 万吨左右。产值约为 43.81 亿欧元。主要出产小麦。麦田主要集中在中部高原以及埃布罗河和瓜达基维尔河的低洼地带。除小麦之外,其他粮食作物如大麦、黑麦、燕麦、玉米,产地也在卡斯蒂利亚地区,那里是西班牙著名的"谷仓"。豆类作物品种较多:菜豆、蚕豆、鹰嘴豆、绿豆、豌豆等等。东部地中海沿岸出产水稻。

3. 葡萄

西班牙是世界主要的葡萄种植国,第三大葡萄酒生产国。葡萄园占全国耕地面积的 7%,2011 年种植面积为 96.83 万公顷。西班牙年平均产葡萄酒和葡萄汁 40 亿升。西班牙葡萄酒出口对维持贸易平衡有重要作用。2011 年出口葡萄酒 22.3 亿升,出口额 22.4 亿欧元,顺差 20.1 亿欧元。欧盟是葡萄酒出口的主要目的地。2011 年出口量最大的是无原产地标识的散装葡萄酒。

葡萄的产量在西班牙所有农产品中占第三位。西班牙全国五十个省,每省都有葡萄园,种植的紫葡萄和金黄色葡萄一串串多汁味美,是酿酒的理想原料。葡萄酒与西班牙人民的生活密切相关,它是一种举国嗜好的饮料。西班牙各地葡萄酒的品种数不胜数,大致可以归纳为以下几大类:红葡萄酒、白葡萄酒、玫瑰红葡萄酒及特制名贵葡萄酒。

4. 橄榄油

西班牙素有"橄榄油"王国之称。西班牙橄榄油产量和出口量都稳居世界第一的宝座,也是世界上第一个生产和出口橄榄油的国家。橄榄种植面积 250 万公顷,每年橄榄的产量在 60 万吨以上,约占世界总量的 40%;50%用于国内消费,橄榄油是西班牙人的一种主要食用油;50%出口到世界各地,是欧盟和世界主要的橄榄油生产国。橄榄油为维持西班牙贸易平衡起到了积极的作用。

西班牙橄榄油的产量和出口量居世界首位,虽然世人常将"橄榄油王国"的桂冠戴在意大利的头上。因为西班牙过去出口橄榄油都是散装的,没有创立自己的品牌,意大利进口商将散装进口的西班牙橄榄油进行分装,打上自己的品牌,然后在本国销售或再出口至其他国家。为了创立自己的品牌,西班牙政府近些年做了不少努力,其中最重要的一项工作就是实行原产地证明,即在产品商标上注明原产地,不仅证明它是纯正的西班牙橄榄油,而且还证明它是西班牙具体某个地区的橄榄油,以显示它的特有品质。同时,原产地证明是欧盟承认的各项质量都达标的产品。西班牙橄榄油的产地主要在安达卢西亚大区,其产量占总产量的60%。闻名世界的橄榄油之都哈恩(Jaén)就在该区,每年橄榄油国际博览会都在那里举行。阿拉贡、卡斯蒂利亚—拉曼恰、加泰罗尼亚、巴伦西亚和埃斯特雷马杜拉也都出产橄榄油。国际橄榄油协会总部设在西班牙马德里。

第二节 畜牧业

西班牙是欧洲的畜牧业大国。由于地势高低不平,加上受干旱的影响,不少土地不适合开发和耕种,为发展畜牧业提供了有利的天然条件。西北部沿海多丘陵、山地,受季风影响较大,降雨量较多,气候湿润,有利于牧草的生长,饲养业以奶牛、猪和羊为主;内陆区由于降雨量少,气候干燥,自然条件较差,但也适合牧草的生长,是西班牙主要的牧羊区。从南到北,从西到东,大片未被开垦的土地被当做牧场使用,漫山遍野的牛羊随处可见。从古到今,西班牙畜牧业始终兴旺发达。

畜牧业是西班牙农业生产的传统领域,自加入欧盟后这一产业得到大力发展。2011年畜牧业产值152.2亿欧元,占整个农业产值的37%。西班牙最主要的畜牧产品为猪肉,占畜牧业产值的34.9%。西班牙是继德国后欧盟第二大猪肉生产国,生猪存栏数2560万头(2011年11月)。此外,它也是国际贸易最活跃的领域,2011年西班牙猪肉出口已占猪肉总产量的39.4%。近年来,猪肉出口增长幅度达105.5%。

畜牧业中,绵羊的产量极高。西班牙的美利奴绵羊曾一度驰名天下,还分别向英国、澳大利亚和美国出口。在产毛羊和山羊方面,2010年5月存栏数2150万头,其中1860万头为产毛羊,290万头为山羊,产值占畜牧业总产值的6.4%。禽蛋占畜牧业产值的6.4%。

养蜂业的生态效益大于经济利益,在改善环境和维持生物多样性方面具有积极意义。据农业部统计,2010年西班牙蜂蜜产量达3.46万吨。

第三节 捕鱼业

西班牙拥有7000多公里海岸线,渔业资源十分丰富。渔业技术发达,是捕鱼大国。由于所处的地理位置优越,东临地中海,西部和北部紧靠大西洋,西班牙人民早在罗马帝国时期就从事捕鱼和有关商业活动。

西班牙主要有两大捕鱼区:西北部大西洋和卡塔布连海。分别占53.6%和11.5%。西班牙有11万人直接从事捕鱼业,占全国就业人口的0.7%,大约有70万人间接从事渔业加工和服务业,其中加利西亚、卡塔布连、大西洋沿海和加那利群岛大约占捕鱼人数的75%。

西班牙渔船队在世界上名列前茅,在欧洲也首屈一指。为实现渔业资源的可持续发展并符合欧盟要求,西政府已经努力使渔业船队根据是否适合下网选择捕鱼地点。至2011年12月31日,西班牙船队共有渔船10505艘,其中10048艘在境内作业,158艘在欧盟区域,263艘在第三国,但是,在很多情况下,渔船可以在不同区域交替作业。渔船的50%在加利西亚和安达卢西亚地区作业,其余50%在其他海域作业。船队共雇佣约3.5万人。

西班牙是世界人均消费海产品最大的国家之一,目前人均年消费36.5千克,是欧盟的2倍。因此,本国产能无法满足国内需求,需大量进口海产品。

捕鱼业的大力发展必然促进渔产品加工工业的腾飞。西班牙的罐头食品历史悠久,早在罗马帝国时代就已经兴起了。如今,食品加工业中心在加利西亚和卡塔布连地区。加利西亚的维戈城建有大型的沙丁鱼和鳗鱼加工厂,生产的罐头食品远销世界各地。西班牙海产品贸易额位列世界前十位。2011年进口170万吨,进口额51亿欧元。27.45%来自摩洛哥、阿根廷、中国和厄瓜多尔,进口比例与其他欧盟国家相似。出口为110万吨,27.34亿欧元,73%向欧盟和日本出口。

西班牙近年来海洋养殖领域快速发展,从资源的可持续远景来看,该领域生产和技术水平的发展使得这一产业成为除捕捞海产外另一渔产品的补充来源。2011年海洋养殖产品产量达25.38万吨,其中18.9万吨为贻贝,6.48万吨为其他鱼类、软体动物和甲壳类。在鱼类中,1.94万吨为鲷鱼,1.03万吨为鲈鱼,6900吨为大菱鲆,1.74万吨为鳟鱼。

西班牙海岸线的地理、气候差异较大,旅游、海运、捕捞业历史较长,环境受到较大破坏。西班牙海洋法要求平衡处理海岸环境保护和合理开发,应对环境破坏和海岸线私有化的挑战,综合考虑各利益相关方的诉求。

西班牙农业部的主要工作为：一是划定公共海陆联结区域，以便实施相关保护管理措施，西班牙海岸线长10099公里，至2009年底89％已划定公共区域；二是协调国土规划、建设部门做好公共海陆联结区域的管理，如使用审批制度；三是收购农地；2005年开始，根据收购农地计划，开始在邻近海岸地区收购具有较高生态价值或面临城市化压力的农地，以便保持和保护自然生态环境。

另外，政府还在沿海地区进行其他综合治理措施，如防止水土流失，保护沿海生态系统，建设用于教育、宣传、健身的沿海公共设施。西班牙政府也加入了相关保护海洋生态的国际公约。

西班牙的海洋监测和支持渔民的公务船，船龄10年左右。海洋捕捞法自1980年起实施，近二十多年来，为支持人工捕捞的渔民，政府推动一项旨在保护渔业资源的计划，不仅保护了鱼类种群，也促进了相关科研。

2010年西班牙渔业捕捞量达76.9万吨，其中72.1％为生鲜产品，27.9％为冷冻产品。在所有的捕捞品中，37.3万吨来自东北大西洋，10.29万吨来自地中海，11.11万吨来自大西洋中部和东部，9.15万吨来自大西洋西南部，1.72万吨来自西印度洋。

第四节 林业

古代西班牙曾遍布着茂密的森林，希腊地理学家埃斯特拉冯曾经打过一个有趣的比方：那时候，一头松鼠，只需在树丛中跳来跳去，前后肢根本不着地，就能从直布罗陀海峡，穿越整个西班牙，顺利到达比利牛斯山麓。如今，由于不断砍伐，这个天然绿色帐篷有一半已经消失了。到公元500年时，森林减少到占国土面积50％。到19世纪末，森林面积缩减到500万公顷，只占国土面积的10％，严重破坏了生态平衡，并引起水土流失，造成洪水灾害频繁等恶果。

西班牙地处伊比利亚半岛，北部和西北部为海洋性温带气候，雨水较多；东部和东南部为亚热带地中海式气候，雨水稀少；中部高原大陆性气候特点明显。特殊的气候条件决定了西班牙林业资源的丰富及其发展走向。林业资源主要集中在北部沿海一带，而且大多为阔叶林带。这里被称为"绿色西班牙"。

历史上，西班牙森林资源经历了破坏和保护及恢复过程，其森林面积也不断发生变化，1900年森林面积为1020万公顷，1950年为1100万公顷，1970年为1190万公顷，1990年为1250万公顷。目前，西班牙林地面积为2560万公顷。其中，国有林地为120万公顷，占5％；集体林地700万公顷，占27％；私有林地1740万公顷，占68％。西班牙森林基本都生长在海拔1200米以下，阔叶林分布高度比针叶林低,混交林分布最低。针叶树种主要有海岸松、欧洲赤松、欧洲黑松等,阔叶树种主要有圣栎、素毛栎、桉树、栓皮栎、欧洲山毛榉、欧洲栗、杨树等。

由于独特的地理位置,多样性的地质,高度多变的气候,多岛屿等因素,西班牙是欧洲具有丰富生态资源和生物多样性的国家之一。采用森林可持续经营使上述资源得到保护和发展。森林保护土壤,调节水文状况,净化空气,为野生动物提供栖息地,为人们提供游憩地等,间接效益高于直接效益。

西班牙森林的经济效益较低,是缺少木材的国家,其木材生产主要来源于人工林。通过合理育林、可持续经营使其保持稳定状态。西班牙政府重视增加木材产量,一是强调人工林的国土保安功能;二是强调引进树种营造速生丰产林,以满足国内需要。近二十年来,平均每年造林面积在 5 万公顷—8 万公顷,主要树种有欧洲赤松、欧洲黑松、海岸松、意大利果松、地中海松、加那利松、欧美杨、桉树、栎树等阔叶树。林业主要产品是木材软木、树脂、松香等,其中软木产量占世界第二位,仅次于葡萄牙。软木的主要产区是西南部的埃斯特雷马杜拉自治区。松树脂的产量居世界第四位。速生树种的面积虽然只占全国森林面积的 18%,但却可以生产 81% 的木材。

西班牙的经济林主要是油橄榄。地中海独特的气候条件为油橄榄生产提供了优良的生态条件。油橄榄总面积达 190 万公顷,主要集中在南方的安达卢西亚自治区。

西班牙的林业也存在一些问题。一是森林病虫害及其防治。西班牙针叶林的主要病虫害是松毛虫,虽然是偶发性害虫,但每年都要危害 110 万公顷的松树,占松林总面积的 24.1%,近几年每年防治面积为 40 万公顷。二是大气污染对森林的危害。来自大工业区和大城市的大气污染影响到树木的生长。三是森林防火。森林火灾是地中海国家最为严重的森林灾害之一,西班牙尤为严重。西班牙每年被火烧的森林面积占森林总面积的 1%。四是防治水土流失。西班牙水土流失的人为原因是破坏森林或不正当开发植被、森林火灾、不合理的农作物生产和牧业等;自然原因是地势起伏大,降雨不均,特别是降雨过于集中,土壤贫瘠和易退化及沙漠化。

西班牙是欧洲动植物种类最丰富的国家之一。地面上物种总数估计可达 9.1 万种,但是,根据西班牙自然遗产及生物多样化清单,人类确切了解的物种仅占 1.6%。西班牙植物种类超过 8000 种,占欧盟的 80% 和欧洲大陆的 59%,其中 1500 种是地方特有植物。动物种类占欧洲的 50% 以上。在千百种地中海型和非洲型的动物中,有大量的罕见种,如灵猫、扁角鹿、獐、岩羚羊、野山羊、熊、狼、西班牙兔等。鸟类中特有类型的蓝鹊、灰山雀等被列为一类保护动物。在爬虫纲中有无数的蜥蜴和蛇种,其中较为著名的有蝰蛇和海蝰蛇。在两栖纲中有若干极其珍贵的蛙、鲵和斑螈。

西班牙的植物种类极多,名贵的树木也很多。一般来说,在西北部雨水充足的地区大多是阔叶林,其中主要有落叶的栎树、栗树、山毛榉、德国云杉和白冷杉等。在干旱地区则生长大量的乔木,其中主要有冬青栎、软木栎、阿列波松、松果松、黑松、棕榈树、橡树、齐墩果树、无花果树,尤其是软木栎和无花果树在西班牙最为有名。

西班牙有自然保护区 427 个,一般通过"西班牙自然保护区"以及"欧洲自然生态网 2000"两个体系确立保护区范围,其中前者总面积(含海洋)达 678.22 万公顷;后者总面积占西班牙国土面积的 27.14%,包括 25 个特殊保留区(ZEC),1421 个欧盟重点地域以及 595 个鸟类保护特殊保留区。

第五节　能源业

塞万提斯四百多年前在《堂吉诃德》中描写的堂吉诃德大战风车的故事发生地是以西班牙托莱多省的托索沃镇为原型的,至今那里还保留有两架风车。说明风能的使用在西班牙具有悠久的历史。而今,在西班牙的国土上,经常能够看到荒凉的高原或丘陵地带耸立着成片的风力发电机,形成一道独特的风景。但现在,这道风景却面临经济危机和债务危机的挑战,西班牙的可再生能源产业正在经受"政策撤退"的考验。

在可再生能源领域,西班牙一直是世界领先的国家之一。从 21 世纪初开始,西班牙政府为改变本国的能源结构、促进开发和利用可再生能源,推出了大量刺激和扶持可再生能源产业发展的政策。西政府在 20 世纪末制定了《2000—2010 可再生能源发展计划》,规定到 2010 年西班牙 30% 的电力必须来自可再生能源,比如风能和太阳能。2005 年,西班牙成为世界第一个规定所有新建建筑必须安装太阳能板的国家。西班牙政府的大量资金扶持和政策优惠,极大推动了可再生能源产业的发展。2008 年以前,在良好的宏观经济环境和政府扶持政策的双重影响下,大量民间资本投入到可再生能源产业,西班牙整体发电能力得到极大提升。在经济方面,西班牙目前超过 80% 的能源都依靠进口,发展可再生能源,可以减少能源进口;其次,与传统化石能源不同,可再生能源利用量越大,其单位成本越低;第三,可再生能源能够创造比化石能源更多的就业岗位,在每兆瓦发电量背后,可再生能源创造的就业岗位可达到传统能源的 8 至 60 倍。对于目前失业人口超过 500 万的西班牙来说,这将产生极大的经济社会效益。

但在国际金融危机爆发后,西班牙的电力需求出现了萎缩。目前西班牙的发电能力大约相当于其电力需求的两倍,许多可再生能源发电装置被空置,给可再生能源企业带来较大的资金压力。目前,西班牙政府宣布取消对新建可再生能源发电装置的补贴。政府收紧各项鼓励措施,如削减国家援助35%、降低新生产涡轮机补贴以及削减能源补贴等,这些都使得西班牙风能产业发展放缓。根据全球风能理事会统计,此前西班牙位列全球风能装机量第四位,但目前已降至第七位。作为欧元区第四大经济体,风能是西班牙国内电力的主要来源。然而,自2009年以来,经济危机以及监管措施的缺失,使得西班牙内需放缓,企业关停或裁员。

面对挑战,西班牙可再生能源企业希望通过"走出去"来解决国内市场缺乏足够空间的问题。目前西班牙可再生能源企业已经利用自己的技术和经验优势在美国站稳了脚跟,同时也对中国、巴西和墨西哥等新兴市场国家的可再生能源市场充满着期待。2000年以前,公司90%的销售市场是在西班牙,而今,90%的销售额来自国外。墨西哥、巴西和印度是其主要市场。2009年,风电行业能提供43000个就业机会,如今只有23000个。

第六节 交通运输

西班牙的交通运输十分发达,设施先进。公路、铁路遍布全国,航空业发展迅速,海上运输历史悠久,城市地铁正形成网络,公共汽车遍及城市,出租车方便快捷。

国内运输以公路为主,客运占90.2%,货运占85%。公路延伸到最偏远的省份,路况很好。公路分为国道、区道、省道和市道,还有高速公路,其公路长度相当于欧盟的平均水平。小汽车是西班牙人的主要交通工具,公路的利用率非常高,而且政府还在不断修路筑路,2010年,高速公路和复式公路达到130万公里。

全国海岸线长达三千多公里,且处于地中海通往大西洋的咽喉要地,连接欧、非、美洲,海上运输十分发达。90%的进出口货物是海运,主要港口有25个,其中巴塞罗那、毕尔巴鄂、塞维利亚等十大港口的吞吐量占全国总量的75%。在2010年前,政府用在港口建设的投资不断增加。

航空业的发展史相对较短,全国有50多个机场,一半以上是国际机场,航线覆盖全国并与欧洲其他国家、北美、南美、亚洲、非洲等主要城市开辟了航线。最主要的航空公司是伊比利亚航空公司。由于历史的渊源,北非和南美的居民前往欧洲一般都通过西班牙,从这个意义上说,西班牙算得上是欧洲的一个门户。在西班牙首都马德里的卡斯蒂利亚大道上,耗资2.1亿美元的双斜楼建成,更是赋予马德里

"欧洲大门"的一个具体象征。

铁路交通已有整整 180 多年的历史,第一条铁路始建于 1829 年。到了 20 世纪 40 年代,铁路已贯穿全国并与邻国法国和葡萄牙相通,构成一张密集的运输网。目前,西班牙拥有 14582 公里长的铁路线。1987 年政府投资更新设备,推动了铁路的现代化。1992 年,在庆祝哥伦布发现美洲大陆 500 周年纪念,从马德里到塞维利亚的高速火车(简称 AVE)建成通车,全程 600 公里,只需 2 个小时便可到达,非常安全便捷。市郊小火车也非常方便,它连接了大城市周边的卫星城,间隔时间短,停靠站台多,是上班族的理想交通工具。

西班牙各大城市都建有地铁,既减轻了地面交通压力,又减少了空气污染。马德里的地铁有 12 条线,贯穿全城的主要交通要道。站台星罗棋布,一般均靠近公交车站、居民点或公共场所。地铁的利用率很高,每天客运量超过 100 万人次。

除了上述现代化的交通工具,在西班牙一些古城和小市镇还有马车供游人乘坐,这些马车装饰得古香古色,驭手也身着传统服装,通常只在老城区、古迹景点周围行驶,游人坐在上面,可以从容地观光,同时也品味一种古代的豪华。

第七节　旅游业

西班牙从 20 世纪 60 年代开始重视利用国内引人入胜的自然风光、阳光和沙滩、丰富的艺术及古今建筑等开发旅游业。并以旅游业带动旅馆业、饮食服务业等第三产业的发展。第三产业的兴起反过来又推动了旅游的不断发展。从 20 世纪 60 年代以来,到西班牙观光的世界各地游客逐年上升。1960 年,西班牙旅游业刚刚兴起,那时外国游客只有 600 万人次。1970 年增长到 2400 万人次。1980 年达 3800 万人次。1990 年的游客总数突破 5000 万人次,比本国人口多出 1100 万人。2005 年,西班牙接待外国游客 5560 万。根据世界旅游组织的资料,每 100 名游客中,有 7 人选择西班牙作为旅游目的地。西班牙濒临全球最大的游客输出市场——欧洲(其 70%的国外游客来自欧洲)。同时,乘飞机去西班牙越来越简单和轻松。

一、旅游资源

西班牙被誉为世界"旅游王国"。旅游资源非常丰富,主要有以下几个方面:

1. 优越的地理位置

西班牙位于南欧,纬度低,气候宜人,阳光充足,日照时间长。伊比利亚半岛三面环海,风景秀丽,拥有漫长的海岸线和许多优良的天然浴场。海滩以好、美、廉闻名于世,著名的海岸有美丽海岸、黄金海岸、白色海岸、太阳海岸和两个群岛的海岸,吸引着大量中欧、北欧和美洲的游客,被称为欧洲的"加利福尼亚"。

2. 名胜古迹遍布

西班牙历史悠久,文化艺术丰富多彩,名胜古迹众多。据粗略统计,全国有规模不等的王宫 100 多个,城堡 1400 多个,教堂 1 万多个,其中相当一部分在历史价值、社会价值和艺术价值方面弥足珍贵。被列入联合国教科文组织的"世界文化遗产"名录中的西班牙项目包括古代和近代的建筑、绘画、雕塑、综合景点(村落、城镇)等,分布在全国各个大区。西班牙历届政府十分重视对文物古迹的保护,每年花许多钱进行修缮。这些名胜古迹吸引着成千上万的外国游客。

3. 优良的旅游服务设施

西班牙具有现代化的旅游服务设施。目前西班牙酒店数量已超过 13800 家,共有房间 569802 间,床位 1087529 个,占全世界总量的 5%。西班牙有 226081 家酒吧或咖啡馆,58886 家餐馆,2992 家旅行社及 3574 家分社,112 个火车站,而且这些数字还在逐年增加。娱乐设施也很多,而且条件十分优越。目前西班牙有 9 个国家公园,35 个狩猎场,7 个大型乐园,77 个跑马场,176 个高尔夫球场和 28 家滑雪场。

二、促销手段

西班牙旅游总局下设旅游政策司,主要负责同各自治区和地方机构的协调,处理同国际上的旅游关系,发展同别国的旅游技术交流与合作等。另外,还设有西班牙旅游促进会,主要职能是推动旅游商品化,扩大旅游宣传,组织参加国际旅游博览会和其他重要的国际旅游活动。目前,世界旅游组织总部设在马德里,为西班牙加强同世界各国的交往和世界从外部了解西班牙提供了方便。西班牙政府还在全国各地大小城市都设有"旅游信息中心",其统一标志为"i"(información),很醒目,游客很容易找到,为游客免费提供当地旅游信息。旅游总局在全国建立了一个旅社网,除了一批达到国际标准的高级旅馆和饭店外,国家还把一些古老的城堡和宫殿修葺一新,装上现代化设备,向游客开放。这些城堡和宫殿把住在里面的游客带进了神秘的中世纪时期。

西班牙发展旅游业的绝招很多,例如通过举办各种博览会、国际音乐会、民间传统艺术节及国际会议和体育比赛等开展宣传活动,招徕游客。1992 年因纪念哥伦布发现美洲 500 周年举办塞维利亚世界博览会和巴塞罗那奥运会,外国游客达到 5500 万人;多年来,西班牙各地把"保护内部旅游自然环境,促进外部旅游市场多样化"作为旅游业发展的两个基本要素。在开发新的旅游点时,加强对海岸、山区自然环境保护、禁止破坏生态平衡;不断开发新的旅游项目,比如,根据当今游客喜欢文化古迹、深山密林和田园风光的心理,沿海地区的一些旅游点,开展"文化旅游""赏景观鸟旅游",为了满足旅游者各种不同的兴趣爱好,政府还开辟了几条颇具特色的旅游线路,其中包括"圣地亚哥朝圣之路""堂吉诃德之路""哥伦布之乡"。以下是对这几条旅游线路的简介。

1. 圣地亚哥朝圣之路——欧洲文化之旅"第一路"

在基督教世界中耶路撒冷、罗马和圣地亚哥为三大宗教圣地,圣地亚哥是欧洲重要的城市之一,也是多种文化的荟萃之地。圣地亚哥之路(El camino de Santiago)是联合国世界文化遗产,欧洲第一大文化旅游线路。

(1) 起源

圣地亚哥朝圣之路起源于九百多年前。传说耶稣十二门徒之一的圣雅各(西班牙语叫 Santiago,音译为圣地亚哥)把基督教引入了西班牙。他曾回到圣地耶路撒冷,并于公元 44 年在那里殉教。他的弟子们把他的遗体运送到加利西亚,并埋葬在今天的圣地亚哥·德·孔波斯特拉(Santiago de Compostela,简称圣地亚哥)。9 世纪时一位基督教僧侣在此发现圣雅各陵墓,并经主教确认,主教把这一发现视为神迹,禀告了阿斯图里亚斯国王阿尔方索二世(Alfonso II)。于是国王下令在此地修建小教堂,圣地亚哥的圣体被供奉于此。这个小教堂在之后的 100 年里被扩建。到了 1075 年,阿尔方索六世(Alfonso XI)主持建成了如今的圣地亚哥大教堂。

基督教信徒们从欧洲各地纷纷来朝圣,从 11 世纪以来,该教堂变成继罗马和耶路撒冷之后的基督教徒朝圣的最大圣地,圣地亚哥朝圣之路由此蓬勃发展起来并形成了四通八达的朝圣路线网,这些路线被统称为圣地亚哥之路。朝圣者们在路上互通信息,互相帮助。沿途的教堂、村镇和居民都热情地招待朝圣者。这种风气不但传遍了整个西班牙,而且传遍了欧洲,到 13 世纪形成高潮。去圣地亚哥朝圣成为基督教徒一生中的荣耀。

朝圣者常常是组成小股队伍行进,也有单个前往的。但是,即便是穿过最茂密的森林,他也不会感到孤独、寂寞,因为他的身前背后总有一些朝圣者。一路上可以得到教会等机构的赞助。朝圣活动成为西班牙民族的一种精神凝聚力,历来都受到西班牙王室和教会的大力支持。

在中世纪,朝圣者的典型形象是,手持一根结实的木杖,木杖顶端挂着一个盛饮用水的葫芦,头戴一顶宽边帽子,身披一袭厚厚的斗篷,既可遮风挡雨,夜里又可以当铺盖。朝圣的标志物是一枚扇贝贝壳,直到现在,这种贝壳仍然是朝圣者的徽记和象征。虔诚的朝圣者或步行,或骑马,一路风尘仆仆,到了圣地亚哥·德·孔波斯特拉后,心愿达成,身体的疲惫换来了精神上的满足。

14世纪之后,欧洲的社会动乱,政治经济局面的变化等因素使得在之后很长一段时间里圣地亚哥朝圣之路冷清了许多。直到17世纪西班牙帝国没落以及近代的战乱,圣地亚哥之路逐渐被世人淡忘。

1987年西班牙加利西亚自治区政府决定重新开辟圣地亚哥之路,在欧盟推广这条自古以来的朝圣之路,也是欧洲理事会认定的"欧洲第一文化之路",圣地亚哥之路又重新迎来了大批朝圣的人潮。如今每年前去朝圣的人数在20万左右。

最初,圣地亚哥之路是一条基督教徒的朝圣之路;而如今,它已经超越了宗教本身的含义,也可以是一次自然探险,一趟心灵之旅。圣地亚哥之路结合了自然风光、历史和文化,是一条非常值得一去的旅游线路。除了有很多欧洲的朝圣者之外,澳大利亚人、美国人、加拿大人也是主要客源,也有很多亚洲游客,主要是日本人前来朝圣。游客在徒步前往圣地亚哥的漫长路途中在领略西班牙北部美丽的自然风光之外,同时能够感受到朝圣者虔诚的心。

(2) 路线

通往圣地亚哥的朝圣之路主要有9条,其中最繁荣、最知名的朝圣之路当属法国之路。大部分欧洲朝圣者到巴黎集合,从那里出发,越过比利牛斯山,穿越西班牙北部多个省份到达圣地亚哥。这条路线在西班牙境内一共774公里,按每天走20到25公里来算,需要30来天的时间才能到达目的地。这条路线沿途的庇护所最多,路标最多,艺术、文化价值也最高。"法国之路"于1993年被联合国教科文组织列入世界文化遗产。

除了法国之路外,到达圣地亚哥还有葡萄牙之路、阿拉贡之路、北方之路、原始之路、英国之路、白银之路、海河之路和地极之路。这些路线吸引了众多的朝圣者,推动了沿途地区的社会经济的发展;而不同文化背景的人们在朝圣之路上相遇,碰撞出思想的火花,让精神、文化迸发无限活力。大文豪歌德甚至说:"欧洲在通往圣地亚哥的朝圣之路上产生了。"走的人最多的是法国线。而九百多年前的英国朝圣者则是在北部的拉科鲁尼亚(La Coruña)登陆,然后步行抵达圣地亚哥。

朝圣者或游客一般先选定一条朝圣的路线,在其路线上选择一个城市出发,在那个城市的教堂或者Albergue旅店可以申请朝圣者护照credencial,一欧元一份,不需要别的任何资料。在申请护照的时候工作人员会问你是出于什么目的进行徒步的,如果是旅行(turismo)的话最后得到的证书是西班牙语的,如果是信仰朝圣(para religión),颁发的证书是拉丁文的。在朝圣路上的每一个路过的餐厅、教堂、酒吧、咖啡厅和旅店都可以盖章(sellar),在此需要注意的是,一路上经过的大多是小教堂(Iglesia),通常是下午1点过后就关门了,而大教堂(Catedral)在大城市才有。如果是急着赶路或者下午经过小教堂的朝圣者可以继续前进。

有的 Albergue 会出售一根长长的竹杖，上面挂着葫芦，在背包上挂一个贝壳挂饰，这样在路上会更容易得到帮助。有的 Albergue 的门口会有详细的路线说明，讲解到下一个站点有多远的距离，要走哪些地方。一般情况站点与站点之间是15—40 公里不定的，大家可以根据天气、路况以及身体情况而定。

Albergue 朝圣者旅店一般是以前的教堂或者学校改建成的专门为朝圣者提供床位的旅店，通常价格很便宜，一晚上 5—15 欧元不等，只有持有朝圣者护照的人才能居住。办理好入住手续后负责人会给你一套一次性的床单和枕套，但是被子是要自己准备的，所以有意体验这种特殊的旅店的朋友最好带合适的睡袋。

在朝圣之路上一直都会有贝壳的路标来指引你方向，由于朝圣的方式有徒步、骑马与自行车三种，所以同一路线下也会有几条不同的道路。

（3）La Compostela 或 Compostelana（孔波斯特拉证书）

朝圣者在圣地亚哥之路沿途的一些旅舍和教堂可以领取一个小手册，在经过每个村庄和城市的教堂、旅舍甚至酒吧的时候可以请相应的接待人员盖章。即使没有小手册，沿途的村庄和城市的教堂或旅舍等在一张纸上盖章也是有效的。朝圣者可以凭此证明入住圣地亚哥之路上的一些免费的或廉价的旅舍，并且能证明自己确实是经过此地徒步、骑马或骑自行车来的。

孔波斯特拉证书是颁发给以宗教朝圣的目的走圣地亚哥之路的人们的。如果朝圣者徒步或骑马行走 100 公里以上，或者骑自行车 200 公里以上，并且在抵达圣地亚哥·德·孔波斯特拉后，出示沿途经过地点的证明，即可获得教会颁发的孔波斯特拉证书。在中世纪，孔波斯特拉证书是赦免信徒罪行，便其死后进入天堂的一个方式。在圣年，信徒可以得到大赦。

向不以宗教为目的走圣地亚哥之路的人们颁发的是另一种证书。其内容是："圣地亚哥·德·孔波斯特拉教堂热烈欢迎您来到圣雅各陵墓；愿圣雅各赐予您无尽天恩"。圣地亚哥的朝圣证书办公室每年向来自 100 多个国家的 10 万多名朝圣者颁发孔波斯特拉证书。

（4）圣年（Año Santo-Jacobeo）

圣年，即圣雅各生日（7 月 25 日）逢星期天的年份，每隔六年、五年、六年和十一年举行。第一个圣年可追溯到 1120 年，当时的教皇加里斯都二世（Calixto II）授予圣地亚哥教区特权，将圣雅各生日逢星期天的年份封为圣年，走朝圣之路，做弥撒，进入圣地亚哥大教堂的圣门，参拜教堂里的圣徒陵墓，这样就可以获得大赦，洗去罪过。

圣年的前夕都会有一个开启圣门的仪式。圣门将从外面被打开，主教带领神职人员从圣门走进教堂，之后主持一堂弥撒。圣门在圣年对公众全年开放。最近的几个圣年是1993、1995、2004和2010年。下一个圣年举行的时间是2021年。

2. 堂吉诃德之路

塞万提斯的长篇小说《堂吉诃德》是一部不朽的世界名著。作者不仅把各种人物描绘得惟妙惟肖，而且叙述了各地的风土人情。故事发生的地点，即小说主人公堂吉诃德和仆人桑丘行侠仗义经过的地方，都是真实存在的，于是西班牙人精心设计了一条"堂吉诃德之路"的旅行路线，它的大部分行程都在位于西班牙腹地的拉曼恰地区。"不久以前，就在拉曼恰的某一个村镇，它的名字我就不提了。"这是《堂吉诃德》开篇的第一句话，也为整个拉曼恰蒙上了一层中世纪骑士的浪漫。这些地方实际上也是作者塞万提斯本人多次走过的地方。这些地方大致分成两条线路。第一条线路，是作者在小说中描述过的堂吉诃德等书中人物真正到过的地方；第二条线路是作者在书中提及的那些在历史、文化、文学方面具有拉曼恰风情民俗的地方。这两条线路，如今都属西班牙的旅游热线，游客络绎不绝。

堂吉诃德之路为欧洲最长的环保旅游线路，因其文化和历史源远流长而被做西班牙永久线路加以维护和保持。参观《堂吉诃德》之路不仅可以实地游览塞万提斯作品中描写的相关场景，如堂吉诃德客栈、堂吉诃德第一次出行时当做巨人与之战斗的风车、堂吉诃德的情人杜尔内西亚之家、书中记述的乡村婚礼举办地、塞万提斯的故居等等，游客可以欣赏沿途名胜古迹和田园风光，也可了解这一带的风土人情，品尝特色风味食品。

3. 哥伦布之乡

哥伦布的航海活动，大部分是在西班牙南部安达卢西亚海岸进行的。这一带被称为哥伦布的"南海航线"。这一带的主要城镇有：跟随哥伦布第一次西航的航海家平松兄弟的家乡韦尔发、支持哥伦布西航的修道士们居住的寺院小镇拉必达、哥伦布第一次横渡大西洋的出发地海港渔村帕罗斯、哥伦布多次来过并得到这里的修道士支持的寺院所在地——世外桃源默克尔镇、哥伦布第三次航海远征出发地圣卢卡尔城、和哥伦布一起探讨横渡大西洋计划并接待过哥伦布的公爵的府邸所在地圣玛丽亚港、哥伦布第二次西航出发与返航的港口加的斯、得益于发现新大陆后美洲与西班牙之间的船只来往停泊而繁荣起来的内河港口塞维利亚、哥伦布第二次成家并生活过的科尔多瓦城、光复战争胜利完成后哥伦布随同天主教双王一起胜利开进的穆斯林在半岛上的最后一个据点格拉纳达城、天主教双王签署准许哥伦布航海远征协议的圣菲镇等。这些地方在哥伦布一生的伟大业绩中留下了不朽的篇章。游客在这一带游历，可以追寻哥伦布的足迹，缅怀历史，回顾发现新大陆的的过程以及由此而来的西班牙帝国的辉煌。

三、博物馆和"世界文化遗产项目"

1. 博物馆

作为一个文明古国,西班牙积累了数千年的艺术珍品。从古至今,艺术界人才辈出,其中有相当一批是世界艺术领域的领军人物,其影响源远流长。从古代无名氏的作品到当今大师们的巅峰之作都得到完好的保存,如今大多陈列在各个博物馆里供人们欣赏。西班牙的博物馆数量多、种类多、馆藏精品多,举世闻名。

从波旁王朝起,国家就开始兴建博物馆。以后每个朝代、历届政府都增加馆藏或建新馆,因此西班牙各地遍布大大小小的博物馆,有的中等城市拥有七八个不同种类的博物馆。如位于南部太阳海岸边的马拉加市,有毕加索博物馆、毕加索故居博物馆、马拉加现代艺术中心、眺望台考古博物馆、民间传统和艺术博物馆、葡萄酒博物馆、安东尼奥·奥多涅斯斗牛博物馆、玩偶博物馆等。毕加索博物馆的藏品非常珍贵,大师的家人把他的许多重要作品都捐赠给了故乡的城市,其中有素描、油画、陶瓷作品和一些先锋派作品。这些作品都按照时间顺序陈列,不少画作从未公开展示过,非常值得一看。

博物馆的分类大致为国立博物馆、地方博物馆、历史遗产博物馆、中世纪艺术博物馆、宗教博物馆、艺术家个人作品馆和现代艺术馆。国立博物馆属国家财产,资金雄厚,规模大,技术力量强,收藏丰富,可分为绘画、雕塑、建筑、陶瓷制品及其他工艺品、人类学与民俗学、考古与古迹、自然科学等类别。有的私人馆藏也极具实力,例如已被政府收购的提森博物馆,保存着提森男爵家族的私人藏品,从中世纪到20世纪的绘画精品,不论从数量上和质量上都和西班牙最著名的普拉多博物馆不相上下。

下面是几个有代表性的博物馆:

(1) 普拉多美术博物馆

这是世界上最著名的美术陈列馆之一,落成于1818年,1819年首次对公众开放。最初是皇家绘画陈列馆,当时的藏品有1510件。1868年爆发革命,女王伊莎贝尔二世被推翻,博物馆被收归国有,重新命名为国立绘画雕塑博物馆。以后几经扩建、增建、合并,终于形成今天的规模。

博物馆最早的藏品均为王室收藏,从天主教双王起,几乎历代君主都在不断扩大藏品的数量。此外,私人捐赠、宗教团体捐赠和国家收购是其他三种渠道。作品的年代从11世纪一直延续到近代和现代,几乎囊括了西方美术史上的所有流派,荟萃了西班牙和部分意大利、佛兰德斯等地区的名家大师的佳作,成为一座名符其实的艺术宝库。

从画派上划分，博物馆里分出佛兰德斯派（15—17 世纪）、意大利画派（15—17 世纪）、荷兰画派（17 世纪）、法国画派（17—18 世纪）、德国画派和西班牙画派，这些流派分别折射出不同年代的君主们的喜好和教会、贵族们的审美倾向。天主教女王伊莎贝尔、卡洛斯五世、费利佩二世等大量收集凡·德·梅姆林、博斯以及后来的鲁本斯和凡·代克等佛兰德斯画派画家的作品，如鲁本斯的著名的《美惠三女神》画作就保存在这里。卡洛斯五世因其出生背景，更钟情于佛兰德斯画派，实际上，他的品味始终固定在佛兰德斯和意大利，因此也影响了以后几位哈布斯堡王朝的君主。他把大量从布鲁塞尔等地收购和征集来的绘画都集中陈列在尤斯特修道院——他的隐居之所，这些画陪伴这位戎马一生的皇帝走完人生之路。意大利画派的绘画在馆藏中占有相当的分量，特别是威尼斯画派。拉斐尔、波提切利、科雷乔、提香、丁托列托等大师都在此占有一席之地，特别是提香，他曾经为两代君主——卡洛斯五世和费利佩二世服务，留下了大量画作，其中既有君主们的肖像，也有神话题材的巨幅之作。

藏品最多的是西班牙画派。包括"黄金时代"的代表人物格雷科、苏尔瓦兰、穆里约、委拉斯盖兹和 18—19 世纪的戈雅等的力作。格雷科从早期到中年的大部分作品，如《手放在胸口的骑士》《圣三位一体》等；苏尔瓦兰的组画、静物画和肖像，著名的《葡萄牙的圣伊莎贝尔》都收藏在这里；而委拉斯盖兹是宫廷画师，作品多为皇室收藏，其旷世之作《宫女》《布雷达的归降》《纺织女》《火神的锻铁厂》等等在这里能看到，共 50 幅；18—19 世纪的大画家戈雅的 112 幅作品占了几个大厅，包括其代表作《卡洛斯四世一家》《5 月 3 日大屠杀》《1808 年 5 月 2 日》《穿衣的玛哈》《裸体的玛哈》等，展品还包括画家为皇家地毯厂创作的壁毯图样、铜版画及其他体裁的作品。

在这座新古典主义风格的殿堂之内还陈列着欧洲其他国家艺术家的作品，同时还展出一些雕塑、祭坛装饰画、金银手工艺品等物。

(2) 国立索菲亚王后艺术中心博物馆

这座当代艺术博物馆共有 46 个展厅，主要陈列西班牙及世界先锋派的作品，其创作年代从 19 世纪末到 20 世纪，跨度较大。

馆中有些展厅专门展示某位画家的作品，如毕加索厅、达利厅等。第 6 号展厅即展出毕加索的画作，其中最引人注目的是《格尔尼卡》。第 7 号展厅陈列着米罗的作品，其中有深受观众喜爱的《蜗牛、女人、花朵、星星》(1934)和《女人、小鸟和星星》(1970)。第 10 展厅是达利厅，展出画家年轻时期的作品和超现实主义风格的画作约 20 幅。

除了先锋派的展品，内战之后的各个艺术流派也都各有一席之地。例如

1950—1960年间的抽象艺术作品、内战后最早出现的Dau al Set派的作品、昆卡团体成员的作品、加泰罗尼亚画家塔彼埃（Antonio Tápies）的作品等。其他欧洲艺术家的创作占了三个展厅。

展品中除了绘画，还有雕塑、装置、摄影，各种具象艺术和抽象艺术作品等等，内容和形式都极为丰富。

博物馆除了常设展，还常常举办大型短期展和其他文化活动。馆内有大礼堂、图书馆、放映厅、咖啡馆、书店等设施。

（3）国家考古博物馆

建于1867年，是马德里馆藏最丰富的也是最重要的博物馆之一。时间跨度从史前文化开始，展现了西班牙整个历史时期的面貌。

全馆展览分为埃及—希腊和史前艺术、古代伊比利亚和罗马艺术、中世纪装饰艺术和16—19世纪艺术等几部分。在第1至第18展厅里有阿尔塔米拉岩洞的复原模型、青铜时代的艺术品、古埃及和古希腊的精美艺术品等，年代从新石器时期到铁器时期，再到罗马帝国时期。在19至26展厅中，陈列着古代伊比利亚的手工艺品、雕塑和其他艺术品，从这些文物上可以看到腓尼基、希腊和迦太基人对伊比利亚人的深刻影响，也能看到古罗马文化的烙印。其中最抢眼的展品是埃尔切仕女胸像和巴萨仕女像。

在中世纪的几个展厅集中陈列着西哥特王国和摩尔人统治期的文物，其中一件是西哥特国王雷塞斯温托（Recesvinto）加冕时进献给托莱多大教堂的许愿王冠，其镶嵌工艺和风格融合了日耳曼和拜占庭的特点。许多建筑模型一一展现出华丽的伊斯兰穹顶、罗马式大门、哥特式的铁艺栏杆、柱头、雕塑和极具异国风情的穆德哈尔式室内装潢。在大量的厚重拙朴暗淡的罗马—西哥特式展品中，伊斯兰艺术显示出其卓尔不群的东方典雅、细腻和高贵，透射出在欧洲中世纪的压抑气氛下闪耀在穆斯林西班牙的一束光芒。

产生于16—19世纪的艺术品和各类相关的模型数量可观，种类繁多。波旁王朝入主西班牙之后，法兰西之风和所有在欧洲有影响力的艺术流派便进入西班牙，引导当时的风尚。展品中包括许多由皇家工厂加工生产的陶瓷、彩釉陶、水晶制品、纺织品等等，直接地表现了那些年代的皇家奢华和引领艺术领域的各种风潮。

西班牙是个博物馆王国，博物馆数量之多，质量之高，正印证了西班牙人对自己文化、历史的尊重、传承、保护和发扬的优良传统。在此基础上，政府从政策上大力扶植，从财政上大力资助，也确保了博物馆事业的发展。不少国家级博物馆凭借政府的大量投入，具有先进的高科技设施，有专业化极强的专家队伍（如古建筑修复、古画修复、艺术品鉴定等方面的专家），有从国内外收购顶级文物的财力（如对提森男爵全部藏品的收购)。除此之外,一些财团、企业、宗教机构、学术团体、家族和个人也不断捐赠(如拉萨罗·加尔迪亚诺博物馆就是由这位私人收藏家无条件捐献的)。这些条件确保西班牙成为博物馆大国。

2. 世界文化遗产项目

西班牙作为一个文明古国和在保存古代文明、推进现代文明方面贡献突出的国家,它的"世界文化遗产"项目数量处于世界各国的前列是自然而然的。据粗略统计,全国有规模不等的王宫 100 多个,城堡 1400 多个,教堂 1 万多个,其中相当一部分在历史价值、社会价值和艺术价值方面弥足珍贵。被列入联合国教科文组织的"世界文化遗产"名录中的西班牙项目包括古代和近代的建筑、绘画、雕塑、综合景点(村落、城镇)等,分布在全国各个大区。下面是这个长长的文化珍宝的名单:

(1) Arquitectura mudéjar de Teruel(Teruel,Aragón)

阿拉贡自治区特鲁埃尔的穆德哈尔风格建筑群(13 世纪)。1986 年被列入世界遗产名录。

(2) Arte Rupestre del Arco Mediterráneo Peninsular

地中海原始岩画艺术,主要分布在巴伦西亚自治区的卡斯特伊翁(Castellón)。

(3) Casa Batlló (Barcelona)

位于巴塞罗那的 20 世纪现代主义建筑之父安东尼奥·高迪的作品巴特约之家。

(4) Casa Milá (Barcelona)

位于巴塞罗那的 20 世纪现代主义建筑之父安东尼奥·高迪的作品米拉之家。1984 年被列入世界遗产名录。

(5) Casa Vicens (Barcelona)

位于巴塞罗那的 20 世纪现代主义建筑之父安东尼奥·高迪的作品文森特府。

(6) Catedral de Burgos (Burgos,Castilla y León)

位于卡斯蒂利亚—莱昂自治区的布尔戈斯大教堂。1984 年被列入世界遗产名录的 13 世纪哥特式建筑。

(7) Centro Histórico de Córdoba (Córdoba,Andalucía)

位于安达卢西亚自治区的科尔多瓦古城建筑群。

(8) Ciudad histórica de Toledo (Toledo,Castilla la Mancha)

位于卡斯蒂利亚—拉曼恰自治区的托莱多古城。1986 年被列入世界遗产名录。

(9) Ciudad Histótica Fortificada de Cuenca (Cuenca,Castilla la Mancha)

位于卡斯蒂利亚—拉曼恰自治区的昆卡古城。

(10) Ciudad Vieja de Avila e Iglesias Extramuros (Avila, Castilla y León)
位于卡斯蒂利亚—莱昂自治区的阿维拉古城及古城墙周边教堂。

(11) Ciudad Vieja de Cáceres (Cáceres, Extremadura)
位于埃斯特雷马杜拉自治区的卡塞雷斯古城。

(12) Ciudad Vieja de Salamanca (Salamanca, Castilla y León)
位于卡斯蒂利亚—莱昂自治区的萨拉曼卡古城。

(13) Ciudad Vieja de Santiago de Compostela (Santiago de Compostela)
位于加利西亚自治区拉科鲁尼亚省的圣地亚哥·德·孔波斯特拉古城。

(14) Ciudad Vieja de Segovia y su Acueducto (Segovia, Castilla y León)
位于卡斯蒂利亚—莱昂自治区的塞戈维亚古城及古罗马高架引水桥。

(15) Conjunto Arqueológico de Mérida (Mérida, Badajoz)
位于埃斯特雷马杜拉自治区巴达霍斯省的梅里达古罗马建筑群。

(16) Conjunto Monumental Renacentista de Baeza (Baeza, Andalucía)
位于安达卢西亚自治区哈恩省的巴埃萨文艺复兴建筑群。

(17) Conjunto Monumental Renacentista de Ubeda (Ubeda, Andalucía)
位于安达卢西亚自治区哈恩省的乌贝达文艺复兴建筑群。

(18) Cripta de la Colona Güell (Santa Coloma de Cervelló)
位于加泰罗尼亚自治区的 Santa Coloma de Cervelló 的圭尔教堂地下室。也是高迪的现代主义建筑风格的经典之作。

(19) Cuevas de Altamira (Santillana del Mar, Cantabria)
位于卡塔布连自治区 Santillana del Mar 的阿尔塔米拉原始岩洞。

(20) Ibiza, biodiversidad y cultura (Islas Baleares)
位于巴利阿里群岛的伊维萨古城和当地生态环境及文化。

(21) El Camino de Santiago (Santiago de Compostela)
位于加利西亚自治区拉科鲁尼亚省圣地亚哥·德·孔波斯特拉市的圣地亚哥朝圣之路。

(22) El Conjunto Arqueológico de Tarraco (Tarragona)
位于加泰罗尼亚自治区塔拉戈纳的古罗马建筑群。

(23) Iglesias Románticas de la Valle de Boí (Lleida)
位于加泰罗尼亚自治区莱里达省的波伊峡谷罗马式教堂。

(24) Jardín Huerto del Cura (Palmeral de Elche, Alicante, Comunidad Valenciana)
位于巴伦西亚自治区阿利坎特省的埃尔切棕榈树林。

(25) La Alhambra, el Generalife y el Albaycín de Granada (Granada, Andalucía)

位于安达卢西亚自治区格拉纳达的阿尔罕布拉宫、赫内拉里菲御花园和阿尔巴辛区的犹太民居。

(26) La Catedral, el Alcázar y el Archivo General de Indias de Sevilla (Sevilla, Andalucía)

位于安达卢西亚自治区首府塞维利亚的塞维利亚大教堂(世界第三大天主教堂)、王宫和美洲档案馆。

(27) La Sagrada Familia (Barcelona)

位于巴塞罗那市内的圣家族教堂,是高迪的巅峰之作。

(28) Las Médulas (Carucedo, León, Castilla y León)

位于卡斯蒂利亚—莱昂自治大区莱昂省卡鲁塞多的拉斯梅杜拉斯古罗马矿场遗址。

(29) Lonja de la Seda (Valencia, Comunidad Valenciana)

位于巴伦西亚市内的丝绸市场。

(30) Monasterio de Guadalupe (Guadalupe, Extremadura)

位于埃斯特雷马杜拉自治区的瓜达鲁佩修道院。

(31) Monasterio de Poblet (Tarragona)

位于加泰罗尼亚自治区塔拉戈纳省的波布雷特修道院。

(32) Monasterio Real de San Lorenzo de El Escorial (San Lorenzo de El Escorial, Madrid)

位于马德里自治区的圣洛伦索·德·埃斯科里亚尔修道院。

(33) Monasterio de Suso y Yuso (San Millán de la Cogolla, la Rioja)

位于拉里奥哈自治区圣米兰·德·拉科戈亚的苏索和尤索修道院。

(34) Monumentos de Oviedo y del Reino de Asturias (Oviedo, Asturias)

位于阿斯图里亚斯自治区的奥维多和古代阿斯图里亚斯王国古建筑群(前罗马式风格)。

(35) Murallas de Lugo (Lugo, Galicia)

位于加利西亚自治区卢戈市的古城墙。

(36) Paisaje Cultural de Aranjuez (Aranjuez, Madrid)

位于马德里自治区的阿兰胡埃斯王宫及其他文化景观。

(37) Palacio Güell (Barcelona)

位于巴塞罗那市内的圭尔宫是由现代主义建筑大师高迪设计建造的作品。

(38) Palacio de la Música Catalana y el Hospital de Sant Pau (Barcelona)

位于巴塞罗那市内的加泰罗尼亚音乐宫和圣保罗医院,是另一位杰出的现代主义建筑大师路易斯·多梅内赤·蒙塔内(Lluís Doménech Montaner)的经典作品。

(39) Parque Güell (Barcelona)

位于巴塞罗那市的圭尔公园是现代主义建筑大师高迪的经典之作。

(40) Casa Milá (Barcelona)

现代主义建筑大师高迪的经典之作。

(41) San Cristóbal de la Laguna (Tenerife, Islas Canarias)

位于加那利群岛特内里费岛上的拉拉古纳古城。

(42) Universidad y recinto histórico de Alcalá de Henares (Alcalá de Henares, Madrid)

位于马德里自治区的阿尔卡拉·德·埃纳雷斯大学及古城区。阿尔卡拉·德·埃纳雷斯是西班牙大文豪塞万提斯的出生地。

(43) Yacimiento de Atapuerca (Atapuerca, Burgos, Castilla y León)

位于卡斯蒂利亚—莱昂自治区布尔戈斯省的阿塔普尔卡考古发现。

高迪设计的圣家族大教堂

第八章

中国与西班牙的关系

第一节 丝绸之路延伸至罗马帝国属地伊比利亚半岛(1—5世纪)

在罗马帝国时期,西方对东方商品的需求使大量贵金属货币流向东方。这些贵金属货币流向东方而不再回到流通领域当中。因此,有人称东方为"罗马黄金的坟墓"。罗马帝国相当一部分财富是耗费于与东方的贸易中。奥古斯都时代金融危机已开始威胁罗马帝国。在这种危机的关头,正是西班牙的金、银等贵重金属源源不断地运到意大利,及时铸成货币,然后再投入流通领域,才保证了地中海世界国际贸易不致萎缩,更使罗马帝国与东方的贸易能继续下去,蓬勃发展。可以说,中国的丝绸和西班牙的贵金属共同为丝绸之路贸易奠定了重要的物质基础,同时也构成中国与西班牙关系史中的第一章。

在西班牙罗马化和城市化的过程中,西班牙社会业已出现对中国丝绸的崇尚和追求之风。奥古斯都在将西班牙由殖民地升为行省后将塔拉赫纳作为罗马帝国的统治中心。塔拉赫纳是一个优良的港口,可通达地中海任何一个滨海城市。东方来的丝绸可以运到帝国的首都塔拉赫纳,这里居住着帝国政要和贵族,该城由此成为中国丝绸最主要的消费市场之一。塔拉赫纳就与丝绸之路贸易紧密联系起来了。可以说塔拉赫纳促进了丝路贸易的发展,丝绸之路已延伸至西班牙。

第二节　中世纪西班牙与中国的交流(6—15 世纪)

随着西罗马帝国的覆灭,以长安和罗马为轴心发展起来的丝绸之路贸易体制终告解体。但海上丝绸之路的迅速崛起却使东西方之间的经济与文化交流又进入了一个新的发展时期,而中国与西班牙之间的友好往来在此时得到了进一步加强。

一、穆斯林西班牙世界与中国的交流

东罗马帝国皇帝查士丁尼(527—565 在位)在试图恢复原罗马帝国版图的过程中,派大军进攻当时在北非的汪达尔人并取得了胜利,建立了独立的行政区,这样,在北非的东罗马人和直布罗陀对面的西班牙有了来往。

东罗马帝国与唐代中国建立了新的贸易关系,犹太商人在东罗马帝国境内购买中国丝绸,再转运到欧洲和西班牙去销售,遂使西班牙和中国仍保留一定的物质交流关系。

从 7 世纪开始,阿拉伯帝国迅速崛起,摧垮了东罗马帝国在北非的统治,并在西班牙南部建立了科尔多瓦哈里发。在摧垮中亚的波斯帝国后,与唐帝国为邻,双边贸易关系日趋紧密,阿拉伯人就此控制了陆上丝绸贸易。犹太商人从西班牙和法兰克出发,到阿拉伯人控制下的波斯去购买中国丝绸,然后转销欧洲和西班牙盈利。

阿拉伯帝国兴起后,唐称其为"大食"(Tazi),又因倭马亚王朝(661—750)服饰上崇尚白色,唐称其为"白衣大食",后阿拔斯王朝取代倭马亚王朝,由于该王朝衣饰崇尚黑色,唐称其为"黑衣大食"。唐王朝在安史之乱(755—763)之后,西部游牧民族不断侵扰,在西域一带已失去原有控制力。急速扩张中阿拔斯王朝与唐王朝在中亚的势力不断发生冲突,751 年唐朝军队与阿拉伯军队在中亚城市怛罗斯(Taraz)发生激战,唐军战败。从此唐王朝的势力从中亚逐步后撤并导致陆上丝绸之路的衰落。

中国的养蚕技术传入东罗马帝国,经西西里于 9 世纪传入西班牙南方。带动了欧洲其他地区的养蚕业和丝织业。西班牙南方养蚕业和丝织业直至 16 世纪之前一直长盛不衰,成为三大民族支柱产业之一。

已经证实,中国的造纸术是经过阿拉伯人传入西班牙的。而 9 世纪至 11 世纪,正是西班牙穆斯林世界科学、文化和艺术最为辉煌的时代,人才辈出,创造出一批具有永恒价值的著作。科尔多瓦的翻译家们将大量希腊古典名著译成阿拉伯文,为日后欧洲的文艺复兴运动奠定了基础。这一切都是以纸张的批量生产为基

础的。造纸技术在欧洲普及之前,欧洲的文献主要书写在羊皮纸上。抄写一本《圣经》需要屠宰300只羊。靠羊皮作为媒介来传播与普及文化是极难的。我国的造纸术传入西班牙,加快了文化的传播和交流。

中国人发明的纸牌也是经阿拉伯人传入西班牙。火药的发明和火器的使用都是由中国人首创,由阿拉伯人西传的。阿拉伯人称硝(火药)为"中国雪"。

另一项与战争技术发展有关的发明是源于中国人创造性思维的马镫。马镫使人与马匹有机地结合在一起,骑士可以把握马的奔腾方向,用双脚控制马匹,集中力量挥舞手中的武器,这样极大地增加了骑兵的战斗力。中国马镫西传的过程中,694年阿拉伯人已应用这一器物完成了骑兵装备上的更新。阿拉伯人配备马镫的骑兵在征服西班牙,并于732年北上越过比利牛斯山与法兰克步兵在图尔(Tour)战斗的过程中,装备马镫的骑兵显示出来的威力激励法兰克人采用马镫这一新技术。在法兰克人的带动下,欧洲骑兵普遍应用马镫技术并迎来了欧洲的"骑士时代"。

农业方面,原产于中国的水稻,经阿拉伯人向西传播,至8世纪西班牙已开始种植。到1475年,意大利波河平原受西班牙的影响才开始种植。到1700年水稻种植才在欧洲农业中占有一定的比例。中国人培育成功的柠檬和柑橘也是由阿拉伯人传向西方,后在西班牙南方广泛种植。其他欧洲国家都是经西班牙才开始种植柠檬和柑橘的。

中国的灌溉技术也是经西班牙传入西方。河渠闸门技术最先传入西亚,阿拉伯人带到西班牙,使安达卢西亚一带地区的水利灌溉工程得到充分发展并实现了农业的园林化。到11世纪,加泰罗尼亚一带也应用了,使西班牙农业普遍受益。中世纪欧洲人口迅速增加。欧洲开始大垦荒,普遍建起灌溉系统,与西班牙南方的示范作用分不开。

罗马帝国衰亡后,在罗马帝国农业传统的研究和继承方面,欧洲出现了长达9个世纪的"大断裂",直至中世纪晚期,欧洲仍未产生指导农业生产的专著。而科尔多瓦哈里发时期的西班牙为欧洲贡献了一批农业著作,使欧洲人受益匪浅。如塞维利亚农学家伊本·阿瓦姆(Ibn al-Awwam)的《农书》在欧洲颇有影响。该书专门论及农业灌溉问题以及使西班牙成为"亚热带花园"的经验。

在穆斯林统治西班牙的最初几个世纪里,先进的东方文化流入安达卢西亚,许多西班牙学者远游埃及、叙利亚、伊拉克、波斯,甚至来到中国,促进了中国和西班牙的科学交流。如中国的炼丹术经阿拉伯人传入欧洲,对近代化学发展起到重要作用。

元代对中国天文贡献卓著的阿拉伯科学家爱薛(1226—1308)即科瓦多瓦哈里

发时代的西班牙科学家麦海丁·马格里布(Muhyi al-dinal-Maghribi)。1246年爱薛经叙利亚来到中国,由于他专长数学、天文学和医药学等多种学科,其学识中融汇了阿拉伯科学的精华,因此在忽必烈执政(1260—1294)后,受到朝廷重用,负责西域星历和和医药两个部门的研究工作。而且他多次与中国学者一道参与国际科学合作项目的实施并有突出贡献。

二、西班牙基督教世界与中国的交流

在中世纪,特别是在阿拉伯人入侵西班牙的最初几个世纪,随着海上丝绸之路的兴起,在中国唐、宋、元三个王朝与西班牙穆斯林世界之间在文化和科学技术方面曾有过相当广泛的交流。

通往东方的商路已被阿拉伯人所切断。从1097年至1291年间,罗马教皇与一些欧洲封建君主国以"圣战"的名义所发动的历次十字军远征,实质上都包含着与穆斯林世界争夺东方贸易垄断权的目的。出于对东方商品的渴求,欧洲商人只好承认阿拉伯人统治下的亚历山大港对东方商品的垄断地位并在那里设立商站,建立起长期的商业联系。

1. 地中海商业革命与泛太平洋—印度洋贸易圈

不久后蒙古帝国崛起。1211年成吉思汗占领了长城以北地区,1215年占领了北京。蒙古人的西征使亚欧大陆的商路已畅通无阻,即亚欧大陆从此处在"蒙古和平"时期。在十字军东征过程中繁荣起来的威尼斯、热那亚等城市的商业活动沿着陆路和海路迅速扩张。12世纪至14世纪,地中海区域商业出现空前繁荣的景象,即"地中海商业革命"。沿地中海的加泰罗尼亚人和阿拉贡人,受到威尼斯商人的激励,控制了西地中海。他们在北非建立商站,每年有150左右的加泰罗尼亚人深入非洲内陆从事黄金交易。

12世纪至14世纪地中海商业革命的最强劲的推动力便是与东方的贸易。自汉唐以来中国海外贸易不断发展,至宋元时代(960—1368)随着商品经济的快速发展,海外贸易进入了高峰期。中国与一百多个亚非国家建立了广泛的经济与文化交往,并在这些国家与地区的共同参与下逐步形成了与地中海区域相平行的泛太平洋—印度洋贸易圈。欧洲人渴求的丝绸与瓷器是中国的主要出口商品。就这样,海上丝绸之路终于取代了陆上丝绸之路,推动了中国与西方的贸易。

从中国传入欧洲的马蹄铁、马具(胸带和套包子)和商船,是东方世界给予天主教欧洲的三份厚礼,打开了商业革命的道路。线路图、航海图和指南针,被称为中世纪航海业的三项技术革命。中国人将指南针用于航海这一思维的西传是众所周知的事实。航海图的绘制实源于晋代我国地图学家裴秀(224—274)用经纬线表示地理方位的"分率制图法",后这种制图法传到伊朗和阿拉伯世界。指南针和航海图使地中海的航海视野发生了质的飞跃。

通过加泰罗尼亚商人与东方的贸易,在西班牙基督教世界与中国之间,实质上已经存在了相关关系。如果说西班牙的穆斯林世界是华夏文明传向欧洲的窗口,那么西班牙的基督教世界则是华夏文明向欧洲传播的最后一个端点,即华夏文明的一些成果在历史上曾从东西两个方向传播到西班牙并融入到西班牙璀璨的多元文化之中。

中国与西班牙最直接的相关关系则体现在人员的交往上。在地中海商业革命时期,特别是在"蒙古和平"时期,亚欧大陆已畅通无阻。1264年,忽必烈从蒙古的哈拉和林迁都北京,自动向欧洲商人打开了中国的大门。为了开展与东方国家,尤其是与中国的直接贸易,意大利商人不畏万里商途之险而相继走向东方。威尼斯商人马可·波罗家族的中国之行已传为佳话;热那亚商人则更为活跃,1224年他们已组成开展东方贸易的公司。据文字记载,1326年以前在当时的世界第一大港泉州已经有了热那亚人设置的"商栈"。

然而,到达香料发源地印度和东印度群岛,比到中国具有更大的经济价值:香料在只知道用盐处理食品、对其他食物保存技术知之甚少的西方世界里非常受欢迎。好几个世纪里,香料与其他许多商品如中国的丝绸和印度的棉织品一起,由商人们通过两条路线运往欧洲:或经由红海和埃及,到黑海或地中海东部各港口;或进波斯湾,再由商队将货物运到这些港口。第一条商路由波斯和美索不达米亚的(伊尔汗国)蒙古统治者和热那亚人控制;热那亚人在港口转运站等候香料。第二条商路由阿拉伯人和威尼斯人控制;阿拉伯人用船将香料运到埃及,威尼斯人再从亚历山大港将货物运往欧洲销售。

2. 克拉维约东方之行

除了上述马可·波罗家族的中国之行,在同一历史时期,罗马教廷既出于宣传基督福音的需要,也为了和蒙古人结盟而遏制穆斯林世界的扩张,也曾不断派出使节和传教士前往东方。

随着马可·波罗等西方商人、旅行家、传教士和外交官相继踏上中华大地,通过他们的回忆录、游记、随笔和书信,欧洲人看到在遥远的东方屹立着一个比欧洲拥有更高文明水平、更繁荣的经济的国家——中国。因此,对中国的向往已成为那一时代欧洲人的普遍心理。《马可·波罗游记》问世后不久,便有不同语言的119种抄本在流传。马可·波罗书中描写的有关中国和香料群岛的迷人景象,召唤着伟大的探险者们,在穆斯林帝国封锁陆上道路之后,直接寻找一条海上航线,继续前进。

在上述大背景下,西班牙人也开始了自己的中国之行。

西班牙杰出外交家鲁易·贡萨莱斯·德·克拉维约(Ruy Gonzales de Clavijo, ?—1417)1403年奉卡斯蒂利亚国王恩里克三世(Enrique III)之命携带国书和珍贵礼物前往撒马尔罕去觐见称雄一时的帖木儿(Tamerlan Timur, 1336—1405),1406年返回西班牙后写出一部《克拉维约东使记》,记述了他完成使命的整个过程和往返路途中的见闻。其中关于中国的记述更可看做西方在对中国的认识上的一个新的里程碑。

克拉维约的东方之旅有着深刻的历史背景。在东方,1368年朱元璋推翻了元朝的统治,建立了明帝国,而在中亚一带由蒙古人建立的各王朝也纷纷解体,"蒙古和平"时期随之结束,亚欧之间畅通的商路又告中断。此后,大部分商品都汇集到此前受控于穆斯林商人的南部的海上丝绸之路,沿海路运往各地。这一贸易有助于穆斯林世界的繁荣。印度商品卖给亚历山大的中间人时,其涨价幅度已达百分之两千以上,这一事实可以说明牟利的程度。但是,有些欧洲人不愿意继续支付昂贵的价款,热那亚人不愿意仅仅在黑海上航行,他们想方设法到了波斯湾,直接去印度和东印度群岛,在那里他们发现,香料在原产地非常便宜。他们便开始寻找避开穆斯林这一障碍的新道路,达·伽马开辟了一条环绕非洲的划时代的航线,葡萄牙人于1498年进入印度洋,迅即控制了这一可获厚利的贸易的大部分。

在西方,14世纪中叶以后,地中海商业革命出现了深重的危机,从1340年起,黑死病在欧洲蔓延成灾,人口死亡率达35%—65%。工农业生产严重衰退。西班牙也深受影响,至14世纪加泰罗尼亚的贸易已降至高峰期的五分之一。此外,处于东西方之间的信仰基督教的东罗马帝国已陷于危机四伏之中。由于国力衰竭,昔日庞大的东罗马帝国已退缩至君士坦丁堡及其周围狭小的一隅。而君士坦丁堡又处于强大的奥斯曼帝国土耳其人的包围之中。在这危机的时刻,蒙古后裔帖木儿却在中亚迅速崛起并建立起一个规模空前的大帝国。帖木儿与奥斯曼帝国的土耳其人为争夺霸权处于严重对立之中,而且帖木儿占据上风,于是欧洲人希望与帖木儿结盟,从东西两个方向对土耳其人施加压力,以解君士坦丁堡之围,进而重新打通与东方国家的贸易。

西班牙基督教世界在光复战争中取得节节胜利,穆斯林势力则被迫退缩在格拉纳达一角。但当时卡斯蒂利亚国王恩里克三世认识到光复战争是与整个地中海区域基督教世界与穆斯林世界之间总的斗争形势分不开的,所以他十分关注帖木儿与土耳其人之间的攻守态势。为了进一步了解上述双方的斗争形势,1402年亨利三世曾派使前往阿格拉觐见帖木儿并受到热情接待,同时帖木儿也派使携带珍贵礼品前来西班牙拜见亨利三世。亨利三世再次派出使节以加强与这一中亚帝国的联系,同时责令西班牙使节要了解中亚人文和地理状况以及不同民族的宗教信仰和各民族之间的关系,以便为西班牙在这一地区的发展预先打下基础。而这次派出的使节是克拉维约,亨利三世派遣克拉维约赴撒马尔罕去觐见帖木儿表明了西班牙王室意欲与帖木儿结盟,从东西两个方向上向奥斯曼帝国施压,从而解除土耳其人对君士坦丁堡之围,进而打通东西方商路,以重振地中海贸易并最终摧垮穆斯林世界的策略。

克拉维约在撒马尔罕的外交活动中写到了关于来自明帝国的使臣以及有关中国的记叙。指出,中国皇帝向帖木儿遣使之意,实为帖木儿占有中国土地多处,理应按年纳贡。但7年未纳,所以中国遣使特来责问。

1368年朱元璋病故后,引发权力之争,后朱棣获胜,1402年在南京登上帝位,即永乐皇帝。朱棣即位后十分注意对外关系的开展。在1405至1422年之间,他曾派遣我国大航海家郑和六次远航亚非各国,同时他也极为关切中国与周边国家关系的良好发展,其中就包括与帖木儿帝国之间的关系。在明初,帖木儿承认并尊崇相互之间的臣属关系。但后来帖木儿既已在中亚建立起一个强大的帝国,就意欲做亚洲的主人,所以也想结束与明王朝的臣属关系,进而想率军入侵中国。所以不断向中国使者发难。

但对克拉维约来说,却从上述事件中,得出一个结论,即在西方地缘政治链条中,远在东方的中国是个极其重要的因素。并且通过这次中亚之行,克拉维约认识到,帖木儿是个并不可靠的盟友,而且其帝国实力强大,与西方结盟反对土耳其人,解除后者威胁之后,完全可能成为西方最危险的敌人。

克拉维约在撒马尔罕期间,年已七旬的帖木儿突患重病,只能离开并返回西班牙,失去了与中国使节接触的机会。他返回西班牙后迅即写出了《克拉维约东使记》。书中不仅介绍了中国的繁荣和富强,并强调指出他听鞑靼人说:"中国天子,虽生来既为崇拜偶像之徒,但其后皈依天主教云。"此段话意义重大。在中世纪,欧洲人一直期盼能寻找到传闻已久的东方那个信仰基督教的"胡安长老"的国度,以便与之结盟,进而从东西方两个方向来夹击阿拉伯人。现在克拉维约又指出,强大的中国,其天子可能业已皈依基督这一事实,这等于又为欧洲人描绘出一张新的东西方之间地缘政治变化的蓝图:即在特定的历史时期欧洲应考虑与中国结盟,共同制约横亘在亚欧大陆之间的草原帝国。

帖木儿病故后,帝国分崩离析。1453年,奥斯曼帝国率土耳其大军最终攻占了君士坦丁堡,并向欧洲扩张。地中海基督教世界面临着空前严峻的挑战。

1492年西班牙终于完成了光复国土的历史重任。面对奥斯曼帝国扩张的现实威胁,天主教双王费尔南多和伊莎贝尔承担起十字军运动捍卫者的重大责任,并决心把"十字与新月"的斗争进行到底。在地中海区域与奥斯曼帝国进行全面对抗以及通过新航路的开辟去寻找马可·波罗和克拉维约所描绘的东方大国以便与中国"大汗"结盟,进而形成对奥斯曼帝国的合围。这也是对恩里克三世地中海策略的继承和发展。特别是克拉维约听说中国皇帝业已皈依基督教这一点,很难说不是促成西班牙王室支持哥伦布远航东方的重要原因之一。

三、哥伦布"发现"美洲

在伊莎贝尔女王的支持下,1492 年 8 月 2 日,哥伦布率领三艘帆船,从西班牙南部帕洛斯港起航,于 10 月 12 日登上了巴哈马群岛中的一个小岛,哥伦布将其命名为圣萨尔瓦多。

目前,尚未发现西班牙王室签发给哥伦布致中国大汗的国书。但在西班牙阿拉贡王室档案馆中却保存着 1492 年 4 月 30 日由西班牙天主教双王签发给哥伦布的前往异域国家的"空白介绍公函"。在这一历史文献中并没有对哥伦布前往的国度加以具名,这可能是因为西班牙王室并不确切知道当时在中国当朝的大汗的具体称谓,所以只能在公函上留下空白,以备日后填写正式头衔。在"空白介绍公函"中,同样没有写明西班牙王室意欲与中国大汗结盟的只言片语。事实上,在与中国大汗接触并了解中国大汗对东西方地缘政治格局的看法之前,按外交惯例,西班牙王室是不可能先期亮明自己的观点的。但通过《哥伦布航海日记》则仍可看出哥伦布的远航目标就是中国。在 1492 年 10 月 30 日的日记中,哥伦布写道:"应设法前往大可汗国。"据其认为,大可汗居住之契丹就在附近。在其 11 月 1 日的日记中写到:"这里就是大陆,萨伊多和金萨伊就在吾前面一百里格的地方。"据专家考证,"萨伊多"和"金萨伊"应分别是我国的"泉州"和"杭州"。在《马可·波罗游记》中对这两个城市都有具体的描述。

哥伦布至死还确信,他已抵达亚洲。这个错误一直延续到 1501—1503 年,意大利航海家亚美利哥·韦斯普奇(Américo Vespucio)奉葡萄牙国王之命,两次沿巴西海岸南下探察,曾到达如今阿根廷的拉普拉塔河口,才发现这是一片前人从未知晓的"新大陆"。1507 年德国地理学家马丁·瓦尔德泽米勒(Martin Waldseemüller)在绘制新的世界地图时,便以这位发现者的名字给新大陆命名为亚美利加,中文简称美洲。

哥伦布到达美洲后,导致西班牙对拉丁美洲和菲律宾等广大地区的征服并建立了规模空前的"日不落"帝国。

第三节　地理大发现以后中国与西班牙之间的贸易活动(16—19世纪)

一、从麦哲伦环球航行到西班牙占领菲律宾

葡萄牙继达·伽马远航之后在香料贸易中获得的财富,使其他欧洲国家狂热地探寻别的通往东印度群岛的航线。哥伦布寻找中国一次又一次的失败,并没有毁掉向西航行到达亚洲的希望。1519年9月10日,神圣罗马帝国皇帝卡洛斯五世派遣麦哲伦率领五艘船组成的船队从塞维利亚起航,向西航行,同年10月,穿过如今以麦哲伦名字命名的海峡,1520年3月16日,到达菲律宾。麦哲伦和他手下40名船员被当地土著人杀死,幸存的18名西班牙人经过重重障碍,绕过好望角,沿非洲西岸航行,1522年9月3日,终于回到塞维利亚港,完成了人类首次环球航行。

从此拉丁美洲和菲律宾都成为西班牙殖民地,因此,从16世纪至19世纪,中国与拉丁美洲地区和菲律宾之间的交往也属于中国与西班牙关系的范畴之内,即在这一历史时期,中国与西班牙的双边关系已发展为中国与"西班牙世界"的关系。

地理大发现和新航路的开辟既促进了人类一体化进程也加速了世界市场的形成与发展。16世纪末中国—菲律宾—墨西哥—西班牙多边贸易的兴起成为推动人类一体化进程和世界市场形成与发展的积极因素,同时也是中国和西班牙关系史中的重要篇章。

中国—菲律宾—墨西哥—西班牙多边贸易是以历史上中菲之间的友好往来为基础发展起来的。中国和菲律宾之间一直保持着友好关系,明朝时不断有中国商船前往菲岛经商,菲律宾各独立小国也曾多次派使前来中国访问。就在这时,随着西班牙向东方的扩张,中国与西班牙两大帝国的势力在菲岛相遇,由此谱写了中西关系史中新的一页。

西班牙在征服美洲之后,为了与葡萄牙争夺摩鹿加群岛的香料资源,1564年11月米格尔·洛佩斯·德·莱古斯比遵照西班牙王室颁发的谕令,从墨西哥的纳维达德港率船队西航,想在太平洋上寻找一条通向"香料之岛"的新航路。1565年2月莱古斯比率部下驶抵宿务岛并开始了对菲律宾群岛的征服活动。

然而,西班牙殖民者在菲岛既未像在美洲那样发现贵金属矿藏,也未发现贵重香料,于是把菲岛未来的发展前途寄托在对华贸易上。西班牙殖民者注意到中国与菲岛人民之间存在着传统的贸易关系,中国的丝绸、毛织品、瓷器、香料等各类物品在这里很有市场,特别是葡萄牙人与中国的贸易使西班牙人羡慕不已。

1569年莱古斯比被任命为菲岛总督并于1571年4月15日率部北上,入侵吕宋岛,攻占马尼拉,并将此地作为统治菲岛的行政首府和通航美洲的唯一港口。他写信给西班牙国王指出,马尼拉是开展与中国、日本等地贸易的最理想的地方,从马尼拉到上述任何地方都很便利。而且莱古斯比为开展对华贸易还做了具体安排:在他率兵入侵马尼拉的途中,赎出了因沉船失事而落入当地土著手中的50名中国商人。他向商人们表示欢迎他们到菲岛经商,并想派两名传教士随同他们前往中国,以便与中国皇帝签订《和平与永久友好条约》。这些中国商人告诉莱古斯比,中国对外国人入境限制很严,没有官方的特别许可,外国人不得入境。但他们答应回国后将为此事进行斡旋,并表示日后将重返菲岛经商。

在此期间,菲岛殖民当局对华商一直持亲善态度,所以来菲岛贸易的华商很积极。当时运抵菲岛的中国商品不仅满足了西班牙殖民者和当地人民日常生活的需求,而且有多余的商品可以转运到拉丁美洲。1573年7月1日,两艘满载中国商品的大帆船离开马尼拉前往美洲并于同年11月15日和11月24日先后抵达墨西哥的阿卡普尔港。这两批运抵墨西哥的中国商品又有部分转运到西班牙。以此为开端,中菲贸易发展成为中国—菲律宾—墨西哥—西班牙之间横跨太平洋和大西洋的多边贸易。

1574年莱古斯比病故在菲律宾。继任的总督是吉多·德·拉维萨雷斯。中菲贸易的巨大收益刺激了他征服中国的野心,为了使西班牙国王费利佩二世批准他入侵中国的计划,拉维萨雷斯在1574年7月将手绘的吕宋与中国的沿海地势图与一本中国地图册《广舆图》一并寄给国王,并强调指出:"该国山川形势尽在此书中。"正在此时,发生了中国"海盗"林风进攻马尼拉事件。这一事件在使菲岛殖民者震惊之余,又给了他们向中国派出使节以探明中国虚实的机会。

林风为广东人,是我国沿海武装走私集团的领袖。明政府曾调集军事力量想一举消灭这股海上势力。林风率众突围后来到马尼拉并和西班牙殖民者展开激战。明朝把总王望高率部队与西班牙人合力围困林风,并与西班牙当局商定,如西班牙人生俘或杀死林风,则将其人或尸首交予明政府,王望高则答应返程时带西班牙"使节"到福建商议传教及通商事宜。就这样,西班牙神甫马丁·德·拉达和赫罗尼莫·马林带着两名士兵于1575年6月12日搭乘王望高的战舰前来中国。拉达一行从1575年7月3日至9月14日在福建滞留两个月零九天。他们来华的目的,首先是想获取在中国的传教权;其次想像葡萄牙人在澳门一样,也在中国沿海占有一块"飞地",以通贸易。菲岛总督1575年6月10日签署的致中国皇帝的信是一件为达到上述目的而精心设计的外交文献:"全能的君主:我受卡斯蒂利亚国王费利佩二世之命,镇守与大明国毗邻之诸岛。素闻贵国伟大和神奇逸事,西班牙人虽有一访贵国之夙愿,但终无机会身临贵帮。"接着,西班牙人详尽地阐述了他们的对华"友好"政策以及他们对旅菲华人的"帮助"。明统治者听到林凤被歼在即的消息,对西班牙殖民者大加赞赏。福建总督回信对此表示感谢。然而,明朝官员对西班牙人尚存疑虑,所以让拉达一行先回菲岛,待林凤被俘后再议其他事项。

西班牙人入侵菲岛之后,萌发了建立一个"东方天主教王国"的迷梦。中国是西班牙侵略的主要目标。拉达返回马尼拉后向当时在任的新总督佛朗西斯科·桑德提供了有关中国国情的详尽情报,使桑德在制定入侵中国的计划时有了依据。桑德多次写信给费利佩二世,提议对中国进行武力征服。费利佩二世的对华策略是:从西班牙的实际利益考虑,应维持并促进对华贸易,用中国的物质财富保障菲律宾和拉丁美洲对生活必需品不断增长的需求。在这种情况下,桑德入侵中国的计划被西班牙王室搁置起来。在菲岛传教的西班牙耶稣会士桑切斯向费利佩二世呈交了一份《论征服中国》的备忘录。但由于西班牙为了和英国争夺欧洲霸权正在装备空前庞大的"无敌舰队",根本不可能派兵征服中国。

事实上,尽量与中国保持贸易往来而不互相诉诸武力是西班牙王室对华策略的总出发点。不仅素有"谨慎者"之誉的费利佩二世采取了这种对华策略,在他之后的各西班牙国王也都持这同一对华策略。

西班牙王室对华策略的基本精神一直持续到19世纪。尽管1840年鸦片战争以后,西方资本主义列强对中国发起了一系列侵略战争给中国造成了空前的灾难,但西班牙却从未参加到对中国的军事侵略当中。在过往特殊的历史条件下,中国与西班牙也曾有过利害冲突和纠纷,但两国却从未兵戎相见。这也是中国与西班牙关系史中的一个突出特点。而这一特点在16世纪,为中国—菲律宾—墨西哥—西班牙多边贸易的开通创造了条件。

二、中国—菲律宾—墨西哥—西班牙多边贸易

中国—菲律宾—墨西哥—西班牙多边贸易航线是由太平洋一侧的中国—菲律宾—墨西哥航线以及大西洋一侧的墨西哥—西班牙航线,中经墨西哥西部的阿卡普尔科至其东部的维拉克鲁斯这段"陆桥",相互衔接而成的跨越两个大洋的贸易线路。它不仅是当时世界贸易中线路最长的一条航线,而且由于这一航线两端雄踞着当时世界上最强盛的两大帝国——中华大帝国和西班牙"日不落"帝国,从而使这一多边贸易更具重要意义。其中,中国拥有空前发达的商品经济,能为世界市场提供充裕的商品;而西班牙握有大量的贵金属,可作为世界市场当中的交换手段。因此,这一多边贸易航线又成为推动世界市场迅速发展的"中轴线"。

在多边贸易开通后,中国商品往往被运到卡斯蒂利亚的心脏——梅迪那·

德·坎波国际市场上进行再次分销。梅迪那·德·坎波当时是西班牙内陆卡斯蒂利亚一座繁荣的封建商业城市。这天方夜谭般的市场,吸引了欧洲各国的商人,是世界一大奇观。卡耶塔诺·阿尔卡萨尔·莫里纳在其《18 世纪的总督辖区》一书中写道,中国人以他们的丝绸和名贵商品使马尼拉发展成可以和欧洲人的集市相媲美的著名集市并和新旧两个世界都建立起商业联系,以致"在遥远的卡斯蒂利亚心脏梅迪那·德·坎波的集市上摆满各类欧洲和东方的商品。如今来自东印度、阿拉伯、波斯、日本和阿卡普尔科的梦幻般的商品已达到充斥市场的程度。"众所周知,所谓"阿卡普尔科的商品"实际主要是经马尼拉运到墨西哥的中国商品。

1811 年,墨西哥爆发了独立战争。1813 年 10 月 25 日,西班牙国王下令终止菲墨贸易,1815 年"麦哲伦"号自阿卡普尔科返回马尼拉,绵延近 250 年的菲墨贸易至此结束,中国—菲律宾—墨西哥—西班牙多边贸易也随之告终。然而,中国与西班牙之间的贸易关系并未因此而中断,因为这时中国—菲律宾—西班牙大三角贸易业已开通。

随着中国—菲律宾—墨西哥—西班牙多边贸易航线的开通,墨西哥成为东西方物质文明的交汇点。

伴随中菲贸易的发展,中国的丝绸、棉麻织品、瓷器、铁器、橙橘、糖、手工艺品、纸张及文具等在菲岛得到广泛传播,大量中国商品汇聚到菲律宾又使马尼拉发展成太平洋中的一个重要的物资聚散地,每年都有葡、英、荷等殖民国家商人把印度、印尼,甚至波斯的产品拿到这里来换取中国商品。由此使马尼拉发展成一个繁华的国际贸易大港并享有"东方威尼斯"的声誉。

1573 年首批中国商品随马尼拉大帆船进入拉丁美洲时受到欢迎。在其后的 250 年间,中国商品到达阿卡普尔港是殖民地生活的一大盛事。中国的丝织品、棉麻织品、精美的瓷器大量输入拉丁美洲。很多华人也曾随马尼拉大帆船来到美洲,成为华夏文明的直接传播者。

墨西哥除了成为东西方物质文明的交汇地点外,也成为东西方精神文明相互交融的中心。那些为在东方建立"世界天主教王国"而奋斗的传教士,相当一部分是从西班牙出发途径墨西哥前往菲律宾和中国。而当他们返回西班牙的途中,往往也要在墨西哥逗留。他们从东方带回了有关中国及其他亚洲国家历史、文化、政治体制、宗教信仰、民族习俗乃至山川形势和地理方位等方面的信息,甚至像中国的一些图书典籍也被带到了墨西哥。因此墨西哥的一些修道院慢慢变成研究东方文明的中心。后来,当另一些西班牙传教士从欧洲经墨西哥前往东方时,在墨西哥停留期间,已可从这里获得相当部分有关东方国家的知识,为他们未来的传教活动打下了一定的基础。前边提到的马丁·德·拉达,1575 年曾出访中国福建省并带回百余种中国典籍,并写出《菲律宾群岛奥古斯丁修道会神甫马丁·德·拉达与同伴赫罗尼莫·马林及与他们随行的士兵在中国观察与体验到的事物》一书。这些资料和手稿部分地辗转到了墨西哥。当 1581 年胡安·冈萨雷斯·德·门多萨奉西班牙国王费利佩二世之命出使中国的途中来到墨西哥时,通过这些资料,返回西班牙后,完成了他的不朽名著《中华大帝国史》。这些传教士带回的书籍后来保存在西班牙当时的首都巴利亚多利德,那里建成了西班牙唯一的"东方博物馆"。

在拉丁美洲殖民时期最享有盛誉的历史学家、耶稣会士何塞·德·阿科斯塔(José de Acosta,1540—1599)在他的名著《西印度地区的自然与道德史》中,根据他和寓居美洲的中国人的接触以及和那些从东方传教返回美洲的传教士及官吏们的交往,以及对有关资料的研究,写出了对中国的一般印象以及对中国语言文字的认识并对中文和日文的异同做了比较。

随着中国人在 250 年间不断踏上拉丁美洲大陆,在拉丁美洲的西班牙语中逐渐衍生出一些与中国有关的词汇。例如,直至今日,在西班牙语世界歌颂爱情的歌曲和诗篇中,"中国女娃"(chinita)常常被当做一种亲昵的称呼用语。

三、中国—菲律宾—西班牙大三角贸易

在中国—菲律宾—墨西哥—西班牙多边贸易持续发展的 250 年间,其中绝大部分年代,中国与西班牙之间的贸易主要是经拉丁美洲完成的,而从未启用绕道好望角这一更为便捷的航道。根本原因是西班牙王室始终遵行《托德西里亚斯条约》的规定。

地理大发现后,葡萄牙与西班牙是率先入侵东方的两大殖民势力。在征服殖民地的过程中,两国不断发生矛盾和冲突,甚至引起剧烈的对抗。为了避免葡西两国之间的争斗,罗马教皇亚历山大六世出面进行调停并于 1493 年 5 月 4 日做出仲裁,划分了一条分界线,史称"教皇子午线",线以西、以东分别为西班牙和葡萄牙的势力范围。但葡萄牙认为这种划分损害了它的利益,因此要求重新划分势力范围。于是西葡两国又于 1494 年 6 月 7 日签署了《托德西里亚斯条约》,将教皇子午线西移了 270 里格。自此以后,西班牙主要在"西印度"从事殖民活动;葡萄牙则基本上在"东印度"发展自己的殖民势力。好望角刚好在葡萄牙势力范围内。所以在中国—菲律宾—墨西哥—西班牙多边贸易开通之后,西班牙王室严格遵从《托德西里亚斯条约》的规定,避免从好望角绕行。即使在西葡两国合并为一的年代(1580—1640),西班牙王室仍信守自己曾经承诺过的义务,即从未利用绕道好望角的航路到达东方。

到 18 世纪,"商业战争"已蔓延到全球。西葡两国当年划分势力范围的条约对

于新兴的西方殖民国家诸如荷兰、英国、法国等毫无约束力。在这种情况下,西班牙王室终于突破了《托德西里亚斯条约》的规定,决定通过好望角建立起西班牙与菲律宾之间的直接贸易。而中菲之间的贸易联系极为密切,由此又发展成中国—菲律宾—西班牙之间的大三角贸易。在有些年代,西班牙也曾派船到中国沿海地带直接与中国进行双边贸易。

1785年,西班牙国王卡洛斯三世下令成立菲律宾王家公司,鼓励菲律宾开展与亚洲各港口之间的贸易活动。旅菲华人在中菲贸易中起到了重要的中介作用。1788年,具有自由经济思想的何塞·巴斯科·巴尔加斯出任菲岛总督。他撤销了对菲岛非基督徒华人的驱逐令并把他们当做促进菲岛经济发展的一支有生力量来看待。一些华人逐渐在中菲贸易中成为中介人。他们在菲岛收购各类供出口中国的商品;在中国,则从广州、厦门等口岸组织对菲律宾的出口业务。成为联结中菲两国贸易往来的桥梁。

西班牙占领菲岛后,中菲之间的贸易几乎完全由中国出洋的船只来承担。但由于清统治者不断实行"海禁"并对出洋船只的规模及出口商品种类都有严格的限制,因此使中国帆船队伍在东南亚的海上贸易中逐渐失去了传统的优势。而前来中国港口从事贸易活动的西班牙商船数量却呈上升的趋势。到乾隆初年,即18世纪30年代以后厦门正式开辟为对外贸易口岸,自此不断有西班牙商船来这里贸易。西班牙商人在厦门建立了贸易机构、在广州建立了"商馆",实际上是"菲律宾王家公司"的在华代办处。直到1832年,"菲律宾王家公司"破产,西班牙商馆的工作人员才撤出中国。

中菲贸易持续至鸦片战争以后。随着西方殖民国家对中国的侵略,中国已沦为半封建半殖民地国家。至1870年,中国已再无商船前往菲律宾贸易。西班牙商船前来中国的贸易活动在英国等后起的殖民国家的竞争和排挤之下也逐步衰落下去。1898年在美西战争中,西班牙战败。菲律宾从此变成了美国的殖民地。继1815年中国—菲律宾—墨西哥—西班牙多边贸易终止后,中国—菲律宾—西班牙之间大三角贸易也最终解体。中国与西班牙之间的经济与贸易关系进入消沉时期。

四、多边贸易在促进相关国家经济发展及东西方文明交流方面的历史作用

1. 华夏文明在菲律宾、拉丁美洲的传播及对上述地区经济和文化发展的促进作用

在中国—菲律宾—墨西哥—西班牙多边贸易和中国—菲律宾—西班牙之间的

大三角贸易年代,西班牙是中国商品以及华夏文明传向西方的终点。西班牙本身有着十分成熟的文明,因此中国商品及华夏文明自然不如像在菲律宾和拉丁美洲那样广泛和深刻。但东西方两种异质文明的相遇及碰撞必然会对本位文明产生激励与升华的作用。表现在以下三个方面:

(1) 西班牙出现"中国热"

在地理大发现以后逐步形成的全球性贸易中,中国商品开始批量进入欧洲市场。中国商品中所积淀的华夏文明因素和中国人的智慧曾激发了欧洲人对美的新追求,粗俗的器物开始遭到鄙弃。权贵之家摆设中国漆器、屏风、雕花镂空家具,贵妇们手摇中国折扇、使用中国遮阳伞。权贵们坐的是由中国轿子演化而来的轿式马车。中国瓷器风靡欧洲上层社会。在欧洲掀起了一股"中国热"。

由于中国商品经菲律宾和拉丁美洲或直接经菲律宾从两条商路输入西班牙,而且这两条商路发轫的年代早,持续时间长,因此流入西班牙的中国商品可能比其他欧洲国家更多。特别是西班牙贵族从美洲的征服中掠获了大量白银可作为进口中国商品的支付手段,因此,上述在欧洲普遍出现的"中国热"在西班牙得到更加典型的体现。

当墨西哥殖民当局接触到中国商品后,选择一些精品作为赠送给西班牙国王和王室成员的礼品。如赠给费利佩二世珠宝、黄金、丝织品、瓷器等。菲岛总督也赠送给费利佩二世金杯、宝剑、金链等。这位名声赫赫的国王的收藏物中,仅中国瓷器就有 3000 件。此外,他还收藏有一部分中国画、乐器和精雕的木盒、刀和剑等。在他晚年驻跸的埃斯科利亚尔宫的图书馆中,珍藏有一些中国图书和地图,这些书籍和地图主要是菲岛的殖民地官员呈送给西班牙的,以便西班牙的最高决策人在制定对话策略时参考。他的中国式座椅便是跨越大洋送往西班牙的。

18 世纪,在"洛可可"艺术形式风靡欧洲的时代,中国园林艺术对欧洲皇家园林和宫殿产生了广泛的影响。在塞维利亚著名的阿尔卡萨尔皇家公园中,建有一座古典风格的"中国亭"。在距马德里 48 公里的阿兰胡埃斯皇宫(Real Sitio de Aranjuez)中,在一处绿荫环绕的池塘中,修建了两座具有中国风格的凉亭,被称为"中国池塘"(Estanque llamado de "Los Chinescos")。此外在宫殿建筑中还有两座具有中国艺术特点的大厅,即"中国画宫"(Habitaciones de Pinturas China)和"瓷宫"(Gabinete de Porcelana)。

西班牙国王和王室对中国物品以及富有中国特色的建筑物情有独钟,对其他贵族和宗教界上层人士对东方情趣的追求起了带头作用。在西班牙的上层人士府邸中充斥着各类中国的工艺品和器物。名门闺秀手中,中国式扇子和伞是不可少的。一种被称为"马尼拉大披肩"(Montones de Manila)的丝巾更是妇女们的重要服饰。近年,有的学者指出,"马尼拉大披肩"原产地为广州。最早的大披肩图案是中国人物、武松打虎等中国故事,可能是后来为了适应西班牙人的审美需要和情趣,大披肩的图案开始以欧式的花卉为主,色彩也趋于明快、亮丽。

　　来中国的传教士们在返回西班牙时,往往随身带回一些中国文物。这类中国文物与那些通过马尼拉帆船输入到西班牙的中国商品比较,前者具有更高的文化品位,而后者往往偏重实用价值。西班牙奥古斯丁修道会于1980年在西班牙费利佩二世时的首都巴利亚多利德市建立了一座"东方博物馆"(Museo Oriental),将该会曾在东方宣教的修道士400年来带回西班牙的中国物品和菲律宾的艺术珍品进行展出,其中绝大多数展品是中国的历代文物,出于传播基督教的需要,也收藏了一些中国宗教方面的资料,另外还有中国不同阶层生活方式的画卷、统治者的龙袍、官服、印章等。"东方博物馆"的珍藏展现出古老的华夏文明的一些主要特征。来华的西班牙耶稣会、多明我会和方济各会士同样也将相当一部分中国文物带回了西班牙,分散在不同的教堂或修道院中,起到了传播中国文化的作用。这也是促成"中国热"的一个因素。

　　西班牙与中国之间这种物质和文化上的交流不仅影响到那一时代西班牙人的一些生活风尚,同时也拨动了西班牙文人的心弦。西班牙著名诗人贡戈拉在一首诗中戏谑说,由于他的贫困以致无力向那些他所追求的淑女们馈赠包括"中国珠宝"在内的礼物了。塞万提斯在《堂吉诃德》下卷的《献词》中写道:

　　"最急着等堂吉诃德去的是中国的大皇帝。他一月前特派专人送来一封中文信,要求我,或者竟可说是恳求我把《堂吉诃德》送到中国去,他要建立一所西班牙语文学院,打算用堂吉诃德的故事做课本;还说要请我去做院长。"

　　这段话是塞万提斯在西班牙"中国热"盛行年代对时代氛围的感受和表述。我们知道,塞万提斯的这个愿望早已在2006年成真,西班牙为在国际上传播其语言和文化而成立的塞万提斯学院位于北京,已经运行了8年,为在中国推广西班牙语和文化而不断努力。

　　到18世纪,从中国传入西班牙的扇子已开始在民间生产,扇面上的图案也逐步欧化。中国式的遮阳伞在西班牙人中间也得到普及。著名画家戈雅的《遮阳伞》这幅名画上的淑女手里握着一把折扇,身边的骑士举着遮阳伞为她遮挡阳光。戈雅敏锐地捕捉到社会生活时尚变化并将其表现在油画中。

　　时至今日,西班牙人民心中对过往的"中国热年代"仍有一丝怀旧情结,在西班牙人的情感中,往昔马尼拉大帆船的形象仍栩栩如生,无论在西班牙或是在美洲,很多家庭中保留有祖先购买的遥远东方的物品作为一种菲薄的纪念。

(2) 中国人来到西班牙

随着多边贸易的开通，一些中国人跨越了太平洋和大西洋，开始踏上伊比利亚半岛，中国人与西班牙人终于在西半球相会。这些中国人与那些途径大西洋和太平洋前往中国传教的西班牙人正好形成反方向的运动，但两者在促进东西方文化交流和中西两国人民相互理解方面的历史作用又是相似的。

在多边贸易开通之初，西班牙"日不落"帝国正值鼎盛时期。大西洋在西班牙直接控制之下；太平洋被视为西班牙的"内湖"或"西班牙海"。历经400年的沧桑，在大西洋一侧，西班牙的商业资本终于屈从于英国的产业资本；在太平洋一侧，美西战争后，西班牙在太平洋扩张的历史结束了。

多边贸易的开通对中华民族有同样的影响。多边贸易为中国从前工业社会向近代社会的演变提供了难得的机遇。然而，明清统治者所推行的逆时代而行的"海禁"政策却使中国最终落伍于时代潮流。

第四节　西班牙来华传教士在促进中国与西方文化交流中的先驱作用

地理大发现以后，中国周边国家和地区的政治经济形势发生了重大的变化。特别是西方殖民地国家对中国周边国家和地区的入侵，直接影响到中国东南沿海地区的经济发展和社会安宁。国际关系的新变化曾引起中国知识分子先进一翼对外部世界的关心，这些新变化是无法用中国陈旧的舆地概念和以中国为中心的世界体系的凭空构想所能解释的。因此了解和认识中国以外的世界成为晚明中国知识分子中先进一翼的迫切需求，历史上中国人对西班牙的认识，主要应归功于西班牙来华传教士庞迪我。他曾为万历皇帝写了一部有关中国世界地理概述的著作，后来被另一位意大利传教士艾儒略加以整理和补充，后来以《职方外纪》这一书名出版并在中国社会中流传甚广。

由于庞迪我是西班牙人，所以该书中把中国和西班牙这两个分立在世界东西方的两大帝国做了比较，并指出："世称天下万国，相连一处者，中国为冠；若分散地域者以西巴尼亚（西班牙）为冠。"书中介绍了萨拉曼卡大学和阿尔卡拉大学、名城托莱多、埃斯科利亚尔皇宫等等。《职方外纪》后来被收入《四库全书》，影响广泛。

地理大发现开始了世界一体化的进程。随着新航路的开辟，远隔重洋的不同国家和民族相继被卷入世界贸易的漩涡之中，就此出现了五大洲物质与商品的交换。西方殖民者的征服与扩张活动又使东西方文明以空前的规模处于相互碰撞与融汇之中,于是,出现了各异质文明之间的大交流。这种物质文明和精神文明的相互渗透,在东西方两个世界都引起了极大的社会震动。这期间,西班牙来华传教士在促进中国与西方文化交流方面曾起到重要的先锋作用并使西班牙成为18世纪以前西方最重要的汉学研究中心之一。

一、方济各·沙勿略揭开基督教第三次传入中国的序幕并为耶稣会"适应"策略确立了基本原则

历史上,基督教曾于唐代首次传入我国,当时称"景教"。至元代,随着蒙古大军西征,一时亚欧大陆畅通,东西方文明的传播进入繁盛时期。这一时期,基督教再次传入我国,像北京、泉州等地都曾设立主教区。而以沙勿略登上上川岛为开端,则揭开了基督教第三次传入中国的序幕。

沙勿略于1506年4月7日出生于西班牙纳瓦拉省的哈维尔城堡,1540年加入耶稣会,成为耶稣会十个创始人之一。1542年他以教皇使节身份前往东方传教,足迹遍及印度、锡兰、马六甲、摩鹿加群岛,并于1549年前往日本传教。在东方传教的过程中,通过对东方国家和地区的文化特点和传统的考察,总结出一套"适应"策略的做法,即为了达到使东方各民族归化基督教的目的,对宣教方式做出变通,以适应当地的土著文化。要求传教士们要学会当地语言,了解当地文化,并进而用当地语言宣教,借助高贵的身份和名义以及通过馈赠礼品与当地权贵人士对话,以便在当地立足,传教士必须是品学兼优的"读书修士",使传播科学知识成为宣传福音的先导,争取最高统治者皈依基督教以便整个国家基督教化。

沙勿略发现日本文化深受中国影响,有关中国的各种传闻也给他留下深刻印象。他深信中国的基督教化将对整个东方传教运动起到重大促进作用。为此,他得到了教会的批准,于1552年8月乘船抵达距广州30海里的我国上川岛。当时该岛为葡萄牙商人与我国沿海居民进行走私贸易的据点。抵达该岛后,沙勿略才知道明政府对外国人入境实行严格的限制。但他传教的决心并未动摇。然而,不久他突患重病,于12月2日至3日晨在上川岛去世。

沙勿略提出的企图使整个中华帝国基督教化的理想成为一代又一代西方传教士奋斗的目标,他提出的"适应"策略被后人奉为典范并被后来的西方传教士所遵循和发展。因此,在有关天主教的史著中,一般均称沙勿略为"中国宣教之父"。

二、马丁·德·拉达:西方第一位汉学家

1535年出生于西班牙潘普洛纳,11岁起在巴黎接受了完整的科学和语言教育,至1553年返回西班牙,在萨拉曼卡大学进修神学,同年加入奥古斯丁修道会。

结业后分别在托莱多圣埃斯特万修道院、墨西哥任职,后随墨西哥船队来到菲律宾传教。在这里学习了中文并写出一部《中国的语言艺术与词汇》,这是欧洲人研究中国语言文字的第一部著作,因此被称为西方第一位汉学家。

由于如前所说的林风事件,拉达得以来到福建,有机会对中国进行实地考察。返回菲岛后写了《菲律宾群岛奥古斯丁修道会神甫马丁·德·拉达与同伴赫罗尼莫·马林及与他们随行的士兵在中国观察与体验到的事物》一书。书中详尽地报道了中国广袤的领土、众多的人口、丰富的物产。地理大发现以后,西方人对于马可·波罗在其游记中所盛赞的"契丹"或"震旦"与中国(China)是否为同一国家,众说纷纭。马丁·德·拉达则得出科学的结论:"契丹"就是"中国",按朝代,称作"明"。由此,他解决了世界地理学上的重大历史悬案。

三、16世纪欧洲人的中国观:门多萨及其《中华大帝国史》

费利佩二世从全球战略及对华贸易的急迫性考虑,将菲岛总督提出的入侵中国的计划搁置起来。同时,在当时的具体历史条件下,西班牙王室担心菲岛当局、教会直接过问和插手中国事务会助长当地的分离主义势力。因此,费利佩二世在菲岛总督提出入侵中国计划前早已开始考虑向中国直接派出王室代表的可能性,即试图绕过菲岛殖民势力,通过西班牙王室特使与中国皇帝的直接接触来影响中国的国策和宗教信仰。

1581年西班牙国王费利佩二世终于决定向中国派出使团,门多萨被委任为该使团团长。

胡安·冈萨雷斯·德·门多萨1545年出生于西班牙多莱西亚·德·加麦罗斯,自幼受过良好教育。17岁去墨西哥,1564年加入奥古斯丁会。在修道院中,一面潜心研究神学、语法和艺术,一面在当地热心传教,因而具有在"异域"开拓事业的能力和经验。当时,墨西哥已经成为西班牙派往菲律宾的传教士和各级官吏的中转站,也是他们返回的必经之地。有关菲律宾和中国的各种传闻和信息成为当地引人瞩目的话题并引起门多萨对中国事务的浓厚兴趣。1573年被路过墨西哥回国的菲律宾主教看中于1574年返回西班牙。受主教推荐,费利佩二世任命门多萨为出使中国的使团团长。于是,1581年门多萨与其随从带着费利佩二世致中国皇帝的信函和赠礼离开西班牙并于6月6日抵达墨西哥。可能是因为在对待如何使中国基督教化这一重大问题上有分歧,门多萨一行在墨西哥受阻,当地政府和宗教界、从菲岛返回墨西哥的官员不支持向中国派出使团。在孤立无援的情况下门多萨一行只好于1582年返回西班牙。

门多萨的中国之行没有成行,然而,他利用在墨西哥期间收集到的有关中国的资料写出了旷世杰作:《中华大帝国史》。1585年该著作面世,在欧洲引起轰动,被译成多国文字,不断发行出版。该书是16世纪有关中国自然环境、历史、文化、风俗、礼仪、宗教信仰以及政治、经济等情况最全面、最详尽的一部著作。该书对中国历史和文明的特点,做出了许多客观、恰当的分析。作者的文学才华也使该书具有极高的可读性。门多萨基本上把16世纪中国的形象较为客观而真实地介绍给了欧洲。而当时的欧洲国家也的确以此为出发点制定他们的对华政策。中国悠久的文明和历史、丰富的物产、发达的经济、完善的国家体制和强大的国防力量使西方国家只能把中国当做贸易伙伴而不是直接的侵略对象。对西方殖民者入侵中国的企图起到一定的遏制作用。这一不朽名著对于东西方文化交流有着长久而深刻的影响,为当时的欧洲人打开了了解和认识中国的窗口,使欧洲人从通过充满神秘色彩的传闻来想象中国,跨入通过中国的现实来认识中国的时代。这也是《中华大帝国史》一书的历史意义。

欧洲很多有识之士也正是通过这部著作开始认识中国的。如英国伟大的哲学家佛朗西斯·培根,法国著名文学家蒙田、著名思想家孟德斯鸠等都在其著作中论及中国。

该书以16世纪欧洲人的视角观察中国,对中国也有参考价值。该书一方面为我们提供了将晚明社会与同一历史时期的欧洲社会进行比较的原始记述,另一方面,也为我们研究16世纪中国所处的外部环境提供了较多的可能性。

四、从《明心宝鉴》到《无极天主正教真传实录》:高母羡在促进东西方文化交流中的历史作用

西班牙多明我会传教士胡安·科沃(Juan Cobo,？—1592)中文名字高母羡,托莱多人,1588年来到菲律宾在华人中传教。他自学了中文并于1590年将中文书《明心宝鉴》译成西班牙文。这是第一部从中文翻译成西方文字的著作。

《明心宝鉴》是1393年辑录而成的一本儿童启蒙教育读物,是历代用来教儿童识字、扩大其知识积累和加强道德教育一类的读物,其中收录了中国圣贤和历代名家以及民间流传的有利于道德修养的语录大约700余条,高母羡翻译此书的目的是为了使欧洲人了解中国,从而确立用和平方法使中国基督教化的信心。该书于1595年12月31日被呈献给费利佩二世,无疑对于他制定对华策略起到一定的参考作用。为沙勿略所倡导的"适应"策略提供了理论根据。为了使中国人能了解基督教教义的内容和基本精神,他用中文写出《天主教教义》一书(于1593年在马尼拉出版)。他写这两部书的出发点是主张东方人和西方人应加强对对方文化的理解。但他又认为基督教具有优越性,主要表现在西方的科学技术上,认为中国人会

因敬重西方科技文明而皈依基督教,为此又写了《无极天主正教真传实录》。该书在论述天主的本性的同时,又介绍了西方在科学技术方面的成果,该书由此成为世界上第一部用中文写作的介绍西方科学与技术知识的著作。

五、庞迪我:融入中国社会中的"西儒"

西班牙耶稣会士庞迪我(Diego de Pantoja,1571—1618),1571年出生于马德里附近的巴尔德莫罗。受耶稣会运动蓬勃发展的影响,18岁时前往托莱多加入了耶稣会,在修道院受到严格的教育。1596年被派往东方传教,1597年抵达澳门。被派往中国做意大利耶稣会士利玛窦的助手。1599年底,他潜入中国内地并与其他传教士沿运河北上,1601年1月24日到达北京。第二天他们将呈献给万历皇帝的礼品运进宫中。在当时的历史条件下,明廷严禁外国人入境,向中国皇帝呈奉礼品是西方传教士进京的唯一途径。利用西方珍奇物品博得中国皇帝的好感,是获取在京传教权的重要手段。这次呈献的礼物有:三棱镜、自鸣钟、西班牙埃斯科里亚宫的铜版画、费利佩二世的殡葬图、怀抱圣婴的圣母像、圣母像和基督画像、欧洲古琴。庞迪我教太监们调试自鸣钟、弹琴,缩短了万历皇帝与传教士们之间的距离。再加上其他西方新奇礼物的作用和一些士大夫的说项,万历皇帝终于给予了利玛窦和庞迪我以觐见的荣幸,并且从万历皇帝处获得了在北京的传教权以及按月发放的津贴。

庞迪我和其他传教士一样,把向中国知识分子传播天文知识当做提高社会地位的手段,参与了中国立法的修订,对广州至北京的所有大城市的纬度进行过测量。庞迪我制作日晷送给万历皇帝和士大夫友人。在利玛窦病故后,在士大夫之间游说,成功地为利玛窦申请到了一块墓地。

庞迪我1602年3月9日致西班牙托莱多主教路易斯·德·古斯曼神父的长信《一些耶稣会士进入中国的纪实及他们在这一国度看到的特殊情况及该国固有的引人瞩目的事物》中,相当全面地介绍了中国的地理方位、山川形势、物产、人口、城乡概况、经济与贸易特点,中国人的文化、习俗及宗教信仰、政治体制、外交政策乃至宫廷内幕,成为第一份结合中国国情,从理论和实践两个方面系统论述耶稣会"适应"策略的历史文献。1604年在西班牙的巴利亚多利德出版,后又多次再版。

庞迪我打开了加强东西方世界相互了解的窗口,改正了西方学者认为在中国北部还有一个叫"契丹"或"震旦"的国家的错误概念。他断言,所谓的"契丹"事实上是中国或中华的别名,按朝代应为"大明",而"汗八里"(Cambalu)就是北京。这是马丁·德·拉达对世界地理学研究的重大贡献。然而,他却没有对这一结论做出科学的、使人信服的论证。庞迪我则从他在北京的一段经历证明了"契丹"或"震旦"就是"中国":1601年庞迪我和利玛窦因中国政界的内部分歧受到牵连被关押在会同馆中,在里面遇到两支从陆路来到北京朝贡的西方商队。问他们一路上的见闻并问在他们的国家如何称呼这个他们来朝贡的国家,两只商队的人都回答说叫"契丹"。又问如何称呼他们所在的这所都城时,他们都称呼说叫"汗八里"。由此,庞迪我和利玛窦终于证实,所谓的"契丹"就是"中国","汗八里"就是"北京"。他根据各种有关中国的传闻和信息,认定"契丹"与"中国"为同一国家并写信告诉古斯曼主教。与此同时,费利佩三世在哲罗姆·沙勿略倡议下,于1603年派耶稣会士鄂本笃(Bento de Goes,1562—1607)率队从陆路去探寻通往"契丹"之路。途中与在北京会同馆中与利玛窦和庞迪我相识的商人们不期而遇。这些商人们讲述了利玛窦和庞迪我在北京的各种经历,又出示了他们带的北京神父们写的字条。由此,鄂本笃相信,契丹不过是中国的另一个名字,撒拉逊人称为汗八里的首都就是北京。同年底,鄂本笃一行到达嘉峪关,见到了长城并抵宿州休整。再次更肯定了契丹即中国。

在北京利玛窦和庞迪我已经从印度教会的来信中得知鄂本笃寻找"契丹"的消息,派传教士钟鸣礼去肃州迎接鄂本笃。当双方相见时,鄂本笃已患重病,11天后病逝。鄂本笃是地理大发现以后第一个通过陆路到达中国的西方传教士。他的这次历险,通过实地考察证明"契丹"即中国。从此,契丹即中国这一历史之谜终于揭开。

庞迪我在致古斯曼主教的长信中,在涉及中国的对外政策时,正确指出,中国是以睦邻为其政策出发点的,并不企图征服或奴役其他周边的弱小国家。他向古斯曼主教解释:即使一个地处远方的国家愿意臣服于他们(中国人),他们也不想接受。因为他们认为除了他们自己的国家,其他地方都是洪荒一片(特别是官吏和上层人物这样认为的)。

在北京传教期间,为了体现基督教的"适应"策略,庞迪我完成了《七克》和《天主实义续篇》的写作。《七克》出版于万历四十二年(1614),是一部论述道德修养的伦理之著。通过《七克》来达到其"合儒"、"补儒"的目的,使中国部分知识分子加入了基督教,书中列举了许多《伊索寓言》及《圣经》中的故事以示讽喻。此外,庞迪我还大量引用欧洲古代圣贤的名言和警句来增强他的论点的说服力。《七克》一书在中国社会上的成功得到了徐光启的直接帮助,徐光启为本书润色,而且认为《七克》的内容有助于世人道德的完善,并写诗称赞。中国知识阶层在与西方传教士接触中,始终站在本土文化的基础上,以儒家学说为标准,对异质文化和宗教思想进行取舍。从东西方文化交流的视角来看,《七克》的真正价值在于将一些伊索寓言和

《圣经》以及一些欧洲古代哲人的思想火花介绍到中国来,从而使我国人民开始接触到欧洲文艺和西方哲学的精华。

庞迪我的另一部中文宣教著作是《天主实义续篇》,该书是意大利耶稣会士利玛窦的名著《天主实义》的续篇。书中进一步阐述了利玛窦《天主实义》的主题,是一部传教名著。在这部书中也像《七克》那样,使用中国士大夫阶层所熟悉的语言和概念来介绍基督教教义中能为中国士大夫所接受的部分。

庞迪我在数学方面也有很高造诣。利玛窦曾与中国大科学家徐光启合作将《几何原本》译成中文。利玛窦故去后,1611年徐光启决定增订《几何原本》时,邀请庞迪我等耶稣会士参与。庞迪我还将西方提炼药物的方法介绍到中国。总之,庞迪我在向中国介绍西方科学知识方面做出了一定的贡献。

通过庞迪我的上述社会实践活动,后人完全可以视他为中西文化交流的先驱。

六、黎玉范和利安当与"礼仪之争"

耶稣会内部对"适应"策略并非都认同。在中国传教团内部围绕是否能用中国典籍中的"上帝"来译基督教的"天主"以及信奉基督教的中国人是否可以"敬天"、"祭祖"和"参拜孔子"等问题,形成了两种对立的观点。不久,这种争论就扩大到天主教不同的教派之间,由此引起持续近150年的"礼仪之争"。正式揭开"礼仪之争"序幕的则是西班牙来华传教士黎玉范(Juan Bautista de Morales,1597—1664)和利安当(Antonio Caballero a Santa María,1602—1669)。

黎玉范和利安当发现中国人的祭祖行为后,认为这是一种迷信行为,要求信徒不再参与祭祖活动,不得在家中保留祖宗牌位,与耶稣会内部的持"适应"策略观点的教派相矛盾,也引起了中国基督徒的困惑。两位传教士认为不同教派对中国礼仪看法的分歧将影响到在华整个传教事业,必须严肃对待,于是在中国教徒中进行调查,并决定将涉及礼仪问题的诸多分歧意见提交罗马权威部门进行裁决。他们向菲岛宗教界汇报,菲岛宗教界认为中国教民敬天、祭祖和参拜孔子是关系到基督教教义"纯正性"的根本问题,决不能采取调和主义态度。菲岛宗教界除立即向罗马教廷申诉自己的原则性立场外,还决定派遣多明我会的黎玉范和方济各会的利安当前往罗马,直接向教皇阐释发生在中国的"礼仪之争"的性质和可能产生的后果。

利安当滞留澳门,黎玉范于1645年到达罗马,向教廷陈述了多明我会对"礼仪之争"的态度并得到罗马教廷的支持。教皇英诺森十世(InnocenteX)颁布"圣谕",裁定:此后中国教民不得祭祖和参拜孔子。这等于宣布在"礼仪之争"中,多明我会和方济各会的观点得到了罗马教廷的最终认可。

黎玉范带着胜利的喜悦心情返回故国西班牙，招募了一些志愿者前往东方，以便借助英诺森十世的"圣谕"，在中国创建出更大规模的救世功业。1646 年黎玉范率领新招募的 27 名多明我会修道士前往东方，其中包括后来在"礼仪之争"中发挥了重要作用的闵明我。

黎玉范回中国后要求中国教民遵照 1645 年英诺森十世有关"礼仪之争"的"圣谕"精神不得再参与上述诸礼仪活动。但在像中国这样有着独特文化和儒家传统思想的国家凡是鼓吹不敬天、不祭祖、不参拜孔子的主张只能被视为"邪说"和"异端"。因此，遭到中国部分知识分子的反击和批驳并掀起了一个规模空前的"辟邪"运动。基督教在华传教事业遭到极大的损害。

在华传教的耶稣会士中信奉"适应"策略的那一派敏锐地感觉到英诺森十世 1645 年"圣谕"给中国传教事业带来的危害，于是派传教士前往罗马向教廷阐述了他们的观点并最终使继任教皇亚历山大七世改变了罗马教廷对中国"礼仪之争"的原来立场，于 1656 年重新颁布一道"圣谕"，申明中国传统的祭祖和参拜孔子都是一种社会行为而不是迷信，因此应容忍中国教民祭祖和参拜孔子。

当传教士带着罗马教廷的新"圣谕"返回东方时，多明我会和方济各会正在落实英诺森十世"圣谕"精神。两个内容完全相反的"圣谕"先后在中国公布，于是在中国传教团内部引起严重混乱。黎玉范 1661 年组织多明我会修士集会，详细地讨论了中国的礼仪问题。1662 年，黎玉范在福宁写下了有关"礼仪之争"的著述。除此之外，黎玉范一生勤于笔耕，他写下了大量书信、随笔、报告和专著，但多未发表。至今能在梵蒂冈图书馆中看到他编著的《汉西字典》手稿，共 326 页。在这部字典中，汉字是按照"罗马拼音"来排列顺序的。

利安当也致力于有关"礼仪之争"中的理论问题的研究。1660 年他呈献给罗马教廷一份"备忘录"，其中有中国的礼仪很多方面已与迷信合流的观点。后又写了一份给罗马教廷的内含 88 个篇章的报告，将 1645 年的"圣谕"和 1656 年的"圣谕"做了全面的比较研究并提出了他个人对"礼仪之争"的基本看法。后来又写成《中国诸教派的关系》一书，其中包括中国古今哲学家的派别；在民间流行的诸思想流派；耶稣会与其他教派在华的传教活动。

1664 年，利安当刊印了两部著作：《万物本末约言》和《天儒印》。

《天儒印》可以视为利安当攻读儒家典籍时所做的随笔，其内容是将他从《四书》中摘出的儒家先贤的名言、名句与基督教学说相对照，从中找出两者相近似之处。利安当实际上暗示，整个儒家学说体现的正是基督教的真义。因此，在信奉儒家学说和皈依基督教之间并无不可逾越的障碍。利安当可以说是"索隐"派的一个先驱。

七、闵明我及其《中华帝国历史、政治、伦理及宗教论集》

随黎玉范来东方的闵明我于1658年经澳门、广州来到福安,研读中国典籍,宣讲福音,翻译《明心宝鉴》(他不知他的同胞高母羡于1590年已将该书译成西班牙文)。1674年闵明我返回阔别近30年的故国西班牙。当时的西班牙"日不落"帝国逐渐衰败,而闵明我想起了在中国11年的岁月和中国留给他社会安定、经济繁荣的印象,认为儒家的治国方略值得西班牙仿效,于是写了一部《中华帝国历史、政治、伦理及宗教论集》,对中国国情做了全面介绍,为西班牙的政治家乃至王室提供了一个"齐家治国平天下"的范例。

该书在对中国的认识上,无论在深度还是广度上,是其前辈马丁·德·拉达,门多萨和庞迪我有关中国的著作所无法相比的。因为他们有的没到过中国,有的是短期的停留,有的是在北京传教。而闵明我在中国省城中长期生活和从事宗教活动,从而对中国社会现实和民众的情感以及生活习俗了解得更真切,而且他的前辈们论述的是明代,唯独闵明我笔下详述了满族入主中原后的清帝国概貌。因此为西方国家提供了一幅更为完整、叙事年代更长的中华帝国的历史画卷。

可以说,西班牙是18世纪以前西方的汉学研究中心之一,马丁·德·拉达是西班牙第一位汉学家,闵明我是17世纪西班牙最有成就的汉学家,闵明我达到了18世纪以前西班牙汉学研究的顶峰。根据《中国与西班牙关系史》的作者张铠的观点,这几位来华传教士都应列入西班牙"黄金世纪"杰出文学大师之列。

"礼仪之争"的本质问题在于对中国历史文化的理解。在西方来华传教士相关著作的启发下,欧洲出现了一场规模空前的研究中国哲学、历史和文化的热潮。闵明我这部著作最终把"礼仪之争"的争论范围从中国扩大到欧洲、从教会内部扩大到世俗社会、从宗教问题的探讨变成对中国文明的整体研究,可谓影响深远。

这本著作的写作目的就是试图把中国作为西班牙的一个榜样,以中国政治上的"清明"促进西班牙的政治革新,以中国繁荣富强的景象来唤起西班牙民族重振往日辉煌的激情并最终使西班牙摆脱当时内忧外患的困境。但由于西班牙国内当时封建势力十分强大,具有启蒙思想的知识分子和政治家未形成一股推动社会改革的力量,因此闵明我的上述良苦用心并没有起到推动西班牙迈向历史新时期的作用。然而,该著作对18世纪法国、德国和英国的启蒙思想家如狄德罗、伏尔泰、孟德斯鸠等人以极大的启示,他们以中国为典范在理性高度上对欧洲当时的专制统治制度进行批判,从而推动了欧洲启蒙运动的兴起和反对封建主义的斗争。

第五节 古巴华工与中国—西班牙外交关系的确立

中国与西班牙虽然有着久远的相互接触与交往的历史,但两国之间的正式外交关系却是围绕古巴华工问题的谈判而确立的。

19世纪中叶,美洲急需劳动力开发土地、挖掘金矿、修建铁路、运河,挖掘秘鲁的鸟粪,遍布古巴及南美洲的热带种植园以及宝贵的地下矿藏有待开发。在这种情况下西方殖民者开始寻找新的劳动力来源并把目光投向中国。

1840年鸦片战争后,中国封建社会遭到资本主义国家入侵,大量的农民和手工业者破产。西方人口贩子趁机掠夺中国人口。西班牙也不例外。19世纪中叶,在黑奴接连不断的起义打击下,古巴于1846年禁止了黑奴贸易。为了补充古巴的劳动力,开始招徕华工入境。大批华工源源不断被卖到古巴。西班牙女王伊莎贝尔二世于1847年7月3日发布诏书,正式把古巴招募华工当做一项基本国策确立下来。她指出:"亚洲人生性温顺、勤劳、节俭而又有节制。他们能吃苦耐劳,适于田间劳作,尤其适于种植甘蔗的劳动。"

在"苦力贸易"的年代,贩卖华工给人口贩子带来了巨额利润。在利益驱动下,为古巴招工的人口贩子们在中国东南沿海一带疯狂从事人口的掠卖活动并造成多起用暴力掠卖人口的恶性事件,激起了中国人民的愤怒和反抗,杀死人口贩子时有发生。虽然人口贩子不一定都是西班牙人,也有其他西方国家的,但由于古巴是西班牙的殖民地,当时古巴分离主义情绪高涨,而且西班牙也拿不出证据证明人口贩子不一定都是西班牙的。西班牙为了提高其宗主国的威望,遏制分离主义情绪,十分重视围绕华工问题与清政府进行外交谈判。而西班牙没有参与英法联军在第二次鸦片战争中对中国的军事入侵,没能取得像英法一样的在华招工的"合法"权利,所以不得不借助于英法在广州的占领军招募华工。清政府为了不在招工问题上引起更多的麻烦和纠葛,遂于1864年10月10日,与西班牙在天津缔结了《和好贸易条约》。至此,西班牙正式获得在华招工的条约权利。该条约是中国与西班牙两国之间缔结的第一个条约。

1868年古巴人民发动了反对宗主国的独立战争。美国由于对古巴觊觎已久,便向清政府不断照会,言及古巴华工被虐一事,目的是想在国际范围内孤立西班牙以达到自己目的。然而,美国所论及的古巴华工的悲惨境遇也是实情。因此,西班牙商人在华招工一事便得到中国政府阻止。西班牙驻华使馆便向总理衙门提出交涉。后来,在各国公使调停下,于1873年10月22日,中国与西班牙双方达成名为《古巴华工条款》协议。根据协议,中国于1873年9月2日派在美国主持留学生事宜的陈兰彬前往古巴调查华工状况。陈兰彬等人深为自己同胞的苦难所震撼,在致总理衙门的申呈内,以深沉的笔触概述了古巴华工被打死、伤死、服毒死、投水死、投糖锅死等各种悲惨遭遇。报告送达北京后,内中所述古巴华工苦难,使清政府大为震惊。清政府幼稚地认为陈兰彬的报告将会使中方在谈判中出于十分有利的地位,并会得到西方国家的同情和支持。因此总理衙门将报告分送各国驻京使馆。1875年重开谈判。总理衙门就华工在古巴惨遭迫害的事实向西班牙提出责问并请各国公使主持公道。西方公使出于在华共同利益的考虑,劝总理衙门,如果西班牙日后能改善古巴华工的待遇,中国仍以允许西班牙继续在华招工为宜。在各国公使调停下,中国与西班牙双方同意另行谈判关于保护古巴华工的新条例。经过谈判,于1877年11月17日议妥古巴《保护华工条约》十六款。条约起到保护华工基本权益的作用,对西班牙来说,重申了其在华招工的权利。后改名为《中国人民前往古巴如何优待条约》,1878年12月完成互换手续。

围绕古巴华工问题清政府与西班牙曾进行过多年的反复交涉并深感派驻外交使节的必要性,并于1875年任命陈兰彬为首任驻西班牙公使,同时也准备向古巴派出常驻领事。1879年5月清政府首任出使西班牙大臣陈兰彬抵达马德里,拜谒了西班牙国王,并投递国书。事后,陈兰彬与西班牙外务大臣开始商谈改善古巴华工待遇问题。与此同时,北京的总理衙门也催促西班牙公使尽快实施1877年条约。在这种双重努力推动下,1879年9月12日中国首批驻古巴领事人员抵达哈瓦那。他们到任后,立即开始办理古巴华人的注册事宜。各地华人闻讯赶来登记,至年底有43292名华人登记在案。

1895年古巴人民再次掀起独立战争。至1898年,为窃取古巴人民胜利果实,美国以美舰"缅因"号在哈瓦那港被炸为借口,向西班牙宣战。不久,美西战争以西班牙惨败告终,古巴终于摆脱了西班牙的殖民统治。中国与西班牙之间围绕古巴华工所展开的外交交涉也由此告终。

19世纪末,除了古巴,菲律宾是西班牙最重要的殖民地。在菲岛地方分离主义情绪不断高涨的形势下,西班牙王室一方面竭力抑制菲岛独立运动的发展;另一方面又表现出对菲岛实际利益的某种程度上的尊重,试图通过扩大菲岛自治的权限来弥合宗主国和殖民地之间的关系。

当清政府向古巴派出领事后,菲岛华人也期盼清政府能向菲岛派驻领事以保障菲岛华人的利益。1880年菲岛华人联名向清政府提出在菲设立领事馆的请求。李鸿章责成驻美日秘公使陈兰彬就此事与西班牙政府进行交涉。陈兰彬则指令驻西班牙参赞黎庶昌办理此事。黎庶昌多次向西班牙外交部发出照会要求在菲设立领事馆,但西班牙政府迟迟没有作答。后续接任的驻西班牙公使仍不断坚持在菲设立领事馆,于是西班牙征求菲岛殖民当局的意见。菲岛当局不愿改善菲岛华人现状,对设立领事馆一事采取拖延策略。最后西班牙政府直至1885年才向清政府表示反对清政府在菲设立领事馆。1896年菲岛爆发了大规模革命运动,社会动荡加剧,菲岛华人处境更为艰难。清政府无奈只好请英国驻菲领事代行保护华人的职责。西班牙不愿其他西方列强插手中西事务,以免他人渔利,于是在1898年6月西班牙政府终于同意清政府在菲律宾设立临时性领事馆。然而,随着美西战争的爆发以及西班牙在战争中的失败,并由此结束了西班牙对菲岛的殖民统治,中国与西班牙在菲设立领事馆的外交谈判历时18年,终于告一段落。

第六节 19世纪末叶中国与西班牙之间的新认知

一、19世纪末叶中国人的西班牙印象——兼论黎庶昌及其《西洋杂志》

黎庶昌是清政府派驻美、西、秘外交大臣陈兰彬的副手,长期在西班牙任参赞之职,而且他在任期间又围绕古巴华工问题和在菲律宾设立中国领事馆问题曾与西班牙反复进行过外交交涉,因此他对西班牙社会和国情格外关注,并有较深的认识。在出使英、法及西班牙等国家之后写成一部随笔《西洋杂志》,用相当的篇幅记述了他对西班牙政治、经济、军事文化和民俗诸方面的印象。代表了19世纪最后20年,中国人对西班牙的最新认知。

在《西洋杂志》中,黎庶昌没有直接论述西班牙的国情,而是全文载录了西班牙国王阿尔方索十二世的国情《诏词》。从中可知西班牙当时江河日下的国情与清帝国的衰势有相似之处。西班牙国王倡议举国一致为重振西班牙往日光辉表现出来的励精图治精神,也正是黎庶昌寄希望于清统治者的地方。希望在重振大清国军备和国威的过程中,能受到启发,并在建国方略方面能达成举国共识。他赞赏西班牙政治生活中的君主立宪制之下的政党轮流执政。这一点对于当时渴望维新的中国开明官吏和知识分子具有相当的现实意义和启发性。

作者也介绍了西班牙实业的发展状况。在随笔中,介绍了"马德利(里)农务学堂"的概况,对里面的教室、学生宿舍、实验园地做了介绍,介绍了葡萄酒生产车间、农具陈列室,以及开学之际国王和王后亲自到场祝贺的情况。其用意在于以此为例,促使清政府也重视农业生产,对这类新学校加以倡导和培植,因为农业是富国强民之本。

黎庶昌在西班牙期间,恰逢戏剧大师卡尔德隆逝世200周年。作者介绍了西班牙对这位已故戏剧大师举国隆重怀念,纪念活动规模之大、内容之丰富、群众情绪之高昂的盛况。作者也在书中介绍了他参观马德里"油画院",运用传神之笔描述了几幅西班牙名画的内容和给他留下的印象,对中国艺术与西方艺术的各自特点做了比较。认为西人作画,于人物山水,必求与原物相像,而中国画仅写其大意。在书中作者也介绍了西班牙的异域习俗,如"斗牛之戏",指出斗牛是西班牙的国粹。

黎庶昌的《西洋杂志》中写下的对西班牙的介绍,基本上代表了19世纪最后20年中国人的西班牙观,说明中国人通过自己的观察,对西班牙的认识已经真切多了,改变了一般民众从古巴华工的悲惨遭遇中得出西班牙是个强横不讲理不讲人道的国家这类结论。

二、19世纪末叶的汉学家

前面提到,随着西班牙来华传教士踏上中华大地,通过他们对中华帝国的体察,写出了一批有关中国历史和文化的著述。他们可以说是西班牙汉学研究的先驱。由于18世纪以前,欧洲人在一定程度上是借助西班牙的汉学著述来认识中国、了解中国的,因此,西班牙事实上成为那一时代欧洲最重要的汉学研究中心之一。

进入19世纪,特别是在西班牙的外交使节进驻中国后,他们出于西班牙国家利益的需要和他们个人职业上的兴趣,又开始以新的视角来重新认识中国和了解中国,并从中涌现出一批具有19世纪意识的西班牙汉学家。

其中,较有代表性的是爱德华·托达(Eduardo Toda)。托达是加泰罗尼亚人。1876年来到东方,曾担任驻澳门、香港、上海外交官。1882年返回西班牙。托达在与中国的接触中,对于19世纪下半叶的中国社会深有感触,并在马尼拉、里斯本和巴塞罗那等报刊上发表了许多文章介绍并评论了当时中国积弱积贫的现状;此外,他还是位文物收藏家。他返回西班牙时,随身带回15000件他在东方收集到的钱币和证章等纪念品。后来他将这些珍品捐赠给了马德里考古博物馆(Museo Arqueológico Nacional de Madrid)。

1883年他回到西班牙后,曾应加泰罗尼亚科学旅游协会之邀,举行过有关中国问题的讲座。他的演讲内容陆续刊登在当地报纸上,对西班牙人认识19世纪末叶的中国,起到有益的作用。

另一位西班牙在华外交官兼汉学家恩里克·加斯帕尔(Enrique Gaspar)也曾致力于中国问题的研究。加斯帕尔是巴伦西亚人,先后在澳门、广东和香港任职,直至1885年返回西班牙。加斯帕尔是职业外交家,也是戏剧家,在华期间有四部剧作问世。他将在华期间对中国的印象主要写在《中国信札》和专著《中国之旅》等书中。

然而，托达和加斯帕尔有关中国的报道都没能在当时的西班牙社会中引起较大的反响，因为中国在 19 世纪末叶正处于被西方列强瓜分的危难时刻。上述两位作者笔下的气息奄奄的中国与几个世纪前传教士们笔下的中华大帝国已不能同日而语，对于同样处于内忧外患之中的西班牙已不再有任何激励的作用。

19 世纪西班牙民族也承受着历史重压。美西战争的惨败引起西班牙知识分子的深刻反思，"98 年一代"作家群体应运而生。在西班牙对本民族命运和未来前途尚且未知的艰难岁月，自然无法关注遥远的中国。

第七节　20 世纪以降的中国与西班牙的交流

一、20 世纪上半叶中国抗日战争与西班牙内战期间中西两国人民的战斗友谊

1. 中国人民对西班牙内战中反法西斯力量的声援和支持

20 世纪 30 年代，国际形势急剧恶化，席卷世界的经济危机使资本主义国家内部斗争空前激化。德意日法西斯迅速崛起，并在东方和西方形成两个战争策源地。中国和西班牙首当其冲遭到法西斯侵略，由此引发的中国抗日战争（1937—1945）和西班牙内战（1936—1939）都是反法西斯性质的战争。

出于反法西斯斗争目标的一致性和对西方列强炮制的"不干涉"政策险恶实质的深刻认识和憎恶，中国人民和西班牙人民之间建立起一种相互支持、相互声援的战斗友谊。这也是中西关系史中值得铭记的一页。

西班牙内战爆发后，中国人民坚定地站在欧洲反法西斯斗争最前沿的西班牙共和国政府一边，并对西班牙内战形势的发展表现出极大的关注。1937 年毛泽东和朱德总司令曾从延安分别致函西班牙共产党和西班牙人民，向他们表示敬意。朱德在信中指出："同志们，我们与你们的阵线是一致的，我们的敌人是共同的——你们与我们的胜利将是国际法西斯的死亡！"

1938 年 7 月和 11 月，中国共产党中央委员会又曾两次致电西班牙共产党和共和国政府，对西班牙人民的浴血奋战表示声援。中国各界知名人士也声援西班牙人民的反法西斯斗争。国务活动家宋庆龄运用她世界性的威望和影响，号召各国妇女支持中国和西班牙的反法西斯斗争。在香港的一次国际妇女集会上，她指出："在中国和西班牙，无论你们承认也好，不承认也好，两国英勇的人民正在为世界各国人民而战斗着。你们现在帮助中国和西班牙就是帮助了你们自己。"鲁迅、胡愈

之、郭沫若以各种方式赞扬西班牙人民英勇不屈的斗争精神。中国的各种报刊杂志上都曾刊载大量有关西班牙内战的消息和述评。马德里保卫战引起全世界的关注。中国国际形势观察家连续发表文章分析马德里保卫战的意义和对战局发展趋势的评估。马德里保卫战的胜利成为中国抗日战争的榜样。毛泽东号召中国人民认识西班牙胜利保卫马德里的经验,团结起来,为保卫祖国而战。

西班牙人民反对法西斯的斗争得到世界上一切怀有正义感人们的同情和支持。1938年9月底,国际纵队正式形成。来自50余个国家大约4万名反法西斯战士与西班牙人民并肩战斗,其中大约有百余名中华儿女,组成了中国支队,为西班牙的反法西斯斗争英勇奋战,有的光荣献身。为了表彰国际纵队中国支队战士的英雄壮举,中国抗战领袖朱德、周恩来和彭德怀将一面锦旗送给他们。

2. 西班牙人民对中国抗日战争的支持和声援

在西班牙内战的艰苦岁月中,西班牙人民对中国的抗日战争始终如一地表示坚定支持。西班牙共和国政府、西班牙共产党以及西班牙人民曾以各种形式对中国人民表示衷心祝愿与声援,他们发来的14件电文被刊登在《新华日报》上,直接写给八路军朱德总司令的有4件。

西班牙的报刊上刊登了《怒吼吧,中国》以及《中国,另一个西班牙》等文章或述评,对浴血奋战的中国人民表示敬意并号召西班牙人民支持同样为反法西斯而斗争的中国人民。西班牙文化界人士也发表宣言支持中国抗日战争,其中就有著名画家毕加索。曾在西班牙内战中做出过贡献的其他国家的民主人士,也从西班牙来到中国,又投身于中国抗日战争并做出了杰出贡献。加拿大著名外科医生白求恩就是其中之一。1936年白求恩应"援助民主西班牙委员会"之邀来到西班牙,创立了"流动输血队",为救助伤员而奋战。他得知中国抗日战争前线需要外科医生后,又不远万里,于1938年来到中国,把他在西班牙内战中积累的经验和战地救护伤员的方法在中国抗日战争的前线广泛推行并取得明显成效。特别是他组建的"流动输血队"对挽救伤员的生命起到至关重要的作用。

除白求恩外,保加利亚的甘扬道(Lanto Kaneti)、德国的白乐夫(Rolf Becker)等二十余位在西班牙内战中出生入死的医生,在西班牙内战结束后,怀着对中国人民的深切同情,于1939年来到中国,因为他们来自西班牙,所以尽管他们都不是西班牙人,但中国人民仍亲切地称他们为"西班牙医生"。

二、20世纪下半叶中国与西班牙之间经济贸易合作与文化交流发展的新态势

从1973年中华人民共和国与西班牙建立外交关系以来,西班牙国王胡安·卡

洛斯一世与王后索菲亚两次访华,中国最高领导人对西班牙的多次访问为中西两国之间的友好关系奠定了稳定的基础。在中西两国政府的直接指导和关怀下,中国与西班牙之间的经贸合作与文化交流都取得了长足的进展。

1. 中国与西班牙经济贸易合作与发展现状与未来展望

中国与西班牙两国在总结各自历史经验的前提下,先后都推行了政治与经济体制的根本改革。这样既为本民族的振兴找到了正确的方向,也为中西两国经济与贸易的交流与合作铺平了道路,并使两国的关系发展到历史上的新高度。

在第二次世界大战后欧洲经济复苏的带动下,西班牙从1959年至1973年,开始实行稳定经济与金融的政策,对外加强贸易,开发旅游资源,大量引进外资,使西班牙经济充满了活力。1986年加入欧共体后,西班牙可从12个成员国实行商品自由流通中受益,随着金融市场的开放和巨额直接投资的到来,西班牙的经济再次出现快速增长趋势。因此1973年至1986年是西班牙经济充满创造力的时期。西班牙经过30年的艰苦努力,国情已发生了根本性变化,西班牙已经步入世界十大工业国之列,塑造了现代化、稳定的国家形象。

第二次世界大战后一段历史时期内,西班牙曾奉行"欧洲的、西方的"外交政策。进入20世纪80年代,世界进入多极化时代。面对这种形势,西班牙也努力发展全方位的外交关系。历史上,西班牙曾在太平洋区域具有举足轻重的影响。至今,西班牙与拉丁美洲太平洋沿岸的国家仍保持着传统的友谊,伊比利亚—美洲一体化进程正在深化。如果西班牙再能加强与中国的友好合作关系,那么西班牙将会在太平洋区域发挥更大的作用,这完全符合西班牙的民族利益。而1978年在邓小平的领导下推行全面改革开放的中国又为发展中西经贸关系展现了令人鼓舞的前景。

从20世纪80年代末到90年代初,国际形势的变化促使西班牙加强了中西关系的进一步发展,表现在西班牙始终如一地坚持对华提供政府贷款,即使在某些西方国家对中国进行所谓"制裁"的时期,西班牙也没有中断给中国贷款,贷款对西班牙在华投资起到了重要的推动和保障作用。与其他发达国家相比,西班牙是向中国提供政府贷款最多的国家之一,而且贷款条件比较优惠。这些贷款应用于我国国民经济的许多领域,如能源、通讯、化工、钢铁、纺织机械、制革、水泥、食品加工等方面。

西班牙来华企业家认识到,在中国改革开放的大潮中,与其他发达国家的投资者相比,他们是后来者。有鉴于欧盟其他国家都在中国设有自己的代表机构并已形成压力集团来支持本国企业,西班牙驻华大使和商务参赞由在北京、上海、大连和天津等地的35家西班牙企业共同参与成立了"在华西班牙企业机构联合会",其宗旨是"努力使中国了解西班牙并推进西中两国企业间经济合作关系的发展"。此外,西班牙企业家在投资策略上也有新的举措,即选取天津作为重点投资地区,待取得经验后再向其他地区扩展。西班牙经济学家恩里克·方胡尔在论及西班牙在天津投资的优点时,指出天津地理位置理想,距北京近,交通方便,拥有活跃的港口和国际机场,而且拥有直辖市的特惠,还可得到西班牙官方的更多关怀,访问北京的西班牙官方人士可以顺便访问天津,因此天津是获得西班牙政府贷款比例最高的地区。而根据《中国与西班牙关系史》作者张铠的分析,天津是"环渤海经济区域"的中心城市,是东北亚的"黄金地带"。如果西班牙在天津以及环渤海地区形成集中投资区域,那么完全可以与中国合作,在天津或环渤海的青岛等港口城市与巴塞罗那或加的斯之间开辟出一条新的"亚欧大陆桥"。这条新的"丝绸之路"必将把西班牙与中国更加紧密地联系在一起。

2. 中国与西班牙之间文化交流日趋频繁

中国与西班牙建交以来,随着两国在政治和经济领域双边关系的不断加强,在文化交流方面也日趋频繁,甚至可以说盛况空前。这种现象的出现体现出中西两国政府对双边文化交流的重视和关怀以及两国使馆文化官员的不懈努力,同时也是与中西两国学者和文化艺术工作者的积极参与分不开的。中国与西班牙之间的文化交流加强与促进了两国人民的相互了解和友谊,并为确立中西两国面向21世纪的和谐与友好关系奠定了更加牢固的基础。

在我国改革开放的新时期,也迎来了翻译与介绍西班牙文学名著的高潮。西班牙文学史上最主要作家的代表性的作品,几乎都已翻译成中文,有时甚至出现一部名著不同译本的盛况。如"黄金时代"著名作家塞万提斯的《堂吉诃德》及其他作品、戏剧大师洛佩·德·维加的《羊泉村》及其他名著、卡尔德隆的《人生如梦》、佚名作者的流浪汉小说《小癞子》、克维多的《骗子外传》、罗哈斯的《塞莱斯蒂娜》、莫里纳的《堂胡安·特诺里奥》等;"98年一代"中加尔多斯的《玛利亚内拉》《慈悲心肠》《葛洛丽亚》《福尔图娜塔与哈辛塔》等,乌纳穆诺的《迷雾》《图拉姨妈》,伊巴涅斯的《血与沙》等,阿拉尔孔的《三角帽》,克拉林的《独生子》《庭长夫人》等作品;"27年一代"作家中最富有代表性的人物加西亚·洛尔卡的剧作《血的婚礼》。在西班牙近代文学领域中,那些荣获诺贝尔文学奖的作家备受中国读者青睐。如塞拉的《蜂房》、希梅内斯的《悲伤咏叹调》《普拉特罗与我》均已译成汉语,后者甚至出现了不同译本。

在文学史方面,第一部对西班牙文学进行综述的专著是由万良浚和朱曼华同著的《西班牙文学》,1931年由商务印书馆出版。近年来,北京大学西方语言文学系西班牙语教授沈石岩的《西班牙文学史》、中国社会科学院外国文学研究所所长、西班牙语文学研究员陈众议的《西班牙文学大花园》、北京大学西班牙语教授王军的《20世纪西班牙小说》等都是重量级的西班牙文学研究著作。

其他出版的有关西班牙的著作还有：廉美瑾的《西班牙文化概况》、陈庆煜的《欧洲的奇葩—西班牙王国》、张铠的《中国与西班牙关系史》《庞迪我与中国》等著作。

西班牙历来有研究汉学和中国问题的传统。近年来，随着中西关系的加强又日趋活跃起来。在中国典籍与古典文学的研究与翻译方面西班牙汉学家颇有建树，卡梅洛·埃洛杜伊的成就最受推崇。他1901年出生在比斯开省，1926年来华，曾在芜湖等地传教。在中国熟悉了汉语和中国典籍，转入汉学研究，主要研究中国古代思想史。1961年完成了《道德经》的艰难翻译工作；1967年发表了《庄子：道家的文学家、哲学家和神秘主义者》；1968年又出版了《东方政治中的人道主义》一书；1972年他的《道家思想中的七十四个概念》付梓；1974年他的译著《中国浪漫诗歌中颂歌选粹》问世，这是中国《诗经》的选译本；埃洛杜伊还特别对《易经》和《墨子》这两部中国博大精深的典籍进行了多年的研究，1983年和1987年他先后将《变化之书》和《墨翟：具有普遍之爱的政治家》两本专著奉献给社会，这是他对上述两本中国典籍的翻译、注释和评述，在西班牙学术界很有影响。埃洛杜伊由于在汉学研究方面成绩卓著，被誉为西班牙第一流的汉学家。

到目前为止，中国古典文学名著如《西游记》《红楼梦》《儒林外史》《金瓶梅》均已译成西班牙文。《红楼梦》三卷本从1988年起由格拉纳达大学逐册出版。由于该校聘请北京大学赵振江教授参与该书的翻译工作，因而译文更加贴近原文。西班牙年轻汉学家恩莲研究中国古典诗词并将李白、李清照等的作品翻译成了西班牙文。

此外，刘勰的经典传世之作《文心雕龙》由格拉纳达大学中国语言与文学教授亚利西亚·雷林克译成西班牙文并做有注释。对中国古代思想史著作的翻译和研究也有新进展。马蒂·布鲁格拉与菲纳·桑格拉斯合译的《四书》于1968年出版。胡安·伊格纳西奥·普雷西多的专著《老子，一本论道之书》于1978年问世。旅西华人学者萧继銮于1990年将《孙子兵法》译成了西班牙文，开启了西班牙人用本民族语言来研究《孙子兵法》的先河。

近年，西班牙汉学界还扩大了对中国近现代文学的研究和介绍。鲁迅的《呐喊》《狂人日记》、巴金的《家》，其他诸如《芙蓉镇》《男人的一半是女人》等也被介绍给西班牙人民。西班牙很多文化机构和政府部门也都热心于对中国文学的介绍。1993年4月马德里自治大学亚洲—东方研究中心组织了一次题为"中国经典诗词中的语言美学现象"的学术研讨会。1996年马德里自治大学亚洲—东方研究中心和费尔南多·列洛基金会在西班牙外交部国际合作署的支持下，配合《价值》杂志的《中国诗作专集》的出版又组织了一次题为"关于中国当代诗词"的座谈会。与此同时《西方杂志》特别刊出一期中国文化专集。

中国与西班牙之间在艺术交流方面也进入了一个新时期并越来越显示出相互借鉴与融会的趋向。在向西班牙介绍中国艺术方面,旅西华人艺术家起到了有益的中介作用。20世纪50年代肖劲在学习西班牙绘画技巧的同时曾向西班牙绘画界介绍了东方艺术的特质。张宝清寓居马德里50年,曾在西班牙举办过系列讲座,并于1994年完成《中国艺术介绍》一书的写作,从书法、绘画、雕刻、建筑、园林、青铜器、家具、陶瓷、漆器等诸多方面论述了中国艺术的发展历程和中国美学的特点。年青一代的旅西华人画家徐宗辉以中国艺术为基础又吸收了西班牙抽象艺术的营养,把中国的书法演化成一种抽象艺术。1987年西班牙的《南方日报》曾专门刊文介绍徐宗辉独具特色的抽象艺术。其代表作集中在他的《画集》中。

近年,许多中国艺术家曾在西班牙举行过画展。如邢啸声在西班牙举行过画展和多次艺术讲座。他同时研究西班牙艺术,将西班牙艺术大师的作品不断介绍个中国人民。他的著作《西班牙雕刻》于1998年由江西美术出版社出版。该书讲述了自远古以来伊比利亚雕刻艺术的演变过程并着重介绍了历代有代表性的雕刻家及其代表作,被西班牙《国家报》称作"中国的西班牙文化艺术大使"。

在向西班牙系统介绍中国艺术方面,中西两国政府曾进行过不懈的努力。1991年在巴塞罗那"圣达·莫妮卡"中心举行了"中国艺术千年展",1998年在毕尔巴鄂的古根海姆博物馆举办了"中国:5000年"艺术品展览,反响巨大。伊莎贝尔·塞维·费尔南德斯1997年出版于巴塞罗那的《中国的艺术与文化》是一部介绍中国艺术的百科全书。1996年毕业于浙江美术学院的巴罗玛·法顿在中国学习书法形成了自己独特的艺术风格,于1993年2月在北京举办了个人西班牙书法作品展。1996年她的学术著作《中国书法》在西班牙出版。中国艺术在西班牙受到重视和欢迎,西班牙一些年轻艺术家专攻中国艺术并执着地探求东方艺术的真谛不是偶然现象,而是从地理大发现以以来,人类一体化进程在现代社会形态下不断加速的必然反映。

在西班牙,首先认识到东方艺术的永恒魅力,并在自己的创作中融入东方艺术的精神和表现手法的,正是那些具有世界性影响的西班牙艺术大师们。西班牙著名画家塔皮埃斯在答北京《世界美术》问时说,围绕各种抽象表现派而成长起来的艺术家们,从中国的书法学会了借运笔方式而产生的这种感情语言。

20世纪最重要的艺术家,西班牙超现实主义画派大师霍安·米罗最成熟时期的最本质特征是他的"东方精神"和"东方风格"。米罗1966年和1969年两次访问日本后,为东方艺术而震撼,开始采用东方艺术源于禅学审美观念的造型艺术手法与表现方式,东方因素影响着米罗最后岁月中的大部分绘画和刻印创作。虽然米罗没有来过中国,但众所周知,中国艺术对日本艺术在历史上的影响,中国是东方艺术的源头。米罗在用墨于宣纸上作画的特别技巧和性灵欲动的书法艺术,其效果正是中国传统艺术的一个根本要求:和谐协调,浑然一体。

中国的艺术家也在吸收西方艺术的特长,对于中国艺术家来说,委拉斯盖兹、戈雅、毕加索和达利这些艺术家们的作品是学习与借鉴的典范。旅西华人学者张宝玮和叶济盛(音)特意创办了"马德里画室",每年接待2至3名中国青年艺术家到西班牙进修。

当今在中国与西班牙的文化交流中,电影和电视已成为促进两国人民相互了解的重要桥梁。西班牙是世界电影大国之一,电影类型多样,题材广泛,别具一格,涌现出一批世界闻名的电影大师。在中西两国政府关怀下,中国电影资料馆已举办过三届西班牙电影回顾展。该馆外国电影研究室主任傅郁辰曾在巴塞罗那专攻世界电影史。近20年来她一直致力于西班牙电影史的研究并发表多篇文章,论述了西班牙电影的特点及西班牙电影在国际上的地位。

西班牙电影界也曾积极参加中国主办的国际电影节活动。中国观众几乎每年都可以欣赏到西班牙的电影佳作。通过这些影片也加深了中国人民对西班牙社会和西班牙人民生活和内心情感世界的了解。西班牙电影为我国艺术家学习与借鉴外国电影的成功经验创造了条件。

改革开放以来,中国电影艺术得到空前发展,屡屡在国际上获奖。因此西班牙人民对中国电影和中国电影艺术怀有浓厚的兴趣。中国艺术家积极参加西班牙组织的国际电影节活动。《大红灯笼高高挂》《秋菊打官司》《红高粱》《菊豆》《有话好好说》《霸王别姬》等都在西班牙公开放映。巴塞罗那大学曾举办"中国电影讲座"。中西两国合拍的电视片《新的中国·古老的河》在西班牙国家电视台播出后引起轰动。该片介绍中国的母亲河长江及三峡。透过长江壮丽的山水画卷展示了中华民族时代奋斗不息的历程。

音乐与舞蹈是最能反映民族文化传统乃至民族性格的艺术形式。近年中国与西班牙的艺术家们不远万里带着各自民族的艺术瑰宝奉献给对方的观众,从而加深了两国人民的友谊和相互理解。

作为中西两国歌舞和音乐艺术交流的开端,1988年7月何塞·塔马约率西班牙轻歌剧精英团在广州和北京的成功演出。该团有蜚声全球的男高音歌唱家普拉西多·多明戈加盟,引起了极大轰动。在人民大会堂演出中,多明戈连唱8首风格各异的西班牙歌曲,受到听众热烈欢迎。1989年4月西班牙享誉世界的著名女高音歌唱家卡瓦列来华访问并在北京音乐厅举行了个人演唱会。她演唱的西班牙轻歌剧选段富于民族性的旋律,使中国观众得以领略与其他欧洲国家色彩迥异的西班牙轻歌剧的曲式和风格。

在多明戈和卡瓦列成功访华演出之后,中西两国艺术家之间的往还更加频繁。如1992年8月由21名西班牙音乐舞蹈演员组成的"马德里村"艺术团来华演出,在北京和辽宁省几个城市的精彩表演获得中国观众的热烈欢迎。10月份,西班牙著名女钢琴家罗莎·托雷斯在北京音乐厅演奏了西班牙作曲家的作品,使中国观众欣赏到旋律优美的西班牙音乐。随着通俗音乐的普及,很多中国青年人热衷于吉他的演奏。在西班牙,吉他演奏有着举世闻名的传统,也是世界上吉他演奏水平最高的国家。学习西班牙吉他演奏技巧和方法是中国吉他爱好者的愿望。1992年10月在两国政府倡议下,在中国中央音乐学院开办了"安德烈斯·塞戈维亚西班牙吉他中心",其宗旨是在中国的高等院校推广吉他的演奏方法和技巧。

弗拉门戈舞是西班牙民族性格的集中体现。1993年根据中西双边合作计划,西班牙佩帕民间舞蹈团参加了在沈阳举办的艺术节,使中国观众欣赏到弗拉门戈舞的风采。该舞蹈团经北京时应邀在华侨大厦加演一场。同年,世界闻名的西班牙歌唱家、情歌王子胡里奥·伊格莱西亚斯在上海举行的东亚运动会上与我国歌手韦唯用西中两种语言一起演唱了《鸽子》这首歌曲。1994年、1996年西班牙的两支舞蹈团也分别来华演出弗拉门戈舞。

中国艺术家也不断出访西班牙,带去了中国的歌舞艺术。继1992年中央乐团成功访问西班牙之后,1993年四川川剧团也前往西班牙演出。1994年中国女高音歌唱家许平在西班牙举行了多场演出,曲目中包含几首中国传统歌曲。1998年湖南等两个杂技团也在西班牙巡回演出。

近年来,中国和西班牙在教育和培训方面的双边合作在两国政府大力支持下,也取得了相当的进展。西班牙政府每年都向部分中国的学者和大学生、研究生提供奖学金去西班牙进修学习,西班牙政府还定期向中国的一些大学和其他相关机构提供各类图书和设备。与此同时,中国教育部也一直在接受西班牙的留学生来华进修汉语和中国文化,培养未来的汉学家。近年来,中国的西班牙语教学取得了快速发展。北京外国语大学于1953年率先建立西班牙语专业,到目前为止,开设西班牙语专业的公立和民办大学已经在全国遍地开花。北京外国语大学、北京大学的西班牙语专业招收博士研究生。可以说,目前中国已经拥有了一支掌握西班牙语言,了解西班牙历史、文化的杰出的专业人才队伍。1998年、2005年、2010年、2013年分别在北京、上海召开了西班牙语国际研讨会,许多国家的西班牙语学者会聚中国,就共同关心的问题展开了讨论。对中国的西班牙语教学和研究起了非常大的推动作用。

中国与西班牙高等院校之间的校际交流活动也日趋活跃。西班牙格拉纳达大学、马德里自治大学、巴塞罗那自治大学、巴利亚多利德大学等都曾向中国派出专家进行西班牙语教学,中国的北京大学、北京外国语大学、西安外国语大学等院校也曾不断派出自己的资深学者前往西班牙开设中文和中国文化等方面的课程。出于加强对中国了解的需要,1988年巴塞罗那自治大学建立了西班牙第一个中国研究中心。近年,在马德里自治大学成立了亚洲—东方研究中心。巴塞罗那旁佩乌·法布拉大学在人文系开设了中国语言文化硕士班。

综上所述,中国与西班牙建交以来,无论是经济贸易合作方面或是在文化交流方面,都已经取得了长足的进步。

3. 迈入21世纪的中国与西班牙的交流

西班牙首相何塞·玛利亚·阿斯纳尔访问中国

2000年6月25日至29日,西班牙首相何塞·玛利亚·阿斯纳尔率领50名政府要员、50名记者和200余名企业家组成的代表团对中国进行了正式访问。

江泽民主席和朱镕基总理分别会见了阿斯纳尔首相,双方高度评价中西两国在经济技术和文化领域的合作成就并就中西关系的进一步发展做出了规划。阿斯纳尔首相还和中国从事西班牙问题研究的专家和学者们进行了座谈。在访华期间,阿斯纳尔首相还主持了在北京美术馆举办的西班牙艺术大师达利画展的闭幕式。该展览曾在北京掀起了一股"达利热"。西班牙首相的这次访问极大地推动了中西之间业已存在着的良好关系。

西班牙王储费利佩·德·波旁·格莱西亚访华

2000年11月,西班牙王储费利佩·德·波旁·格莱西亚访华。朱镕基总理在会见费利佩王储时充分肯定了中西之间的友好关系并对王储的来访表示了热烈的欢迎。费利佩王储则着重介绍了西班牙政府制定的"2000年至2002年亚太战略计划"。他强调指出,中国是这一战略计划的重点。该计划是西班牙全方位外交政策的重要组成部分。20世纪80年代,西班牙政府把使西班牙进入欧盟作为外交工作重点;20世纪90年代,又为加强与拉丁美洲以及地中海和东欧国家的关系而努力;进入21世纪,西班牙则开始把扩大西班牙和太平洋区域的影响,放在了对外关系的重要位置上。

进入21世纪,亚太地区成为世界上经济和贸易最为发达和最富活力的地区。这里拥有世界一半以上的人口并创造出世界三分之一以上的生产总值。亚太地区还是对外部资金极富吸引力的投资区域。然而,当代西班牙在亚太区域的影响却十分有限。为了避免西班牙被排除在这一地区之外的危险,西班牙政府努力实现扩大在亚太地区影响的这一战略目的。

中西合作出版《西班牙来华传教士文集》计划的实施

2000年阿斯纳尔首相访问中国期间曾与中国的西班牙问题专家座谈。中国社会科学院历史研究所研究员、中西关系史专家张铠教授和北京第二外国语学院西班牙语教授孙家堃共同提出意欲从事西班牙来华传教士研究和编辑工作，出版《西班牙来华传教士文集(16—18世纪)》(十卷本)的计划，客观评价西班牙来华传教士在东西方交流中的先驱作用，并从他们的跨文化活动中引申出展望人类文明未来走向的有益启示，有利于中西文化交流和中西两国友好关系，这一研究计划得到了西班牙政府的支持并提供了可以合作的西班牙学者的名单。西班牙政府对这一计划的支持，体现了"2000年至2002年亚太战略计划"的基本精神。

北京赢得2008年奥运会的主办权

2001年7月13日北京赢得了2008年奥林匹克运动会的主办权，从而圆了中国人民百年的奥运梦想。这一梦想的实现与国际奥委会主席萨马兰奇的大力支持是分不开的。7月14日江泽民主席致电国际奥委会主席萨马兰奇，对他为国际奥林匹克运动发展做出的贡献致以崇高的敬意。7月17日江泽民主席对俄罗斯进行国事访问时，在莫斯科与萨马兰奇亲切会见。

胡锦涛副主席对西班牙进行国事访问

在2001年11月6日，胡锦涛副主席抵达马德里，开始对西班牙进行国事访问。西班牙国王在萨苏埃拉宫亲切会见了胡锦涛副主席，并介绍了西班牙"2000年至2002年亚太战略计划"的内容，指出西班牙一直把中国作为其外交关系中的重点。胡锦涛副主席转告了江泽民主席对国王陛下的诚挚问候，并表达了中国对于加强中西友好关系的愿望。胡锦涛副主席也参观访问了巴塞罗那市。胡锦涛副主席对西班牙的成功访问极大地推动了中西友好关系的发展。

中国加入世贸组织得到西班牙的支持

2001年在卡塔尔首都多哈举行的世界贸易组织第四次部长级会议上，中国终于正式加入了世贸组织。在中国为加入世贸组织而进行的长达15年的努力过程中，西班牙政府始终给予宝贵的支持。

西班牙成立"亚洲之家"和"西班牙太平洋研究会"

为配合"2000年至2002年亚太战略计划"，成立了设在巴塞罗那的"亚洲之家"(Casa Asia)，该学术团体成立以来，举行了"21世纪的中国：加入世贸组织后中国经济与市场的展望""亚洲市场的免税：中国和新加坡""加入世界贸易组织的中国"为题的研讨会。已对西班牙有关亚太地区的学术研究起到了积极的推动作用。

西班牙另一从事太平洋事务研究的学术机构是"西班牙太平洋研究会"(Asociación Española de Estudios del Pacífico)。该研究会在2002年6月6日至8

日举行的第6次代表大会上,围绕37个重点研究课题进行了讨论。其中与中国相关的课题有《中国经济展望》《16至17世纪中国形象的塑造》《中国的前卫文化》《有关东亚的伊比利亚规划(16至17世纪)》《中国的政治形势》《东亚的中国人》等。从上述研究课题的设置可以看出,从事中国问题研究的西班牙学者人数日众,研究范围在日益拓宽。

沙勿略去世450周年纪念活动

2002年恰逢西班牙著名耶稣会士沙勿略在我国上川岛去世450周年。沙勿略早在四百多年前已经倡导在不同的文明之间要进行和平与平等的对话,这就是被后人称为"适应"策略的理念。"适应"策略不仅在历史上对于东西方的文化交流曾起到积极的推动作用,即使在当代仍可引申出许多现代性的启示。由于沙勿略在西班牙是一位有感召力的历史名人,因此,当沙勿略去世450周年到来之际,自然会在当代西班牙人的心中激起怀念之情。西班牙驻华公使曼努埃尔·皮内罗于2001年8月曾专程到上川岛拜谒沙勿略的陵墓,并对上川岛进行了访问。

上川岛已从沙勿略登上时的荒凉小岛发展成了两万人口的城镇,经济发达,社会稳定,是充满活力的旅游开发综合实验区。当地人尊重文化多元性,对沙勿略的陵墓进行了妥善保护。皮内罗公使对当地人民表示了感谢,并表示将尽力促成一个西班牙城市与上川岛所属的台山市结为姐妹城市。2002年夏,西班牙电视台曾来到上川岛,拍摄了一部记录上川岛风光和沙勿略历史足迹的电视片在西班牙播放。这既是西班牙人民对他们所尊崇的先贤沙勿略的纪念,也是对中西人民之间友谊的赞颂。中西关系史专家张铠教授写出《沙勿略与上川岛——兼论沙勿略所倡导的"适应"策略在东西方文化交流中的历史地位和作用》一文,发表在澳门理工学院中西文化研究所主办的《中西文化研究》(创刊号)上。2003年,张凯教授的《中国与西班牙关系史》问世。

北京塞万提斯学院成立

2005年,为了纪念《堂吉诃德》出版500周年,西班牙大使馆在中国进行了一系列文化宣传活动。同年8月,西班牙驻华大使馆、塞万提斯学院、北京外国语大学举办了第二届"西班牙语国际研讨会",来自海内外的西班牙语研究者老中青三代汇聚一堂,共同探讨西班牙语教学与研究、西班牙国情与文化研究。驻马尼拉的塞万提斯学院在北京成立筹备处,终于完成了西班牙大文豪米盖尔·塞万提斯那著名而又古老的夙愿:塞万提斯在其著名小说《堂吉诃德》中,在下卷的序言《致莱穆斯伯爵的献词》中写道:"伟大的中国皇帝曾派专人送来一封中文信,急切地要求把《堂吉诃德》送到中国去,并建立一所西班牙语文学院。"近四百年后的公元2006年7月14日,西班牙塞万提斯学院在遥远的东方——中国首都北京,成立了自己的分院——北京塞万提斯学院。阿斯图里亚斯王储费利佩和王储妃莱蒂西亚亲临学院开幕式并宣布北京塞万提斯学院正式成立。此后至今,学院以推广西班牙语教学和西班牙语文化为己任,在北京乃至中国逐渐建立并巩固了学院在这方面的权威地位。学院一方面致力于西班牙语文化活动的开展,促进传统与现代、东方与西方之间的文化交流与和谐共存;另一方面,不断为广大公众提供丰富多样的语言课程及相关活动,以满足不同人群的需求,吸引并培养大家对西班牙语及其文化的兴趣。

北京塞万提斯学院图书馆是以出生在西班牙塞维利亚的著名诗人安东尼奥·马查多的名字命名的。学院图书馆满足年轻读者对个性化和信息化环境的需求、对西班牙语及其文化日益增强的兴趣,如今已成为一个充满活力、不断进取的空间。在该院图书馆的馆藏中,具有丰富的包括西班牙语在内的众多伊比利亚半岛语言的文献资料,此外还拥有数量可观的视听和多媒体教学资源。值得一提的是,针对安东尼奥·马查多的相关文献与汉学研究资料的收藏是该院图书馆的两大重要特色。学院附有多媒体教室,可以为在院学生提供全面周到的教学服务,是西班牙语网络课堂(AVE)的传播和管理中心,支持 AVE 在北京和其他中国地区的推广与发展。北京塞万提斯学院每年举办两次 DELE 考试(对外西班牙语水平证书),并与位于世界其他国家的塞万提斯学院一样,承担对外西班牙语教师培训(ELE)的任务。此外,塞万提斯学院还资助成立了位于西班牙驻上海总领馆内的"米盖尔·德·塞万提斯"图书馆,旨在与上海地区的众多文化和教育机构开展合作,积极组织各种文化和教学活动,扩大塞万提斯学院在北京以外地区的影响。

中国成立西班牙研究中心

中国从事西班牙问题研究的学者也在尽力为推动中西两国的友好关系而努力。中国社会科学院和欧洲研究所已各自成立了西班牙研究中心,并在对西班牙的历史、文化、政治与经济进行全方位的研究。

马德里孔子学院成立

中国政府为了在西班牙推广中国语言和文化,于 2005 年 7 月在马德里成立孔子学院。成立以来,一直与中国教育学家组成的教育组保持密切合作,为在西班牙推广汉语做着不懈努力且已获得一定的成就。

中国国务院副总理李克强对西班牙进行正式访问

2011 年 1 月 6 日,中国国务院副总理李克强对西班牙进行正式访问。西班牙从中国获得了自金融危机以来最坚定的支持。中西双方此次在金融、可再生能源、食品等领域签署了 15 个政府协议和商业合同,总金额达 75 亿美元,以进一步推动双方的贸易平衡。中方还表示将继续购买西班牙国债支持西班牙经济。这些举动给西班牙政府和商界带来了极大期望。而李克强提出的"携手合作"说法进一步证明,中国对西班牙市场的兴趣不是暂时的,而是一个负责任的投资者做出的关于未来的严肃承诺。这是西班牙社会自金融危机以来获得的最坚定支持。

中西建交 40 周年庆祝活动

2013 年是中西建交 40 周年,中国在西班牙举办了一系列庆祝活动,拉近两国人民之间的感情,缩小彼此间的距离,增进相互之间的了解,使双方在各个领域的合作中迈出更大的一步。

2013 年 3 月 21 日,由中国文化部和中国驻西班牙大使馆联合主办的中西建交 40 周年图片展在马德里中国文化中心开幕。中国驻西大使朱邦造和即将上任的西班牙驻中国大使巴伦西亚出席开幕仪式。展览精选了中西两国 1973 年建交以来的近 60 张代表性图片,从政治、经济、体育、文化等多个角度回顾了过去近半个世纪里两国间的交流与合作。朱邦造在开幕仪式上发表讲话说:"中西关系经历了 40 年国际风云变幻,如今已逐步走向成熟。当前中西双方高层交往频繁,政治互信进一步加深,在彼此关切的重大问题上互相支持,在国际事务中密切合作。中西关系正步入历史最好时期。"他还强调了两国间日渐加深的贸易合作和文化交流,并表示愿与西方共同努力,本着"相互尊重,互利互勉"的精神,进一步深化各领域的合作,共创美好未来。

展出的图片中包括一系列双方领导人互访的珍贵历史影像。从 1978 年西班牙国王胡安·卡洛斯一世首次到访中国时与邓小平的合影,到西班牙前首相冈萨雷斯 1985 年访华,再到江泽民与西班牙前首相阿斯纳尔的握手,及至胡锦涛、温家宝近年来对西班牙的访问,跨越几十年幅度的画面从黑白逐步过渡至彩色,也一步步见证了两国关系的建立和稳定。

另一些图片则涵盖了中西交往的更多细节:西班牙王后与中国赠送给马德里动物园的大熊猫的亲切合影,西班牙民众积极参与汉语水平考试的盛况,中西国家足球队之间的友谊赛……人们从中不仅看到了两国从高层到民间的积极交往,也看到了中西人民之间的伟大友谊。

该展览 4 月 20 日之后在格拉纳达、巴塞罗那、莱昂、巴伦西亚和拉斯帕尔马斯等城市举办巡回展。

2013 年 4 月 17 日,《西班牙的伟大先驱在中国:胡安·安东尼奥·萨马兰奇》讲座在沪举行,这也是中国与西班牙建交 40 周年纪念的重要活动之一,讲座邀请担任了三届西班牙驻华大使的欧亨尼奥·布雷戈拉特先生主讲。

中国西班牙语人才供不应求

西班牙和中国目前的贸易交流逐渐增多,中西两国签订了一系列的合作项目,整个合作过程中需要大量精通西语和中文的双语人才。目前国内开设西语专业的高校每年培养的西语专业毕业生供不应求。从西班牙留学回来的口语和听力优秀的留学生更是受到行业的欢迎，成为了西班牙和拉美企业争相聘请的人员。

西班牙在中国市场投资数额呈逐年增长的趋势。目前在国内比较知名的五大西班牙企业分别是长途客运公司 ALSA，西班牙联合技术公司 Técnicas Reunidas，桃乐丝酒庄 Bodegas Torres，全球五大风电企业之一的歌美飒 Gamesa，著名服装品牌 ZARA。这五个企业是在中国发展得比较大的，除此而外还有日渐增多的其他西班牙企业和拉丁美洲的企业与项目。

中国和拉美的传统友谊与合作，中国企业向西班牙语国家开拓市场，大量派出精通西班牙语的人才，使中国和西班牙语国家的政治、经济、文化交流在广度和深度上不断加强。学习西班牙语的学生发展前途很乐观。

北京塞万提斯学院大厦

第九章

西班牙外来移民与西班牙华人状况

一、移民状况

西班牙既是一个向外移民的国家,也是一个接受外来移民的国家。

西班牙历史上曾出现过两次大规模移民浪潮。第一次可追溯到15世纪末。自从哥伦布发现美洲大陆后,西班牙人漂洋过海,不远万里来到这块土地上繁衍生息,发财致富。第二次规模较大的移民潮发生在20世纪40—50年代。当时,许多西班牙人因不堪佛朗哥的独裁统治,被迫举家移居国外,主要是德国、瑞士、意大利、英国、荷兰、比利时、法国、爱尔兰、美国和拉美等国。移民高峰时期,西班牙在海外居住的人高达200多万。但1975年佛朗哥逝世后,西班牙实行民主过渡,社会安定,经济发展,有许多人重返家园。

西班牙为外国人移民欧洲的首选国,在西班牙有不少外国移民。2012年在西班牙居住的欧盟成员国移民中,罗马尼亚人(200万人次)、波兰人(150万人次)和意大利人(130万人次),是移民人口人数较多的国家。非欧盟成员国的移民,最多的是土耳其人(240万人)。目前,外国移民650万,仅次于美国(2300万)。

2008年的世界金融危机也波及西班牙,使一些移民对西班牙持续恶化的经济状况和就业情况感到失望,主动选择了返乡。西班牙从2012年上半年开始,为自愿回国的非法移民提供1600欧元资助,截止日期为2014年6月30日。2012年,共有54.6万移民离开了西班牙。但即使如此,西班牙仍然是一个移民大国,目前外国移民占西班牙总人口的比例为12.1%,罗马尼亚人、摩洛哥人、英国人、厄瓜多尔人和哥伦比亚人是当前西班牙最大的5个外国移民群体。随着西班牙房产受到中国投资者喜爱之后,当地的华人人口也开始逐渐上涨,甚至比当地人口数量还多。据统计,2013年在西班牙登记在册的华人人数增至3549人。

西班牙需要外来移民解决其人口老化和劳动力不足问题,外来移民确实为西班牙经济和社会发展做出了巨大贡献。

二、移民政策

西班牙移民分为投资移民和技术移民。一般来讲,技术移民的前提是获得劳工许可和居留证。申请人需要提供出生证明、无犯罪记录证明以及工作经历公证,以证明申请人有足够经验胜任此岗位。与西班牙和拉丁美洲公民有可证实亲属关系的候选人将被作为优先考虑的对象。按西班牙民法规定,外国公民连续居住3年以上可申请永久居留。外国公民若要通过定居方式取得西班牙国籍,需连续十年在西班牙合法定居,但南美洲国家、安道尔、菲律宾、赤道几内亚和葡萄牙公民只需合法定居两年即可取得西班牙国籍,若是在西班牙出生或与西班牙人结婚者,只需合法定居一年即可取得西班牙国籍。另外,西班牙与南美洲智利、阿根廷、秘鲁等十三个国家签署了互相承认双重国籍条约。

西班牙历届政府反对非法移民,采取多种措施制止其进入。西班牙目前有超过150万的非法移民,而每年尚有数以千计的外国人使用不同的途径涌入西班牙的境内。西班牙政府对从事非法移民团伙的打击力度不断加大。对所有移民犯罪者立即驱逐出境,10年内不准再次进入西班牙。对一般非法移民采取人道主义处置,如增加海上警力和设施,减少非法偷渡船只的沉没,打捞抢救海上落水人员,增设收容中心等。非法移民在西班牙社会也受到排斥。

1985年西班牙制定了首部外国移民法——《外国人在西班牙的权利和自由》。后多次进行修改,同时实施了相应的大赦或"正常化"。最近一次大赦在2005年,此次有573270位移民获得了一年的居留和工作许可。

在工人社会党执政时期,"融入制度"是西班牙非法移民获得合法身份的主要途径。所谓的"融入制度",事实上是一种鼓励非法移民进行偷渡或者拿着旅游签证非法居留的制度。自从2006年该制度开始正式实施以来,几十万移民获得居留证。其中2006年拿到融入居留的人数为7427人,2007年上升至30231人,2008年飙升至66200人,2009年进一步飙升达到82300人,2010年人数有所下降,但依然有65676人。

中国移民由于语言上的障碍以及对西班牙政府部门办事程序的生疏,往往将申请事务委托自己所信任的华人事务所,这样可以在办理融入证明、准备所递交材料的过程得到有效的指导,起到事半功倍、提高获批几率的效用,当然需要向事务所交纳一定的费用。

申请永久居留分为两个步骤,首先申请人必须持可证明在西班牙居住满3年的有效时间证明,参加户籍登记所在地政府部门所组织的面试会。所谓的面试会主要是接受官方人员简单的西语问话,测试申请人的西语水平是否足以应付西班牙最起码的生活、起居之用。负责面试的工作人员若认为合格,相关部门便会给申请人颁发融入证明。持有融入证明之后,方可向地方劳工部递交永久居留申请材料。

人民党执政后,废除了"融入制度",推出一种新的"找工作签证"。这种签证允许持有者短期内进入西班牙,如果他们可以在规定时间内找到工作,则可以申请居留证。该党还将正式确定今后西班牙制定和实施移民政策的指导纲领,具体内容就是要在与欧盟移民政策相一致的情况下,促进移民在与工作机会紧密相连的基础上,进行合法、有序的流动。

2013年9月19日,西班牙有关"购房换居留"的新法规作为《创业者法》的一部分,在9月19日经议会讨论通过,9月28日正式生效。这是西班牙历史上首次以法律形式规定投资移民概念。西班牙移民政策中规定4种形式可获居留权,即可在西班牙通过购买价值200万欧元以上的西班牙国债、购买价值50万欧元以上的不动产、购买价值100万欧元以上的西班牙企业股票,或在西班牙银行持有价值100万欧元以上的存款等4种形式获得首次有效期为2年的西班牙居留权。根据西班牙移民政策规定,办理西班牙移民申请人需满足以下条件:

1. 主申请人要求:18周岁以上、无犯罪记录、非欧盟国籍、购买2年期私人医疗保险。

2. 附属申请人:主申请人配偶及18周岁以下子女。

3. 投资人拥有西班牙居留权,不可工作,但可经商。

4. 在西班牙投资购买50万欧元以上政府认可房产:办理移民需要出具所购房产的地契复印件。

办理购房移民后,申请人全家可获得西班牙居留身份,西班牙居留身份的更新周期为2年,既"2+2+2……"西班牙居住签证可无限期更换,西班牙移民政策中没有居住要求,只需要申请人每两年入境一次即可保留西班牙身份,不要求停留时间;而且获得居留签证5年后即可申请永久居留,并在第10年时可以申请国籍;申请国籍的政策要求是,从申请国籍时向前推5年,5年内至少每年在西班牙生活不少于183天。西班牙居留签证非贴签,而是采用独立卡片形式,因此不受护照到期换护照的影响。

三、移民好处

相对于欧洲其他国家,西班牙移民好处体现在以下几方面:

1. 移民政策

西班牙移民项目最大优势在于其移民政策上。西班牙项目不但审理速度快，递交申请后3—6个月就可以取得签证，而且在取得长期签证后申请者更是可以自由往返25个申根国。此外，西班牙移民申请条件相对宽松，申请者不需要证明资金来源，其资金要求较为灵活，不需冻结。

与欧洲其他投资移民项目不同，西班牙移民项目没有强迫性投资压力，而且申请者可以在除西班牙之外的其他24个申根国进行投资或者经营公司，这些优势是欧洲许多移民项目所无法比拟的。

2. 生活品质

在生活品质方面，西班牙环境优美、交通便利，非常适合人们生活居住。在物价方面，西班牙的物价要比其他西欧国家低一些，同一种东西往往在西班牙购买会更加划算，性价比也更高。除此之外，西班牙饮食行业发达，而且吃的也不贵。另外，与其他欧洲国家相同，西班牙也有一年两次的大减价，这对喜欢购物的人们来说无疑是一大福音，此时的西班牙被称为购物天堂也不为过。

3. 经济复苏

近段时间西班牙经济回暖的现象明显，一系列积极的数据都预示着西班牙经济的复苏，而西班牙政府更是预测在2015年将会实现1.7%的经济增长。从去年下半年开始，西班牙的出口开始恢复增长，而国外的投资也呈现明显的回升趋势，西班牙经济最困难的阶段已经度过，而这对西班牙移民申请人来说也是一大福音。

四、西班牙华人状况

前面述及，早在16世纪，华人已开始踏上伊比利亚半岛，但留下来的很少。第二次世界大战之后，特别是新中国成立之后，西神父率领教会青年信徒二批16人从安徽抵西，后台湾留西学者50人，及后来从香港台湾抵西的侨胞，仅为1000多人。1973年中西建交后，有大陆侨胞抵西；但在西班牙社会中形成一定规模的华人群体，则是在20世纪80年代末至90年代初这一段历史时期。改革开放后（20世纪80年代中期），数以千计的侨胞跨出国门抵达西班牙；到了1999年，西班牙有4万华侨华人。跨入21世纪，旅西华侨华人以每年1万多人的速度递增，尤其自从2008年经济危机爆发以来，西班牙经济状况恶化，西班牙的各国移民数量开始减少，许多已经身在西班牙的移民开始选择返乡的情况下，旅西华人却反其道而行之，在一片深重的危机形势中，出现了人数的逆势增长。

对于华人移民人数的逆势增长，一些西班牙社会学者分析说，与其他移民所不同的是，中国移民不是为了工作而来，他们来西班牙主要是为了经商，开发西班牙以及其他的相关市场。此外，旅西华人经济在危机中逆势发展，大量新店不断开业，也为那些初到西班牙的华人提供了大量的工作机会。现在，旅西华人所从事的产业已经不仅限于餐饮业，而是呈现出多样化的发展趋势，像仓储批发、百货零售等行业，都是能够吸纳较多劳动者的产业。而这些都为旅西华人的人数在移民加速回乡的情况下，呈现出逆势增长的态势提供了最基本的保证。

据了解，根据西班牙住家登记等方面的相关资料，除了华人合法移民的人数不断增加以外，用护照登记住家的华人人数，也就是非法移民的人数也呈增长趋势。而这些只是体现在政府住家登记中的内容，如果算上那些没有进行住家登记的非法移民，华人在西班牙人数的增加量可能要更大。在一般情况下，华人以合法身份来西班牙的主要途径，是家庭团聚和留学，除此之外，随着中资企业在西班牙投资，开设分公司数量的增加，以特殊工作签证方式来西班牙的中方工作人员，也呈现出增长的趋势。

另一种体现旅西华人人数不断增加的指标是永久居留的申请者和批准者人数。据介绍，近几年来，虽然西班牙劳工部门增加了对永久居留审批的难度，但是仍有不少移民通过永久居留的方式，获得了合法的身份。说明从西班牙2008年遭遇经济危机，并没有阻挡华人移民通过各种方式来到西班牙的步伐。

据统计，到2010年3月31日止，西班牙华侨华人达到21万多人，其中华侨154056人，华人23300人，留学生3800人，收养中国孩童10200人。旅西华侨华人群体，无论是人数的增长，还是华商的事业发展，以及在当地的影响等，在欧洲都是排在前位的。

1. 旅西华侨华人作用和贡献

（1）旅西华侨华人在推动当地经济发展、促进中西贸易中扮演重要角色。

西班牙华人主要来自浙江省青田和温州一带。近年也有部分来自北京和上海等地。目前，华人在西班牙主要从事餐饮业和小商品的经营。华人经营的中餐馆几乎遍布西班牙各地，华人餐馆服务周到，环境雅致，菜肴色香味俱佳，价位低廉，很受西班牙人欢迎。华人经营的小商品零售业也有一定规模。这类小商品店在西班牙被称做"百元店"，百元意指便宜，是以西班牙加入欧盟前的货币单位——比塞塔来计算的，一欧元大约相当于一百八十个比塞塔。百元店主要经销中国出产的价廉物美的日常生活用品，深受西班牙人的欢迎。

近年，装潢业、服装业、美容美发业、旅游业以及移动电话等领域，也有华人涉足。此外，有些华人开办了律师事务所、中医医院、驾驶学校和语言学校，从事进出口贸易和较大规模营销业务的华人公司也在创办。在寻求自身发展的过程中，有些公司已成为联结中国市场与西班牙市场的桥梁和纽带。

旅西华侨华人从事的职业从原先的单一中餐馆业发展到贸易（包括服装、箱包、鞋帽、饰品、玩具、装修、洁具、器材、日用品、食品等）、制造业、太阳能、风力发电、旅游业、会计、律师、服务、农业、建筑等各行各业。目前旅西华侨华人主要产业有：中餐馆4700家,中国百货店5200家,干果店3200家,批发公司1050家,成衣工厂600家。依据2007年统计,中国商品从巴塞罗那港口运入量为164134箱,出口到中国为113985标准箱,占巴塞罗那港口吞吐量的23%,这当中80%是华商的成绩。可见旅西华侨华人为中西贸易做出的贡献。中国人在西班牙人数是在西移民人数的第7位,但是中国老板人数却为第一位,目前达到27000人,据统计,2005年为14334人,2006年16079人,2007年为18714人,自2008年世界经济危机之后旅西华侨华人中老板人数由原来第三位上升到第一位。这说明旅西华侨华人作为纳税人为解决就业问题及当地经济发展发挥了重要作用。因此,西班牙国王卡洛斯曾说:"中国人是勤劳的,遵纪守法的移民群体。"

(2) 旅西华侨华人在融入当地主流社会、为推动中西交流做出积极贡献。

随着在当地经济商务活动的频繁和经济实力的增长,华侨华人日益融入所在国的主流社会,提升了他们在所住国的地位和影响,同时对促进中西经济文化交流起到重要作用。西班牙侨团侨胞每年接待国内的各种代表团300个,并介绍给西班牙各级政府、商会和企业接洽。同时牵线搭桥,为推动中西交流做出积极贡献。一是参加西政府组织的访华团;二是带领多个市长代表团访华;三是带领多个商业、企业、警官、工会文化代表团访华;四是为中西两国多个省市结成友好城市。目前旅西侨团一共有118个,其中台胞侨团15个,宗教侨团5个,马德里37个,巴塞罗那47个,外省市15个。西班牙华侨华人协会作为西班牙最有影响力的侨团,为中西交流合作工作做出了贡献,于1999年被选为外国移民组织论坛执委,每年得到西班牙政府经济资助,2005年以来被西媒体称为"有突出贡献移民团体",几位主要负责人还被授予"关爱移民奖"。

(3) 旅西华侨华人是反独促统的生力军,是维护祖国领土完整和尊严的重要力量。

从1997年香港回归祖国到1999年抗议美国轰炸我驻南斯拉夫使馆,从反对李登辉的"两国论"到2000年的反对陈水扁"台独"倒行逆施,西班牙中国和平统一促进会和其他兄弟社团开展了反台独促统大会、座谈会、展览等活动,并和其他国家有识之士提议全国人大制定《反国家分裂法》,2008年以来,西侨界为维护祖国领土完整展开了反藏独反疆独系列活动,走在各国前列。

(4) 推广中文教育,弘扬中华文化。

随着在海外的生存发展和下一代的出生培养,积极推进海外华文教育成了旅西侨团侨胞的自觉行动。自 1996 年西班牙华侨华人协会创办"马德里中文学校"以来,该校由创办初期的 72 人发展到现在的 700 余名学生。其他社团也相继创办中文学校,现在在西班牙有中文学校 25 所,中文报纸 7 份。由于中国的强大和中文热的兴起,在巴塞罗那总领馆和侨团的努力下,西加泰罗尼亚自治州政府华文教育管理委员会制定了中文教育发展计划,学生中文成绩列入期中和期末的评分审核内容。此外,华侨华人还积极举办书画展览、图片展览等活动,在春节等传统节日开展文化娱乐、舞龙舞狮、武术太极等活动,使中华文化在当地得到弘扬传播,在促进西方了解中国文化方面起到了积极作用。

2. 旅西华侨华人社会迅速发展壮大的原因

(1) 旅西华侨华人发展现状

旅西华侨华人以新华侨为主,并以浙江省青田、温州人为主,占 51%,福建次之,全国 31 省、市、自治区和港澳台地区都有侨胞在西。20 世纪 80 年代到 90 年代初,以浙江、上海、福建人为主,出国方式为:A 以旅游名义签证出境,滞留占 40%,待大赦后合法化;B 以非法方式从第三国入境的占 40%;C 家庭团聚,学生(以台湾人居多)占 20%。20 世纪 90 年代中期至抵西方式为:A 家庭团聚,合法申请劳工占 40%;B 非法入境(第三国入境滞留等)占 40%;C 考察,学生其他方式占 20%。2000 年至今,旅西华侨迅速发展:A 雇佣型合法劳工占 35%,以浙江为主;B 以商务考察旅游等滞留占 40%,以东三省、福建、山东、河南为多;C 留学占 8%;D 从其他南美、欧洲国家转过来的占 12%,以广东人为多。按目前华侨华人原来身份,农民占 55%,工人占 20%,公务员及其他占 5%,学生占 20%,平均年龄在 29.3 岁。

(2) 旅西华侨华人发展原因

具备了"天时、地利、人和"的条件。

侨居国西班牙大好环境和态势。20 世纪末到 21 世纪,西班牙加入欧盟之后经济进入腾飞时期。自 1997 年到 2007 年,西 GDP 连续 11 年占欧盟第一位,为西的贸易发展打开了大门,西班牙的高速公路,基本建设方兴未艾,宽松的海关和税务政策,为华商的发展提供了机遇。

快速发展需要人才和工人。西政府有大赦和移民政策,先后大赦了六次(1986,1990,1995,2000,2001,2005)使周边国家非法移民获得合法身份和工作。

海运发达,有利于华人商品销售。西班牙地处南欧伊比利亚半岛,东北与法国安道尔接壤,南隔直布罗陀海峡,与非洲摩洛哥相望,被称为通往欧洲、非洲与拉丁美洲的桥梁,海运发达。为华侨华人的各种档次商品销售提供了得天独厚的条件。

中西两国友好关系。随着中国和西班牙快速发展和期望和平发展,国家元首多次互访,两国关系日趋和谐,2005 年胡锦涛主席访西,两国成为战略伙伴关系,

"中西关系成为欧盟最好的关系"(温家宝语),为旅西华侨华人创造了良好的政治环境。

3. 旅西华侨华人面临的主要问题及对策

当2008年金融危机来临之时,华商受到冲击自然是巨大的,一向勤劳节俭的华商比起其他业主相应还好一点,出现了让西班牙人不理解和困惑的现象,即其他业主纷纷破产,而华商去租、去买,旅西华商业主由原来的第三位2万人上升到27000多人,西国民和其他移民很多业主因付不出分期贷款而出卖房产,华商抓住低价机遇购置,其他移民大批失业领失业金,而华侨华人失业相对少,领失业金的更少。应看到西班牙遇到经济危机以来的最大困难,财政赤字加重,企业倒闭。2009年每天关闭企业135家,2010年每天增至264家,失业严重,最高达19.3%,是欧洲最严重的。5月失业率略有下降,但还有76223人下岗,股市下跌超过14%。6月8日西班牙爆发了20多万人的公务员罢工游行示威。

为了渡过危机,西政府采取了一系列措施,修改《移民法》《劳工法》《富人纳税法》《新反洗钱法》《公务员减薪法》,国会以微弱票通过政府一系列削减预算草案。

从移民层面上看,政府为保护本土经济,采取经济保护主义,西企业、行业协会和失业者,把危机嫁祸于移民,认为外国移民抢了工作岗位,造成经济开支过大,因此,政府一方面加强对居留审批,并以补助方式遣送放弃居留者回国;一方面对黑工和社会保险严查,并采取驱逐办法遣返非法者回国;另一方面各种名目罚款增多。

从对待中国人层面上讲也有所严格起来。由于有的华商自身存在一些问题。一是造假、售假、假冒伪劣。假烟、假化妆品、假太阳镜、假包。造假的银行卡,假冒DVD,假名牌衣、鞋、包箱常被查获曝光。二是非法经营,雇佣黑工。仅2008年巴塞罗那出动查47余家成衣厂,大部分无合法证件,很多工人无身份。2009年2月11日对17家发廊检查,48人被拘,30人无身份。三是偷税漏税。中国进口集装箱有相当比例是灰色清关,当被抽查之后,往往是物品和发票不对。另外现金偷渡过关严重,每年屡屡发生,多则被查获89万欧元、72万欧元、65万欧元,少则3万、5万。四是违规营业,恶性竞争。有的华商不按正常营业时间,不按规定卖物卖酒,有随意放低价格的现象。五是好赌豪赌。在赌场中中国人占的比例甚高,1/4,1/3,甚至占半数。六是显富露富。由于攀比,开好车,乱停车,有的一人好几部名车,买别墅,住好房,据西有关方面统计,2008年底,华商住3000平方以上别墅有17户,另住别墅有122户,最近数据速增,3000平方有40户,买别墅增到240余户等等。

因此，针对华商检查、罚款屡屡发生。一是对中国进口集装箱查严了。由过去开箱检查3％—5％—10％—30％到现在60％，并且税金加倍加重。二是华商企业查黑工、查保险、查卫生、查执照等加重了，罚款数额加重了，对无证卖酒罚款加重了。鉴于对雇佣无居留者重罚，使相当部分的无证者失业，无奈有人选择了回国，估计有5000人，以东北、河南、山东为主，也有少数有居留者选择回国。三是海关对中国旅客随身携带现金查严加罚。四是对在中国滞留时间超出居留规定的，不管大人还是孩子严查，并取消居留权。五是对买好车好房，现金一时说不清楚的，严查并查账罚款。六是平时对华侨华人比较集中的区份，查身份也多起来了。从西班牙几个问卷调查中，大多数人对中国人有偏见，但不在意中国强大。美马里兰大学调查，47％西人对中国的印象是负面，31％是正面的。另一机构的调查正面占37％。还有一机构调查正面占49％，负面占33％。对中国的否定其实是出于经济的原因，西班牙人对来自中国进口的货物存在着恐惧。西班牙媒体的负面报道屡屡发生，实际情况确实如此。但也高度评价中国人贡献，赞赏华商经营能力，吃苦精神，创业的干劲。

华商的生存发展面临新一轮的挑战与冲击，欧元的贬值对贸易带来不利的影响。华商应当和侨居国患难与共，有条件地反馈社会，做些慈善事业。其次是深刻反省检查自身，整顿完善企业，使其符合西班牙乃至欧盟经商标准，前阶段被查获假烟，假冒伪劣商品和恶性竞争的不善行为应当得到纠正。第三，珍惜来之不易的生存发展环境。克服露富显富的陋习，对那种无视他人感受的行径应当收敛。创造条件，积极融入当地主流社会，遵守当地法律法规，尊重当地的风俗习惯，是我们旅外侨胞在侨居国长期和谐生存发展的唯一选择。第四，维护华侨正当权益，理直气壮地宣传华商对西班牙所做出的贡献，宣传华商勤劳，善于经营，敢于创业的精神。当出现不合西班牙欧盟法律法规或有异于对待其他移民的歧视性行为，我们社团要不亢不卑，据理力争，为维护自身合法权益做出努力。第五，我驻外使馆、侨务部门要不断掌握情况，不失时机利用领事条例维护侨民正当权益。商务处以贸易规则出面干预。第六，国内海关、工商、税务部门应严格出国手续，严防假烟、假冒伪劣商品出口，严防票货不符的货柜出口，这是维护华商整体利益，维护中国商品声誉乃至中国国家形象的需要。

第十章

西班牙教育简况与外国学生教育

一、教育的发展历程

像许多欧洲国家一样,西班牙的教育事业经历了一个长期的演变历程。

早在古罗马时期,在伊比利亚半岛已经出现了颇具规模的学校,这是罗马人推行罗马化的一个重要举措,通过教育,这个帝国行省的青年们可以学习拉丁语、罗马法律和其他希腊—罗马文明的成果。

中世纪,西班牙曾经历了一个文化教育的高潮,那时基督教文化、犹太文化和伊斯兰文化并存,在南方穆斯林西班牙,政治上的宽容带来了经济繁荣和科学艺术的蓬勃发展。无论是犹太人还是阿拉伯人,都有尊师重教、开办学堂的优秀传统。在科尔多瓦,多元文化为教育的普及和学术的提高创造出适宜的气氛,因此世界各国的学者纷纷来到这里讲学,传播各类知识和各家观点,大大推动了教育的进步。

13世纪,西班牙的第一批高等学府先后诞生:萨拉曼卡大学、帕伦西亚大学、巴利亚多利德大学、赫罗纳大学、莱里达大学等。15世纪末,文艺复兴的人文主义思想推动了西班牙的文化教育,经教皇亚历山大六世批准,红衣主教西斯内罗斯创建了阿尔卡拉·德·埃纳雷斯大学(即今日马德里康普卢腾斯大学的前身)。17世纪,全国已拥有32所高等学府。在当时,教育与教会紧密相连,几乎所有的学校都由教会控制,特别是16世纪成立的耶稣会,更是把初等教育视为自己的领域。高等学校设置的系以神学、哲学、法律、艺术、医学、拉丁文为主,教师均由教士、法学家等人组成。培养目标是神职人员、基本职业技能人员和官吏,但同时贵族青年和其他社会阶层的青年也在学校学习一些文化常识以适应各自的需要。

18世纪,来自法国的波旁王朝自上而下地对科学教育领域进行了一些改革,带来一些更加欧化的先进思想和举措,特别是在卡洛斯三世在位期,学校、科学院、博物馆出现在马德里,改变了社会风气,也推动全国予以效仿。为了使国家控制教育权,朝廷下令驱逐所有的耶稣会成员。但是教会学校始终在西班牙的教育界占有一席之地,即使在19世纪依然如此,不过教育制度已发生了不小的变化,尤其在教育宗旨从培养神职人员和上流社会精英转向更广的受众面后,课程设置、教学思想都相应变得更加开放,更直接服务于社会,更注重接受来自欧美工业化国家的影响,自然科学和应用技术受到普遍重视,高等和专科学校增设了工程学、商学等多种科目。19世纪的大事件是1867年由当时的教育部部长莫亚诺(Claudio Moyano,1809—1890)提出的莫亚诺法得以颁布,这项法案首次提出义务教育的概念,规定所有西班牙公民有权接受4年的义务教育。遗憾的是,此法始终未得到切实执行。

开始推行普及全民教育是在第二共和国时期,当时的共和政府在极端困难的条件下提出了规模宏大的全民教育计划,彻底颠覆了旧的没落的教育体制。共和派的计划包括建立大批城乡教育设施,改善原有的中小学校的环境,制定教师培训计划等等。在短短的时间里,一万多所新学校付诸使用,中小学教师的微薄工资得到增加,专门服务于劳动者的工农学校担负起扫除文盲的艰巨任务,穷困家庭的孩子们免费接受教育。这是西班牙从未有过的壮举,因为在西班牙,教育,特别是高等教育始终是奢侈品,尽管其教育水准处于欧洲的末尾。但是内战的爆发中止了共和国教育规划的实施。

在佛朗哥时期,教会恢复了对教育的干预,教育体制也返回到为少数人服务的"精英"教育。与欧美其他国家相比,无论是课程设置、教材的编纂、师资的培养,还是管理模式、教育理念、教学方法,都相差很远。由于独裁政权对言论自由和学术自由采取审查制度,高校的学术氛围沉闷而保守。政府对中等教育和职业教育的投入有限,公民受教育程度很低。直到20世纪50年代和60年代,西班牙的文盲比例仍然在欧洲国家中十分突出。1965年,青少年的中学入学率仅有38%,大大低于西欧国家60%的平均水平,而女性入学率只有29%。

1970年,政府在经济对外开放并迅速增长的情况下,颁布了教育总法,以改变落后的教育对经济发展形成制约的状态。总法的内容包括:普及基础教育、将义务教育年龄延长到16岁;建立完整的大学学前预科制度;设立灵活的选择机制,方便学生求学等等。但是由于20世纪70年代迅速城市化带来的新问题,以及一些历史因素的积重难返,西班牙教育界仍面临着经费不足、师资匮乏、水平偏低、私立学校(包括教会学校)与公立学校之间矛盾重重、教育质量低、管理制度落后等问题。

1982年工人社会党执政后,政府颁布了教育权利法,之后陆续发布了《教育改革计划》(1987年)、《教育体制改革白皮书》(1989年)和《教育体制法》(1990年),加大了对教育的投入,教育状态大大改观。在20世纪90年代,在新的教育体制下,实行了大部分西方国家采用的开放式教育,注重培养学生的独立思考能力、研究及实际操作能力和社会合作及竞争能力。在中小学基础教育已普及的基础上,实行高等教育的普及。1998年教育经费为国内生产总值的5.8%。

二、教育体制

1990年政府通过了《教育体制管理总法》(简称LOGSE),现行体制的结构如下:

——幼教阶段

(1) 幼儿教育(0—3岁)。

(2) 学龄前教育(3—6岁)。

这一阶段均属幼教阶段,儿童的入学率很高,可达95%以上。幼教教师均受过专业教育,具备系统的教育学和儿童心理学方面的知识。2008年在教育部认可的机构中接受幼教的儿童为1620515人。

——义务基础教育阶段

(1) 小学教育(6—12岁),学制6年。

(2) 初中教育(12—16岁),学制4年。

在这一阶段,学生毕业后可领取初中结业证书,之后有两种选择:继续修中学毕业课程,为上大学做准备;上职业培训学校。

这10年教育实行免费教育。目前全国中、小学校在校生共计约440多万人。入学率几乎为百分之百。

——中学毕业课程阶段(预科),学制2年

专业设置包括社会科学、艺术、自然科学、技术等门类。必修课含有文学、外语、哲学等课程。学生获得毕业证书后,方可参加高考。

——中级职业培训

初中毕业后如不参加中学毕业课程(即预科),可选择中等职业学校就读,为期2年。职业培训的课程往往依照市场需求或各公司和企业所需开设,在校期间学生有实习机会,这种实习活动由企业、学校和工会协同商定。

——高级职业培训

部分学生在完成预科课程,如不选择升大学,也可升入高级职业培训学校,毕业后可以直接进入劳动力市场,也可以继续读大学。毕业后获得高级技师证书。

——高等教育阶段

这一阶段分为三个等级：本科、硕士学科和博士学科。学制不等，依专业而定。一般情况是基础课的学制为3年，专业课程为2年，毕业后可获硕士学位。之后继续深造并按照规定完成论文并通过答辩者，可获得博士学位。

三、高等教育

西班牙的第一所大学萨拉曼卡大学创立于1218年，是欧洲最古老的大学之一。在此后的几个世纪中又陆续建立了一些高等学府，而大批公立大学和专科学院是在20世纪70年代之后出现的。目前全国共有大学近100所，专科学院和研究中心约300所，大部分是公立学校，现存的天主教大学和私立大学为数不多。公立高等院校分为国立、大区级、省级和市级，此外还有企业、财团、教会和私人创办的大学。较为有名的公立大学有56所。现有大学教师6.3万人，在校生144.5万人，平均每18名学生有一名教师；在校生占20—24岁青年总数的38%，这一比例与美国、芬兰、法国持平，远远高于德国和英国。

从教育形式上分，除了普通大学，还有近些年迅速发展的远程教育大学，即利用电脑、电视等先进手段实行非集中面授类型的教学方式。除了独立的远程教育机构，许多大学本身也成立了继续教育学院，接纳社会上无法或不愿参加普通大学教育的学习者。

各大学的职能不尽相同，但主要有两项：日常教学和科研。有的大学两者并重，有的偏向于前者或偏向于后者。一般大学均有附属的研究中心或院所，这些机构的工作人员有独立的研究人员，也有兼职的相关专业的教师，机构的任务均来自社会上的企业或机关，研究成果可转化为生产力，直接服务于市场，也可以为政府提供服务。不仅如此，一些著名大学还与欧盟其他国际组织、跨国公司、国外财团等保持联系，在互利的基础上推动学术合作与研究。西班牙的国家科研项目90%落实到大学，而大约50%以上的生产科研成果来自于高校的研究机构，与此同时，研究机构的成果也能直接或间接地服务于教学。

除此之外，大学还承担着直接为社会服务的职能，各大学利用自己的学术优势，利用各专业的特长，成立直接为一些企业和机构服务的服务社团，如成立信息交流中心，一方面为学生提供就业信息，另一方面为企业提供人才信息。教师们也充分利用这种服务社会的机会，为企业提供技术服务。这种学校与社会的联系既为社会提供了帮助，也有助于学校自身的发展。

西班牙的大学都是多学科的综合大学，目前共有144个学科，学科下设3359个专业，专业包括法学、经济学、商学、自然科学、工程学、历史学、语言学、教育学、艺术、医学等传统学科，也开设新兴学科，如生物工程学、IT、企业管理、市场营销、统计学、公共关系学等等。对某一专业的热度往往取决于劳务市场的需求,因此常常变化。但是多年来始终稳居前几位的专业是法律、医科、建筑、经济等。前几年工商管理、生物工程、IT等专业看好。而根据2007年的统计,当年入学的学生首选学科是社会科学类(31%),其次是医科类(24.6%)、技术科学类(22.8%)、人文类专业(13.5%)、艺术类(5.5%)及其他。

学制的长短要根据专业而定。在一般情况下分为3年制、5年制和6年制。3年制的专业有护理专业、初级教育、商学、工程和建筑学等;5—6年制的专业有建筑学、医学、经济学、法学、工商管理、艺术类等。此阶段毕业后,如继续深造,则在2年研究生课程之后准备和撰写论文,论文答辩通过后可获博士学位。

大学通过国家级考试来选录学生。全国大学的入学考试每年举行两次,分别是6月和9月,而完成高等职业培训的学生可进入3年制的大学学习。目前还设有成人高考,年龄在25岁以上的人必须通过这种考试才可以入学。根据2007年的统计,西班牙全国6月份的考生为155400人,录取率达89.5%;9月份的考生为42804人,录取率为68.1%。成人高考的录取率为45.1%。高考的最低分数线为5分(最高分为10分),这一标准适用于所有专业。新生入校第二年可以申请转专业。

从大学体制上看,大学自治在西班牙正形成传统。而根据宪法规定,中央政府的权力主要是负责制定教育方针和基本原则,即立法权和总体规划,同时给公立大学提供87%的经费;而其他教育权力,包括行政管理、教学的具体操作、部分经费的来源及使用等,均由地方政府负责。这一规定最初只适用于少数自治区,如加泰罗尼亚、巴斯克、加利西亚、巴伦西亚和巴利阿里,目前已全面普及。在这些少数民族自治区域,学校有权用本民族语言教学和开设专门的语言课程,在大学还开设更高层次的进修班和研究机构。而根据《教育权力组织法》和《大学改革法》,各学校均拥有自主办学的自治权。凡实行自治的大学,有权制定校规、相关的章程、选举校理事会并由理事会选举校长、建立教学科研计划和人员编制、招生、招聘、筹措经费,通过预算监督学校各项工作的运转等。在有的大学相当于校理事会的是校务委员会,这个委员会是大学的立法机构,由各级别的教师代表、学生代表和行政人员代表组成,行使决策权。

教育自治和大学自治标志着社会民主化的程度已达到相当高的水准,有利于科学的发展和思想意识的开放,有利于推动各高校独立自主地发展,开创特色,提高教育与研究水平。对于西班牙,这一自治和自主性的原则有更大的意义,因为在历史上(古代和近现代)朝廷、教会、独裁军人政权都曾经在不同程度上控制着教育、把持大学,曾经把国外先进的思想、高端科学理论、代表先进生产力的体制等都拒之门外,把科学家、知识分子视为异端,致使在几个世纪的时间里西班牙在教育和科技领域处于欧洲的后进行列之中。如今,西班牙在教育现代化方面正走在先进国家之列。

随着社会的发展,大学也在不断与时俱进,不断进行教育改革。在21世纪的今天,高等教育的宗旨已不仅限于传授知识,大学提倡的是帮助学生获取知识,培养学生的综合判断力、理解力、创新和创造能力。学生既要有服务社会的意识,也要有服务社会的本领,有团体意识和合作意识,也要有独立人格。为此,许多大学改革了课程设置和授课方式,引进了网络教学,利用视频、多媒体等现代科技手段来推进和强化教育改革。随着科学技术的发展,高等教育也会有更大的飞跃。

西班牙的教育事业发展迅速,历届政府也在不断加大投入。过去,教育经费仅占 PIB 的 1%,目前已增至 5%。奖学金的数额也在增加,其经费占全部教育经费的 3%,1985 年至 1995 年期间奖学金名额扩大了 10 倍,部分外国学生也能享受西班牙政府颁发的奖学金。总而言之,西班牙的教育事业已经跻身世界先进行列。

四、重点大学介绍

马德里康普卢腾斯大学(Universidad Complutense de Madrid)

这所由教皇亚历山大六世钦准、红衣主教西斯内罗斯创建的大学是欧洲最古老的大学之一,建于 1499 年。1836 年从原址埃纳雷斯镇迁入马德里。

康普卢腾斯大学(以下简称康大)是目前西班牙规模最大、师生员工人数最多、学科门类最齐全、授予的学位种类最多的大学。该校共分 11 个大学学院、6 个专科学校、20 个研究所、10 个专业进修学校和 19 个系,这 19 个系覆盖了人文科学、数学—自然科学、医学科学、社会科学等学科。可以颁发 70 多种学位,涵盖几乎所有专业领域,是欧洲学位种类最齐全的大学之一。现有 6000 多名教师,13 万学生。

该校还设有 20 个研究所,分别从事教育学、现代语言与翻译、环境科学、宗教、历史学、人力资源、运动科学、胚胎学、药品学、应用磁学、妇女问题、俄罗斯及东欧等科目的研究,学术水平高,成果可直接为政府、财团或企业服务。

在诸大学中,康大的国际化程度之高也非常突出。学校与世界各国的著名高等学府建立学术联系,促进学生互换、学者交流、共同开发项目和科学资源共享。康大与欧盟的联系尤为密切,它参加了"伊拉斯谟计划"和"苏格拉底计划",调整了高教体制以便与欧洲大学同步,同时在对外合作与交流方面给予拉美国家的大学以特殊关注。康大接待外国留学生的数额也是境内大学之最,目前每年接待约 5600 人。

因学校的学术地位、良好信誉和悠久的历史,吸引了不少社会名流的子女来此就读,西班牙前任国王胡安·卡洛斯、他的两个女儿、前首相阿斯纳尔及夫人等都曾是康大的校友。而该校颁发的名誉博士学衔也极受重视,像前苏联总统戈尔巴乔夫、南非前总统纳尔逊·曼德拉等都领受了这一荣誉。

康大拥有优良的教学条件,其校园大如一座小城,各个院、系分布在校区以及城区的各个地方。教学设备先进,图书馆是高校中最大最古老的一座,仅其历史分馆就藏书 175000 册,包括大量手稿、古版、绝版书等。现存图书二百多万册,规模还在不断扩大以适应不断增长的需求。

萨拉曼卡大学(Universidad de Salamanca)

创建于 1218 年,是西班牙也是全世界最古老的大学之一。在近三百年的时间里它曾被视为欧洲的学术中心之一,与牛津大学齐名。著名思想家路易斯·德·莱昂(Luis de León,1527—1591)曾在此任教,而 20 世纪著名作家、教育家米盖尔·乌纳穆诺曾任校长。

全校共有 13 个系,12 个专业学院和 4 个研究所。13 个系是美术、生物、自然科学、经济企业管理、社会科学、法律、药物学、语言学、教育学、地理学——历史学、医学、心理学和化学。在校生约 3 万,教师近千名。学生来自国内和世界各地。

大学的领导管理职能归大学管理会和校务委员会所有,前者是执行机构,由行政管理人员、教授、普通教师、学生代表和正副校长组成,决定教学、科研及行政等重大事务。后者是立法机构,也是由各方代表组成,但是范围扩大,人数增多,主要职能是讨论表决教学计划、预算等问题。

萨拉曼卡大学的国际化程度很高,除了与世界各国的名校有各种交流和合作关系外,还接纳大批国外研究人员、教师和留学生来校从事调研、进修和学习。

这所大学本身就是一件建筑艺术的珍品(见第三章第五节)。正门面对着文艺复兴时期著名诗人、萨拉曼卡派代表路易斯·德·莱昂的塑像。校内原封不动地保留着路易斯·德·莱昂授课的那间大教室,16 世纪的简陋长凳是当时的奢侈品,因为大部分学生上课时只能席地而坐。

整个学校如同一座博物馆,但是搏动着蓬勃的生命力。

五、成人教育

成人教育指对 25—64 岁公民实施的非学历教育。

根据全国统计学会(INE)的资料,在全国每 10 个适龄的人中就有 3 人参加成人教育,其中 6%的人参加正规课程,目的是获得正式学位,而 27.2%的人参加非正规课程。有 70.7%的人学习与求职或本身职业相关。成人教育发展较好的地区有卡斯蒂利亚—拉曼恰、加那利群岛和马德里大区,成人参与比例为32％。

在成人教育中,外语教学较受重视,约有53％的人会一门外语,主要是英语(32.4％)和法语(15.5％)。

掌握计算机是许多成人学生的最大需求,根据统计,40.8％的妇女和35.1％的男子不懂计算机或未达到基础水平,为此,在成人教学中计算机课很受欢迎。

六、外国学生教育

自20世纪80年代之后,随着西班牙经济的起飞,西班牙从长久以来的移民输出国变为移民接收国,大量来自北非、拉美、东欧和亚洲的移民进入该国,当移民们进入了劳务市场之后(特别是那些获得绿卡的人),都先后把家人接来,于是儿童入学就成了必须要解决的问题。在外国人相对集中的地方,如马德里大区、巴塞罗那、安达卢西亚地区、巴利阿利群岛等地,外国学生比例比其他省份还高。移民子女往往选择公立学校就读,而私立学校虽然教学质量好,管理更严格,但学费之外的其他开销较高,不是一般移民家庭能负担得起的。

在高等院校,近年来留学生的人数不断增加,留学生的来源广泛,几乎来自世界各个国家,选学的专业也多种多样,学习语言类、社会科学类、艺术类的外国学生较多。由于语言和文化的紧密关系,来自拉美的学生很多,此外由于政府间的互惠协议和大学之间的学术合作,一些欧盟国家的学生也来此就读。近年来来自亚洲尤其是中国大陆和台湾、日本的学生日益增多。

留学生们进修的方式有两种:一是上正规的课程,即根据教学大纲的要求,按部就班地完成每个环节,最后获得学位和证书;二是参加短期培训班,学生在一定时间内完成某一科目的学习或完成某几个科目的基本课程,通过考试,获得结业证。近年来,每逢暑假各大学都纷纷组织国际班,或者叫暑期班,对外国学生进行培训。培训的内容一般是西班牙文化,为学生增加知识和阅历。一般情况下,留学生们自筹学费,只有少数人通过申请,可获得一定数额的奖学金,有政府间协议的国家,其学生可得到政府奖学金。西班牙政府为了加强与拉美诸国的关系,对来自拉美的学生给予比例高于其他地区的奖学金。

目前,西班牙每年接纳的留学生约为10万人。

随着2007"中国西班牙年"的成功举办,中西两国在政治、经济、文化和教育领域的交流与合作得到进一步的发展。2007年10月,西班牙科学和教育部部长与中国教育部部长签署了中西学历互认协议,这份协议为中西两国在高等教育领域的交流与合作奠定了基础。

西班牙现有100多所大学及300多所闻名世界的专业高校、研究中心,专业种类非常丰富。

西班牙是全球旅游胜地,西班牙院校的酒店管理、旅游管理、风景区管理等专业都很有特色;艺术专业是西班牙的另一王牌专业,建筑、室内设计、电脑动画制作、艺术作品展览、新闻摄影、服装设计等专业实力雄厚;西班牙的音乐专业更是全球一流;工商管理、环境政策与管理、图书馆科学、电信工程也是西班牙高等教育的名牌"产品"。

留学西班牙还有一个最特别的优势,就是移民政策相对宽松。在西班牙,留学生居留待满3年,并且考试都通过,没有犯罪记录,而且有公司愿意聘请该学生,这名学生便可以申请更换工作居留(所指工作范围广泛,包括基层工作,如快餐店服务生等)。而西班牙的工作居留换满两次,到第5年也就是第三次更换的时候,便可以拿到一个5年的长期居留。这样和前面的加起来总共是10年,可以拿到永久居留。中国籍移民在西班牙待满10年,便可以申请加入西班牙国籍。

1. 赴西班牙留学政策

西班牙认可中国高考成绩,学生高考成绩达到所在省份总成绩的45%以上即可申请西班牙留学。学生高中毕业后留学西班牙,不用参加西班牙入学考试,参加相关语言水平测试并符合要求后就能进入当地大学学习。中国是唯一享有这样待遇的非欧盟国家。这得益于中西两国签署的学历学位互认协议。在这一政策影响下,中国学生已在短短几年内成为西班牙非欧盟国家人数最多的学生群体。目前,在西班牙约有六千名中国学生。同时,约有一千名西班牙学生在中国求学。西班牙驻华使馆教育处的数据显示,目前约有2.2万名中国大学生在学习西班牙语。其中,约有1.5万人在读西班牙语本科或大专。目前,有100多所院校提供西班牙语学习,其中有80多所设有西班牙语专业。

有关数据显示,留学西班牙的学生多选择经济类、旅游及语言类专业,学生选择专业更加多元化,西班牙有很多不错的专业和学校值得选择。

2. 2014留学西班牙的各项最新政策规定

学习:外国学生凡持有高中文凭,并经西班牙教育部认可,即可申请入读大学一年级。

经济:申请人能够出示10万至12万人民币的存款证明,在未来三年可以支出总共15万元至20万元人民币。

专业方面:旅游管理、贸易和航空等专业是留学西班牙的热门专业,发展前景看好。

费用:第一阶段,语言学习阶段约需要8万元—9万元人民币。其中学费3.5万元—4.5万元人民币,生活费约3.5万元—4.5万元人民币。

3. 西班牙留学签证

申请人去西班牙留学,必须具备一定西班牙语的程度,要求达到西班牙水平A2标准。该 A2 标准,需要全日制学习西班牙语达到 500 学时,大概需要四个月时间,将掌握西班牙语基本词汇、语法和简单的交流,基本可以应对签证官的考核。根据学生的不同需求,北京塞万提斯学院提供各级水平的西班牙语课程教学。

西班牙属于欧洲高等教育区,这意味着,某些不在欧盟的国家院校,只要签署了"博洛尼亚计划"①,学分可以通用。

到西班牙读本科,学生要完成 240 个学分,一年的课程相当于 60 个学分,因此,本科基本要学四年,方可获得相应学科的学士学位证书;读硕士要完成 90 到 120 个学分,方可获得相应学科的硕士学位证书。博士阶段不以学分计算,获得硕士学位的学生可进入博士阶段学习。学生在完成相应的博士学位学习项目并通过博士论文后,可获得相应学术领域的博士学位。另外,西班牙还有本硕连读课程,如医学、药学、牙科医学、建筑学等专业都是本硕连读。

萨拉曼卡大学

---

① 博洛尼亚计划:1999 年,欧洲 29 个国家在意大利博洛尼亚通过的一项有效整合欧盟高等教育资源,推进欧洲国家教育一体化进程的计划。

参考书目

朱凯:《西班牙——拉美文化概况》,北京大学出版社,2010年。
[法]让·德科拉:《西班牙史》,商务印书馆,2003年。
李婕、李多:《西班牙历史》,外语教学与研究出版社,2010年。
沈石岩:《西班牙文学史》,北京大学出版社,2006年。
陈众议:《西班牙文学大花园》,湖北长江出版集团,2003年。
张铠:《中国与西班牙关系史》,大象出版社,2003年。
张铠:《庞迪我与中国》,大象出版社,2009年。
王军:《20世纪西班牙小说》,北京大学出版社,2007年。
飞白主编:《世界诗库》,花城出版社,1994年。
廉美瑾:《西班牙文化概况》,上海外语教育出版社,1991年。
陈庆煜:《欧洲的奇葩——西班牙王国》,科学普及出版社,1999年。
熊长毅:《走进西班牙》,中国旅游出版社,2007年,
董燕生:《西班牙文学》,外语教学与研究出版社,1998年。
唐民权译:《堂吉诃德》,塞万提斯著,陕西人民出版社,2002年。
[美]斯塔夫里阿诺斯:《全球通失》,北京大学出版社,2012年。
朱凯:《金阙风雨——西班牙王室》,科技文献出版社,1998年。
张敏:《列国志——西班牙》,社科文献出版社,2005年。
马连昌:《西班牙语与西班牙文化》,湖南教育出版社,1999年。
邢啸声:《西班牙雕刻》,江西美术出版社,1998年。
[西]安东尼奥·马查多:《安东尼奥·马查多诗选》,河北教育出版社,2007年。